# 세상에서 가장 진귀한 보물 예수의 유물

이종규 지음

유물은 신앙에 대한 교육적 기능과, 신의 실존, 그리고 현대의 물질문명으로는 설명과 해석이 어려운
불가지의 세계를 보여주며 시간을 뛰어넘어 우리에게 무언으로 설교하는
영적인 예배이며 감동으로 우리 앞에 놓여 있다.

신아사

# 머리말

이 책은 예수가 이 땅에 와서 남긴 물건에 대한 이야기다. 이 책을 쓰는 과정에서 신이 인류를 위해 준비한 계획을 확인하고 매 순간 살아 움직이는 신의 인격과 변함없는 의지를 보았으며 그러므로 두려움과 경외감에 사로잡혀 숨소리마저 죽여야 했다. 그리고 그것은 아무렇게나 경험할 수 있는 것은 아니라고 생각이 들었다. 신과 관련된 물건들에서 나는 신비함을 느끼기 전에 하나하나의 주제들에 대하여 냉정하고 객관적인 시각과 판단을 하려고 애썼다. 세상에는 두 부류의 사람들만 있다고 느꼈다. 그냥 믿는 자들과 회의론자들. 회의론자들은 인정사정없이 혹독하고 철저했다. 그들도 옳다. 유리알을 다이아몬드라고 말하지 않고 유리알이라고 솔직히 말하고 있다. 호기심 많은 10대의 주의를 끄는데 있어서 보물을 찾는 고고학 같은 흥미로운 주제도 없다. 나도 그런 호기심에 가득 찬 젊음을 보내고 어느 날 문득 마주친 유럽 교회의 성물들과의 첫 번째 조우에서는 무지했다. 아무런 느낌도 감흥도 없고 다만 신기함만 있었다. 한국에서 무엇에 쫓겼는지 모르나 빨리 빨리 그리고 더 많이를 촉구하는 문화에 휩쓸려 살다가 유럽(영국)으로 유학 가서 신문도 끊고, 일도 끊고, 느리고 여유롭고 새로운 세상에서 제일 먼저 깨달은 것은 사람의 생명이 유한하고 결국 죽는다는 것이었다. 아마도 그때는 노인들이 많이 보여서 그렇게 생각한 것 같다. 그러나 감사하게도 이 책의 저술을 통하여 신이 나에게 알려주려고 하는 메세지를 깨달을 수 있었다. 신은 아주 정확하게 우리의 머리털까지도 다 헤아릴 정도로 우리 옆에서 준비하고 있다는 사실을 몰랐다.

인간의 출현과 그리고 인류가 가진 소망, 기원, 그리고 믿음에 대한 기초를 설계하고 교육한 신에 대한 성서고고학적 유물의 연구는 흥미롭지만 조심스럽고 엄숙하며 신령스러운 일이 아닐 수 없다. 신의 유물에 대한 연구는 일반 고고학과 다르지는 않지만 매우 조심스럽다. 신이 만진 것이기 때문이다. 심지어 많은 경배를 받고 이적이 있어 그 자리에 신이 있다는 착각도 일으킨다. 내가 성서 고고학과 예수의 삶에 관심을 가지게 된 것은 영국에 유학 당시 의도적이지는 않았지만 십자군의 경로를 따라 자동차를 운전하며 여름방학 동안 가족과 함께 유럽 전역을 여행하며 겪은 경험에서 출발하였다. 유럽 어디를 가나 가장 많이 본 것은 정말 많은 돈을 들여 잘 지은 교회였다. 그리고 그 교회에는 온갖 귀중한 유물들이 보관되어 있었는데 예수를 따른 사도의 신체에서부터 예수의 성스러운 피에 이르기까지 많은 것이 있었던 것으로 기억한다. 지금 와서 돌이켜 보니 몇 가지만 빼고 그 많은 귀중한 유물들을 다 보지 못하고 무심코 지나친 것도 많았던 것 같다. 귀국 후 나의 신앙적 정체성, 호기심, 신에 대한 갈구, 성서와 외경에 대한 독서 등을 통하여 이 책의 주제에 대한 연구에 착수하게 되었다. 연구래야 문헌 연구들을 수집하고 비교하며 확인하고 사진들을 찾아 수록한 것에 불과하지만, 방대한 유물 중 중요한 부분들을 선별하여 최대한 상세한 조사를 해보려고 하였으나 이 글을 읽는 독자들을 얼마나 충족 시킬지는 미지수다. 특히 대부분의 중요한 문헌들은 바티칸에 라틴어로 보관되어 있고 그 외 다양한 언어를 쓰는 국가들에 흩어져 있어 영어로 된 문헌에서 탐구된 연구결과를 조사하는데 그친 점은 아쉽다. 교회에 출석하는 일부 신자들은 성지순례를 통하여 이 책에서 제시된 유물에 대하여 부분적으로 접하였으리라 생각한다. 그러나 이 책은 성지순례와 달리 예수의 생애 동안 예수가 만지거나 걸치거나 또는 그의 신체의 일부에 대한 이야기와 실증으로 좀 더 예수님을 가까이 체험하게 해 줄 수 있다는데 가치가 있다. 이 연구를 통하여 교회의 위상에 대하여 다시 생각하게 되고, 인간, 지구 그리고 우주에 대한 신의 설계와 운영에 대하여 숙고하는 계기가 된 것 같다. 이 책을 쓰면서 흥미롭다는 점도 있었지만, 거기엔 두려움도 있었다. 예수를 죽음에 이르게 한 그 많은 수난의 도구와 인간의 무지와 잔인성을 사랑으로 감싼 신의 인내와 계획에 대하여 감화하였다.

유물은 신앙에 대한 교육적 기능과, 신의 실존, 그리고 현대의 물질 문명으로는 설명과 해석이 어려운 불가지의 세계를 보여 주며 우리 앞에 놓여 있다. 신의 유물은 시간을 뛰어 넘어 우리에 무언으로 설교하는 영적인 예배이며 감동이다.

이 저술을 하는 동안 나를 이끌어준 성령의 감동과 감화가 이 글을 읽는 분들과 함께 하여 줄 것을 신께 간청 드리며, 또한 인류 역사의 놀라운 드라마를 이끈 신과 성령과 그리고 신의 주위에 있는 성인들과 그리고 우리가 늘 함께 하는 성서의 말씀이 늘 참신하고 새롭게 해석되고 날마다 감동으로 느껴지기를 바라면서...

이종규 씀

# 목차

제1장

# 들어가는 말

예수의 성유물 연구계기

연구방법

유물을 보는 종교인의 입장

유물을 보는 나의 입장

# 예수의 성유물 연구계기

성서와 신, 그리고 신이 보낸 독생자 예수, 이 모든 것은 어릴 적부터 나의 삶과 함께 한 것이지만 그것은 단지 신화와 같은 것이었다. 성서의 이야기는 구름처럼 하늘에 떠 있는 상상속의 나래이며 이야기이고 전설 속에서 존재하는 것들이었다. 2000년이 밝아오고 나에게는 새로운 운명이 기다리고 있었다. 영국으로 3년간 유학을 가게 된 것이다. 그 기간 동안 박사학위를 잘 마쳤지만 무엇보다도 유럽을 돌아다니며 교회를 둘러 본 것이다.

유럽의 여러 도시들을 돌아다니며 처음에는 관광차 갔다고 생각하다가 어느덧 나의 발걸음은 순례자의 발걸음이 되어 있었다. 유럽의 각 도시에 아직도 발굴되지 못한 광대한 로마제국의 유적, 그리고 그 당시를 배경으로 한 기독교 문명의 발흥과 그 이후 천년의 암흑기, 그리고 AD 10세기경부터 시작된 십자군 운동, 그 운동을 계기로 예루살렘의 성지 탈환과 동시에 예수의 성스러운 유물들이 예루살렘 성지에서 발굴되고 탈환되어 유럽으로 옮겨졌다. 그 물건들 중 나는 벨기에 부르게 성당의 작은 부속건물인 성혈교회에서 보드윙 초대 이스라엘 왕이 예루살렘에서 가져왔다는 예수의 성혈(The Holy Blood)를 친견하고 경배했다. 거기서 참으로 그 교회는 무겁고 침울하고 예배를 드리기 힘들었으며 회당 내부 가운데 천근의 추가 매달려 기도하는 사람을 짓누르는 듯 괴로웠고 그 기억은 오래갔다.

이러한 경험은 귀국 후 바쁜 공직생활로 곧 잊어버렸고 가끔 벨기에 부르게의 성혈교회의 예수 성혈이 생각날 때 나는 그것이 누군가의 짓궂은 장난이며 또 그것을 진지하게 수용하는 유럽의 교회에 대하여 재미있는 사람들이라고만 생각하였다.

2000년 후반에 몇 가지의 중요한 독서를 했다. 성혈과 성배, 그리고 댄 브라운의 다빈치코드, 신구약의 외경(Apocryphal)이 그것인데, 이 책들을 통해 기록으로 남은 사실들과 예수의 유물에 대한 다양하고 많은 사실주의적 분석가나 신비주의적 몽상가, 또는 유물 맹신자들의 생각들을 조금 접할 수 있었다. 동시에 나는 성혈교회의 성혈이 머리를 강타하는 것을 느꼈다. 그리고 나의 주위에 안개처럼 어른거리는 나약한 신앙과 나의 비틀거리는 믿음을 돌이켜 생각해 보았다.

더구나 이 당시 나는 건강이 많이 안 좋아져서 주기적으로 병원의 치료를 받아야 하고 입에 풀칠을 하기 위하여 직장을 바삐 다녀야 하는 이중의 생활로 인하여 나 자신을 잘 돌볼 수도 미래에 대한 희망도 상실하고 있었다. 나는 매우 심약한 생활에 지쳐있었다.

나는 가끔 성혈에 대하여 관심을 가지다가 몇 가지 문헌을 통하여 차츰 벨기에의 부르게에 있는 성혈이 진짜라고 생각하기 시작하고 진지하게 생각하게 되었다. 심지어는 그것을 과학적으로 조사하면 예수의 DNA를 찾을 수 있다는 생각도 하기에 이르렀다.

벨기에 성혈교회의 성혈에 대하여 조사를 하다가 나는 예수가 이 땅에 남긴 신체의 일부와 유물은 단지 성스러운 피 이상이 있음을 알게 되었다. 동방박사의 선물, 탯줄, 음경 포피, 배냇저고리, 포대기, 수건, 잠옷, 오병이어의 부스러기, 신이 만든 초상화, 십자가, 고문도구, 수의 등등 수많은 유물이 예수가 지나간 자리마다 스쳐간 물건들이 유럽의 교회에 엄청나게 산재되어 보관되어 있음을 알게 되었다. 물론 영국의 캔터베리 성당에는 신이 천지를 창조한 때 사용한 진흙도 있다는 기록을 보기도 했다(이건 좀 심한 것이라고 나는 생각했다. 그러나 그것도 분명 이유가 있어서 거기 있을 것이다).

그 물건들은 성경과 외경을 통하여 보면 수많은 이적과 기적을 만들었다. 전쟁에서 적의 퇴치, 병의 치유의 역사와 기적을 만들었다. 성스러운 유물을 보관한 유럽의 마을에는 날씨의 기적이 일어나기도 하였다는 기록도 있었다.

나는 예수가 남긴 유물에 대하여 할 수 있는 한 연구를 해 보기로 결심을 했다. 그리고 이 연구를 마칠 즈음에는 나에게도 이적이 일어나서 고통받는 질병으로부터 구원과 해방을 바라는 경건한 마음으로 연구에 착수했다. 그리고 이 연구가 부족한 한 인간의 신에 대한 찬양이 되기를 바라며 세상에 단순한 이야기거리가 아니라 인류에게 가치 있는 메세지를 줄 수 있기를 바라며 시작되었다.

스테인드 글라스, 예수
호주 뉴사우스웨일즈 성 요한 성공회 (알프레드 한델, 1946) ©wiki

예수의 유물은 언뜻 보면 아무런 가치도 없는 낡고 닳은 옷 조각이나, 수건에 베인 희미한 초상, 그리고 나무 조각들이다. 이 유물들은 세계에서 손꼽히는 큰 교회의 가장 값비싼 보관함에 엄중히 보관되어 있다. 이것들은 지구상에서 가장 값비싼 보물이다. 왜 그럴까? 그건 신이자 인간으로 이 땅에 온 분이 남긴 유물이기 때문이다. 예수의 십자가 수난 이후 차츰 로마 왕실을 중심으로 정치적인 목적과 개인적인 신앙의 체험 등을 통하여 기독교는 공인되었다.

예수는 생전에 사람들에게 영생을 주겠다고 약속했다. 그리고 몸소 기적을 일으키는 치유의 활동을 많이 했다. 죽은 자를 일으키고, 불치병을 고치면서 유랑했다. 예수의 제자도 같은 행로를 밟았다. 모든 인간이 간절히 바라는 것, 병의 치유와 영생의 약속 이것은 지혜 있는 자나 권력이 있는 자나 돈이 많은 자거나 불문하고 자신이 갖고 있는 것으로 구하거나 회복할 수 없는 것이었다. 아무리 지혜가 많고 똑똑하여도 병마를 지혜로 막을 수는 없다. 아무리 돈이 많아도 영생을 돈으로 살 수는 없다. 기독교의 공인은 인간이 할 수 없는 것들을 신이 값없이 주려고 하였으므로 인간은 신 앞에 지위 고하를 막론하고 모여들었다. 예수가 승천한지 1,000년 후 이슬람의 위협에 놓인 예루살렘을 회복하기 위하여 십자군이 결성되었다. 십자군은 예루살렘을 탈환하고 거기에 보관되거나 방치된 수많은 기독교의 유물을 안전하게 보관하기 위하여 유럽으로 가져왔다. 그때부터 교회에 수많은 기독교의 성스러운 유물이 나타나게 되었고, 신성한 유물에 대한 각종 숭배와 축일이 만들어졌다. 그 와중에 근거도 없는 수많은 모조품이나 위조품이 범람하고, 그 일부가 오늘날까지 전해져왔다. 그들 중 일부는 전쟁과 약탈에서 훼손되었으나 아직도 수많은 유물들이 유럽각지의 교회나 수도원에 남아있다. 기원후 예수를 믿는 사람들은 12제자가 전도를 할 때 그들의 그림자라도 만져보려고 했다. 예수가 승천한 이후 예수의 유물은 그러므로 엄청나게 고귀한 것이 되었다. 구전이나 전설에 따르면 예수의 유물에 손끝만 닿아도 불치병이 낳았다. 악령 들린 자에게서 귀신을 쫓고 병을 고쳤다. 유물에는 수많은 이적과 기적이 따른다고 외경의 기록과 구전은 전한다. 십자군이 처음으로 결성된지 1,000년이 지났다. 외경에 따르면 창세의 천지 창조 후 7,500년이 지난 셈이다. 하늘의 하루를 지상의 천년이라고 한다면 하늘에서 7일이 지나고 8일에 접어든 셈이다. 신은 7일의 사이클을 중심으로 활동했다. 6일간 세상을 만들고 7일째는 쉬었다. 그리고 8일째는 새로운 창조를 하실 것이다. 우리는 새로운 창조의 시대에 살고 있다. 성서학자들은 성서의 창조 후 지금까지 역사는 약 7,000년이라고 말한다. 과학이 말하는 지구의 나이는 50억년, 인류가 지상에 존재한지는 수백만 년이 넘는다. 물론 네안데르탈인과 크로마뇽인의 경계가 모호하지만 크로마뇽인의 출현은 적어도 수 만년 전이다. 성서의 7,000년은 인류의 역사로는 너무 짧다. 네덜란드 네이메헌의 라드바우트 대학의 반 볼테 교수는 우리가 히브리언어 원전에서 창세기를 잘못 번역했다고 주장한다. 즉 신은 이미 있는 우주에서 하늘과 땅을 나누고 인간을 창조했다고 한다. 그러므로 성서의 인류(호모 사피엔스)의 역사 7,000년은 가능한 해석이 될 수가 있다. 이러한 해석은 과학적 사실과 신학적 믿음의 괴리를 해소해 준다.

'구약성서 창세기의 첫 문장이 지난 수 백년 동안 잘못 해석됐습니다. 구약성서 첫 문장은 '태초에 하나님이 천지를 창조했다'가 아니라 '태초에 하나님이 하늘과 땅을 분리했다'로 해석하는 게 올바릅니다.'

'우리는 그동안 히브리어의 '바라(bara)'를 창조했다고 해석하는 오류를 범해왔습니다.' 히브리어 '바라'를 "분리했다"로 해석하는 게 맞으며 이에 따라 창세기 첫 문장은 "태초에 하나님이 하늘과 땅을 분리했다"로 해석돼야 합니다. 바라는 단어 그 자체로 창조했다 라는 뜻이지만, 구약성서에서 '바라'라는 단어가 쓰인 부분을 연구한 결과, 역시 창조보다는 분리로 해석하는 게 적합하다고 저는 결론을 내렸습니다. 이에 따라 창세기 첫 문장은 "태초에 하나님이 하늘과 땅을 분리했다"로 해석돼야 합니다. 창세기 첫 문장을 "태초에 하나님이 하늘과 땅을 분리했다"로 해석할 경우 '창조' 이전에 하늘과 땅, 물이 하나로 존재했으며 하나님이 이를 분리해 우주에 각각의 위치를 부여했다는 해석이 가능합니다. 창세기가 쓰인 기원전 7~8세기 사람들은 태초에 무(無)에서 천지가 창조됐다고 믿지 않았습니다. 그러므로 신이 무(無)에서 천지를 창조한 것이 아니라, 이미 있던 땅 위에 인간과 동물을 창조하게 된 것입니다. 저는 최근 히브리어로 된 성서 원문을 재분석했습니다. 특히 '태초에 신이 천지를 창조했다'는 창세기 첫 문장을 살펴보다가, 주어(神)와 동사(bara) 뒤에 두 개 이상의 목적어가 연이어 나오는 것에 의문을 갖고 문맥과 문법적 쓰임을 다시 파헤치기 시작했습니다. 그 결과 "고대 메소포타미아의 창조 신화 등을 이 문맥과 비교한 결과, 목적어로 나온 '하늘과 땅'을 '창조'한 것이 아니라, 두 목적어를 '(공간적으로) 분리했다'는 뜻이 맞다는 결론에 도달했습니다. 반 볼데 교수는 "신은 혼돈으로 뭉쳐 있던 하늘과 땅, 바다와 육지를 분리해 이 땅을 살 만한 곳으로 만들고 어둠을 밝힐 빛을 창조했습니다. 그러나 무(無)에서 창조했다(creatio ex nihilo)는 기존 개념은 잘못된 것"입니다. 또한 성경의 시작은 시간의 시작이 아니라, 모든 이야기의 시작을 말하는 것입니다. 신이 창조주라는 개념은 내게 매우 특별하며 그 믿음을 지키고 싶지만, 기존의 '창조주' 개념은 수정되어야 합니다. 성경 원문의 정확한 이해는 성경연구에 있어 참으로 본질적이며 핵심적인 것입니다. 그런데 성경의 원어를 배우는 것을 터부 시 하는 것은 그렇게 복잡하고 어려운 단어를 공부하지 않아도 얼마든지 성경을 볼 수 있다고 하는 착각과 오해 속에 나타나는 현상입니다. 그러나 하나님께서는 인간이 사용하는 단어 속에 하나님의 의도와 사상을 집어넣어 하나님의 뜻을 담고 있습니다. 영어로도 또는 히브리어로 얼마든지 하나님의 뜻이 반영되고 있어 지금까지 복음이 전해져 왔기 때문에 어느 정도 오역이나 누락된 것, 변질된 것을 그렇게 분석하지 않아도 되지 않겠는가? 하는 마음과 생각들을 갖고 있습니다. 우리의 믿음이 흔들리지 않는다면 지금까지 전통과 문화 속에 믿음을 고수해 왔다고 하는 자부심을 버리지 못합니다. 정통적인 교리와 신학과 믿음의 전통을 무너뜨리는 일을 자행하고자 하는 어리석음을 그 어느 누구도 원치 않을 것입니다. 그러나 하나님의 뜻은 그대로 지금까지 전해져 오고 있으며 어떤 누구를 통해서 반영되고 있는데, 하나님의 주장임에도 불구하고 끝까지 자신이 속한 교단의 전통과 교리와 신학을 주장하는 일파도 있다는 사실을 알리고 싶습니다. 창세기 1장 1절만 해도 "태초에 하나님이 천지를 창조하셨느니라."는 구절에서 태초라는 개념을 시간적인 개념으로만 생각해왔고 믿어왔던 내용이 무조건 잘못되었다는 것은 아니지만 단어 속에 함축된 내용을 발견하지 못했다면 시간적인 태초에만 머물러 있어야만 할 것입니다. 태초라는 단어인 베레스트(tyviareB.)가 번역되어진 태초라는 의미를 담고 있다고 하더라도 베(B.)라는 전치사는 단순히 "무엇 안으로"만 굳혀진 사고에서 벗어나야 한다는 말입니다. 신약성경에서 사도 바울의 편지 속에 "그리스도 안에서"라는 표현을 자주 나타나고 있는데 어느 공간에 들어간 상태가 아니라 그 공간을 통과한 후 또 다른 공

간 안으로 들어간 상태를 의미하고 있습니다...'

2010년경 이 같은 반볼테 교수의 강연은 UPI, 로이터 등 통신사를 통해 다음과 같이 전 세계로 타전됐다.

'네덜란드의 저명한 구약성서 학자가 "창세기 1장 1절이 오역(誤譯)돼 수백년간 잘못 알려져 왔다"고 주장했다. 라드바우트 대학의 엘렌 반 볼데(Van Wolde. 1954년생) 교수는 "신이 무(無)에서 천지를 창조한 것이 아니라, 이미 있던 땅 위에 인간과 동물을 창조했다"고 주장했다'.

네덜란드 라드바우트 대학의 구약성서학자 엘렌 반 볼데교수(1954생) ©wiki

## 연구방법

내가 이 책을 쓰기 위하여 실시한 조사는 주로 문헌을 통한 조사가 대부분을 구성한다. 고대로부터 전해져 온 외경의 해석본, 중세 이후로 기록된 역사서와 공개문서, 근대에 나온 연구서와 참고문헌, 그리고 전자도서관, 웹 등을 통하여 자료를 수집하고 비교/분석/분류 등을 거쳐 그동안의 연구나 조사 중 진실성이 높은 것들을 증거 위주로 확인하여 정리하였다. 그리고 실체가 있고 보존된 물건들에 대하여는 위치 정보와 사진을 수록하였다. 이 유물에 대한 이미지와 사진은 위키에서 공적도메인으로 분류되었거나 또는 무료로 사용이 허락된 경우만 엄선하여 수록하였다. 저작권이 오픈되어 자유로이 사용할 수 있는 자료(예: Public Domain)에 한하여 개별적으로 자료설명 옆에 ©Wiki로 표시를 하였음을 밝힌다. 위키백과 사전의 자료사용에 대하여 위키의 정책은 다음과 같이 천명하고 있다. "참여자, 후원자, 관리자 혹은 위키 백과와 관련된 어떠한 사람도 이 웹사이트의 페이지에 수록되어진 또는 링크된 정보를 여러분들이 사용하는 것에 어떠한 책임도 갖지 않습니다. 위키백과가 제공하는 정보는 여러분들께서 자유로이 그리고 무료로 사용하신다는 것을 재삼 인식하여야 하며, 여기에 따른 여러분과 이 웹사이트의 소유자 또는 특정 사용자 사이에 어떠한 종류의 허가나 동의 또는 접촉이 이루어지지 않습니다. 이 웹사이트가 등록된 서버의 소유자, 개별 참여자, 관리자 혹은 이 프로젝트 또는 자매 프로젝트와 관련된 어느 사람도 여러분의 직접적 항의로부터 유보됩니다. 여러분은 이 웹사이트에 수록된 내용을 GNU FDL의 규정에 따라 제한적으로 복사할 수 있으며 이를 필요에 따라 임의로 사용할 수 있습니다. 여기에 따른 어떠한 계약이나 또는 계약의 보증이 위키백과 편으로부터 혹은 어떤 중개인, 회원, 조정인이나 다른 사용자 쪽으로부터 수반되지 않습니다." ©Wiki 외의 몇 가지의 자료는 기독교 공동체 자료로 별도로 상업적 저작권을 명시하지 않아 그대로 쓴 것이 있는데 그 경우에는 해당 URL주소를 명시하였다. 그 외의 자료(성궤와 예수의 장)에 대해서는 해당 저작물을 통제하는 관리자로부터 직접 자료사용에 대한 허락을 얻어 사진과 이미지를 사용하였다. 아래 이 메일은 2016년 7월 6일 이 메일로 자료사용의 허락을 얻은 편지의 내용이다. 마지막 장에서 사용한 18개의 이미지는 웹사이트의 저작권 설정이 되어 있지 않은 이미지이지만 출판사의 저작권에 대한 우려를 없애기 위해서 미국의 자료 관리자에게 직접 편지를 보내서 자료사용의 허락을 얻었다. 다만 18개 자료 중 이스라엘 장미정원의 이미지에 대하여서만 사용 허락을 얻고 나머지는 관리인의 소관이 아니라 직접적인 확답을 못 들었지만 그것을 사용하는 것이 허용될 것이라는 허용 가능성에 대한 회신이 있었고, 한편 웹상에는 관련 자료의 저작권(Copy Right)이 설정되어 있지 않고 오픈자료로 되어있어 부담없이 사용하기로 했다는 점을 밝힌다.

<자료의 사용에 대한 허용여부 회신 편지내용>

Re: Requesting permission to use images in the website.
보낸사람 : "Kevin Fisher"<kevin2@arkdiscovery.com

Hello:
Thanks for desiring to spread the truth about the ark of the covenant. I only have control of the photos of the Garden Tomb. The others are used by permission from others. I would assume that it would be acceptable for you to use the other images.
God bless,
Kevin Fisher

---

From: 이종규 <jkleeh@kongju.ac.kr>
To: Ark Discovery International <kevin2@arkdiscovery.com>
Cc: Contact1@ArkDiscovery.com

Sent: Wednesday, July 6, 2016 7:37 PM
Subject: Re: Requesting permission to use images in the website.

Dear MR. Kevin Fisher
Holy Grace of God be with you, and also God bless Mr. Ron Wyatt. I am writing to ask you if I can use your web sites materials like Photo and pictures on the condition of your permission. The purpose of my request is that I'd like to get your permission in using some of materials in your web sites. I am currently writing a kind of biblical archaeology book for the purpose of missionary work. The contents what I'd like to use is 18 materials(Photos & Pictures) in the following web sites.
http://www.arkdiscovery.com/ark-cov-index.htm
http://lastcrisis.blogspot.kr/2010/07/ron-wyatts-claims-re-arkof-covenant.html
I'd be very appreciated it if you could allow these things to contribute the mission of Jesus Christ in this earth.
Leeh, Jhognkyu, PhD
Enclosure : the images(18 Materials)

장흥길(2008)에 의하면, 성서고고학은 고고학에서 독립된 어떤 연구 분야가 아니라 고고학의 한 분야이다. 고고학의 어원(語源)을 살펴보면, '고고학(考古學)'이란, 그리스어에서 유래된 두 단어의 합성어이다. 다시 말하면 '고고학'(archaeology)이란 '고대의', '시초부터'라는 뜻의 그리스어 아르카이오스(ἀρχαίος) 와 '말씀'을 의미하는 '로고스'(λογός)가 합쳐져 이루어진 복합어로 '고대에 관한 학문', 곧 '고대학(古代學)'이다. 성서 고고학은 일차적으로 청동기 시대 이후 로마 시대에 이르기까지 시리아-팔레스타인 지역의 유물(遺物)과 유적(遺蹟)을 다룬다. 성서 고고학의 발생은 기독교가 실증사학의 길을 따르려고 했기 때문에 발생한 분야이며, 실증사학을 따르려는 것은 어긋난 일이 아니며 당연한 일이다. 그러므로 성서고고학은 신화와 전승적인 믿음에 더욱 확실한 증거를 제시하므로 오히려 성서의 증명에 유익하다. 일부 시각에서 성서고고학은 신화적인 맹신에 오류가 없다는 성서의 이야기에 대한 전제를 가지고 성서고고학에 임하므로 문제가 많다는 지적이 있지만 일반적인 과학의 전제에서도 가설을 가지고 이론을 입증하는 절차를 거치는 것과 마찬가지로 성서고고학은 인류학적 및 역사적 연구방법과 유사한 경로를 따르는 현대 과학의 범주에 넣을 수 있다. 물질사관에 경도된 분파나 실증주의자들은 성서주제의 인문학적 연구나 해석학 또는 신학적 접근에 전적으로 동의하지 않는 경향이 있기도 하나 오늘날 신학자들에게 성서고고학은 어떤 면에서 현대의 신학연구에 필수적인 학문으로 여기기도 한다. 철학과 신학, 역사는 서구의 인문학에서 서로 보완적인 관계를 유지하고 또한 그것이 생활종교인 기독교의 믿음을 통해서 상통하는 관련성을 가지나 일부 비평가는 믿음, 신학, 역사, 종교, 고고학과 해석학을 각기 별개의 것으로 보아 서로 독립적이고 상호 견제하는 것으로 보는 시각도 있으나 여기에 어떤 통칙이 있을 수는 없다. 과학과 인문학에 양다리를 걸친 인류학이나 고고학은 신학에서 성령이라는 비가시적이며 불가지론적인 실체에 대하여 이론, 가설, 과학이라는 절차로 해결할 수 없어 해석학이나 현상학에 의존하거나 초월적인 관점의 접근을 시도한다. 이 책도 마찬가지로 물질주의적인 실체나 존재 그 자체에만 의존하지 않고 앞에서 언급한 다양한 해석적 시각을 포함한 종합적인 접근을 시도한다. 그러므로 인류학, 역사, 신학, 인문학, 과학, 실험, 신화, 해석학, 현상학 등의 터치가 있고 물론 믿음과 기대 그리고 희망이라는 단어들을 이 책의 기대가치에 포함하여도 될 것 같다. 마지막으로 뺄 수 없는 부분은 기도이다. 이 책의 저술을 통털어 기도의 힘이 이 책에 베어 들도록 힘을 쏟고 이 책을 읽는 모든 분께 하나님의 은사와 축복이 있고 그들의 소원과 소망이 이루어지게 되고 몸과 마음이 아픈 분들에게는 즉각적인 치유도 같이 있게 되기를 축원하였다. 아마도 진솔한 마음으로 읽고 기도한다면 거기에 우리 주 예수께서 죽은 자를 살리고 악을 물리치고 맹인의 눈을 뜨개하고 병석에 누운 자를 일으키고 용서와 치유를 보여주었듯이 믿음 있는 자에게는 똑같은 일이 일어나리라 믿어 의심치 않는다. 왜냐하면 여기 소개되는 유물들은 바로 구세주 예수 그 분이시면서 동시에 그분께서 지상에 계실 때 함께했던 것들이기 때문이다.

## 유물을 보는 종교인의 입장

대부분의 종교는 기적적인 치유를 약속해 왔는데, 그것은 신성한 유물, 마술과 같은 부적 그리고 성유나 성수를 붓는 의식, 신성한 장소의 방문이나 기도를 통하여 언약을 해왔다.

기독교인에게 있어 기적을 직접 언급한 성서의 귀절은 다음과 같다.

(열왕기하 20장 5절)

"너는 돌아가서 내 백성의 주권자 히스기야에게 이르기를 왕의 조상 다윗의 하나님 여호와의 말씀이 내가 네 기도를 들었고 네 눈물을 보았노라 내가 너를 낫게 하리니 네가 삼 일 만에 여호와의 성전에 올라가겠고"

(욥기 5장 18절)

"하나님은 아프게 하시다가 싸매시며 상하게 하시다가 그의 손으로 고치시나니"

(시편 6편 2절)

"여호와여 내가 수척하였사오니 내게 은혜를 베푸소서 여호와여 나의 뼈가 떨리오니 나를 고치소서"

(마태복음 8장 7-8절)

"이르시되 내가 가서 고쳐 주리라 백부장이 대답하여 이르되 주여 내 집에 들어오심을 나는 감당하지 못하겠사오니 다만 말씀으로만 하옵소서 그러면 내 하인이 낫겠사옵나이다"

(마태복음 10장 1절)

"예수께서 그의 열두 제자를 부르사 더러운 귀신을 쫓아내며 모든 병과 모든 약한 것을 고치는 권능을 주시니라"

(마태복음 17장 18절)

"이에 예수께서 꾸짖으시니 귀신이 나가고 아이가 그 때부터 나으니라"

바울은 신이 주신 9가지 선물이 있는데, 그중 3가지는 치유의 은사, 지식의 은사 그리고 말하는 은사라 하였다. 유대인의 전통에는 유물을 존중하는 전통이 없다. 실제로 유대법에 따르면 시체를 만지면 사람이 7일간 부정하다고 여긴다. 누구든지 죽은 자를 만지고 그 자신을 정화하지 않으면 신의 예배소의 신성함을 더럽힌다고 생각했다. 죽은 신체가 들어있는 장막으로 걸어 들어가는 자도 역시 7일간 부정하며 유대인과 장막은 둘 다 특별한 정화의식을 요했다. 마찬가지로 죽은 자의 뼈를 만지거나 무덤에 발을 헛디뎌도 그 사람을 부정하게 여겼다. 실제로 현대 의학은 시체는 병을 옮기는 온상이라고 알고 있고, 초기 이집트의 고고학자들이 고대 무덤을 연 후에 병에 걸린 이유가 이런 연유라고 본다. 이런 전통은 물론 유대인들이 죽은 자들에 대해 존중심을 보이지 않는다는 것을 의미하지는 않는다. 구약은 애국자나 왕 그리고 예언자의 뼈를 매장하는데 매우 큰 주의를 기울였음을 말해준다. 예수 시절, 바리새인들은 예언자들의 지하묘소 건축과 도덕적으로 올바른 업적을 남긴 자의 무덤에 고명[1]을 얹는 오랜 전통을 수행

1) 음식의 모양과 빛깔을 돋보이게 하고 음식의 맛을 더하기 위하여 음식 위에 얹거나 뿌리는 것을 통틀어 이르는 말.

했다. 위선자의 무덤에 대하여 예수는 위선자들은 하얗게 된 무덤처럼, 외관상으로는 아름다우나, 안에는 죽은 자의 뼈가 가득하고 모두 정결하지 않다고 선언했다. 기독교인들은 유대인과 함께 경건한(독실한) 자들의 무덤을 숭배했으나, 시체에 대한 태도에 있어서는 유대인과는 달랐다. 최소한 주후 2세기경에, 기독교인들이 순교자의 뼈와 재에 대해 울부짖는 것은 보통이었다. 그들이 부르짖는 것은 이러한 유물들이 그들에게 신성한 마술적인 치유의 힘과 연결시켜 준다고 믿었기 때문이다. 때때로 유물들은 신자들에 의하여 닳아져 버리기도 했다. 교회는 그것들을 수집하여 순례자들을 위하여 전시를 하였다. 축제와 다른 특별한 행사에 모두가 볼 수 있도록 유물을 가지고 가두행진 퍼레이드를 하였다. 이교도(비기독교)도 성스러운 유물과 죽은 영웅에 대하여 기독교인들과 유사한 태도를 가졌다. 고대 세계에서 이교도 도시들은 자신의 땅에 있는 무덤에 위대한 영웅을 묻는 특권을 서로 가지려고 하였다. 헤로도투스에 따르면, 라코데모니안인(Lacodaemonians)들은 오르테스[1]의 몸을 그들의 도시로 가져오지 않았다면 그들이 전쟁에서 졌을 것이라고 믿었다. 오르코메노스(Orchomenos)[2]에 역병이 도는 동안 한 여사제는 헤시오드의 몸을 가져와야 역병이 멈출 것이라고 했다. 전신을 가져올 수 없으면 기독교인들처럼 신체의 일부라도 대체할 수 있었다. 5세기에는 시루스(Cyrrhus[3])의 데오도렛 주교는 어떻게 신이 이교도 영웅들과 기독교 순교자들을 대체하였는지를 보여준다. 이교도들은 자신들의 영웅들의 무덤에 일찌감치 사원을 건축한 반면 기독교인들은 성인의 유물 위에 교회를 지었다(Bentley 1985).

로마 이교도들에게 기독교인들이 박해를 받을 때, 아이러니칼 하게도 성스

1) 그리스 신화에 나오는 신. 아가멤논과 클리템네스트라의 아들로, 아버지를 죽인 어머니와 그 정부(情夫)를 살해한 죄로 복수의 신에게 쫓겨 미쳤으나 다시 회복하여 부왕(父王)의 뒤를 이었다고 한다.

2) 그리스 보이오티아 지방의 고대도시 유적. 현재는 마을로 되어 있다. 신석기시대부터 촌락이 발달하여 왔으나 미케네 시대에는 미케네 및 티린스와 나란히 하나의 중심지가 되었다. 전설상의 미니아스인(Minyas)의 수도. 1880~86년에 실리만이 발굴.『미니아스의 보고』라 불리우는 미케네 시대의 궁륭형 분묘가 있다.

3) 고대 마케도니아의 도시.

러운 유골의 공급이 증가했고, 이런 이유로 유물의 공급도 증가했다. 이런 이유로 이교도들은 그들의 추종자들에게 기독교 순교자의 유물을 뇌물로 건네주기도 하였다. 아직도 다양한 기독교 순교자의 유물을 구할 수 있으며, 종교적 유물에 대한 수요가 너무 커서 기독교의 성스러운 유물의 무한한 공급을 초래하는 것 같다. 첫째, 시신의 뼈와 재에 대해서만 숭배가 이루어졌다. 그러므로 그것의 공급부족에서 야기된 실질적인 해결책으로 성인이 개인적으로 접촉했던 의복조각이나 소유물에 경배를 하게 된다. 이것은 의복이나 보석뿐 아니라 심지어 기독교인을 성인의 상태에 이르게 한 고문도구와 같은 것들을 포함하게 되었다. 콘스탄티노플의 주교인 성 존 크리소스톰(St. John Chrysostom)은 신약성서의 연구에 기초하여 성인의 낡은 옷가지에 대한 숭배를 정당화하였다. 제자들의 활동 중 바울은 수건과 앞치마를 사용했는데, 그것들은 귀신들린 사람에게서 귀신을 쫓기 위해 다른 사람들이 사용하던 중고품을 가져와 사용했다. 또한 사람들의 행동을 보면 사람들은 길거리에서 성 베드로의 그림자가 자신을 덮어 그들을 치유해 주기를 바라며 기다렸다. 성 존 크리소스톰(St. John Chrysostom)은 만일 수건이나 앞치마나 그림자가 치유할 수 있다면, 거기서 성스러운 기독교인이 입었던 의복에 접촉하는 것만으로도 역시 기독교인은 축복을 가져올 수 있을 것이라고 주장하였다. 이교도들은 그들의 영웅이 소유했던 물건을 숭배했다. 파셀리스(Phaselis)의 아테네 사원은 한때 아킬레스의 창을 자랑스럽게 여겼다. 이아피기아에 있는 아테네 사원은 헬렌의 샌달을 소유하고 있다고 주장했다. 아가멤논의 홀(왕권의 상징으로 주는 권장)이 케로니아(Chaeronaea)에 전시되었다. 기독교인처럼 이교도들도 이러한 유물들이 병을 고치는 힘, 생식력 증진, 역병으로부터 보호, 그리고 전쟁에서의 승리 보장과 같은 힘을 준다고 믿었다. 그런데 가톨릭 신자가 수집한 유물의 양은 그들이 적대하는 이교도의 것을 곧 능가하였다. 어떤 교회와 개인 수집가들은 말 그대로 수십만 점을 보유하게 되고 많은 사람들은 그것이 예수그리스도 시절의 것이라고 주장하였다. 그러한 유물들은 여러 채의 오두막을 지을 만큼 많은 예수가 못 박힌 십자가 조각, 헤롯대왕이 죽인 어린아이의 뼈, 성 베드로와 3인의 동방박사의 유골과 같은 성자의 뼈, 성모 마리아의 젖을 담은 병과 같은 것들이다. 잘려졌다고 알려진 세례요한의 두개골이 여러 개 있으며, 아기 예수가 할례를 받은 음경 표피가 16개나 있으며, 예수가 오병이어의 기적을 일으켜, 5,000명을 먹이고 남은 빵과 물고기 조각, 최후의 만찬에서 먹은 빵 껍질, 예수의 턱 수염 등 이러한 목록은 끝없이 이어진다. 한 부자가 17,000점의 종교적 유물을 수집했는데, 그것을 교황 레오3세에게 가져가니 교황은 그 사람에게 그러한 수집에 공헌한 독실함을 인정하여 정확히 694,779,550일에 반일을 더하여 지옥에서 받을 죄를 면해 주었다. 초기의 많은 교회 신부들은 기독교인들이 유물을 숭배하기 때문이 아니라 천국에서 순교자를 데리고 있는 분이 신이므로 어떤 유물에 대하여 이것은 유물이 아니라고 설명하는데 조심스러워했다. 베드로와 바울도 "우리는 이 희생을 드린다. 이 희생은 순교자에게 왕관을 씌워준 신에게 드리는 것이다"라고 했다. 때때로, 성 어거스틴은 신자들이 진짜 유물을 확보했는지에 대하여 주의를 기울이지 않았다고 화를 냈다고 한다. 그는 성스러운 유물은 가장 최고도의 주의를 기울여 보관해야 한다고 강하게 믿었다. 어거스틴은 "성인의 의복이나 반지는 우리 부모의 것보다 더 소중하게 다루어져야 한다"[1] 고 말했다.

비잔티움은 그 도시가 보유하고 있는 성스러운 유물은 적의 침공으로부터 비잔티움을 보호한다고 믿었다. 1200년도에 노브고로드의 총주교인 안토니가 콘스탄티노플을 방문했을 때, 그는 성 소피아 성당의 긴 유물 목록을 받았다. 이들은 예수의 무덤에서 나온 두개의 돌판, 예루살렘에서 최후의 만찬에서 사용한 식탁, 엘리야의 옷, 언약의 궤에 있던 십계명의 돌판, 출애굽 후 40년간 광야에서 방황할 때 히브리의 만나, 여호수아가 여리고성 밖에서 불었던 나팔과 같은 것들이었다. 어떤 유물은 너무나 신성해서 오직 특별한 경우에만 전시되었다. 이런 것은 십자가에서 예수님의 목이 닿았던 십자가의 목재 부분, 그리고 망치, 십자가를 만들 때 사용한 목공용 송곳과 톱이 그것이다. 개신교 개혁가들은 유물에 대해 가장 먼저 소리 높여 비판을 한 사람들이다. 마틴 루터는 유물에 대하여 다음과 같이 닦아 세웠다.

1) James Bentley, op cit, p 46

"유물에 관해 거기 뭐가 있는 줄 아는가? 어떤 자는 천사 가브리엘의 날개에서 떨어진 깃털을 가지고 있다고 주장한다. 마인쯔의 주교는 모세의 불타는 덤불에서 나온 화염을 가지고 있다고 한다. 예수의 제자가 12명인데 어떻게 독일에 18명의 제자가 묻혀 있을 수가 있는가?"

존 캘빈은 심지어 분개하기까지 했다. 그는 보물로 취급되는 한 유물이 베드로가 바닷가에서 예수에게 준 석쇠에 구운 생선조각으로 구성되어 있다고 들었다. 그걸 본 캘빈은 "그 생선은 그렇게 오랫동안 보존되기 위해 전적으로 향신료를 가미했을 것이다"라고 했다. 그는 예수의 제자들이 그것을 보존하기 위해 그렇게 했을 리가 없다고 생각했다. 성모 마리아의 모유를 보관 했다고 알려진 다양한 용기들을 본 후에 캘빈은 그것을 깨버리며 말하길,

"성모 마리아가 그녀의 일생 동안 젖이 마르지 않았는가? 그녀는 이 땅의 여러 곳에서 당신이 볼 수 있는 것보다 더 많은 모유를 생산해 낼 수 없을 것이다."

예수의 피를 유리병에 넣어 보관한 성혈에 대하여 존 캘빈은 이성에 호소했다.

"7-800년 후에 그렇게 많은 성혈을 발견하는 것이 가능한가?"

마찬가지로 그는 예수가 누웠던 구유(여물통)과 배내옷 그리고 예수가 나타났다는 예루살렘 사원의 제단을 소유했다고 주장하는 자들을 나무랐다.

캘빈은 잘 생각해보면 어떤 유물은 명백히 가짜라는 점을 확실히 알 수 있을 것이라고 주장했다. 마르세이유에 있는 막달레나 마리아의 두 개골은 왁스로 된 눈을 가지고 있고, 제네바의 성 안토니의 팔이라고 알려진 유물을 열어보니 숫 사슴의 뼈로 밝혀졌으며, 제네바의 성베드로의 뇌로 알려진 것은 후에 부석(浮石) 덩어리로 밝혀졌다. 이 모든 가짜들은 어리석은 민담을 눈속임하기 위해 만든 것이거나 혹은 사람들의 믿음을 강화하기 위한 영리한 속임수라고 하였다. 루터, 캘빈 그리고 기타 프로테스탄트들은 그들의 신학에서 유물을 평가절하 했다.

캘빈은 성경과 성례(세례와 성찬식)를 빼면 기독교에서 더 이상 중요한 것이 없다고 하였다. 성스러운 유물에 대한 신자들의 맹신은 신성한 신의 도움을 받는

지름길로 인식되었다. 그러나 캘빈 등의 개혁주의자에게 있어서 유물에 대한 맹신은 미신에 불과하므로 우상숭배에 빠질 위험이 있다고 보았다. 가톨릭 개혁주의자들은 유물에 대한 신앙을 유지하면서 유물 가운데서 가짜를 없애는 노력을 기울였다. 예를 들면 1707년에 샬론 주교는 노틀담 사원에 예수의 탯줄을 전시하고 숭배하는 행사를 중지시켰다. 그런데 수천 건의 진짜라고 주장하는 유물들은 아직 지금까지 가톨릭교회에 의하여 숭배되고 있다. 그리고 튜린 수의와 같은 유물은 아직도 과학적인 조사에서 진본 여부가 결론이 나지 않았다.

## 유물을 보는 나의 입장

유물을 보고 생각하는 자는 그 자신이 마음속에서 듣는 가장 정직하고도 올바른 그 무엇에 의한 동력으로 판단하게 된다. 그것은 무엇인가? 대부분의 사람들은 이것을 알고 있다. 마음이 말하는 바를 따르면 된다. 실천이 어려울지라도 대부분의 사람은 진실을 알고 있고 믿는 바에 의하여 그의 삶을 영위한다. 성서고고학적으로 검증된 유물이 우리 앞에 놓여있어 이를 숭배하든지 아니면 성령만을 찾아 기도를 하든지, 이미 우리는 신이 우리와 함께 한다는 사실을 알고 있다. 많은 성서학자들이 지적을 한 것처럼, 유물은 신앙의 체험을 강화하고 때로는 큰 감격을 불러올 수 있다. 유물은 영적인 산물이지 결코 육적인 가치로 이를 재어서는 안 된다. 유물에 대한 회의론자들은 한결 같이 유물의 진위에 너무나 민감하게 반응하고 비판하며 가짜의 증거를 내세우기에 집요한데 물론 그것도 중요하다. 그러나 더욱 중요한 것은 유물을 보는 우리의 영과 믿음이다. 기적을 주는 유물을 보는 영의 믿음이 약하다면 무슨 소용이 있겠는가? 유물이 없는 곳에서 독실한 믿음을 가진 영이 더욱 가치 있을 것이다. 독실한 믿음과 성스러운 유물의 만남, 그것 이상으로 더 이상적인 조우가 있을 것인가?

기독교의 중심인물인 예수가 지상에 남긴 그의 의복이나 신체에 대한 유물의 연구는 다음과 같은 의미를 준다고 생각한다.

첫째, 신앙에 대한 교육적 의미이다. 예수의 유물은 예수가 이 땅에 살다가 하늘로 승천하기까지 그의 삶을 실증하는 증거에 대한 이야기다. 성경의 이야기가 전설이 아니고 우리 목전에 있는 현실이라는 교육적 의미를 생생하게 가져올 수 있을 것이다.

둘째, 유물의 연구를 진행하면서 예수의 유물과 거기에 담긴 상징과 전후의 사건들은 신의 설계와 언약 그리고 성서의 예언들에 관련된 의미들을 이해할 수 있게 한다는 점이다. 그러므로 이 책에서 언급된 유물들은 그냥 박물관의 전시물을 보는 게 아니라 신이 이미 오래전에 설계하고 과거와 미래를 연결하는 줄거리를 보는 것이라는 점이다. 동방박사의 선물, 십자가와 같은 것들이 그것이다.

셋째, 성 유물은 기원후부터 근세에 이르기까지 서구의 정치, 전쟁, 경제, 문화 및 영적인 삶에 이르기까지 인류의 삶의 전반을 지배한 지상의 가장 중요한 보물이었다. 성 유물을 경배하고 소중히 여기는 것은 인간으로서 신앙의 일차적인 발걸음이며 신은 그것을 나쁘게 보지는 않을 것이다.

넷째, 성 유물은 이적과 치유의 힘을 보여주기도 하였다. 이 글을 쓰는 동안 여러 유물을 유럽 현장의 교회에서, 그리고 문헌을 통하여 보고 경험하면서 무한한 감동과 영적인 치유와 커다란 신의 권능과 은총을 느꼈다.

기원 후 10세기경 십자군 운동이 일어나면서 많은 성유물의 복원과 회복이 있었지만, 이제 21세기를 맞아 다시 한번 그 유물들을 되새기면서 기독교의 미래를 생각하여 보는 것은 평신도인 나로서 실로 큰 축복이 아닐 수 없다. 30대 후반에 신학대학을 가려고 고민하던 내가 결국 세상과 타협하면서 낙담하던 때가 있었지만, 작은 정성이나마 예수님을 위하여 이글을 쓸 수 있게 되었다는 것은 큰 축복이다. 그리고 이 글을 마칠 때에 나는 이 책이 하나님의 계획의 일부라는 것을 알게 되었다.

제2장

# 유년기

# 동방박사와 선물

예수와 관련한 가장 최초의 유물은 그가 탄생 시에 받은 축하선물이다. 예수의 탄생에 즈음하여 동방박사 세사람은 별의 인도를 받아 예수 탄생을 경배하기 위해 먼 길을 떠났다. 동방박사는 베들레헴(Bethlehem)에서 태어나신 아기 예수님께 선물을 바치기 위하여 별들의 인도를 받고 찾아온 현자들을 말한다. 그들은 황금(gold)과 유향(油香:frankincense)과 몰약(myrrh)을 가지고 왔다.

## 동방박사는 누구인가?

브리테니커 사전(2011)에 의하면 동방박사들을 의미하는 마기(Magi)란 단어의 단수형은 마구스(Magus)로 현자(賢者)라고도 한다. 그리스도교 전승에 나오는 '동방에서 온 신분이 높은 순례자'를 의미한다. 이들은 신기한 별의 인도를 받아 베들레헴으로 가서 아기 예수를 유대인의 왕으로 경배했다(마태 2 : 1~12). 그리스도교의 신학적인 전승은 유대인뿐만 아니라 이방인도 예수를 경배하러 왔다는 점을 언제나 강조해왔고, 이방인들이 예수를 경배하러 온 사건을 동방교회는 성탄절에 기념하고 서방교회는 예수의 공현축일(1. 6)에 기념한다. 동방교회의 전승에 따르면 동방박사들의 수가 12명이며 서방교회의 전승으로는 3명인데, 이는 아마도 그들이 아기 예수에게 드린 3가지 선물 '황금과 유향과 몰약'(마태 2 : 11)에 근거한 듯하다.

마태복음이 전하는 바에 따르면 동방박사들이 예루살렘에서 "유대인의 왕으로 나신 분이 어디 계십니까? 우리는 동방에서 그분의 별(베들레헴의 별)을 보고 그분에게 경배하러 왔습니다"라고 유대 왕 헤롯에게 예수의 탄생을 알려 그의 관심을 끌었다고 한다(마태 2 : 2). 브리테니커 사전에 따르면(2011), 베들레헴의 별(Star of Bethlehem)은 마태복음에서 '동방에서 온 박사들'을 예수 그리스도가 태어난 곳으로 인도했다는 천체의 현상이다. 별로 지칭하면서 중요한 징조로 여긴 자연계의 현상으로는 별의 폭발(신성과 초신성), 혜성( 핼리 혜성이 BC12/11년에 관찰됨), 유성, 행성들의 합(合), 즉 둘 이상의 행성이 외견상 서로 가까이 접근하는 현상 등이 있다. 예수가 태어난 해는 확실히 알 수 없으나 아마도 BC6~4년 사이로 잡을 수 있을 것이다. 성서의 기록을 보면, 베들레헴의 별이 두 번 비친 것을 알 수 있는데, 한 번은 박사들이 여행을 시작하기 전이었고(그들은 바빌로니아나 페르시아에서 출발한 것으로 추정됨), 또 한 번은 박사들이 여행을 거의 끝마칠 때쯤이었는데, 이때 "그 별이 앞서 가다가 마침내 그 아기가 있는 곳 위에 이르러 멈추었다"고 한다. 지평선 가까이에 있는 별을 보는 사람은 누구나 그 별이 그 아래의 어떤 지점을 가리키는 것으로 생각할 수 있었다. 중국의 연대기들은 BC 5~4년에 신성이 나타난 것으로 기록하고 있다. 17세기초 요하네스 케플러는 베들레헴 별이 밝은 행성들의 합이나 그 근처에 나타난 신성이었을지도 모른다는 주장을 폈다. 서력 기원의 시작으로 보는 연대기적인 시점 이후의 10년 동안 뚜렷한 행성들의 합이 여러 차례 발생했다. BC 6년초 화성·목성·토성이 3각형을 이루어 삼중 합이 생겼는데, 흔히 베들레헴의 별을 이 합으로 설명할 수 있다고 한다. 그에 앞서 BC 7년에 목성과 토성이 8개월 동안 계속 서로 3° 이내의 차이를 유지했고, 세번은 1° 이내의 차이로 스쳐 지나갔다. 몇 해 뒤 BC 2년 6월 17일 바빌로니아에서 별을 관찰하던 사람이라면 밝은 행성인 금성과 목성이 베들레헴이 있는 서쪽 방향으로 지기 직전 서로 합쳐지는 것을 보았을 것이다.

헤롯대왕은 동방박사들에게 예수가 태어난 때를 물었고 돌아와서 아기가 태어난 정확한 장소를 일러 달라고 부탁했다. 그러나 동방박사들의 꿈에 한 천사가 나타나 헤롯이 예수를 죽이려는 사악한 의도를 말해주었으므로 그들은 아기 그리스도에게 경배하고 "다른 길로 자기 나라로 돌아갔다"(마태 2 : 12)고 씌어 있다.

그 뒤의 전승들은 여기에 내용을 보태어 이야기를 부풀렸다. 이미 3세기에 사람들은 동방박사들을 왕으로 생각하고 〈시편〉 72장 11절에 있는 "만왕이 다 그 앞에 엎드리고"라는 예언이 그들을 통해 이루어졌다고 해석한 듯하다. 8세기 무렵에는 〈Excerpta latina barbari〉라는 연대기에서 이 3명의 박사들의 이름이 비디

현자의 여행
프랑스 화가 제임스 자크 죠셉 티솟(1836-1902)의 그림 ©wiki

사리아, 멜리오르, 가다스파로 나타나지만 가장 널리 알려진 동방박사들의 이름은 발타사르, 멜키오르, 가스파르(또는 카스퍼)이다. 서방 교회의 전승에 따르면 발타사르는 아라비아의 왕이고 멜키오르는 페르시아의 왕이며 가스파르는 인도의 왕이다. 중세 시대에는 이들에 대한 신앙심이 열렬했는데 이들은 여행자의 수호자로 받들어졌다.

동방박사들의 경배, 즉 아기 예수에게 드린 경배는 일찍부터 기독교 미술에서 매우 인기있는 주제가 되었는데, 지금 남아 있는 그림으로 이 주제를 다룬 최초의 그림은 2세기 것으로 추정되는 로마의 프리스킬라 카타콤에 있는 프레스코화이다. 중세기에는 예수의 생애 가운데 중요한 다른 두 가지 사건, 즉 예수가 하나님의 아들이라는 음성이 공개적으로 들렸던 예수의 세례와 물을 포도주로 바꾸어 예수 자신의 신성(神性)을 드러낸 가나의 혼인잔치 사건이 동방박사들의 경배와 결부되는 경우가 많았다. 이 세 건의 사건은 같은 축일에 기념되며 흔히 중세 교회당을 장식한 기념조각에 함께 새겨져 있다.

동방박사가 누구인가에 대하여는 여러 설이 있다.

"마태복음 2장에 나오는 구절로는 동방박사들의 신분이나 출신을 확실히 알 수가 없고 상기 본문에 실린 여러 단서들을 통해 추측할 수밖에 없다. 동방박사라는 어휘에서, 먼저 동방은 바빌론 유배 이후 예물을 바칠 거라는 예언을 담고 있는 이사야서 60장이나 시편 등에 근거해서 판단할 경우 이방인 지역으로서 아라비아(오늘날 사우디아라비아) 또는 페르시아(바빌로니아를 포함한 오늘날 이란과 이라크)로 보는 것 같다. 따라서 동쪽인 이곳에서 와서 다시 이곳으로 돌아갔을 것이다(마태복음 2장 1~12절). 한편 이 동방이라는 말을 강렬한 빛(해)이 떠오르는 방향을 가리킨다고 볼 수도 있는데, 이렇게 보면 지리적 개념의 지역이 아니라 지혜의 근원지를 가리킬 수도 있을 것 같다(지혜서 7장 25절). 이 경우엔 지역이 아니라 추상적 영역으로서 하늘이 되겠다. 다음으로 박사 내지 점성가는 별을 보고 무언가를 알아내는 사람으로, 당시 그들이 지니고 있었던 왕에게 바치는 값비싼 황금, 유향, 몰약으로 미루어 보거나, 이사야서 60장 및 시편 72장 등의 예언적 구절 등에 비추어 대체로 왕으로 보는 것 같다. 또한 동방이 이스라엘 밖의 지역이므로 그들은 이방인을 대표한다거나, 이러한 관점에서 세명의 점성가를 백인, 황인, 흑인으로서 모든 이방인을 상징한다고도 한다. 한편 점성가는 정치 사회적 신분을 나타내는 용어라기보다 구약시대 하나님 백성 중에서 앞날을 내다볼 수 있었던 예언자에 상응하는 종교적인 용어일 수 있고, 또 여기 실린 '별'은 희망을 가져오는 빛이신 메시아를 상징하므로(민수기 24장 17절; 누가복음 1장 78절) 점성가는 종교적 관점에서 왕이신 메시아를 알아보는 지혜로운 사람을 의미할 수도 있을 것이다. 지혜서 8장 21절에 의할 때, 지혜는 하나님에게서 오는 것이니 그들은 하나님과 긴밀한 관계에 있으며, 이는 상기 마태복음 2장 12절에서 엿볼 수 있다. 성경에서 동방박사의 존재에 대한 직접적인 언급은 마태복음 2장 말고는 없어 보인다. 다만 만약 이들을 임금으로 본다면 상기 이사야 60장 10~11절이나 시편 72장 10-11절 등에서 간접적으로 언급되었다고 할 수 있을 것이다. 한편 참고로, 여기 동방박사들을 '아라비아나 페르시아 지역의 임금들'이 아니라, 이방인으로서 메시아를 지혜롭게 알아보고 주님의 성전(신약의 예루살렘)에 모여 경배하는 사람들로 본다면, 이 이야기는 구원이 이방인에게 넘어간다는 복선伏線이 될 수 있고(마태복음 8장 11절), 이 경우 동방박사들은 기독교인인 모든 이방인을 가리킨다고 할 수도 있지 않을까 생각이 든다. 이렇게 보면 동방박사들은 그리스도를 알아보지 못하고 배척하는 유대인들과 달리, 그분이 메시아임을 알아보고 경배하는 이방인들과 연결되어 간접적으로 언급되고 있다고 할 수 있다."

7세기에 독일 천문학자 케플러(Kepler)는 토성과 목성을 연관 지어서 예수 탄생 시 나타난 별의 신비를 풀어냈다. 이 두 별은 종종 밝게 빛나는 하나의 별로 나타나는데, 그의 천문학적 계산에 따르면 마태가 말한 시기에 그 별은 BC 2세기 6월17일에 일어났다고 하는데, 사실상 성경은 예수탄생이 12월25일이라고 언급하지는 않았으므로, 4월에서 9월 사이일 수도 있다. 신비한 별의 출현에 대하여 여러 다른 이론들이 있는데 예수탄생 10년 전에 실제로 나타난 헬리 혜성이 하나의 대안으로 제시된다. 학자들은 예수탄생은 BC 4세기 이전이라고 믿는데, 그 이유는 동방박사를 베들레헴에 보낸 해롯대왕 재임이 BC 4세기 경이었기 때문이다. 우리가 보통 믿는 바와는 달리 마태는 3인의 현자가 있었다고 언급하지는 않았고, 단지 세 가지 선물을 가지고 왔다고만 했다. 사실 초기 중세 버전은 열두 명의 마술사를 묘사하는데, 역사가들은 그들의 도착은 예수가 탄생한 때를 지나 시간이 좀 걸렸을 것이라고 한다. 어떤 자들은 그들이 예수를 방문했을 때는 어린아이였을 때라고도 한다. 대부분의 학자들은 베들레헴을 방문한 그들은 아마도 바빌로니아에 살던 유대인이었을 것이라고 믿는다. 그러나 마태는 그들이 북서쪽의 알페오에 걸친 지역인, 오늘날 이라크의 모술인 동쪽에서 왔다고만 했다. 또 다른 이론은 3인의 현자가 카스피안 해 근처에 살며 메디아를 세운 메데스 족이라고 한다. 오래된 주장에 따르면 세 명의 왕이 있었는데, 황금을 가져온 멜콰이어( Melchior), 유향을 가져온 가스퍼 혹은 카스퍼(Gaspar or Caspar), 그리고 몰약을 가져온 발타자(Balthazar)가 그들이다. 순례로 인하여 많은 어려움과 피로에 지쳐 3인의 현자는 AD 54년에 세와(Sewa)에서 만나 크리스마스 축일을 축하하고 그 후에 대중의 축복 속에 죽었다. 멜콰이어는 116세에 1월 1일에 죽었고, 발타자는 112세에 1월 6일에, 가스퍼는 109세에 1월 11일에 죽었다. 그들의 유해는 AD 4세기에 동방에서 독일로 오기까지 많은 여정을 거쳤는데, 이태리 밀란을 거쳐 독일의 쾰른성당에 봉안 되었다.

다른 전승에 따르면 동방박사들은 12세기경부터 다른 대륙에서 출발한 왕들로 화가들에 의해 그려지기 시작했다고 한다. 한 사람은 켈트 지방의 유럽인으로, 또 다른 한 사람은 아프리카 에티오피아의 흑인으로, 마지막 한 사람은 아라비아 반도에서 왔거나, 극동 아시아인 중국에서 출발한 것으로 그려지고 있다. 이는 당시 중세 유럽인들에게 알려져 있었던 세 개의 대륙인 유럽, 아프리카, 아시아 대륙을 각기 상징하는 왕들을 표상하기 위한 것이었다고 한다. 또한 중세 유럽에서 동방박사들은 인간의 각 나이를 상징하는 왕들의 모습으로 그려지기 시작했다. 즉 아시아(중동을 의미)에서 온 동방의 왕은 노인으로, 유럽에서 온 왕은 중년의 나이로, 아프리카에서 온 왕은 젊은이로 그려졌다.

동방박사들을 각 지역을 대표하는 왕으로 묘사하기 시작하게 된 것은 각기 이사야서, 시편의 성경구절들의 해석에 근거하고 있다. AD 500년경에 성경 해석가들은 이들 동방박사들을 구약성서 예언의 성취로 재해석하면서, 이들을 왕으로 해석했고 이러한 해석은 오늘날의 개신교까지 이어지고 있다.

> "민족들이 네 빛을 향해 나아오고, 왕들이 떠오르는 밝은 해와 같은 너를 보고 찾아 올 것이다(이사야 60장 3절)." "다시스와 멀리 떨어진 섬나라 왕들이 왕에게 선물을 바치게 해 주소서. 스바와 시바 왕들이 왕께 예물을 드리게 해 주소서(시편72장 10절)". "주께서 예루살렘 성전에 계시기 때문에 왕들이 주께 예물을 가지고 올 것입니다(시편68장 29절)".

3인의 현자
3인의 현자 모자이크, 이탈리아 라벤나의 바실리카 교회 ©wiki

## 네 번째 동방박사 알타반[1]

아기예수에게 경배를 드린 동방박사는 세 명이 아니라 네 명이라는 주장이 있다. 아라비아에서 온 멜키온은 황금을, 이디오피아에서 온 발타사르는 유향을, 그리고 팔사소에서 온 가스팔은 몰약을 드렸다. 그런데, 알타반은 페르시아에서 온 네 번째 박사로 사파이어, 루비, 진주를 가지고 예수를 찾아 가고 있었다. 그는 당시 40세로 구약성경을 공부하다가 아기예수가 온다는 사실을 알고 기다리

1) http://www.roca.org/OA/111/111h.htm, http://holytime5925.blog.me/ 150098768938

다가, 어느 날 밤 이상한 별을 보고 온 재산을 팔아 보물을 마련하여 먼 길을 떠났다. 산과 들과 강을 건너 다른 세 명의 박사들을 만나기로 한 장소를 향해 걸음을 재촉하던 알타반은 어느 날 황혼, 종려나무 아래에서 병들어 신음하고 있는 한 히브리인을 만난다. 신음하는 병자를 돌봐야 할지 아니면 서둘러 길을 가야 할지 갈등하다가 결국 그 병자를 극진히 돌봐주었다. 이 병자가 알타반에게 "당신은 누구냐"고 물었다. 알타반은 자신은 예루살렘에서 태어날 새 왕을 찾아가는 중이라고 소개하였다. 이 히브리인은 하나님의 축복을 빌며 새 왕이 나실 곳은 예루살렘이 아니라 베들레헴이라고 알려준다. 그는 환자를 돌보는 바람에 다른 세 명의 박사를 만나지 못하고 홀로 베들레헴으로 향했다. 베들레헴에 도착한 그는 세 명의 박사가 이미 3일전에 경배를 마치고 떠난 사실을 발견한다. 한 없이 고요하고 별만 총총한 베들레헴에서 알타반은 아기를 안고 있는 한 여인을 만난다. 그 여인에게 베들레헴에서 난 새아기 왕이 어디에 있는지 물었다. 이 여인은 새아기 왕은 애굽으로 떠났다고 알려주었다. 여인은 품속의 아기를 재우려고 애쓰는 가운데 아기는 방실방실 웃고 있었다. 갑자기 방문이 활짝 열리면서 헤롯의 군인 장교 한 사람이 들어왔다. 그 장교는 이 아기를 뺏으려 했다. 다급한 상황에, 알타반은 사파이어를 주면서 아기를 살려 달라고 애원했다. 사파이어를 받은 장교는 그냥 그곳을 나갔다. 알타반은 아기예수에게 드리려 했던 보석을 아기를 위해 써버렸다. 그는 "주님! 나의 죄를 용서하여 주시옵소서. 주님께 드릴 청옥을 써버렸나이다"라고 기도했다. 알타반은 홀로 애굽으로 가서 전국을 뒤지면서 베들레헴에서 온 아기 왕을 찾았다. 그는 여러 나라를 지나는 여행 중에 루비를 팔아 돈을 마련하여 불쌍한 자들을 돕고, 병든 자를 치료하고, 불행한 자를 위로하고, 죄인이 수감된 감옥을 찾아 그들을 위문하였다. 그 사이 33년이 흘렀다. 알타반에게는 이제 하나 밖에 남지 않은 진주가 몸 속 깊이 간직되어 있었다. 이 마지막 선물만큼은 새 왕에게 드리고 싶었다. 그는 이제 예루살렘을 향해서 올라 왔다. 40세에 집을 떠난 그의 나이는 70대 중반이 되어 있었다. 알타반은 어느 유월절, 인파가 가득 찬 예루살렘에 들어섰다. 사람들이 술렁거리고 군인들의 뛰는 발자국 소리와 고함 소리, 그리고 여인네들의 울부짖는 소리가 들렸다. 알타반이 물었다. "무슨 일이 있는 거요!" 사람들은, "당신은 지금 무슨 일이 있는 것도 모르오? 세 사람이 십자가에서 사형을 당하는데, 우리 지도자 바라바 대신 못 박히게 된 사람은 '나사렛 예수'인데, 그는 눈먼 자를 뜨게 하고, 앉은뱅이를 세우고, 문둥병자를 낫게 하고 세리와 창녀들에게도 사랑을 베풀었던 사람이었소."라고 말해주었다. 알타반은 이 분이 자기가 찾던 분이라는 생각이 들었다. 그는 진주를 손으로 만져 보았다. "그가 새 왕이라면 이 보물로 이 분을 속량해야 되겠다." 그는 십자가를 향해 나아갔다. 알타반이 성문을 들어서기 전에 한 소녀가 죽은 아버지의 빚 때문에 끌려가면서 울부짖었다. 알타반은 새 왕 일지도 모르는 나사렛 예수와 죽은 아버지의 빚 때문에 유곽으로 끌려가야 하는 소녀와의 사이에 잠깐 갈등을 했다. 그러나 그 소녀의 부르짖음이 너무나 안타까워서 진주를 주고 그 소녀의 빚을 탕감하고 그녀에게 자유를 찾아주었다. 아무것도 남지 않은 알타반은 이상한 평화가 자기의 마음 깊은 곳에 찾아온 것을 깨달았다. 하늘이 점점 어두워지기 시작했다. 알타반은 서둘러 골고다로 걸어갔다. 온 땅이 어두워지는 가운데 '유대인의 왕'이라는 명패가 그의 눈에 들어 왔다. 십자가에서 공포 하나 없는 예수의 얼굴이 숨을 헐떡이며 골고다 바위에 겨우 몸을 의탁하고 있는 알타반을 내려다보고 있었다. 예수님의 눈과 알타반의 눈이 마주치는 순간, 알타반은 이 분이 바로 베들레헴에서 나셨던 그 새 왕이라는 사실을 깨달았다. 그는 십자가 앞에서 말했다. "당신에게 드려야 될 것을 하나도 지키지 못하고 텅 빈 손, 죽어가는 몸뚱이로 당신에게 왔습니다." 그 때 알타반의 마음속에 음성이 들렸다. "너는 내가 주릴 때 먹을 것을 주었고, 내가 목마를 때 마실 것을 주었고, 내가 병들었을 때 돌봐 주었으며, 내가 옥에 갇혔을 때 찾아와 주었다. 지극히 작은 자에게 한 것이 내게 한 것이다." 새 왕을 찾아 헤매며 수많은 좌절 가운데 섰지만 처음 느끼는 신비하고 전율을 주는 평화에 온 몸을 맡긴 채로 알타반은 십자가 아래서 평화롭게 숨을 거두었다.[1] 진정한 경배와 선물은 세 명의 동방박사뿐 아니라 바로 이 네 번째 박사인 알타반에 의해서 드려진 것이다.

1 ) http://holytime5925.blog.me/150098768938

## 선물의 의미

동방박사는 예수출생을 축하하기 위해 황금, 몰약과 유향을 선물로 챙겨서 들고 갔다. 왜 황금과 몰약 그리고 유향인가?

황금, 몰약, 유향!

황금은 그리스도께서 하늘과 땅의 왕이심을, 유향은 한 분이신 하나님을, 몰약은 참사람이심을 상징한다. 동방의 세 박사는 별의 인도를 받아서 예수님을 찾을 수 있었다. 여기서 별이란 목적한 바를 얻기 위한 여정이나 인도자 또는 지침이나, 기준, 가치관일 수도 있다

선물의 의미에 대하여 박영철 목사의 설명을 들어보자.[1]

황금을 가져온 박사의 이름은 멜키오르이다. 그는 백발이 성성하고 긴 구레나룻을 지닌 멋쟁이 할아버지다. 유향을 가져온 가스팔 박사는 수려한 용모의 청년이고, 마지막으로 몰약을 가지고 온 발타사르 박사는 늠름한 풍채를 지니고 둥근 터번을 머리에 두른 중년의 남자다.

먼저 멜키오르가 가져온 황금이 상징하는 것은 아기 예수께서 이 세상의 왕으로서 오신다는 것이다. 아기 예수는 세상을 다스리는 참된 임금으로서 오셨음을 상징한다. 당시 황금은 가장 귀한 보물로 왕에게 드리는 예물이었다. 예수께서는 분명 왕으로 오셨다. 그러나 권력으로서 세상을 다스리는 것이 아니라 사랑으로 사람들의 마음을 다스리는 임금이신 것이다.

가스파르가 가져온 유향은 사제를 위한 예물이다. 성전에서 제물을 바칠 때 사제는 유향을 사용했다. 예수께서는 당신 자신을 희생 제물로 바치시는 대사제로서 세상에 오신 것이다. 사제의 역할은 무엇보다 인간을 하나님과 만나게 해주는 것이다. 사제라는 말의 라틴어 pontifex는 원래 다리를 놓는 사람이라는 뜻이다. 하나님과 인간 사이에 다리를 놓는 역할을 하는 사람이 바로 사제다. 그것

1) http://holytime5925.blog.me/150098768938

이 장차 예수께서 하실 일이다. 아니, 하나님이 인간이 되신 예수야말로 하나님과 인간을 하나로 잇는 다리 그 자체이다.

발타사르가 가져온 몰약은 죽음을 앞둔 사람들을 위한 예물이다. 몰약은 시신을 부패하지 않게 하는 물건이다. 예수께서는 역설적으로 죽으시기 위해 태어나셨다. 바로 당신 자신의 생명을 바치심으로서 세상을 구원하시는 구원자로서 오신 것이다. 아직 구유에 누워 계시는 아기 예수께 바쳐진 이 예물들은 장차 이 분이 어떤 분이 될지를 예표한다. 그분은 바로 우리의 임금이시며 대사제이시고 구세주이시다.

세 가지 예물은 상징적인 의미가 있다. 황금은 지상에서의 왕권을 의미하며 유향은 신과 교통할 수 있는 제사장을 상징하고 몰약은 죽음을 의미한다. 어떤 경우에는 보다 일반적인 의미를 부여하기도 한다. 황금은 덕성을, 유향은 기도를, 몰약은 고통 받음을 의미한다는 것이다. 어떤 학자들은 동방박사들이 드린 예물이 값비싼 귀중품이 아니라 의약품이라고 주장했다.

실제로 몰약은 15세기까지 죽은 자의 몸에 바르는 기름으로, 장례식이나 화장할 때에 참회를 상징하는 기름으로 사용되었다. 동방정교회에서는 몰약을 '성유'(聖油)라고 하여 전통적으로 성만찬이나 세례와 같은 중요한 의식에서 사용하였다. 동방정교회에서는 몰약과 유향을 혼합하여 향을 냈다. 요즘은 몰약을 구하기가 어렵기 때문에 보통 향을 피운다. 몰약을 바르는 성찬의식을 '몰약 전수'(Receiving the Myrrh)라고 부른다.

예물 증정에 대한 에피소드는 이사야 60: 6과 시편 72: 10-11에도 기록되어 있다. 이에 의하면 황금과 유향과 몰약과 같은 물건은 변방의 왕들이 이스라엘의 왕에게 바치는 조공이라는 것이다. 그렇다면 동방박사들도 단순한 점성술사들이 아니라 왕과 같은 귀한 지위라는 해석이 가능하다. 그런가하면 존 크리소스톰(John Chrysostom: 347-407)과 같은 신학자는 동방박사들의 예물이 아기 예수에게 드린 것이 아니라 하나님에게 드린 것이라는 상징성을 주장하였다. 이는 유태인들이 여호와에게 양이나 송아지를 제물로 드리는 것과 비교할 수 있다는 설명이다.

## 신이 계획한 세 가지 선물

그런데 외경(Apocrypha)에는 동방박사가 선물을 들고 나타난 명확한 인과관계가 기록되어있다. 하나님이 아담을 창조한 후 아담과 이브는 신이 금지한 선악과를 따먹는 죄를 지어 에덴에서 쫓겨 났다. 그리고 아담과 이브는 황량한 들에 있는 한 동굴에서 살게 되는데 아담은 죄를 뉘우치려 두 번의 죽음을 시도했다. 즉 자살을 했는데 하나님은 아담에게 자살하지 말라고 말하면서 아담의 죄는 향후 5,500년 후에 사하여 줄 것이라고 말한다. 이것은 하나님이 그리스도로 이 땅에 내려와서 십자가의 보혈을 흘리므로 인류를 구원함으로 말미암을 것임을 이미 예고하여 준 것이다. 아담이 뉘우치는 와중에서 사탄은 수도 없이 아담을 유혹하여 그를 죽이려고 시도하였다. 아담은 큰 절망에 빠져 있었다. 사탄에게 여러 번 속은 아담이 낙담하고 있을 때, 하나님은 아담에게 "사탄이 너를 속이려고 한다는 것을 명심하라"라고 말해주었다. 이때 아담은 하나님 앞에서 울면서 낙원의 물건을 기념으로 주면 그것으로 위로를 삼겠다고 졸랐다. 하나님은 천사 미카엘을 인도 근처의 바다로 보내 황금가지들을 가져다가 아담에게 주도록 명했다. 황금가지들이 밤에도 빛을 발하여 아담이 암흑을 두려워하지 않도록 한 조치였다. 이어서 하나님은 천사 가브리엘을 낙원으로 보내 유향을 가져오도록 했다. 그리고 천사 라파엘을 불러 낙원에서 몰약을 아담에게 가져다 주라고 명했다. 황금가지는 인도의 바다에서, 유향은 낙원의 동쪽 끝에서, 몰약은 낙원의 서쪽 경계에서 난 것이다. 하나님은 천사들에게 명하였다.

> "그것들을 물의 샘에 담갔다가 그 물을 아담과 하와에게 뿌려 주어서 약간의 위로를 받도록 하라. 그리고 그것들을 전달하라"

아담은 3가지 선물을 받아들고 기쁨의 눈물을 흘렸다. 아담에게 황금은 자신이 떠나온 낙원 왕국의 상징이고, 유향은 자기가 상실한 찬란한 빛의 상징이며,

몰약은 자기가 겪고 있는 슬픔의 상징이기 때문이었다.[1]

하나님은 아담에게 말했다.

> "네가 낙원으로부터 무언가 위로가 될 상징을 달라고 해서 이 세 가지를 주었다. 그것은 네가 나를 신뢰하고 우리가 맺은 계약을 믿도록 하려는 것이다. 나는 너를 구원하러 갈 것이고, 내가 육체를 가지게 되면 왕들이 황금과 향과 몰약을 가져올 것이기 때문이다. 황금은 나의 왕국의 상징이고, 유향은 나의 신성의 상징이며, 몰약은 나의 수난과 죽음의 상징이다. 그러니 너는 이것들을 동굴에 잘 간직하여라. 황금은 밤에 빛을 줄 것이고, 유향은 감미로운 맛을 줄 것이며, 몰약은 네 슬픔을 위로해 줄 것이다."[2]

아담이 거하던 동굴의 입구는 북쪽이었는데 황금은 동굴의 남쪽에, 향은 동쪽에, 몰약은 서쪽에 두었다. 황금은 70개의 가지였고, 향은 12 파운드였고, 몰약은 3파운드였다.[3]

낙원에서 쫓겨난 지 43일간 회개 기도를 한 뒤 아담은 하나님께 간청했다. "우리는 낙원에서 금요일 저녁 여섯 시에 한 시간 동안 죄를 지었습니다. 그날 저녁 쫓겨났고, 그 후 43일간 고통을 받았나이다. 우리는 한 시간 동안 죄를 지었는데 43일간 고통을 받고 있습니다. 그러니 우리에게 생명의 나무 열매를 주시어 우리가 이 땅에서 시련과 고통을 겪지 않도록 하소서. 시련의 43일을 가지고 한 시간의 죄를 상쇄하게 하소서". 이 간청에 하나님은 "네가 간청하는 생명의 나무 열매를 지금 줄 수는 없다. 그러나 5,500년이 지나면 주겠다. 그러면 너는 그 열매를 먹고 영원히 살 것이고, 하와와 너의 자손도 그럴 것이다."[4]

하루는 사탄이 아담에게 나타나 사람이 번식하고 것을 보여주었다. 그리고 하와와 결혼하라고 꼬드겼다. 아담은 잠시 생각하다가 하나님의 허락 없이 선악

---

1) 이동진. (2009:105-107). 제2의 성서. 서울:해누리.

2) 이동진. (2009:108). 제2의 성서. 서울:해누리.

3) 이동진. (2009:108). 제2의 성서. 서울:해누리.

4) 이동진. (2009:116-117). 제2의 성서. 서울:해누리.

과를 먹고 낙원을 쫓겨 난 것을 생각하며 하나님의 허락 없이 결혼하는 것에 대하여 신중하게 생각했다. 그리고 하와와 같이 동굴에서 결혼에 대하여 기도하게 되었다. 하나님은 천사들에게 아담이 하와와 결혼하는 것을 가르쳐 주라고 명했다. 여기서 황금과 유향과 몰약이 사용된다. 천사들은 아담에게 말했다. "황금을 집어서 하와에게 결혼 선물로 주고 약혼을 하시오. 그런 뒤에 유향과 몰약을 그녀에게 선물하고 나서 당신은 그녀와 한 몸이 되시오." 천사의 말을 들은 아담은 황금을 집어서 하와의 앞가슴 옷 안에 넣었으며 손을 잡고 약혼을 하였다. 그 다음 아담과 하와는 40일 동안 밤낮으로 단식하며 서서 기도했고, 그 후에 아담은 하와에게 들어가서 한 몸이 되었다. 이 때가 아담이 낙원을 떠난지 223일 째였다. 아담은 다섯 자녀를 두었다. 카인, 룰루, 아벨, 아클리아, 그리고 세트가 그들이다. 이 때 아담은 앞으로 대홍수가 올 것을 알고 있었다. 그는 아들 세트에게 말했다.

> "하나님이 징표로 준 이 황금과, 이 유향과 몰약을 보존하라. 왜냐하면 앞으로 홍수가 닥쳐서 모든 생물을 죽일 것이기 때문이다. 그러나 방주에 들어가는 사람들은 황금과 유향과 몰약, 그리고 나의 몸을 가지고 들어갈 것이고, 황금과 유향과 몰약을 나의 몸과 함께 땅의 한 가운데에 놓아라. 그리고 오랜 세월이 지난 뒤, 황금과 유향과 몰약이 나의 몸과 더불어 발견되는 도시가 약탈을 당할 것이다. 그 도시가 약탈을 당하면 황금과 유향과 몰약이 전리품과 함께 보존되어 하나님의 말씀이 사람이 되어 올 때까지 없어지지 않을 것이다. 말씀이 오면 왕들이 그가 왕이라는 징표로 황금을, 그가 하늘과 땅의 하나님이라는 징표로 유향을, 그가 수난의 징표로 몰약을 바칠 것이다. 또한 황금은 그가 사탄과 우리의 모든 원수를 정복했다는 징표이고, 유향은 그가 죽은 사람들 가운데서 부활하여 하늘과 땅의 모든 것 보다 더 높이 올려 질 것이라는 징표이며, 몰약은 쓴 담즙을 마시고 사탄으로부터의 지옥의 고통을 받을 것이라는 징표이다."[1]

아담이 죽을 때 그 나이는 930세였다.

1) 이동진. (2009:204). 제2의 성서. 서울:해누리.

## 동방박사의 유해

동방박사의 유해는 현재 독일의 쾰른 성당에 보관되어 있다고 알려져 있다.

닉켈(Joe Nickell : 2007)에 의하면, 이 세 사람의 유해는 콘스탄틴대왕(280-337)의 모친인 헬레나가 발견했는데, 후에 성 유스토르지오(Eustorgio)에 의해 달구지에 실려 이탈리아 밀란으로 옮겨졌다. 밀란이 1162년 프레데릭 바르바로사(Frederick Barbarossa)에게 무너진 후 1164년에 독일 쾰른으로 옮겨졌다. 1909년에 동방박사 3인의 유해 일부가 밀란으로 돌아왔는데, 6세기의 전설적인 운송자인 밀란 주교의 이름으로 교회에 봉헌 되었다. 쾰른 성당은 1248-1880년 사이에 건축되었고, 높이가 157.4미터(516피트)이며, 유네스코 세계문화유산으로 등록되어 있다. 이 성당은 독일에 있는 로마 가톨릭 교회로 성베드로와 성처녀 마리아에게 봉헌되었다.

이 성당은 매일 이만 여명의 참배객이 방문한다. 이 교회는 북유럽의 가장 큰 고딕양식 교회의 하나로 기록되어 있다. 워싱턴 기념비가 완공되기 전에 1880년-1884년 사이에 세계에서 가장 높은 건축물로 기록되었다. 쾰른 성당의 중세 건축가들은 이 성당이 로마제국의 예배장소로서 세 명의 동방박사 유해를 봉헌하기 위한 거대한 구조를 계획하였다.

쾰른 성당의 보물은 1322년에 설치된 가장 높은 제단이다. 이것은 흑색 대리석으로 구축되었고 위에는 15피트의 단단한 판으로 덮여있다. 성당에서 가장 중시되는 곳은 동방박사 3인이 보관된 성소이다. 이 석관은 13세기부터 보관해왔으며 서구 세계에서 가장 큰 유물이다. 이것은 전통적으로 세 명의 동방박사 유해를 보관해왔다고 믿어져 왔는데 1864년에 그 성소를 열었을 때 2000년이 넘은 의복과 뼈가 발견되었다.[1]

1 ) http://en.wikipedia.org/wiki/Cologne_Cathedral

독일 쾰른성당 ©wiki

쾰른 성당의 보물인 세 명의 동방박사 보관함 ©wiki

동방박사의 성소는 필립 하인스버그 시절 건축되었다. 동방박사의 성소는 유명한 중세의 베르둔의 골드스미스 니콜라스가 설계했는데, 그것은 예언자와 사도 및 예수의 일생을 황금으로 조각한 상을 붙였다. 그 성소는 1225년에 완성되었다. 1199년경 오토왕은 쾰른 성당에 주는 선물로서 3인의 현자에게 황금 왕관을 만들어 주었다. 3인의 동방박사의 중요성 때문에 쾰른의 문장(Coat of Arms)은 이 3인의 동방박사를 상징하는 것을 보여준다. 1864년 7월 20일 그 유해가 개봉되었고 세 명의 동방박사 유해와 쾰른 대주교인 필립 1세의 동전이 발견되었다. 한 목격자는 다음과 같이 기록을 남겼다.

"특별한 성소의 보관함에서 지금 보이는 것은-고대의 오래된 썩고 뭉개진 붕대와 함께 아마포 같은 것과 그 외에 아로마 송진과 그와 비슷한 물질의 조각- 그리고

> 세 사람의 여러 뼈 조각을 보여 주었는데, 그것은 여러 전문가의 손으로 거의 완전한 사람의 몸체로 조합될 수 있었다. 하나는 젊었고, 다른 하나는 중년, 그리고 세 번째는 더 나이가 들어보였다. 두 개의 동전이 있었는데, 한 면만 새겨진 은화로 필립 하인버그 시대의 것과, 다른 것은 한 면에 사법검과 같이 있는 십자가와 다른 면은 주교지팡이가 새겨져 있었다. 뼈들은 흰 비단에 싸서 성소에 봉안되었다."[1]

박영철 목사의 블로그[2]에는 다음과 같은 이야기도 있다.

이탈리아의 여행가 마르코 폴로는 1270년에 테헤란 남쪽의 사바(Saveh)라는 곳에서 동방박사들의 묘를 보았다고 다음과 같이 적고 있다. '동방박사들이 출발했던 곳으로 알려진 페르시아의 한 도시 사바에는 동방박사들의 묘가 나란히 모셔져 있는데, 이곳은 아름답게 꾸며진 사각형의 건물 안에 보존되어 있다. 동방박사의 몸은 머리칼과 수염까지 잘 보존된 상태로 거기에 있었다.'[3]

그리스 아토스 산에 있는 성 바오로 수도원 ©wiki

1) http://en.wikipedia.org/wiki/Shrine_of_the_Three_Kings

2) http://holytime5925.blog.me/150098768938

3) Polo, Marco, The Book of the Million, book i.

## 선물의 보관



한편, 마리아와 요셉이 동방박사들로부터 귀중한 예물을 받은 후 어떻게 사용했는지에 대한 언급은 없다. 그러나 몇 가지 전설은 생겨났다. 황금은 나중에 두 도적에게 빼앗겼는데 이들은 훗날 예수 그리스도와 함께 십자가에 달린 도적이라는 얘기다. 또 다른 전설은 예물들을 잘 보관하다가 예수께서 공생애를 시작하실 때에 제자 중에 재무담당인 가롯 유다에게 맡겼으나 유다가 제멋대로 사용했다고 한다.

그리스의 아토스산에는 20여개의 수도원이 있으며 유네스코 세계문화유산으로 지정되어 있다. 이 수도원 가운데 성 바오로 수도원에 동방박사들이 가져온 황금, 유향, 몰약의 예물이 보관되어 있다고 한다.

성 바오로 수도원(Agiou Pavlou monastery[1])은 그리스 아토스산에 있는 동방정교회 수도원으로 그리스 찰키디키(Chalkidiki)의 동쪽 반도에 위치해 있다. 이 수도원은 아토스 반도의 서부에 있으며, 예수에게 봉헌된 교회의 축일은 2월2일이다. 수도원의 설립자는 제로포타모우(Xeropotamou)의 성 바오로이다. 이 수도원은 아토스 산에 있는 수도원의 위계상 열네 번째이다. 이 수도원의 도서관에는 494개의 문헌과 12,000권의 책을 소장하고 있다. 이 수도원에는 현재 서른한 명의 수도승과

성 바오로 수도원의 황금, 유향, 몰약을 보관한 예물함 ©wiki

1) http://en.wikipedia.org/wiki/Agiou_Pavlou_monastery

두 명의 독거수도사(獨居修道사)가 있다.

그리스 아토스산의 성 바오로 수도원은 산의 서편에 있으며 그리스도에게 봉헌된 사원이다.

설립자는 제로포타모우(Xeropotamou)는 그의 일생동안 오늘날 수도원이 서 있는 자리에서 금욕적인 삶을 살았다. 11세기와 12세기에 아토스 산에는 두 개의 수도원이 제로포타모우(Xeropotamou)라는 이름을 가지고 있었다. 1108년 이후로 오늘날의 성 바오로 수도원이 최종적으로 그 이름을 가지고 있다.

14세기에 수도원은 황량했으나 세르비아 귀족이자 수도승인 게라시무스 라도니아(Gerasimus Radonia)와 안토니오스 페가세스(Antonios Pegases)의 노력으로 켈리(kelli)라는 마을에서 수도원이 되었다. 다음 세기에 바오로 수도원은 팔라에올로구스 왕조[1]의 요한 5세와 요한 7세, 세르비아 왕자 지오르(Giour)와 그의 형제 라자루스(Lazarus)의 지원을 받았다.

다른 많은 다뉴브 왕가의 왕자들, 루마니아와 그리스의 왕자들은 수도원의 후원자였다. 17세기는 수도원의 전성기였고, 18세기에는 재정 부족으로 쇠퇴하였는데 그 원인은 터키 정부의 야만적인 세금과 유대인의 고리대금 때문이었다. 18세기말과 19세기초에 성구(聖具) 관리인 그리고리오스(Grigorios)와 수도원장 안티모스 콤니노스(Anthimos Komninos)의 도움으로 수도원은 회복되고 부채를 갚을 수 있었다. 성 바오로 수도원이 겪은 마지막 재난은 1902년의 화재였고 1911년의 홍수였다. 북쪽 부분은 15세기에 건축되었는데 방어용 탑은 16세기에 만들었다. 19세기에 수도원의 주요 건물이 건축되었는데 현재까지 여러 차례 보수가 있었고 부속건물이 지어졌다.

---

1) 팔라에올로구스왕조 또는 팔레올로그 왕조라고도 한다. 팔라이올로고스 (Palaiologos)는 그리스 말이며 라틴어로 팔라이올로구스(Palaiologus)라고 한다. 비잔티움 시대의 공식언어는 그리스어이다. 대귀족 출신으로서 니케아제국 시대의 라스카리스왕조(1204~1261) 때 대두하여 1261년 라틴제국의 수도 콘스탄티노플을 탈환하고 비잔티움제국을 재건한 후 유제(幼帝) 요하네스 4세를 폐하고 미카일 8세가 이 왕조를 이룩하였다. 유능한 황제가 계속 나왔으나 내전과 국내의 봉건화를 막지 못하고 또 발칸에서의 민족국가의 발흥, 특히 오스만투르크제국의 진출 때문에 쇠퇴하기 시작하였다. 1453년 콘스탄티누스 11세가 투르크의 공격을 받아 콘스탄티노플의 함락과 함께 전사하여 제국도 왕조도 함께 멸망하고 말았다.

그리스 아토스(Athos)산의 성바오로 수도원에는 15세기부터 황금상자가 있었는데 이 안에 동방박사들이 가져온 예물들이 보관되어 있다고 한다. 이 황금상자는 15세기에 세르비아왕의 공주인 마라 브란코비츠(Mara Brankovic)가 기증한 것으로 그는 오토만의 술탄인 무라트(Murat) 2세의 부인이며 콘스탄티노플을 정복한 메흐메트(Mehmet: 마호멧) 2세의 대모였다고 한다. 황금상자는 4세기부터 콘스탄티노플 궁전에 전시되어 있던 유물이라고 한다. 1999년 9월 9일 아테네 지진이 일어났을 때 그리스 정부는 이 황금상자를 빌려와 신앙을 공고히 하는 방편으로 그리고 지진 희생자를 위해 모금하는 방편으로 사용했다.

### 동방박사와 그들이 바친 선물의 해석

동방박사의 선물인 황금, 유향과 몰약은 오늘날 그리스 아토스 산의 성 바오로 수도원에 보관되어 있다. 이 유물은 특별한 경우가 아니면 상자를 열고 공개하지 않으므로 내용을 확인하기가 쉽지 않지만, 이 유물의 존재와 여러 전설, 그리고 동방박사의 존재는 분명히 사실이라는 점을 알 수 있다.

이 유물의 추적에서 우리가 알 수 있는 점은 무엇인가?

첫째, 우리는 신의 거대한 계획을 알 수 있다. 이 선물은 신이 인간을 창조한 아담의 시절부터 벌써 신에 의하여 마련되고, 준비되었으며 외경에 그 사실이 적혀 있다는 놀라운 사실이다. 이 선물은 5,500년 이후 아담의 원죄를 속죄하러 신이 이 땅에 다시 온다는 기약과 함께 아담에게 주어져 그 계획을 기억하도록 하였다. 신은 아담이 그 속에 희망을 두게 하였다. 신의 인간에 대한 원대한 계획은 지금으로부터 적어도 7,500년 전에 기록되어 전승되어 왔고, 예수의 탄생 시 동방박사의 출현과 경배 및 선물을 바치는 행위가 이루어져 신의 예언이 이루어졌다. 그리고 그 증거물들이 지상에 남아있다. 독일의 쾰른 성당에 동방박사의 유해가 남아있고, 그리스의 아토스 산에 있는 성 바오로 수도원에 세 선물의 잔여물이 보존되어 있다. 이 세 선물은 여호와, 아담, 원죄와 속죄, 예수의 강림이 관련되어 있다. 나는 동방박사의 유해와 이 선물이 오늘날까지 보관되어 있다는 사실에도 놀랐지만, 외경을 읽으면서 여호와가 이 유물을 처음으로 아담에게 주었고 이를 통하여 자신의 지상 강림을 언급한 점에 더 놀랐다. 이 선물은 거의 만년에 가까운 하나님의 언약의 실현을 상기하게 하는 강력한 도구였다.

둘째, 예수의 강림을 경배한 동방박사는 여러 설을 종합하면 그들은 고귀한 신분의 왕이거나 매우 지혜로운 자들이었고, 한편으로는 지구의 인류를 대표하는 자로서 각기 소속된 대륙에서 왔거나, 혹은 각 연령층을 대표하거나, 유대인 혹은 비유대인을 포함한 자들이었다. 결국 그들은 보편적으로 보아 인류의 대표자로서 이 땅에 오신 예수를 경배하고 탄생을 축하하였으며 이로서 예수가 만왕의 왕이라는 점을 만 천하에 공포한 것이다. 그 경배와 축하 속에 세 가지 선물이 바쳐지면서 그 선물은 경서에 기록된 구약의 하나님의 말씀을 이룬 도구로 사용되었다.

셋째, 외경에 나타난 신의 약속과 예수의 탄생, 그리고 신이 아담에게 준 세 가지 물건의 귀환, 현자의 경배로 무엇이 달라졌는가? 우리는 이러한 모든 사건을 통하여 우리는 원죄에서 속량되었고 더 이상 신에게 원죄에 대한 죄의식을 가질 필요가 없다는 것이다. 우리의 존재는 창조주인 신에게 빚을 졌지만 아담의 죄에 대하여는 걱정할 필요가 없다. 다만 신이 주는 축복과 삶을 즐거워하고 감사를 하여야 하지 않을까?

## 예수의 탯줄

BBC 대화포럼[1]은 재미있는 발제를 했다. 신은 아담을 창조하고 그의 갈빗대로 이브를 만들었다. 아담과 이브는 배꼽이 있었을까? 라는 발제 안에 대한 포럼이었다.

이 발제에 대하여 여러 리플이 달렸다.

Vicky : 만일 배꼽이 있었다면 아담과 이브는 정상적인 진화를 하여 존재했고 탯줄이 있었을 것이며, 신은 없었고, 예수도 없었을 것이다. 만일 배꼽이 없었다면 아담과 이브는 창조된 것이며 그래서 탯줄이 없었을 것이며, 그러므로 인류는 알에서 부화했어야 한다(Nov 7, 2004).

Xanatic:종교인들 가운데 배꼽에 관하여 실제로 많은 논쟁이 있다. 그러나 나는 아담과 이브가 배꼽을 가질 수 없는 이유를 모르겠고 그리고 그의 후손들이 출생했다고 배꼽을 가져야 하는지 모르겠다. 배꼽 논쟁은 어리석다고 생각한다 (Nov 8, 2004).

Xanatic : 나는 지금 돌연변이에 관한 책을 읽고 있다. 여기보면 갈빗대에 관한 이야기가 있다. 저자는 누군가가 영국의 최고 대학의 의대 1학년생 에게 남자와 여자가 같은 수의 갈비뼈를 가졌는지를 질문한 이야기를 썼는데, 절반가량의 학생이 그렇지 않다고 답변했다. 아마도 성경에서 신이 아담의 갈비뼈를 취한 일을 믿기 때문일 것이다 (Nov 8, 2004).

Xanatic:사람이 하나나 두개의 갈비뼈를 더 가지고 태어났다는 것은 드문일이다. 저자에 따르면 여자보다 남자에게 있어서 그건 흔한 일이 아니다. 나는 창

1) http://www.bbc.co.uk/dna/h2g2/F19585?thread=518266&latest=1

조론자의 웹사이트에서 봤는데 말의 화석기록을 보면 갈비뼈 수가 늘거나 줄어들어야 한다. 이것이 사실인지 누가 아나요?(Nov 9, 2004)

야후 닷컴에서도 유사한 포럼[1]을 열었다.

발제 : 아담과 이브는 배꼽이 있었을까?

Shuutoku : 사람은 신의 형상을 따라 만들어졌다, 그러나 나는 신에게 그의 셔츠를 올려보라고 요청하지는 않을 것이다. 예수께서 말씀 하시길, 네가 나를 볼 때 너는 나의 아버지(신)을 보는 것이다. 그런데, 나는 예수에게도 역시 그의 셔츠를 올려보라고 부탁하지는 않을 작정이다.

Jessie Babii : 아마도 없을 것이다. 나는 종교적 질문에 답할 때 신은 없다고 말하는 무신론자이고 싶다. 당신도 역시 그들은 배꼽이 없을 것이라고 할지 모른다. 그러나 이 질문은 당신에게 신을 믿는지 혹은 신이 존재하는지를 묻지는 않는다.

Reynato : 아담과 이브는 배꼽이 없었다. 왜냐하면 성경은 쓰레기로 가득 찬 허구이기 때문이다. 그러므로 금지되고 없애 버려야 한다.

Scart Socket : 아담과 이브는 태어나지 않고 창조되었기 때문에 어머니에게 태어난 우리와 같은 배꼽이 없었다. 아담과 이브가 자궁과 배꼽이 없었다면, 그들은 배꼽에다 상처의 흉터가 있었던 건 아닐까?

JAN : 아담과 이브는 배꼽이 없다고 생각한다. 배꼽은 탯줄의 결과로 생긴 것이기 때문이다. 아담과 이브는 신이 창조하였다.

1) http://answeers.yahoo.com/question/index?qid=20100815062956AAqEtm0

Jhon1000 : 예, 그들은 모든 인류처럼 배꼽을 가지고 있었습니다. 당신은 상자 밖에서 생각하는 방법을 아시나요?

Aggymemn : 그들은 존재하지 않았으므로 질문이 성립될 수 없을 것 같다.

Cooter : 무슨 상관이람?
Baptized in fire : 포르노 영화 이야긴가요? 잘 모르겠네요. 딴일 하느라 바빠서..

아담이 배꼽을 가졌는지에 대하여 학술적으로 연구를 한 사람도 있다. 앨런 맥그리거는 배꼽은 무엇인가, 아담은 배꼽이 있을까?에 대하여 연구를 하였다.[1]

이 질문에 대한 전통적인 대답은 "노"다. 그런데 알란 맥그리거라는 사람은 이 답변에 대하여 배꼽이 무엇인가에 대한 잘못된 이해와 신이 어떻게 인간을 창조하였는지에 대한 오해로 인하여 잘못 대답하고 있다고 주장한다.

먼저 우리는 배꼽이 한때 어머니의 자궁과 연결되었던 것으로 탯줄의 흔적이라고 알고 있다. 그런데 사실 배꼽은 엄마의 자궁과 연결된 것이 아니며 우리 자신과 연결된 것이지 어머니의 태반(Placenta)과 연결된 것도 아니다. 태반(Placenta)은 태아의 생명에 필수적으로 중요하며 우리는 모두 그것을 한 번씩 가지고 있었다.

창세기1장 27절에 의하면 신은 아담을 그의 형상대로 만들었고 신은 그들을 남성과 여성으로 만들었다.

> "And Elohim created Adam in his image; in the image of Elohim he created him. He created them male and female."

1 ) http://hubpages.com/hub/d-Adam-have-a-belly-button. Allan McGregor(2011. 1. 6, 검색).

아담과 이브
루카스 크라나츠 더 엘더(1472-1553) 그림. ©wiki

그러므로 성경적으로 보면 아담은 남자(Man)의 총칭적 이름이며 남성 (male)과 여성(female) 둘 다에 적용된다. 신학적으로 보면 우리 모두는 이런 의미에서 남자(man)다. 히브리어로 남자(man)는 ish이고 반면에 여자(woman)는 ishshah라고 칭한다. 한 뿌리를 가졌으므로 남자와 여자의 히브리어는 유사성이 있다.

그러나 남자(man)와 여자(woman)의 구분과 달리 남성(Male)과 여성 (Female)은 히브리어에서 유사성이 없다. 남성(male)은 Zakar이고 여성(Female)은 n'qebah이다. Zakar와 n'qebah의 뜻의 차이는 매우 크다. Zakar는기억되다 (Remembered)라는 어원을 가지며 n'qebah는 말 그대로 "질을 가진 사람(Person with a Vagina)" 어원을 가진다. 남성이 Zakar (Remembered)로 불리는 이유는 인류를 만든 기본적 원판으로 아담을 인정한 것이기 때문이다. 인류를 만들 기본적 원판으로 아담은 어느 것 하나도 빠뜨리지 않고 창조되었다. 즉 아담은 완전하게 창조 되었다. 아담이 완전하게 창조되었기 때문에 신은 그에게서 갈비뼈 하나를 취하여 여성을 만들 수 있었다. 이것은 남성이 남성염색체[1]인 y 염색체와 여성염색체인 x 염색체를 둘 다 가지고 있기 때문에 가능하다. 그러나 여성은 오직 여성염색체(x)만 가지고 있다. 공학적으로 말하면 남자로부터 여자를 만들 수 있지만 여자로부터 남자를 만들 수는 없다는 것이다. 그래서 아담이 영속적인 세대의 모델로 완전하게 창조되었다면 그는 태반(Placenta)을 가졌을 것이다.

신이 아담을 흙으로 만들 때 그 단어는 히브리어로 yatsar 즉 영어로 번역하면 made의 뜻을 가진다. 아담의 창조는 squeezing, moulding의 뜻으로 번역되는데 마치 진흙으로 도자기를 빚는 것과 같다. 반면 아담으로부터 갈비를 취하여 이브를 만들 때 그 단어는 히브리어로 banah로, 즉 영어로 번역하면 건축, 수선 (building, repair)의 뜻이다. 이브는 아담의 원판에서 만들어졌으므로 엄마의 자궁에 탯줄의 연결 여부를 떠나서 남자와 똑같은 이유로 배꼽을 가졌을 것이다.

앞에 아담과 이브를 그린 작품 세 점을 찾아 올려보았다. 이 작품들은 모두 아담과 이브가 배꼽을 가지고 있는 것으로 그려졌다. 화가들은 당연히 아담과 이브가

1) 성염색체 [性染色體, sex chromosome] 성을 결정하는 염색체로 암수에 따라 형태가 다르다. 사람의 경우 여자는 X염색체 두 개를, 남자는 X염색체와 Y염색체를 가진다.

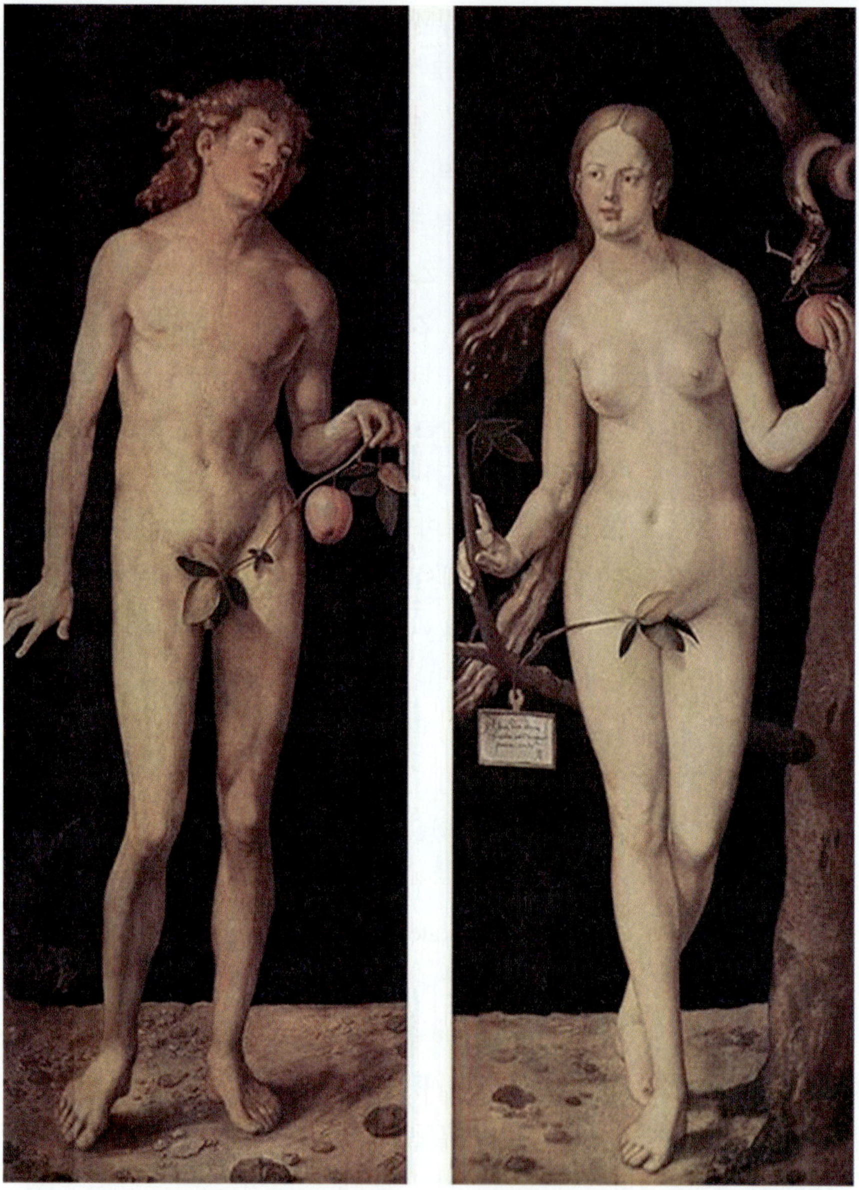

아담과 이브

알브레흐트 뒤러(1471-1528)그림. 마드리드 델프라도 미술관 ©wiki

배꼽을 가지고 있다고 생각한 것 같다.

예수의 탯줄에 관하여 많은 기록이 보이지는 않지만 관련된 내용을 찾아보면 다음과 같은 이야기가 기록되어 있다.

> "성모마리아는 예수의 탯줄을 보관했다. 그녀는 일생동안 그것을 보관하다가 후에 성 요한에게 주었고, 후에 에베소서 주교에게 건네졌다. 나중에 그 이야기는 프랑스의 한 마을인 루캐와 샤론 수 마네(Lucques and Chalons-sur-Marne)에서 끝나는데, 특히 로마도 한 개의 탯줄을 가지고 있었다고 한다. 로마의 탯줄은 성 베드로와 바울의 두개골과 최후의 만찬 나무 조각과 함께 지성소(Sancta Sanctorum)에 보관되어 있었다고 한다. 음경 표피도 1527년까지 여기에 같이 보관되어 있었다고 한다. 그러나 탯줄은 오늘날 어디에도 보이지 않는다. 미래에 어디선가 발견될지도 모른다."[1]

또 외경에는 다음과 같은 기록이 있다.

> "태어난지 8일이 지났을 때 그들이 아기에게 할례를 베풀었다. 노파가 아기의 음경 끝(탯줄이라고 하는 사람도 있다)을 감송향 기름 단지에 넣어 보존했다. 그리고 약을 파는 자기 아들에게 3백 냥을 준다 해도 이 기름 단지는 절대로 팔지 말라고 지시했다. 그런데 죄인인 막달라 마리아가 바로 이 기름 단지를 손에 넣은 뒤, 우리 주 그리스도께서 십자가에 못 박히시기 전에 머리와 발에 그 기름을 바르고 자기 머리카락으로 씻었던 것이다."[2]

외경의 기록은 명확하지 않다. 탯줄인지, 할례 후의 음경의 표피인지 분명하지 않다.

닉켈(Nickell. 2007 : 29, Meyer 1971, Nickell 1998 : 51)에 의하면, 볼태르(Voltaire)는 적어도 여섯 개의 교회가 예수의 탯줄을 가지고 있다는 사실을 알고는 기뻐했다고 한다. 그리고 그 중 적어도 한 개는 살아남아 천사가 하늘 높이 나는 모습을 조각한 보석으로 치장된 성 유물함에 보관되어 있을 것이라고 했다.

---

1) http://www.thesmartset.com/article/article12070901.aspx/

2) 이동진(2000:74-75) 제2의 성서. 신약시대. 서울:해누리

아담의 타락
타이탄(1490-1576)의 그림, 마드리드 델프라도 그림 ©wiki

성경의 기록을 근거로 기독교 신앙에서는 예수는 십자가에서 죽은 후 부활하여 하늘로 승천하였다고 믿는다. 탯줄은 예수가 승천 이전에 이 땅에서 탄생 이후 최초의 신체적 유물이다. 예수의 탯줄은 예수의 신체의 일부로 남겨진 것으로 가톨릭 교회에서 1등급으로 분류한 유물이다. 성처녀는 그녀 아들의 탯줄을 보관했고, 가지고 있기를 갈망했다. 그녀는 그것을 성 요한에게 넘기기 전까지  일생동안 그것을 소유했고, 후에 에베소의 주교에게 전달되었다. 그런데 성스러운 예수의 탯줄이 로마에 하나가 있는데 어떻게 프랑스의 시골인 루케(Lucques)와 샤론 슈 마네(Chalons-sur-Marne)에도 있는지 미스테리가 아닐 수 없다.

13세기에 프랑스의 루케(Lucques)라는 마을은 예수의 성스러운 탯줄(배꼽)을 보관한 십자가상을 자랑스럽게 여겼는데, 클레몽트의 초대 주교인 성 오스트레몽(St Austremoine)이 아버뉴(Auvergne)로 가져온 것이라고 한다. 아버뉴는 프랑스의 중남부의 역사적인 지역으로 원래 아버뉴 백작의 영지였다. 현재는 아버뉴의 리용 행정 구역에 속해있다. 아버뉴는 성 오스트레몽(St Austremoine)에 의하여 기독교화 되고 로마 통치시대에 매우 번영했다. 후에 잠시 비시고트(Visigoths)의 치하에 있다가 507년 프랑크에 정복되었다. 중세에 특히 10~13세기에 아버뉴는 유명한 로마네스크양식 사원과 교회를 짓는 등 큰 번영을 했다. 1095년 제1차 십자군 원정군을 규합하기 위하여 클레몽트위원회가 거기서 열렸다.

최악의 소식이지만, 다른 하나의 탯줄은 로마의 지성소 외에도, 산타마리아 델 포폴로(the church of Santa Maria del Popolo) 교회에 봉안되어 경배되고 있다고 한다.

세 번째로, 프랑스 샤론 슈마네(Chalons-sur-Marne)라는 마을에 예수의 성스러운 탯줄이 전시되어 있었는데 1707년도에 샤론슈마네의 탯줄을 보관한 함을 개봉하자, 자갈이 들어 있는 것이 발견되었다. 그 후 1707년에 샤론의 주교는 노틀담엔보(Notre-Dame-en-Vaux) 성당에서 예수의 탯줄 숭배를 금지했다.

성 오스트레몽의 목조상

17세기 작품, 프랑스 아버뉴의 이소르에 있는 성 오스트레몽 교회 ©wiki

이탈리아,산타마리아 델 포폴로교회 ©wiki

프랑스 샤론 슈 마네* 노틀담 엔보성당(고딕식) ©wiki
*슈마네: 프랑스 상파뉴 아르덴의 주도

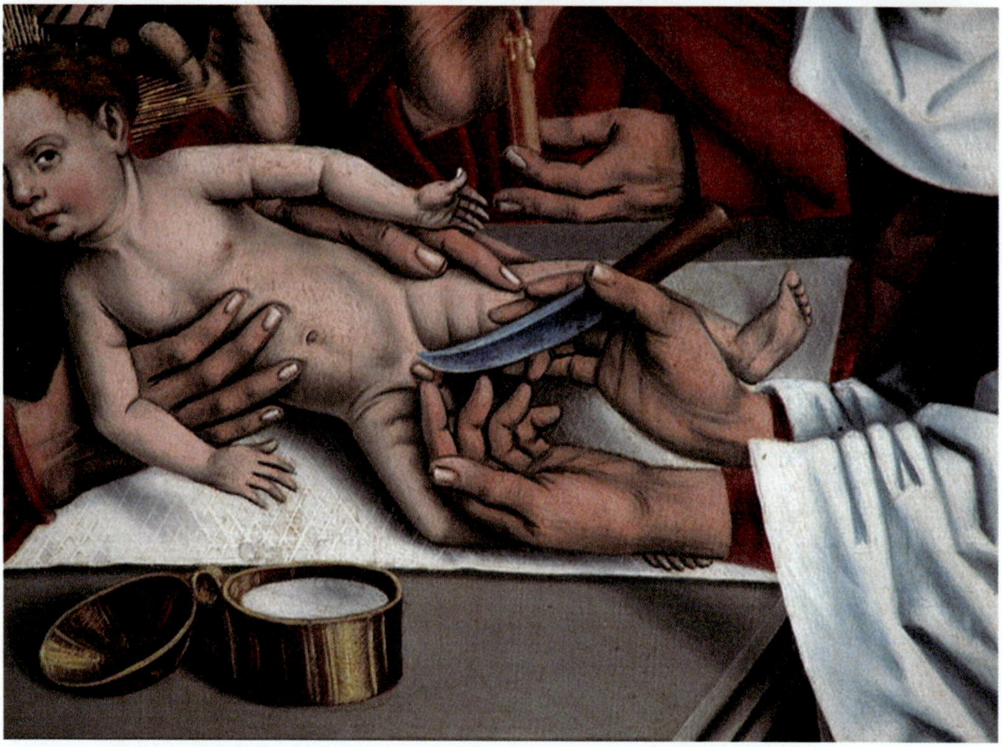

아기예수의 할례
프리드리히 헤어린(1435-1500)의 그림 ©wiki

## 예수의 성 포피

성 포피(Holy Foreskin, Holy Prepuce)는 유년의 예수에 대한 할례 시 성기의 끝을 자른 부분을 말한다. 이 유물은 성배에 버금가는 만큼 사람들의 지대한 관심을 끌고 숭배의 대상이 되었다. 볼태르(Voltaire)는 '관용에 관한 논문(1763)'에서 '성 포피에 관한 경배'는 일종의 미신이 되어갔는데 자신의 형제를 싫어하고 박해하는 것보다는 훨씬 합리적이다.라는 아이러니칼 한 말을 하기도 했다.

움베르토 에코의 바우돌리노 ©wiki

모든 유대인은 유대종교법에 따라 출생 후 팔일 만에 할례를 받아야만 했다. 아직도 전 세계의 많은 교회들은 1월 1일을 예수의 할례 축일로 기념한다. 예수도 출생한 지 팔일 만에 할례를 받았다. 킹 제임스버전 성경 누가복음 2장 21절에 의하면 "할례 할 팔일이 되매 그 이름을 예수라 하니 곧 잉태하기 전에 천사가 일컬은 바러라"라고 기록되어 있다. 예수의 여러 음경 포피에 대한 첫 번째 문헌은 외경 아랍어의 유년복음서 제2장에 나온다.

1. 그의 할례할 때가 되었을 때, 즉 8일째, 율법에 따라 할례를 하도록 명령되고 그들은 동굴에서 그에게 할례를 하였다.
2. 늙은 헤브류 노파가 음경 포피를 가져가서(어떤 자는 탯줄이라고도 한다) 오래된 감송향 기름 단지에 보존했다.
3. 그녀에게는 약사인 아들이 있었는데, 그에게 말하길, 300냥을 주더라도 이 기름병을 팔지 않도록 유의하라.
4. 죄인인 마리아가 그 기름병을 구하여 그 기름을 주 예수의 머리와 발에 붓고 그녀의 머리로 닦아주었다.

데이비드 팔레이의
'엉뚱한 호기심 (2009)' ©wiki

최근의 성 포피에 관한 문헌들은 그리 많지가 않지만 관심에 따라 매우 심도 있는 이야기들이 다루어지고 있다. 움베르토 에코는 바우돌리노(Baudolono[1])에서 4차 십자군 전쟁 속에서 바우돌리노가 역사학자인 고관을 구하면서 콘스탄티 노플을 빠져나오면서 하는 이야기 속에 바우돌리노는 로마에서 예수의 성 포피와 성 탯줄을 본 이야기를 하고있다. 데이비드 팔레이(David Farley 2009) 는 '엉뚱한 호기심'이란 저서에서 이탈리아의 시골에서 아주 이상한 유물을

1) Umberto Echo(2000). Baudolino.

찾아서 진짜 성 포피의 위치를 추적하고자 하는 이야기를 쓰고 있다.

데이비드 팔레이(David Farley)에 의하면 중세에는 기록에 따라 여덟 개, 열두 개, 열네 개 혹은 열여덟 개의 다른 성 포피가 있었다고 한다. 프랑스 샤트레 인근의 마을인 코울롬(Coulombs)이 하나, 샤트레(Chartres)도 유명한 성 포피를 하나 가지고 있었고, 프랑스의 샤로(Charroux), 메쯔(Metz), 콩케(Conques), 랑그레(Langres), 안버스(Anvers), 페캄(Fécamp), 퓌엔벨라이(Puy-en-Velay) 등이 성 포피를 하나씩 가지고 있었다. 아버뉴(Auvergne)는 두 개나 가지고 있었다. 프랑스만 가지고 있던 게 아니다. 독일의 힐데샤임(Hildesheim), 벨기에의 안트워프(Antwerp), 스페인 북서지방의 유명한 순례지인 산티아고 데 콤포스텔라(Santiago de Compostela)도 한 개씩 가지고 있었다. 로마의 라테르노의 성 지오반니(San Giovanni in Laterano) 교회도 하나를 가지고 있는데 이것은 진짜로 여겨진 로마의 칼카타에서 사라진 것으로 추정된다.

성 포피 유물은 중세에 유럽에 출현하기 시작했다. 중세에 성 포피는 성배(Holy Grail) 수준으로 큰 관심을 받았다. 열 개 이상의 수도원과 타운이 성 포피를 소유하고 있다고 주장했다. 그들은 모두 성 포피가 샤를마뉴로부터 전해진 것이라고 주장했다. 최초의 기록된 모습은 주후 800년 12월25일 교황 레오 3세가 로마에서 샤를마뉴 대제의 대관식을 할 때, 샤를마뉴 대제가 교황 레오 3세에게 성 포피를 선물로 준다. 비록 세속적인 이야기에서는 샤를마뉴 대제가 비잔틴 여황제인 이레네로부터 예수의 성 포피를 결혼 선물로 받은 것이라고 말하고 있다. 그러나 샤를마뉴 대제는 성묘교회에서 기도할 때 천사가 그에게 예수의 성 포피를 주었다고 주장했다고 한다(Farley, 2009).

가장 유명한 성 포피는 1100년경 브라반트(Brabant)의 안트워프(Antwerp)에 예루살렘의 왕인 보드윙1세(Baldwin I)가 선물로 보낸 것으로 이것은 1차 십자군 침공 기간 중 팔레스타인에서 구매한 것이라고 한다. 이 포피는 캄브레이(Cambray) 주교시절 축일 행사 중 제단의 아마포에 세 방울의 피가 흐르는 것이 목격된 후 유명해졌다. 기적적인 유물의 영광을 기리기 위하여 특별 미사와 기념 행렬이 조직되었고 그곳은 순례지가 되었다. 1426년 성당에 형제단이 설립되었는데 24명의 구성원은 전부 수도원장과 저명한 평신도였다.

예루살렘의 성묘교회 (Church of the Holy Sepulchre) ©wiki

그 유물은 1566년에 사라졌는데 그 기념미사는 계속되고 영국왕 헨리7세와 그의 부인인 요크의 엘리자베드가 1503년에 기부한 두 개의 스테인드글라스가 장식되었다. 차로수도원(The abbey of Charroux)은 그 성 포피는 샤를마뉴가 수도승에게 선물로 준 것이라고 주장했다. 12세기 초 그것의 진위를 판단하기 위해 이노센트 3세에게 보여주기 위해 로마로 가져갔다. 교황은 그것의 진위여부를 판단하기를 사양했다. 그런데 어느 시점에 그 유물은 사라졌고 1856년 수도원을 보수하던 한 노동자가 사라진 포피를 보관하고 있는 벽의 안쪽에 있는 유물 보관함을 찾을 때까지 잃어버린 채로 있었다. 그런데 다시 발견된 성 포피에 대하여 수 백년 동안 교회가 공식적으로 경배해온 이탈리아 칼카타에 있는 진짜로 믿어 온 성 포피와 신학적 논쟁이 붙었고, 1900년, 로마 가톨릭 교회는 이 딜

레마를 해결하기 위해 누구든지 성 포피에 대해 말하는 자는 파문당할 것이라는 칙령을 포고하였다. 1954년 수 많은 논쟁 끝에 그 처벌은 더 심한 것으로 변경되었고, 후에 제2차 바티칸 공회에서 성 할례일을 없애버렸다. 그러나, 동방교회와 전통적 로마 가톨릭 교회는 아직 매년 1.1일을 성할례 축일로 기념하고 있다.

로마에 있던 성 포피는 1527년까지 보관되었는데, 탐욕스러운 독일 병사가 로마를 약탈할 때 유물이 가득한 방을 쓸어가면서 전리품으로 노획하여 보석으로 장식된 보관함을 그의 팔에 끼고 북쪽으로 달아났다.

샤를마뉴 대왕
알베르히트 뒤러 (1471-1528) ©wiki

교황 레오 3세 모자이크
(750 – 816) ©wiki

성 포피를 보관한 라테란의 성 지오반니 성당, 이탈리아 로마 ©wiki

독일 병사는 칼카타(Calcata)[1]까지 달아났다가 거기서 붙들려 감옥에 수감되었는데, 거기서 그는 그 유물을 감옥 안에 몰래 감추어 두었다. 30년 후인 1557년, 성 포피가 거기서 발견된 후 그 마을에는 여러 가지 날씨의 기적이 일어나기 시작했다고 한다.

데이비드 팔레이가 슬레이트 메거진(Slate magazine)에 기고한 글은 칼카타를 직접 방문하여 성 포피에 대하여 조사를 벌인 결과와 극적인 결론에 도달한 내용이 담겨있다. 아래 내용은 그가 슬레이트(Slate)라는 인터넷 잡지에 기고한 내용[2]이다.

1) 칼카타(Calcata)는 로마의 북쪽으로 47Km 거리에 위치한 이탈리아 라티움(Latium)지방의 비테르보(Viterbo)에 위치한 타운으로 자동차로 가면 트레자(Treja) 강이 굽어 보인다

2) www.slate.com/id/2155745/(검색 2011. 1.28)

1983년 로마의 북쪽으로 30마일 떨어진 작은 마을 칼카타 (Calcata)는 성 유물의 연례 행진을 준비하던 중 축제의 흥을 깨는 교구 사제인 다리오 마그노니 (Dario Magnoni)의 발표를 듣고 충격에 빠졌다.

> "금년에 그 성 유물은 축제 행사에 전시하지 않을 것입니다. 그것은 사라졌습니다. 벌을 받아 마땅한 신성을 모독한 도둑이 내 집에서 그것을 가져 갔습니다."

예수의 신성한 몸의 일부가 분리되어 남겨졌을 때 독실한 사람들은 그것을 사고, 팔고, 거래해 온 것이 중세 이후의 일만은 아니지만, 그 유물이 도둑을 맞았다는 것은 큰 뉴스가 되었다. 그러나 미스테리한 칼카타의 사랑받는 유물이 사라졌다는 것은 남다른 것이다.

이것은 단지 어느 성인이 남긴 잔여물이 아니며, 단순한 몸의 일부도 아니었다. 그것은 예수 그리스도의 성스러운 음경 포피이며, 구세주의 할례 시 성기의 잘려진 끝 부분이며, 아마도 그가 지상에 남긴 그의 몸의 유일한 부분일 것이다.

칼카타의 사제 마그노니의 집안 장롱 속의 신발 상자에 보관 되어 있던 성스러운 음경포피에게 무슨 일이 일어났던 것인가? 그 유물이 사라진 후 왜, 어떻게 그것이 사라졌는지에 대한 논쟁이 붙었다. 혹자는 마을 사제가 그것을 천문학적인 금액을 받고 팔았다고 생각을 했고, 다른 사람은 도둑을 맞아 유물이 거래되는 암시장에서 거래되어 사라졌을 거라고 했다. 심지어 어떤 자는 사탄의 추종자나 신 나치주의자가 저지른 소행이라고도 했다. 가장 유력한 용의자는 전혀 여기에 개입하지 않았을 것 같은 "바티칸"이다.

## 왜 그런가?

개신교도는 "그들은 예수의 몸을 평화롭게 보내지 않았다."[1]라고 힐난하며, 우리의 사고를 미신에서 회의론으로 바꾼 과학적 혁명은 한때, 독실한 계층조직

1) 존 캘빈이 이렇게 힐난했다고 한다.

의 최상층에 놓인 축복받은 예수의 신체의 유물에 대해 손해를 끼치게 되었다고 의심했다. 20세기의 교회가 2000년이나 보존된 구세주의 성기 끝부분에 대해 아첨하는 무리의 생각에 일말의 부끄러움을 느끼기 시작하였다는 점은 이해할 만하다. 아직도 내가 6개월 전에 칼카타에 도착했을 때, 바티칸이 예수의 성스러운 포피를 도둑질했다는 생각은 댄-브라운(Dan Brown)과 다니엘 스텔레(Daniel Steele)와 함께 마리화나에 취해서 브레인스토밍 하는 것처럼 그럴 듯하게 들린다. 그런데 칼카타에 이주한 보헤미안(집시)의 임종 시 고백 이야기와 약간의 역사적 맥락에 대한 정보는 나를 다른 방향으로 확신시켰다.

그것이 사라지기 전에 그 유물은 이상한 역사를 가지고 있었다. 그것은 1557년 칼카타에서 발견되었고 곧 일련의 기적이 일어났다. 그런 기적은 변덕스러운 야릇한 폭풍, 마을을 집어삼킨 향기가 나는 짙은 안개와 같은 갑작스런 날씨의 변화가 그것이었다. 교회는 성 포피를 경배하러 오는 사람들에게 10년간 죄를 사해주는 면죄의 인증서를 주었다. 수많은 순례자가 교회 입구부터 담장을 지나 마을의 성채까지 늘어섰다. 인근 마을과 수도원의 수녀와 수도승들이 촛불 행진을 벌였다. 칼카타는 순례자의 지도에서 반드시 가봐야 하는 목적지가 되었다. 1900년까지 그랬다.

성 포피가 프랑스에서도 발견되었다고 하자 그 이후에 들끓는 비난에 직면한 바티칸은 성 포피에 관하여 글을 쓰거나 말하는 사람은 파문하겠다고 칙령을 발하였다. 그리고 54년 후, 한 수도승이 순례 관광 안내서에 칼카타를 포함시키기 원하였을 때, 바티칸 직원은 그 제안을 단순히 거부하지 않았고 그들은 처벌을 단행했다. 지금은 그 명칭(성 포피)을 말하는 누구든지, 그들이 하는 말이 칼카타의 성 포피가 어느 주장자보다 더 합법적이라고 결론이 내려졌다고 하더라도 가장 가혹한 파문인 불명예와 외면을 당하게 된다.

그러나 그것이 성 포피에 대한 마지막 이야기는 아니다. 1960년대 말, 정부 관리가 칼카타 마을이 절벽의 붕괴와 지진의 위협이 있다고 걱정하며 새로운 타운의 건설을 결정하였다. 집시들이 정부 철거반을 기다리고 있는 버려진 마을을 발견하고는 무단 정주 하다가 합법적으로 구매하여 건물들을 정리하였다. 이주한 몇몇 보헤미안 집시가 칼카타의 유물에 대한 행사를 마련해 냈는데, 그것은 그 유물을 오직 마을의 신년 행사기간 동안에만 공중에게 보여주는 것이었다. 바티칸이 성 할례일(Holy Circumcision)을 교회달력에서 없애버리는 개혁을 하였어도 칼카타의 행사는 그날 진행되었다.

새로 이주한 거주자들은 그 우여곡절이 많은 행사와 유물에 관하여 신문에 글을 쓰기 시작했고, 로마 전역과 칼카다의 명예롭지 못한 성 포피는 더 이상 외면당하지 않았다. 그 교회는 주목을 받았다.

이것이 지역 사제인 다리오 마그노니(Dario Magnoni)가 그 유물을 교회에서 집으로 가져온 이유일까? 누가 알겠는가?

칼카타 : 이탈리아 ©wiki

마그노니는 1954년의 파문의 위협을 인용하며 유물에 관하여 말하기를 거부했다. 마그노니의 전임자인 마리오 마스트로콜라 (Mario Mastrocola) 역시 그 유물에 관하여 말하기를 꺼렸다. 그러나 그는 유물을 누가 훔쳐갔다는 이야기를 들었을 때 놀라지 않았느냐고 질문을 받았을 때 그는 머리를 흔들었다. 재차 추궁해 물어보니 그는 말하기를 '만일 내가 지금도 거기의 사제라면, 그 유물을 도둑맞지 않았을 것이다'라고 말했다. 마스트로콜라의 애매모호한 말은 누가 책임이 있는지를 직접적으로 거론하지는 않았지만, 비밀스러운 교회의 거래가 있음을 암시했다. 바티칸에 대한 인터뷰 요청을 하였지만 바티칸은 회신이 없었다.

후에, 나는 칼카타의 새 타운과 구 타운의 사이에 있는 언덕의 가운데쯤 있는 와인 창고 통로에 앉아 있었다. 창고 소유주이자 평생 칼카타에서 살았던 카펠론(Capellone)은 그의 가까운 친척인 전 지역 주교인 로베르토 막시밀리안(Roberto Massimiliani)에 관한 이야기를 해 주었다. 병환으로 누워있던 막시밀리안 주교는 카펠론에게 그가 죽으면, 성 유물도 역시 사라질 것이라고 말해주었다. 그 후 곧 주교 막시밀리안은 1975년에 죽었다. 그리고 8년 후에 성 유물은 사라졌다.

카펠론은 말했다.

"그것은 나에게 고백처럼 느껴졌어요. 그가 죽기 전에 누군가에게 말해 줄 필요를 느낀 것 같았습니다."

마그노니가 유물의 소멸에 관하여 1983년 발표 시 언급한 신성을 모독한 도둑은 실제로 바티칸이 파견한 사자(使者)일까? 바티칸의 대리인이 마스크를 착용하고, 검은 의복을 걸친 채 예수의 성 포피를 훔치는 임무를 띠고 왔다는 생각은 사람들의 지대한 관심을 끈다.

그러나 지금 바티칸이 그 유물을 가지고 있다고 맹세하는 카펠론 같은 사람에게 그 도둑은 마그노니 그 자신일 수 밖에 없다. 몇몇 지역민은 그가 발표를 하기 전날 로마를 가는 것을 보았다고 했는데, 그러한 사실로 미루어 바티칸이 성 유물을 요구했고 마그노니가 그것을 견디다 못해 성 유물을 직접 전달했다는 추측을 자아낸다.

바티칸, 성 베드로 광장 ©wiki

팔거나, 훔쳐갔거나 바티칸으로 전달했거나 혹은 이 세 가지가 동시에 일어났거나 칼카타의 성 포피는 영원히 사라질지도 모르는데, 심지어 몇몇 거주자들은 그것이 되돌아 올 것이라는 희망을 갖고 있다. 교회는 확실히 안도의 한숨을 쉰다. 대부분의 다른 유사한 유물들이 프랑스 혁명 당시 파괴된 반면, 칼카타의 성 포피는 과학적 혁명의 유성 충돌에서 살아남은 공룡처럼 그것의 만료일을 지나 오래 살아남았다.

데이비드 팔레이는 언급하기를 그러나 그것이 살아 남았다면, 그리고 누군가 그것을 복제(Clone[1])하기를 바란다면 그건 시간 문제일 것이다. 그렇다면 그건 두

1) 단일세포 또는 개체로부터 무성적(無性的)인 증식에 의하여 생긴 유전적으로 동일한 세포군 또는 개체군을 말한다. 영양계(營養系) 또는 분지계(分枝系)라고도 한다. 1903년에 웨버가 명명한 것이다. 바이러스의 경우에도 1개의 입자에 유래한다고 생각되는 자손의 집단을 관용적으로 클론이라고 한다. 1개의 클론 속의 하나하나의 개체를 말할 때는 라멧(ramet)이라고 한다. 출처 : http://100.naver.com/100.nhn?docid=153460

번째로 다가오는 전적으로 새로운 의미를 줄 것이다. 그러한 단초를 초크라는 책이 말해준다. 척 팔라닉(Chuck Palahniuk)은 초크(Choke)라는 책에서 주인공이 예수의 성 포피에서 복제되었다는 이야기를 쓰고 있다.

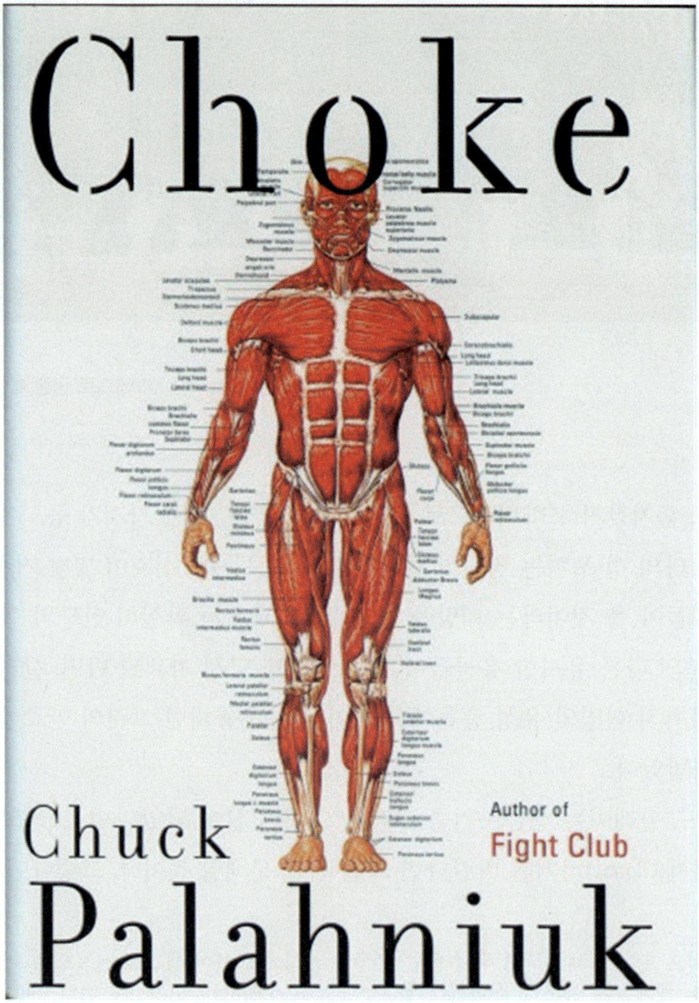


척 팔라닉의 소설 '초크' ©wiki

## 예수를 뉘였던 구유

성경 정전에 의하면 예수가 탄생한 정확한 위치는 명시되어 있지 않다. 다만 베들레헴의 어느 외양간에서 탄생한 것처럼 보인다. 그러나 외경[1]에 의하면 다른 기록이 남아있다.

마라아가 임신한 몸으로 출산이 가까워 올 때 유대의 베들레헴에 소속된 유대인들은 모두 자기가 소속된 마을로 가서 세금을 바치라는 아우구스투스황제의 칙령이 내려져서 요셉은 마리아를 데리고 세금을 내기 위해 베들레헴으로 향했다. 베들레헴은 예루살렘에서 남쪽으로 10km 떨어진 팔레스타인의 중앙산맥, 사해(死海)까지 계속되는 '유다의 광야'의 끝, 예루살렘으로 가는 길의 연변에 있다. 예수 그리스도의 탄생지이며, 예수가 태어났다고 전해지는 동굴 뒤에는 성탄교회(聖誕敎會)가 있다. 역사상으로는 이미 BC 14세기에 등장하며, 그 후 부근의 마을과 광야의 유목민 교역소로서 발전하였고, 16세기경부터는 올리브재(材)와 진주조개의 가공업도 발달하였다. 그리스도교도의 순례지이며, 1967년 이스라엘이 점령하였다가 1995년 12월 팔레스타인에게 반환하고 철수하였다. 마리아는 당나귀를 타고 그 뒤를 요셉과 아들 시몬이 따라갔다. 베들레헴이 약 5키로미터 남은 길에서 마리아는 아기가 당장이라도 나올 것 같으니 당나귀에서 내려달라고 했다. 사막에서 내린 마리아는 근처에서 동굴을 발견하고 그곳으로 들어갔다. 마리아와 아들을 동굴에 두고 요셉은 히브리인 산파를 구하러 베들레헴으로 갔다. 그때 요셉은 이상한 일을 겪는다. 요셉은 다음과 같이 말했다.

> "내가 길을 가고 있을 때, 구름들이 놀라고 새들이 공중에서 정지하여 더 이상 날아가지 않는 것을 보았다. 지상을 내려다보니, 식탁이 있고, 그 주위에 일꾼들이 둘러 앉았는데, 두 손을 식탁위에 올려 놓았으나 움직이지 않았다. 입속에 고기

1) 이동진 (2001: 61-74). 제2의 성서. 신약시대. 서울 : 해누리

를 넣고 있는 사람들은 그것을 먹지 않았다. 두 손을 머리 위로 높이 쳐든 사람들은 그 손을 내리지 않았다. 입으로 손을 가져간 사람들은 그 입에 아무것도 넣지 않았다. 모든 얼굴이 위를 향했다. 양떼가 흩어졌지만, 부동자세로 서 있는 것이 내 눈에 보였다. 양떼를 내리치려고 손을 치켜든 목동의 손이 허공에 머물러 있었다. 강을 바라보니, 강물에 입을 댄 사람들이 물을 마시지 않고 있었다."

요셉은 산에서 내려오는 한 산파를 만나 그녀를 데리고 동굴로 갔다. 그 때 찬란한 구름이 동굴을 뒤덮었고, 산파는 "내 눈이 놀라운 일들을 보았고, 구원이 이스라엘에 이르렀으니 오늘 내 영혼이 크게 축복을 받았어요."라고 말했다. 갑자기 구름이 동굴 안에서 엄청나게 찬란한 광채로 변해서 그들은 눈을 뜰 수가 없었다. 이윽고 광채가 서서히 사라지고 아기가 모습을 드러냈는데, 어머니 마리아의 젖을 빨고 있었다. 그때 동쪽에서 동방박사들이 갓 태어난 유대인의 왕을 경배하러 온다는 소문이 베들레헴에 퍼졌고, 헤롯대왕은 사제를 보내 동방박사를 불러 갓 태어난 왕의 징표가 무엇인지 물었다. 동방박사는 "비상하게 커다란 별이 하늘에서 빛나는 모습을 보았소. 이 별의 광채가 얼마나 대단한지, 다른 별들은 보이지도 않았소. 그래서 이스라엘에 위대한 왕이 태어난 것을 알았소. 우리는 그분을 경배하려고 왔소."라고 대답했다. 헤롯대왕이 "가서 열심히 찾아보시오. 만일 아기를 발견하게 되면 나에게 알려주시오. 나도 가서 경배할 생각이오."라고 말했다. 동방박사는 길을 떠나 동쪽에서 보았던 그 별이 나타나 아기가 마리아와 함께 머물고 있는 동굴에 이르러 멈추었다. 그들은 황금과 유향과 몰약을 바쳤다. 꿈에 나타난 천사가 유대를 거쳐서 헤롯에게 돌아가지 말라고 경고했기 때문에 그들은 다른 길로 고향에 돌아갔다. 동방박사에게 속았다고 깨달은 헤롯이 격분하여, 베들레헴의 두 살 이하의 아기를 모조리 살해하라고 명령했다. 그 소문을 들은 마리아는 몹시 두려워서 아기를 포대기로 싼 뒤 소여물통에 숨겼다. 여관에는 그들이 묵을 빈방이 없었기 때문이었다.

외경의 기록에 의하면 아기 예수는 베들레헴 근처의 동굴에서 태어나 베들레헴으로 들어왔으나 묵을 곳이 없었고, 게다가 로마 군인이 두 살 이하의 유대 아기를 죽이려고 찾고 있었으므로 여관의 외양간에서 숨기기 위하여 포대기에 싼 채로 소구유에 놓아두었다는 것이다. 외경의 기록을 참조 한다면 예수님은 베들레헴의 여관 외양간에서 태어난 것은 아니었다.

로마의 산타 마리아 마지오레(the Basilica of Santa Maria Maggiore)성당에 아기 예수가 누웠던 구유가 남아 보존되고 있는데 오늘날은 몇 개의 나무 조각만 남아 있다.

산타마리아 마지오레 성당의 시스틴(Sistina, Sistine) 예배소는 성소 아래 지하에 예수가 탄생한 베들레헴의 탄생 모습을 만들어놓고 보여주는 곳으로 유명하다. 또한 이 교회에는 4세기경 성경을 라틴어로 번역한 교회학 박사 성 제롬, 교황들, 그리고 지안로렌조 베르니니, 1538년 12월25일 이 제단에 선 설교자인 성 이그나티우스가 묻혀 있다. 성당의 시스틴 예배실의 장식은 교황 식스투스5세(Pope Sixtus V)가 주도했다. 건축가 도메니코 폰타나(Domenico Fontana)가 예수 탄생시의 구유로 추정되는 유물을 안치하도록 예배실을 설계하기 위하여 소환되었다. 원래 예수 탄생의 모습을 담은 작은 예배당은 13세기에 아놀포디 캄비오(Arnolfo di Cambio)가 예수 탄생의 모습을 매너리즘[1]의 영향을 받아 내부 장식을 했는데 대규모 예술가 팀에 의해 1587-1589년 사이에 완성되었다. 이 공사는 세자르 네비아(Cesare Nebbia)와 지오바니 구에라(Giovanni Guerra)가 감독했다. 한편 예술전기 작가인 지오바니 바글리오네(Giovanni Baglione)가 개별예술가들에게 특정한 과업을 분배해서 조사를 하는 동안, 많은 부분의 프레스코화에서 네비아가 손으로 그린 그림이 발견되었다.

1) 16세기 이탈리아의 지나치게 기교적인 미술 양식

로마의 산타마리아 마지오레성당 ©wiki

닉켈에 의하면 로마의 산타 마리아 마지오레 성당의 정교한 유물함에는 다섯 개의 오래되고 검은 판 조각을 가지고 있는데, 그 중 네 개는 성스러운 구유(Holy Menger or Crib)로 명성이 자자하다. 다섯 번째 조각의 판은 그리스어로 지금까지 조각된 적이 없는 어떤 종교적 문양에 관한 예술가의 문구가 새겨져 있다. 크루즈(Cruz, 1984)에 의하면 이 나무 조각에 대하여 두 가지 이론을 세운다.

도메니코 폰타나(1543–1607) ©wiki
스위스 출신 이탈리아 후기 르네상스 건축가

> "예수의 탄생 이후에 예수가 놓여졌던 구유는 가축의 음식을 주기 위해 고정된 장소로 생각되며 지하실 벽의 석회암을 대충 다듬어서 만든 것으로 믿어진다. 어떤 이론에 의하면 네 개의 나무 판은 두 개씩 X자 모양으로 석회암으로 만든 구유를 지탱하기 위하여 사용되었다는 것이다. 다른 이론은 그 나무 판의 모양은 어떤 다른 추가적인 부분을 함께 맞추어 보면 구유의 바닥 부분으로 적합한 모양을 형성할 수 있다는 점을 보여준다는 것이다."

재미있는 것은, 다섯 개 모두는 가늘고 긴 두 개의 금속으로 함께 묶여 있는데, 고대에 조립된 물건이라는 것을 말해 준다고 크루즈는 말한다. 만일 그렇다면, 다섯 번째 주석(설명)이 달린 판에 대해서, 어떤 자는 남을 잘 믿는 성직자나 의심 없는 순례자를 속여서 팔아 먹은 고대 예술가의 상자나 선반이거나 혹은 다른 물건이라고 의심할 수 있다.

가톨릭 백과사전에 의하면 닉켈이나 크루즈의 견해와는 다른 견해를 말한다.

시스티나 예배소의 성스러운 구유 보관함 ©wiki

아기 예수가 탄생한 이후 뉘여진 구유는 사실은 가축의 먹이를 주는 마구간 혹은 여관에 있는 장소로 작은 동굴과 같은 재질의 석회암을 대충 다듬어 만든 재질로 되어 있다. 매우 오래된 구전에 의하면, 예수가 태어났을 때 나귀와 소가 외양간에 있었다. 그 구전은 이사야서 1장 3절의 "소도 제 임자를 알고 나귀도 제 주인이 놓아 준 구유를 알건만 이스라엘은 알지 못하고 나의 백성은 깨닫지 못하는구나."의 암시를 예수 탄생의 상황으로 인정하고 있다.

예수 탄생 교회와 베들레헴 탄생의 지하 동굴과 관련하여 알아보자. 베들레헴은 두 개의 언덕 위에 위치하고 있는데 그 언덕은 해발 2,361피트이다. 성서 속의 베들레헴은 서쪽에 있다. 한편 동편 언덕에 작은 지하동굴 위에 예수 탄생 교회가 세워져 있다. 예수와 마리아는 마을의 여관에 방이 없어서 마을을 떠나 양치기들과 양들이 비를 피하는 곳으로 사용되는 장소인 동편 언덕에 있는 그 동굴 혹은 외양간에 다다랐다.[1]

누가(Luke)가 말한 예수 탄생의 역사나 예수 탄생의 진짜 장소인 지하 동굴에 관한 논쟁보다는 오늘날 숭배되는 구유의 위치의 진정성에 대한 고대로부터 지켜온 전통을 버릴 합리적인 이유가 없다. 오래전부터 수많은 작가들이 이러한 전통을 목격하였음을 인정한다. 그러므로 AD 165년에 순교한 성 저스틴(St, Justin)은 "요셉은 마을에서 묵을 여관을 찾을 수 없어서 베들레헴의 동굴에 인접한 은신처를 찾았다."고 하였다. 반세기 후에 오리겐(Origen)은 "예수가 베들레헴에서 태어난다는 메시아의 예언 혹은 예수의 제자들이 쓴 예수의 역사에 어필하지 않으면서 그 자신을 만족하기를 바라는 사람들은 복음이 말하는 바에 따라 그가 처음으로 빛을 본 베들레헴은 지하 동굴을 보여준다는 점을 알아야 한다." 라고 썼다.[2]

예수탄생교회와 구유광장 ©wiki

1 ) Dialogue with Trypho (Chapters 69-88), http://www.newadvent.org/fathers/01286.htm.

2 ) Contra Celsus, Book I, http://www.newadvent.org/fathers/04161.htm

성 헬레나(St. Helena)는 그 지하 동굴을 처음으로 교회로 바꾸었고, 비싼 대리석과 다른 귀중한 장신구로 치장했다. 예수탄생 이후에 지하 동굴 위에 세워진 그 첫 번째 교회는 아마도 그녀의 아들인 콘스탄틴 황제의 아낌없는 헌신으로 세워졌을 것이다. 유세비우스(Eusebius)는 "황제 자신은 그의 어머니가 설계한 화려함조차 빛을 잃을 정도로 그 교회를 진정으로 장엄하게 치장했다."고 말했다.[1]

지하 동굴 그 자체와 교회는 전쟁과 침략으로 유린 되어 수세기에 걸쳐 여러 차례 복구되거나 개조가 필요했다. 그러나 현재에는, 퀘레시무스와 여러 작가가 상세하게 묘사했던 수려한 모자이크와 그림들은 거의 남아있지 않다.

예수가 탄생한 장소 ©wiki

1) Life of Constantine (Book III). http://www.newadvent.org/fathers/25023.htm

예수가 탄생한 장소의 장식과 제단 ©wiki

예수가 탄생한 지하 동굴은 두개의 계단으로 위의 교회에서 부터 연결되어 있는데, 즉, 교회의 성가대석의 북쪽 측면에서부터 지하 동굴 아래로 연결되어 있다. 그 통로는 구전에 의한 예수가 탄생한 장소로 집중된다. 정확한 지점은 돌을 파서 별모양으로 만들어 표시되어 있는데 다음과 같은 단어로 둘러싸여 있다.

HIC DE VIRGIN MARIA JESUS CHRISTUS NATUS EST

서쪽으로 아주 가까운 곳에 예수가 놓여졌던 구유(Menger)가 있는데, 구전에 의하면 거기서 동방박사로부터 경배를 받았다고 한다. 1873년에 그 지하 동굴은 그리스인에 의하여 약탈당하여 무릴로(Murillo)와 맬로(Maello)가 각각 그린 두 장의 그림을 포함하여 모든 값진 물건들을 싣고 가버렸다. 약탈 후 도둑맞은 보물들은 반환되지 않았다.

가톨릭 백과사전에 의하면, 로마의 산타 마리아 마지오레 교회에 보관된 구유의 유물은 테오도(Theodore, 640-649) 교황의 재임 중 예루살렘에서 가져온 것으로 추정된다. 테오도 교황은 그 자신이 팔레스타인 출신이었고 그 유물이 무슬림과 다른 습격자들에게 노출되면 약탈과 노략될 것이라는 위험을 잘 알고 있었다. 애스퀄린의 리베리우스에 의하여 건립된 그 교회는 교황 테오도 치하에서 처음으로 '성모마리아 침대'(Sancta Maria ad Praesepe)라는 칭호를 얻었다. 교황 해드리안(Hadrian) 1세의 재임기간 중 성당에 첫 번째 제단이 건립되었고, 수세기에 걸친 건축 과정을 통하여 유물이 보관된 장소는 전 세계의 독실한 기독교 신자들이 방문하게 되었다.

오늘날 로마의 산타 마리아 마지오레 교회에 보관된 구유는 다섯 개의 판으로 된 부분들이 남아있는데, 1893년 복원하는 기간 동안 바티칸의 조사관인 부국장 라이스 신부(Father Lais)에 의하여 조사 결과, 예루살렘에 여러 종류가 있는 시카모어 나무(sycamore tree)로 만든 것임을 밝혀냈다. 그 중 두 조각은 다른 세 조각처럼 원래 현재의 것이 아닌 훨씬 오래된 것으로 X자 형태로 똑바로 서 있었던 것이며, 나머지 세 조각도 분실된 것으로 추정되는 여섯 번째 판으로 지지되어서 구유 아래에 X자로 교차하여 놓여 진 것이 틀림없다고 추정한다. 이 나무 조각들이 지하 동굴과 같은 재질의 부드러운 석회암으로 만들어진 구유 자체를 지탱하는 것이라고 말하는 것이 적절하다고 결론을 내릴 수 있다고 가톨릭 백과사전은 인정한다.

오늘날 구유의 유물을 보관하고 있는 얕은 돋을새김과 소형 조각상으로 장식된 비싼 유물함은 1830년에 빌라 헤르모사(Villa Hermosa) 공작부인이 선사한 것이다. 피우스 4세(Pius iv 1559-1565)는 매년 크리스마스 이브에 경배를 위하여 유물이 장엄하게 보여지도록 높은 제단을 회복시켰다.

구유의 유물이 아니라도 교회는 크리스마스에 구유의 모습을 만들어 놓고 널리 숭배하고 있는데, 이것은 어떤 계기로 인하여 일어난다. 구유에 대한 숭배는 의심할 바 없이 매우 오래된 전통이다.

그것은 성 프란시스 아시시(St Francis Assissi)때문에 확산 되었고, 오늘날 알려진 것과 같은 유형의 모습을 갖추게 되었다. 1223년 성 프란시스가 로마를 방문했을 때, 그는 교황 호노리우스 3세에게 예수 탄생의 모습을 대표하는 모습을 만들고자 하는 그의 생각을 알려주었다. 교황은 그의 상세한 계획을 기쁘게 듣고 재가를 해 주었다. 로마를 떠난 성 프란시스는 크리스마스이브에 그레시오(Greccio)에 도착하였다. 그의 친구 지오반니 벨리타(Gionanni Velita)의 도움으로 그는 구유와 그것을 둘러싼 인물들인 마리아, 요셉, 나귀, 황소, 구세주를 경배하러 온 목동들을 만들었다. 그는 심야 미사에서 부사제 역할을 하였다. 복음 말씀인 "그들이 예수를 구유에 뉘였네"라는 성가를 부르는 것은, 그가 희미하고 신비스러운 현현에 대해 잠시 묵상하기 위하여 무릎을 꿇었고, 거기서 그의 팔에 찬란한 빛에 둘러싸인 아기가 나타났다는 것과 관련이 있다.

아시시의 성 프란시스 성당에 보존된 지오토(Giotto)의 그림은 성 프란시스가 그레시오(Greccio)에서 크리스마스를 축하하고 있는 것을 나타낸다. 그때부터 구유를 경배하는 예배는 기독교계에 널리 전파되기 시작했다.

양치기들의 구유의 아기예수 경배
©wiki
이탈리아 화가, 구이도 레니
(1575- 1642)의 작품.

## ✝ 성스러운 강보와 의류

“이것이 네게 주는 징표니 너는 구유에 누인 강보에 싸인 아기를 발견할 것이다(누가복음 2장 12절).”

강보(swaddling-band)는 동양과 그 이외의 지역에서 아기를 싸는 천을 말하는 용어다. 동양에서 주로 쓰인 강보는 장방형의 천으로 구성되고 2~3개의 끈이 달려있다. 아기를 강보에 대각선으로 누이고 천의 코너로 아기의 머리 아래 다리와 몸을 덮은 다음 천이 바로 위치하도록 하기 위하여 끈을 꽉 묶는다. 이 천은 아기가 한 살이 될 때까지 옷을 대신한다. 이것이 없는 아기는 그 아기가 버려진 것을 말한다. 아기예수의 가장 놀라운 유물 중의 하나는 어린 예수를 쌌던 포대기이다. 닉켈은 그의 저서에서 기저귀 위에 둘러쌌던 한 조각의 마술적인 포대기가 귀신들린 청년에게서 귀신을 퇴치하고, 용의 위협을 퇴치하기 위하여 화염을 일으키는 것과 관련된 기적의 경험을 이야기 한다. 오늘날 그 성스러운 포대기는 샤를마뉴 대왕이 안치된 마을인 독일의 아헨에서 볼 수 있다. 독일 아헨 성당(Aachen Cathedral)의 성소에 아기 예수를 싸던 포대기가 보관되어 있다.

성스러운 포대기와 관련된 전설에 따르면 샤를마뉴 대왕은 그것을 예루살렘에서 얻었으며 고향의 용을 쫓았다고 한다. 성처녀의 전당은 아헨성당에 있는 네 개의 위대한 유물을 보관한 아름다운 금으로 장식된 용기이다. 이 네 개의 유물은 성처녀의 소매 없는 외투, 예수의 강보, 세례요한이 참수형 때 입었던 옷, 그리고 예수의 샅바(일부 더운 나라에서 남자들이 아랫도리에 하나만 걸치는)가 그것이다. 이 유물들은 1220~1239년 사이에 아헨의 성당으로 옮겨졌다. 예수, 마리아, 샤를마뉴, 교황 레오3세와 12사도의 모습이 외부에 장식되어 있다. 1349년에 매 7년마다 이 전당에서 유물을 옮겨 그들을 전시하는 관습이 거행되기 시작했다. 이로서 위대한 아헨에 대한 순례가 시작되었고, 가장 최근에는 2007년에 그 행사가 거행되었다

아헨성당의 4개의 보물을 보관한 성소의 보관함 ©wiki

## 성스러운 거들(The Holy Girdle)

예수의 포대기와 함께 예수의 샅바[1]가 아헨성당에 아직 숭배되고 있다.

그러나 프라토의 투스칸 마을(Tuscan town of Prato)도 남성용 의류 보물인 성스러운 의류인 거들을 하나 가지고 있는데, 피사노가 설계한 성당에 보관되어 있다. 그것을 보관한 예배실의 일부는 르네상스의 거장인 로젠조 길버티(Lorenzo Ghiberti)가 설계하였다. 그 성스러운 거들은 십자군이 예루살렘에서 유럽으로 가져 온 많은 노획물중의 하나로 프라토(Prato)가 이를 보관하게 되었다고 전해진다. 그 녹색 거들은 주요 가톨릭 축일에 일 년에 다섯 차례씩 전시된다.

1) loincloth(일부 더운 나라에서 남자들이 아랫도리에 하나만 걸치는 샅바)

트리어 성당 ©wiki

## 예수의 솔기없는 관복(Robe)

예수의 솔기 없는 관복은 성스러운 튜닉, 트리어의 외투, 성스러운 트레베스의 외투라고도 불리는데 예수가 십자가형을 받기 바로 직전에 입었던 옷이다. 요한복음에 따르면 예수의 십자가형을 집행한 병사들은 예수를 십자가에 못 박은 후에 예수의 튜닉을 나누지 않았는데 그 이유는 이 옷이 솔기가 없이 하나의 천으로 만들어진 옷이기 때문이었고 누가 가져갈 것인가를 결정하기 위하여 던져 두었다. 그리스어판 신약성경에는 우무겹배지(over garment)와 솔기 없는 관복(즉 튜닉 혹은 외투)이 구분되었다.

요한복음 19장 23절과 24절에 당시의 상황이 설명이 되어 있으며 시편 22장 18절에서 이미 예고된 상황이 실현되고 있음을 알려주고 있다.

트리어의 관복 ©wiki

"군인들이 예수를 십자가에 못 박고 그의 옷을 취하여 네 깃에 나눠 각각 한 깃씩 얻고 속옷도 취하니 이 속옷은 호지 아니하고 위에서부터 통으로 짠 것이라 군인들이 서로 말하되 이것을 찢지 말고 누가 얻나 제비 뽑자 하니 이는 성경에 「그들이 내 옷을 나누고 내 옷을 제비 뽑나이다(시편 22장 18절)」한 것을 응하게 하려 함이러라"

콘스탄틴 대왕의 어머니인 헬레나의 전설에 따르면 그녀는 327~328년 사이에 예루살렘에서 십자가를 포함한 다른 많은 유물과 함께 솔기 없는 관복을 발견하였다. 다른 버전의 이야기에 의하면 그녀는 그것을 콘스탄틴이 황제가 되기 전에 몇 년간 살았던 트리어(Trier)시의 후세에게 물려주었거나 혹은 보냈다고 한다. 하우터빌러스(Hautvillers)의 수도승인 알트만이 9세기에 기록한 내용에 따르면 헬레나가 그 도시에서 태어났다고 하나 대부분의 현대 역사학자들은 이에대해 비판적이다. 트리어에 있는 관복의 역사는 12세기 이후가 확실하다. 1196년 5월1일, 트리어의 주교 요한 1세는 솔기 없는 관복이 보관된 제단을 신에게 봉헌

했다. 관복이 거기에 도달된 정확한 역사적인 경로는 더 이상 알 수 없었으므로 대부분의 사람들은 그것이 중세에 위조된 것이라고 주장한다. 수세기에 걸친 보존과 복구 때문에 예수가 계시던 당시에 실제로 남겨진 유물의 진품이 얼마나 많은 지 알 수 없다.

이 견본에 대한 과학적인 조사는 수행되지 않았다. 코너스루트(Konnersreuth)의 성흔을 가진 데레사 노이만은 트리어의 관복은 진짜라고 선언하였다(Schimberg 1947:14).

이 유물은 보통 접어서 보관함에 보관했고 직접 보여줄 수 없었다. 1512년 맥시밀리안 황제가 성당에 보관된 관복을 보여달라고 요구하였다. 주교 리처드 본 그리펜클라우는 돔을 건축할 당시부터 봉안되었던 제단을 열고 그것을 보여주었다. 트리어의 시민들은 이 이야기를 들었고 그 성스러운 관복을 보여 줄 것을 요구하였다. 연이어 그 옷을 보기 위하여 부정기적으로 순례가 일어났다. 그 시기는 1513-1517, 1524, 1531, 1538, 1545, 1655, 1810, 1844, 1891, 1933, 1959, 1996년이다. 1844년의 전시에서 트리어의 주교 빌헬름 아놀드의 설명은 독일에 가톨릭의 부흥을 이끌었다. 마지막 전시는 1996년에 백 만명의 순례자와 방문객에게 보여졌다. 맨 처음 황제의 순례가 있은 지 500주년이 되는 2012년 4월13일부터 5월 13일에 전시가 있었다.

### 아르젠틸(Argenteuil) 관복

다른 전설에 따르면 이레네 여황제는 솔기 없는 예수의 관복을 800년경에 샤를마뉴에게 선물했다. 샤를마뉴는 아르젠틸(Argenteuil)의 여자 수녀원장인 그의 딸 테오크라테(Theocrate)에게 주었고 그것은 베네딕토의 교회에 보관되었다(Nickell, 2007:104). 1793년, 그 교구 사제는 프랑스 혁명 기간에 예수의 유물에 대한 신성모독 행위가 있을 것을 두려워하여 관복을 여러 조각으로 잘라 나누어서 그들을 분리된 장소에 보관하였다. 그것은 현재 오직 4 조각만이 남아있다.

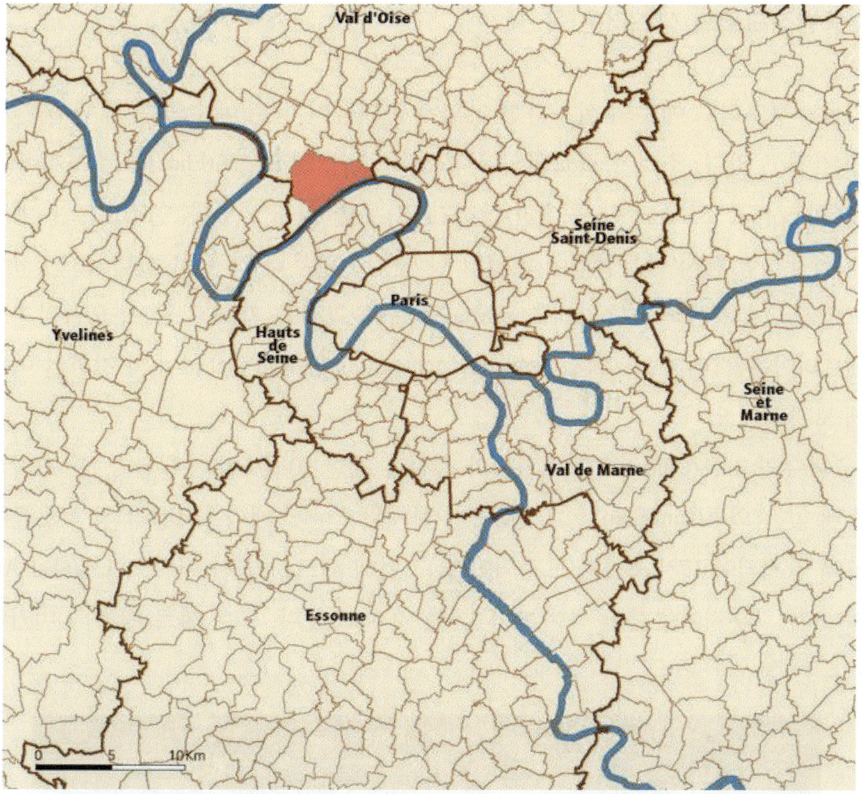


아르젠틸 ©wiki
지도의 붉은 색으로 표시된곳, 아르젠틸은 프랑스 파리근교 북서쪽에 자리 한 지방자치단체

1895년 그들은 현재의 장소인 아르젠틸(Argenteuil)의 교회로 옮겨졌다. 아르젠틸(Argenteuil)의 관복에 대한 가장 초기의 기록은 로우엔(Rouen)의 대주교인 휴(Hugh)가 기록한 1156년으로 거슬러 올라간다. 그런데 그는 그것을 어린 예수의 외투로 기술했다. 아르젠틸(Argenteuil)의 관복은 실제로는 예수가 십자가형을 받을 당시에 입었던 솔기 없는 관복이 아니라 그 옷은 성처녀 마라아가 예수를 위해 짠 옷이며 예수의 전 생애 동안 입었다고 하는 오랜 공방이 이어져왔다.

아르젠틸(Argenteuil)의 옷은 솔기 없는 관복이라는 이론을 주장하는 자들은 트리어의 관복은 실제로는 관복이 아니라 예수의 망토였다고 주장을 한다.

## 동방정교회의 성스러운 옷

동방정교회도 예수의 십자가형 이후에 군인들이 나눈 예수의 옷에 관한 전통을 가지고 있다. 조지아 정교회의 전통에 따르면, 엘리오즈(Elioz)라는 조지아(그루지아) 사람으로부터 한 유대인 랍비가 그 옷을 얻게 되었다. 엘리오즈는 예수의 십자가형 당시 예루살렘에 있었고 한 군인으로부터 그 옷을 샀다. 그는 그의 고향인 그루지아의 미츠케타(Mtskheta)로 올때 그것을 가지고 왔고, 오늘날까지 페트리아칼 스베티츠코벨리 성당(Patriarchal Svetitskhoveli Cathedral)의 지하실 아래에 보관되어 있다.

"예수의 가운(Chiton of the Lord)"의 축일은 매년 10월 1일 거행된다. 한 조각의 소매 없는 외투(Himation)도 그루지아에 가져왔으나 스베티츠코벨리 성당 보물창고에 안치되어 17세기까지 보관되었다. 그런데 페르시아 사 아바스 1세(Shah Abbas 1)가 그루지아를 침공하여 그 외투를 가지고 갔다. 그는 짜르 왕조의 미카엘

스베티츠코벨리 성당 ©wiki

페오도로비치와 화해하기 위해 그 겉옷을 1625년 페트리아크 필라렛(Patriarch Philaret 1619-1633)과 짜르 미카엘(Tsar Michael)에게 선물로 보냈다. 그 겉옷이 진본임은 볼록다(Vologda)의 대주교인 넥타리우스(Nectarius), 예루살렘의 패트리아크 테오판네스(Patriarch Theophanes), 그리고 그리스의 조아니시우스(Joannicius)가 증명하였다. 당시에 이 옷을 통한 기적이 일어났다는 보고서 또한 회람되었다.

후에 그 외투의 두 조각이 당시 러시아제국의 수도인 성 페떼르부르크로 보내졌는데, 한 조각은 겨울궁전(winter Palace)의 성당에, 다른 한 조각은 모스크바의 도미션(Dormition)의 성당 성베드로와 바오로 예배소에 보내졌다.

그 외투의 다른 작은 조각 하나가 코스트로마(Kostroma) 근처의 이파티예프 수도원(Ipatiev monastery)에 있는 키에프의 소피아 성당에(Kiev's Sophia cathedral) 보관되어 있다.

러시아 정교회는 7월 10일 모스크바에서 존경하는 주의 옷을 안치하는 축하행사를 한다. 모스크바에서는 매년 그 날짜에 그 옷은 엄숙하게 도미션 성당의 사도 베드로와 바오로의 예배실에서 나와 스탠드에 안치되어 신성한 미사기간 동안 신실한 경배가 이루어진다. 그 행사 후 옷은 전에 있던 자리로 되돌려진다.

성 페테르브르크의
소피아 성당 ©wiki

모스크바의 도미션 성당 ©wiki

## 외경에 나타난 예수의 의복

예수의 어린 시절 제3장, 마리아가 준 포대기가 기적을 일으키다 편에 다음과 같은 이야기가 적혀있다.

1. 헤롯 왕 시절에 유대의 베들레헴 마을에서 주님 그리스도가 탄생했을 때, 지혜로운 사람들(동방박사들)이 조로아스터의 예언에 따라 동쪽에서 예루살렘에 왔는데, 황금과 유향과 몰약을 선물로 바치고 아기를 숭배했다.

2. 그러자 마리아가 아기를 쌌던 포대기 가운데 하나를 축복대신 그들에게 주었다. 그들은 가장 고귀한 선물을 받은 것이다.

3. 동쪽에 나타났던 바로 그 별이 자기네 나라로 돌아가는 길을 다시금 인도해 주었다.

4. 왕들과 왕자들이 그들에게 무엇을 보았고 무슨 행동을 했는지, 왕복여행은 어떠했는지, 길에서 어떤 사람들과 어울렸는지 질문했다.

5. 그들은 마리아가 준 포대기를 꺼내어 보이고는 축제를 벌였다.

6. 그리고 그 나라의 관습에 따라 모닥불을 피우고 포대기를 숭배했다.

7. 그들이 포대기를 불속에 던지자 불이 그것을 받아서 보존했다.

8. 그들이 불을 끄고 포대기를 꺼내니 포대기는 불에 전혀 타지 않고 고스란히 남아있었다.

9. 그들이 포대기에 키스하고 머리와 눈에 대고는 "이것은 의심할 바 없는 진리다. 불에도 타지 않는 것은 참으로 놀라운 일이다."라고 말했다.

10. 그래서 최고의 존경을 표시하면서 포대기를 보물창고에 넣어 보존했다.[1]

예수의 어린 시절 제4장에 포대기가 기적을 일으키는 이야기가 있다.

15. 성모 마리아가 포대기를 빨아서 막대기에 널어 말리고 있을 때, 신들린 소년이 포대기 하나를 집어서 머리위에 얹었다.

16. 그러자 소년의 입에서 악마들이 차례로 나와 까마귀와 뱀이 되어 날아갔다.

17. 그 순간 소년은 주 그리스도의 힘으로 치유되었고 주님을 찬미하는 감사의 노래를 부르기 시작했다.

18. 과거의 정상상태로 돌아간 아들을 본 아버지가 "무슨 일이 있었느냐? 어떻게 해서 치유가 되었느냐?"고 물었다.

19. 아들이 "악마들에게 사로잡혀서 제가 여관으로 들어갔는데, 거기 아름다운 여인이 사내아이와 함께 있는 것을 보았지요. 여인은 아이의 포대기를 막 빨아서 널었어요.

20. 그 가운데 하나를 집어서 머리에 얹었더니 즉시 악마들이 저를 떠나서 달아났어요."라고 대답했다.

21. 아버지가 너무나도 기쁨에 넘쳐 "아들아, 그 아이가 어쩌면, 하늘과 땅을 창조하신 살아있는 하나님의 아들인지도 모른다.

22. 왜냐하면 그가 오자 우상이 부서지고 모든 신들이 더 큰 힘에 의해서 쓰러지고 파괴되었기 때문이야. 라고 말했다.[2]

---

1) 이동진(2001:75~76). 제2의 성서, 신약시대
2) 이동진(2001:78). 제2의 성서, 신약시대

예수의 어린 시절 제11장에 죽기 직전의 아이가 예수의 옷냄새를 맡고 살아 난다

1. 베들레헴에 사는 어떤 여자도 두 아들이 같은 병에 걸려 있었다.

2. 한 아이는 이미 죽었다. 그래서 여자가 다 죽게 된 다른 아이를 안고 성모 마리아에게 가서 눈물을 펑펑 쏟으면서

3. "저를 구해주세요. 한 아이는 방금 묻고 오는 길이에요. 숨이 막 넘어가는 이 아이를 보세요. 하나님의 은총을 얻으려고 제가 얼마나 열심히 기도하는지도 보세요."라고 하소연 했다.

4. 이어서 그녀는 "오, 주님. 당신은 자상하고 자비롭고 친절합니다. 제게 두 아들을 주셨으나. 하나는 당신이 데려가셨으니 이 아들 만은 살려주십시오."라고 말했다.

5. 여자의 슬픔이 얼마나 큰지 깨달은 성모 마리아가 측은한 마음이 들어서 "당신 아들을 내 아들 침대에 눕히고 내 아들 옷으로 덮어주세요."라고 말했다.

6. 아이가 죽어서 두 눈이 감기는 순간에 여자가 그 아이를 그리스도가 누웠던 침대에 눕혔다. 주 예수 그리스도의 옷 냄새가 아이에게 닿자마자 아이가 눈을 뜨고 큰 소리러 어머니를 찾았으며, 빵을 달라고 소리쳤다. 그리고 빵을 받아 먹었다.

7. 아이의 어머니가 "오, 마리아님, 하나님의 힘이 당신에게 머물고 있어서, 당신 아들이 자기와 똑같은 아이들을 그 옷에 닿기만 해도 치유할 수 있다는 것을 저는 확신해요."라고 말했다.

8. 치유를 받은 이 아이는 복음성서에서 바르톨로메오라고 부르는 그 사람이다.[1]

1 ) 이동진(2001:91-92). 제2의 성서, 신약시대,

예수의 어린 시절 제13장에 포대기가 사탄에게 시달림을 당하는 소녀를 구하는 이야기가 있다.

11. 그러자 어머니가 신들린 딸을 데리고 마리아에게 가서 하소연을 하였다.

12. 성모 마리아가 예수의 몸을 씻은 물을 약간주고 그 딸의 몸을 씻으라고 지시했다.

13. 그리고 주 예수의 포대기 하나를 주면서 "원수가 나타날 때 마다 이것을 보여 주세요."라고 말하고는 축복해서 떠나 보냈다.

14. 그들이 집으로 돌아갔을 때 사탄이 나타날 시간이 되었다. 이 저주받은 천사가 용의 모습으로 나타나면 여자가 겁에 질리고는 하였다.

15. 어머니가 딸에게 "얘야 겁내지 마라. 놈이 아주 가까이 다가올 때까지 내버려 두었다가 마리아님이 준 포대기를 보여주어라. 그리고 어떻게 되는지 보자."하고 말했다.

16. 무시무시한 용의 모습으로 사탄이 다가오자, 여자가 몸을 부들부들 떨었다.

17. 그러자 여자가 포대기를 머리와 눈 위에 놓고 보여주자, 그 포대기에서 즉시 화염과 불타는 석탄 덩어리들이 나와서 용에게 떨어졌다.

18. 용이 주 예수의 포대기를 보자마자 거기서 불이 튀어나와 용의 머리와 두 눈위에 쏟아져 내렸다니 이 얼마나 위대한 기적이었던가! 그래서 용이 "마리아의 아들 예수여, 당신에게 두 손을 들 수밖에 없지 않은가! 내가 어디로 달아나야 좋단 말인가?"라고 외쳤다.

19. 용이 겁에 질린 채 물러서더니 여자에게서 떠났다.

20. 그 시련에서 구원된 여자와 기적이 일어나는 곳에 있었던 모든 사람이 하나님을 찬미하고 감사했다.

## 성스러운 집

성스러운 집은 전승에 따르면 예수의 어머니인 성모마리아가 살았던 집을 보관하고 있는 이탈리아 로레토의 가톨릭 순례지를 말한다. 이 성당은 기울리아노 다 마이아스, 기울리아노 다 상갈로와 브라만테에 의하여 유지된 후기 고딕 건물이다.

이탈리아 로레토의 성스러운 집의 성소 전경 ©wiki

멜로조 다폴리가 그린 애프스의 프레스코화 ©wiki

이 교회의 정면은 식스투스 5세[1]의 무덤 위에 세워졌으며, 식스투스 5세는 로레토를 강화하고 1586년 이 마을에 특권을 부여했는데 그의 거대한 입상이 정면 앞 계단에 서 있다.

출입구 위에는 기로라도 롬바르도가 만든 실물크기의 마리아와 아기예수 상

1) 반종교개혁기 로마의 교황. 질서를 회복시키고 잃었던 교황령을 되찾아 재정을 튼튼히 했다. 교황청의 정비를 완료하여 15 성성(聖省)으로 조직을 확대 개편하는 등 많은 제도 혁신을 단행했다. 성베드로 대성당의 원개와 오벨리스크, 수 많은 궁전과 수도 등을 건설함으로써 로마의 근대화에도 힘썼다. [출처] 네이버 백과사전

이 있고, 16세기말에 바오로 5세 재임기간(1605~1621) 동안에 건조된 세 개의 훌륭한 청동문도 역시 롬바르도와 그의 문하생이 만들었는데 문하생 중에서도 티부르지오 버젤리는 정교한 실내장식인 정교한 청동제 세례반[1]을 만들었다. 문과 매달린 램프도 그들이 만들었다.

로레토의 주요 명소인 성스러운 집은 최소한 14세기부터 가톨릭 순례자의 방문장소 였으며 비가톨릭 교도에게도 역시 유명한 관광지였다.

그것은 평평한 돌로 만든 가로 8.5미터 세로 3.8미터 높이가 4.1미터로서 북쪽에 출입문이 있고 서쪽에 창문이 나있으며 벽감(niche)은 레바논 삼나무에 보석으로 치장한 성처녀와 아기예수의 작은 이미지를 간직하고 있다. 1920년에 로레토의 성모마리아상(마돈나)은 교황베네딕트 15세에 의하여 항공기 여행자와 파일럿의 수호성인으로 선언되었다. 그 입상은 1921년 성스러운 집의 화재이후에 원래의 성모상은 파괴되고 1922년 교황 피우스 11세가 바티칸에서 관식(冠飾)을 달았다. 성스러운 집 주위에는 브라만테가 설계한 높은 대리석 화면이 있는데 안드레아 산소비노, 기로람보 롬바르도, 반디넬리 델라포르타 등에 의하여 교황 레오10세, 바오로 3세 재임동안 건축되었다. 네 개의 면은 각각 성수태 고지[2], 예수의 탄생, 로레토에 성스러운 집의 도착, 그리고 기이한 신에게의 봉헌물을 보여준다. 그 건축술의 설계는 부조의 상세함을 넘어선다. 애프스(보통 교회 동쪽 끝에 있는 반원형 부분)는 19세기 독일 프레스코화로 장식되어 있다.

성스러운 집의 역사는 최소한 십자군 원정이 끝날 때까지 거슬러 올라간다. 그것은 교황 유진 4세, 니콜라스 5세, 칼릭투스 3세와 피우스 2세의 비서관인 플라비우스 블론두스의 이탈리아 일류스트라타(Italia illustrata)에 간략히 언급되어 있는데, 전체 이야기는 오페라 옴니마(1576)에 포함된 역사서에서 읽을 수 있다. 이 이야기에 따르면, 성모마리아가 태어나고 자란 나자렛의 집은 그녀가 예수를 잉태하리라는 수태의 고지를 받고 예수가 소년시절 살았고 그의 승천이후에 제자들이 교회로 바꾸었다. 336년 헬레나 여왕은 나자렛으로 순례를 와서 그 집

1) 세례용 물을 담은 큰 돌 주발

2) 마리아에게 예수 잉태를 알린 것.

위에 성당을 세울 것을 지시하였고 예루살렘 왕국이 망할 때까지 예배가 이루어졌다. 터키의 파괴 위협이 있자 그 집은 천사가 공중으로 옮겨서 테르사토(오늘날 트르삿, 크로아티아의 리제카 교외)의 언덕 위에 안치해 놓았는데, 거기에는 성모 마리아가 나타났고, 많은 기적이 일어나 그 신성성을 입증하였다. 이러한 기적은 달마시아(크로아티아의 남서부 아드리아해 연안지방)의 주지사가 보낸 메신저에 의하여 그 집에 대한 조사로 확인되었다.

1294년, 천사는 그 집을 아드리아해를 건너 레카나티 인근 숲으로 이전하였다. 이 숲은 라틴말로 로레툼(Lauretum)이고 그 말의 소유격인 로레타(Laureta)로부터 현재 명명된 이름이 유래하였다. 이 장소로부터 후에 1295년경 현재의 언덕으로 옮겨졌는데, 실제 장소와 맞추기 위해 한 번의 약간의 조정이 있었다. 이것이 이집에 대한 'Our lady of Lareto'라는 이름은 성모마리아를 지칭하는 말이다. 이 집에서 천사가 거행한 기적이 종교미술에 표현되어있다.

1491년에 식스투스 4세에 의하여 로레토를 성지화하는 칙령이 발하여졌고, 1507년에 줄리우스 2세에 의하여 주의를 다하여 이집을 이전하라는 지시가 간접적으로 발하여졌다. 한편 다른 대부분의 기적처럼, 그 집의 이동은 가톨릭의 신앙의 문제가 아니었지만, 그럼에도 17세기말, 교황 이노센트 7세는 성스러운 집의 이동의 축일에 대한 특별미사를 지정하고 20세기 말까지 그 축일은 12월 10일 스페인어로 된 성무일도서(Breviary)에 기념되고 있다.

### 터키의 마리아의 집

다른 하나의 마리아의 집이 터키에 있다. 터키의 셀쿡에서 7킬로미터 떨어진 에베소서 부근 코레소서산에 위치한 성처녀의 집은 기독교인들과 무슬림에게 성지로 알려져 있다 (Levine 2010: 254-255). 이 집은 19세기에 안나 캐터린 엠머리히가 환상을 보고 기록하여 출판한 책에서 발견되었다(Shoemaker 2006 : 76).

순례자들은 예수의 어머니인 마리아를 성 요한이 돌로 지은 이 집으로 데려와서 승천[1]할 때까지 살았다는 믿음 아래 방문하고 있다(Alaharasan 2006 : 38).

안나 캐터린 엠머리히 ©wiki
(1774-1824)

19세기 초에 독일의 아파서 누워 있던 아우구스티누스회 수녀인 안나 캐터린 엠머리히는 예수의 생애 마지막 날과 그의 어머니인 마리아의 삶의 상세한 부분에 관한 일련의 환영을 보고하였다. 엠머리히는 뒬만(Dulmen)의 농촌에서 오랫동안 병을 앓아왔으나 신비한 인물로 알려져 왔으며 저명한 인사들의 방문을 받아왔다.

방문객 중의 한사람은 작가인 클레멘트 브렌타노였는데 첫 방문이후에 그는 뒬만에서 4년간 매일 엠머리히를 만나 그녀가 보고한 환영을 문헌으로 만들었다(Fetzer 1981:146).

엠머리히의 사후 브렌타노는 그녀가 보고한 환영을 기록한 문서에 기초하여 한 책을 출판했고, 그 자신의 죽음 이후 그가 기록한 노트를 기초로 두 번째 책이 출판 되었다. 엠머리히가 한 설명중의 하나는 사도 요한이 예수의 어머니인 마리아를 위하여 에베소서에 세운 집에 관한 기술인데, 거기서 마리아는 죽을 때까지 살았다는 것이다. 엠머리히는 그 집의 위치에 관한 수많은 상세한 점들과 주변 환경의 지형에 대한 정보를 제공하였다(Emmerich 2009 : 377).

"마리아는 에베소서에서 살지는 않고 그 근교인 시골에 살았다. 마리아의 거주지

1) 가톨릭은 성모가 승천(assumption)했다고 믿는데 반해, 러시아 정교회는 성모의 죽음(Dormition)으로 믿음

는 예루살렘으로부터 오는 길 왼편의 언덕 위였으며 에베소서로부터 세 시간 반이 걸리는 거리다. 이 언덕은 에베소서쪽으로 가파른 경사가 지고, 남동쪽에서 오는 사람에게는 땅이 솟아 오르는듯 보인다. 좁은 길이 서쪽으로 나서 울퉁불퉁한 고원의 언덕 꼭대기에 이르는데 거기에 이르려면 30분 정도 걸린다."

엠머리히는 또한 그 집의 상세한 점들을 기록하였는데, 그 집은 직사각형의 돌로 지었으며, 창문은 평평한 지붕 근처에 냈고, 집의 중앙에 난로를 가진 두 부분으로 구성되어 있었다.

그녀는 문의 위치와 굴뚝의 모양 등을 기술하였다(Emmerich 2009 : 377). 이러한 상세한 기술을 담은 책이 1852년에 독일 뮌헨에서 출판되었다.

1881년 10월 18일, 엠머리히의 말에 기초하여 브렌타노가 쓴 이 책의 기술에 의존하여 프랑스인 사제인 아베 줄리앙 고에트는 에게해 바다가 굽어보이고 터키의 고대 에베소서의 유적지인 한 산위에 위치한 돌로 만든 작은 집을 발견했다. 그는 그 집이 엠머리히가 말한 성모 마리아가 죽을 때까지 살았던 집이라고 믿었다(DuBois 2001:134).

아베 줄리앙 고에트의 발견은 대다수의 사람들이 대수롭지 않게 생각하였다. 그러나 10년 후 마리아수녀회 만닷 데 그란시(Mandat de Grancey)는 두 선교사인 폴린과 융 신부를 보내 그 집을 찾게 하였는데 아베 줄리앙 고에트가 참고한 같은 서적을 지침으로 삼아 1891년 7월 29일 그 집을 다시 발견하였다.

그들은 네 개의 벽과 지붕이 없는 폐허가 에베소서에서 내려간 기독교인인 멀리 떨어진 산중 마을의 사람들에 의하여 오랫동안 받들어 모셔진 것을 알았다. 터키에서 그 마을은 파나야 카풀라 (Poulin, 1999)로 불렸다. 매년 기독교계에서 마리아의 승천(혹은 죽음)일로 기념되는 8월15일에 순례자들이 순례를 하였다. 마리아 수녀회 만닷 데 그란시(Mandat de Grancey)는 가톨릭 교회에 의하여 '마리아의 집'을 명명한 여성 창립자가 되어 1891년부터 1915년 죽을 때까지 마리아의 집과 주변 환경의 획득, 복구 및 보존의 책임을 졌다(Schulte 2011).

그 발견은 12세기부터 행하여져 온 축복받은 성처녀의 죽음의 장소에 대한 더 오래된 예루살렘의 전통에 견줄만한 '에베소서의 전통'인 기독교 축일을 소생시켰고 강화하였다. 1896년 교황 레오8세와 요한 23세의 활동으로 인하여 가톨릭교회는 처음으로 순례자에 대한 연례사면이 예루살렘의 성처녀의 죽음의 교회에서 옮겨져 에베소서의 마리아의 집에서 거행되도록 특권을 부여하였다(Euzet, 1961).

만닷 데 그란시 수녀 ©wiki
(1839-1915)

에베소서의 기념 축일행사는 12세기의 것이며 마리아의 죽음에 대한 보편적인 전통행사는 예루살렘에서 거행되었으므로 기독교인들은 에베소서의 집에 대하여 의문을 나타낸다.

에베소서의 성처녀 마리아의 집을 지지하는 신도들은 5세기에 마리아 교회가 존재했고 그것은 이 세상에 성처녀 마리아에게 봉헌된 첫 번째 교회가 에베소서에 있었다는 믿음 아래 터키의 성처녀 마리아의 집을 지지한다. 로마가톨릭 교회는 이 집의 진정성에 대하여 과학적으로 받아 들일만한 증거가 없어서 어떤 의견도 표명하지 않았다. 그러나 1896년 교황 레오8세에 의한 첫 순례로부터 이 장소에 대한 긍정적인 태도를 취하기 시작하였다.

성처녀 마리아 집의 내부 ©wiki

1951년 교황 피우스 7세는 1950년 성모승천의 교리에 정

터키 에베소서 인근의 성처녀의 집 외관 ©wiki

의를 내리면서 이 집을 신성한 장소의 지위로 승격시키고, 교황 요한 23세는 그 지위를 항구적으로 부여하는 특권을 주었다. 이 장소는 기독교인 뿐 아니라 무슬림에게도 다 같이 받들어져 모셔지고 있다. 순례자들은 이 집의 아래에서 솟는 샘물을 마시면 치유의 은사를 받는다고 믿고 있다. 성모 마리아의 승천을 기념하는 행사가 매년 8월15일 거행되고 있다. 교황 바오로 4세가 1967년 7월 26일 이 성지를 방문했고 비공식적으로 그 장소의 진정성을 확인했다. 교황 요한 바오로2세는 1979. 11.30일 이 성지를 방문했다. 교황 베네딕토 14세는 터키 방문기간 동안인 2006. 11.29일 이 성지를 방문했다.

제3장

# 예수의 초상

예수의 초상(총론)
에데사의 이미지(만딜론)
베로니카의 베일
예수님의 얼굴(만딜론)
예수님의 얼굴(베로니카)

## 예수의 초상(총론)



기독교 초기부터 예수의 외모는 성배에 버금갈 정도로 사람들이 알고자 했던 것이다. 이러한 열망에 부응하도록 예수가 기적을 일으켜 자신의 초상을 만든 전설과 그 그림이 있다. 이러한 예수의 초상은 예수가 기적적으로 만든 에데사의 이미지와 베로니카의 수건에 전설적으로 예수가 얼굴모습을 베어들게 한 것에서 시작된다.

### 예수의 얼굴모습

복음서, 신약성서 외경 또는 당대의 역사서에 예수의 외모를 기록한 단서는 존재하지 않는다. 5세기 경 당시 예수를 대표하는 여러 가지 모습이 있었지만, 성 오거스틴은, “우리는 그의 외모를 알 수 없고, 또한 그의 형상도 알 수가 없다”라고 한탄했다.

큰 키에 턱수염을 가지고, 인상적인 외모를 가진 예수의 외모를 나타내는 튜린 수의가 있었음에도 그의 모습은 알 수가 없었다. 실제로 구약성서의 예언에 앞으로 올 메시아에 대해 이사야서에는 다음과 같이 기록되어 있다.

> “그는 주 앞에서 자라기를 연한 순 같고 마른 땅에서 나온 뿌리 같아서 고운 모양도 없고 풍채도 없은 즉, 우리가 보기에 흠모할만한 아름다운 것이 없도다. 그는 멸시를 받아 사람들에게 버림 받았으며 간고를 많이 겪었으며 질고를 아는자라 마치 사람들이 그에게서 얼굴을 가리는 것같이 멸시를 당하였고 우리도 그를 귀히 여기지 아니하였노라(이사야서 53장2-3절)”

결과적으로 초기의 많은 기독교인들은 예수는 추하게 생겼다고 적고 있다. 그러나 다른 자들은 이사야는 실제로 십자가에 못박힌 예수의 외양을 언급한 것이라고 주장하며, 예언으로 믿어지는 다른 문장을 인용한다.

"왕은 사람들보다 아름다워 은혜를 입술에 머금으니 그러므로 하나님이 왕에게 영원히 복을 주시도다(시편45장2절)"

이렇게 본질적으로 다른, 예언으로 추정되는 비교와 성서적인 묘사의 부재 가운데서도 기독교 초기부터 예수의 다양한 개념적 모습을 담은 초상을 발견하는 것은 놀랄 일이 아니다. 이러한 결과에 주요한 역할을 한 요소는 조각된 이미지를 금지하는 유대의 영향이다. 신은 출애굽기에서 다음과 같이 명령하고 있다.

"너를 위하여 새긴 우상을 만들지 말고, 또 위로 하늘에 있는 것이나, 그 아래로 땅에 있는 것이나, 땅 아래 물속에 있는 것의 어떤 형상도 만들지 말며 그것들에 절하지 말며, 그것들을 섬기지 말라. 네 하나님 여호와는 질투하는 하나님인 즉 나를 미워하는 자의 죄를 갚되, 아버지로부터 아들에게로 삼사대까지 이르게 하거니와(출애굽기 20장 4-5절)"

이러한 금지사항이 기독교 초기부터 준수되어 온것 같으므로 이것은 예수의 이미지가 없는 이유를 설명하는데 도움이 될 수 있을 것이다.

예수의 초상과 기타 그려진 이미지를 만들어 내기 위한 시도에도 불구하고, 그의 죽음 이후 오랫동안 그의 초상으로 알려진 것은 남아있지 않았다. 3세기 중반부터 남아있는 프레스코화의 가장 초기의 예수의 모습은 젊고 수염이 없으며 짧은 머리를 가진 모습으로 묘사되었다. 다른 유사한 모습이 있는데 속스(Sox 1978:51)는 다음과 같이 말한다.

"기독교에서 가장 초기의 예수의 모습을 담은 예술품은 일반적으로 예수를 아폴로(태양의 신)나 혹은 목동과 같은 유형으로 묘사했다. 이런 모양의 초상이나 이미지는 현실주의라기보다는 이상주의적이고 거의 천사와 같았는데 4~5세기까지 지속되었다. 그들은 그리스도에 대한 믿음과 경애를 표현하였다(Adams 1972 : 8)."

그런데 3-4세기 초에 아폴로 유형의 모습은 길게 흘러내린 머리와 턱수염, 크고 똑바른 눈, 우뚝 솟은 코를 가진 샘족 계통과 유사한 모습으로 나타났다. 결국 이러한 개념의 예수의 모습은 사실은 경직된 예술적 전통인 비잔틴 제국과 그 이후의 유럽을 통털어 확산되었다. 크라베리가 쓴 예수의 생애에 따르면 그는 다음과 같이 말한다.

> "수세기에 걸쳐 구세주의 진정한 초상을 만들 수 있는 방법을 설명하기 위하여, 거기에는 전통적인 비밀스러운 그림이 누가(Luke) 이외의 사람에 의해 만들어졌다고 한다. 이 전설을 처음으로 말한 자는, 710년, 크레테에 사는 앤드루였다. 그러한 논쟁을 뒷받침하는 예수의 초상은 황제 레오3세 이후 몇 년에 걸쳐 예수의 초상이 늘어나자 예수의 초상 제작에 대해 엄격한 처벌을 명령할 정도로 되었는데, 그러한 증가는 예수의 초상의 정당성에 대한 열띤 논쟁과 이교도의 우상 숭배의 위험에 빠질 수 있었다(Craveri, 1967 : 163)."

## 에데사의 이미지(만딜론)

6세기 초에 인간의 손으로 만든 것이 아닌(acheiropoietos) 것으로 유명한 특정한 예수의 이미지가 출현하였다(Humber 1978 : 83, Wilson 1979 : 12). 그 이미지는 여러 가지가 있는데 그 기적적인 시초로 추정되는 것을 설명하는 많은 전설이 있다. 그 전설중 하나는 에데사의 이미지에 관한 것이다. 그 이야기는 4세기 중반 시리아의 문헌인 '아다이의 교의'인데 문둥병에 걸린 에데사(현재 터키 중남부지역인 우르파)의 왕 압가가 아나니아스라는 사신에게 편지를 써서 예수에게 보낸 이야기다. 이 유명한 편지의 문장은 예수의 얼굴이 베인 천이 에데사에서 콘스탄티노플로 이전된 직후 쓰여진 에데사의 이미지의 공식적인 역사에 포함되었다(Wilson 1979 : 272~290). 그 편지에서 압가는 '예루살렘에 훌륭한 의사이며 빛으로 오신 구세주 예수에게 인사를 드립니다'라고 썼으며, 그는 예수가 눈먼 자를 볼 수 있게 하고, 절름발이를 걷게 하며, 만성적인 질병으로 고통받는 자를 고치며, 죽은 자를 일으키는 분이라고 들었으며...라고 썼다. 압가는 예수가 신 또는 신의 아들이라고 믿었으며, 예수에게 제게 오셔서 저의 병을 고쳐 주소서라고 간청하였다. 그는 유대인들이 예수를 해치려고 하는 계획을 들었음을 알리며 덧붙이기를, 나는 작은 도시를 하나 가지고 있으며, 그러나 그것은 장엄하며 우리가 함께 평화롭게 사는데 충분할 것입니다 라고 했다. 그 이야기에 따르면 압가는 아나니아스에게 만일 그가 예수를 에데사에 데려오지 못한다면 대신에 예수의 초상화를 가져오라고 했다. 예수가 전도하는 중에 아나니아스는 바위 끝에 앉아 예수의 초상을 그리고 있을 때, 예수가 그를 불렀다. 편지를 읽은 예수는 제자 중의 한 사람에게 답장을 받아쓰게 하였다. "나를 보지도 않고 나를 믿으니 압가 당신을 축복하노라." 예수는 "지상에서 임무를 마쳐야 하므로 압가 왕의 병을 고치도록 제자중의 한 사람을 보내주겠다."고 말한다. 또한 "너의 도시를 빼앗고자 하는 적들을 방어하도록 하겠다."고 했다. 그 편지를 아나니아스에게 맡긴 후에 예수는 그의 얼굴을 물로 씻고, 그에게 건네진 타올로 물기를 닦았는데 어떤 신성한 힘이 표현할 수 없는 방법으로 그의 얼굴과 같은 모습을 수건 위에 프린트하였다. 예수는 그 수건을 아나니아스에게 주며 압가에게 주어 그의 병에 대한 위안으로 삼으라고 했다라고 공식 문건에 기록되었다. 에데사의 이미지에 대한 이 공식적 설명은 10세기로 거슬러 올라가는데, 기록되기를, "이 수건에 대해 믿을 수도 없고 믿을 만한 목격자도 없다."고 하는 다른 이야기도 있다. 이 이야기의 두 번째 버전에서는 예수의 이미지는 겟세마네 동산에서 그가 고통을 받는 동안 흘린 피가 섞인 땀의 영향으로 만들어졌다고 하는 것이다. 누가복음 22장 44절에 그러한 이야기가 나온다.

> "예수께서 힘쓰고 애써 더욱 간절히 기도하시니 땀이 땅에 떨어지는 핏방울 같이 되더라." (누가복음 22:44)

또 다른 버전의 이야기는 다음과 같이 전해진다.

“그들이 말하기를 예수가 죽으려 할 때, 그는 인간적인 약함을 드러내는 자신을 보고 고뇌하며 기도를 한다. 복음전도자에 따르면 그에게서 떨어지는 땀은 핏방울 같았다. 그때 제자중의 한사람이 수건을 가져와 흐르는 땀방울을 닦았다. 그 즉시 지금도 볼 수 있는 신성한 얼굴의 인상이 만들어졌다.”



이 이야기는 계속되어, 예수가 그 천을 도마에게 주어 예수가 승천할 때까지 잘 보관하라고 하였고, 그때, 예수 얼굴의 신성한 초상은 유다(Thaddaeus)에 의하여 압가 왕에게 전달된다. 뒤이어 압가 왕은 그의 신체 중 문둥병에 감염된 부분에 그 초상을 올려놓자 그의 문둥병이 나았다(Wilson, 1979 : 272~290).

잘 알려진 역사학자 스티븐 룬씨만(Steven Runciman)은 이 여러 버전의 이야기는 외경에 있는 이야기 같다고 말했다(한편 그는 이 이야기가 근거한 전승을 필연적으로 폭로하는 것이 아님을 시인한다). 룬씨만은 말하기를 우리가 오늘날 가지고 있는 압가 왕과 예수의 이야기는 사실이 아니라는 것을 보여주는 것은 어렵지 않은데, 그러한 근거로 그 편지가 복음서의 문장들을 포함하고 있으며, 그것은 나중에 신학의 구술에 따라 구도를 맞추었기 때문이라고 주장한다.

## 베로니카의 베일

이 이야기의 나중의 버전에서, 얼굴이 찍혀진 천은 에데사의 이미지(이것은 나중에 만딜론이라고 불린다)와 구분하기 위하여 베로니카의 베일이라고 불린다. 종교적인 전설에 따르면 예루살렘에서 온 한 여인이 골고다로 가는 길의 예수의 고난에 감동하여 그녀가 지닌 수건으로 예수의 얼굴을 닦았고, 그 위에 피 섞인 땀이 전사(프린트)되어 예수의 얼굴이 만들어졌다는 것이다. 어떤 버전에서는 베로니카가 그 천을 예수에게 주어 예수가 그의 이마를 닦았고 예수가 기적적으로 그의 얼굴을 수건위에 나타나도록 했다는 것이다(Wilson 1979 : 106~121. Nickell 1998 : 45~48). 베로니카의 전승은 명백히 에데사의 전설에서 유래된 것이며, 기원

후 325년의 주교 유세비우스의 설명으로 거슬러 올라간다. 그것은 압가와 예수의 편지, 그리고 예수의 겉옷을 만진 한 여자(베로니카가 아님, 마가 복음 5장 25~34절, 마태복음 9장 20~22절, 누가복음 8장 43~48절)가 치유되는 것을 말한다. 그러나 유세비우스는 그의 저작에서 압가와 예수의 편지를 설명하며 얼굴이 찍힌 천의 이야기는 생략한다. 그리고 얼굴이 찍힌 천에 대한 모든 묘사는 그 이후의 시대로 넘어가는데, 가장 초기에 나타난 참고문헌은 4세기경의 '아다이의 교의(Doctrine of Addai)'이다. 에데사의 이미지를 설명하는 10세기의 공식적인 문서인 아다이의 교의는 그것을 "색이 없고, 일찌기 존재했다고 설명된 적이 없으며, 색소를 함유하지 않은 땀으로 인하여 만들어졌으며, 지상의 색으로 구성된 것이 아니다"라고 말한다.

이러한 얼굴 모습을 담은 천이 많이 출현한 것은 놀랄만할 일이 아니다. 토마스 훔버(Thomas Humber, 1978 : 92)에 따르면, 곧 진정한 예수의 얼굴을 대표하는 더 많은 사본에 대한 대중의 수요가 일어나 미술가들이 사본을 만들도록 허용되거나 촉구되었다. 실제로, 사본의 제작을 지원하는 편리한 다른 전통이 있었는데 그것은 바로 이 이미지는 스스로 기적적으로 복제될 수 있다고 주장하는 것이었다.

이러한 사본들은 결국 베로니카의 천이라고 불리게 되는데, 베로니카라는 용어는 vera iconica라는 단어('진정한 이미지'라는 말로, 두 단어는 라틴어이고, 두 번째 단어는 그리스말 eikon에서 온 말이다)가 변화된 말이다. 나중에 더 심한 변화를 겪는 이 단어를 보면 14세기로 거슬러 가보면, 이 천은 때때로 로마의 '신성한 베로니클(the holy veronicle of Rome)'로 언급된다. 이 베로니카의 천은 훔버의 주장에 따르면, '기적적으로 추정되나, 사실은 그린 것이다(Humber 1978 : 85).'라고 한다.

그럼에도 불구하고 베로니카의 천은 '십자가의 위대한 유물(Barber 2004. 118)'로 숭배된다. 오늘날 그러한 성스러운 이미지 한 개가 이탈리아 마노펠로에 있는 마을의 교회에 17세기부터 보관되어 있다고 알려져 있는데, 그것은 이상한 상황 아래 출현했다.

알려지지 않은 순례자가 지역의 점성술사에게 말아놓은 그림을 하나 주어 그

만딜론을 든 압가왕 ©wiki
10세기 그림

는 교회 안으로 가서 그것을 보았는데 거기엔 초자연적으로 만들어진 것이라고는 볼 수 없는 그림이 있었다(Santuario 2005). 그 그림은 아마추어가 그린 전통적인 예수의 초상에 불과한 것으로 보였다. 그것은 확실히 얼굴을 눌러 찍은 것처럼 만든 음화라기보다는 그려서 만든 양화(陽畵)였다.

베로니카의 전설이 진화함에 따라 여인인 베로니카는 확실히 그 이미지의 이름에 따르게 되었다. 그것은 1200년의 로버트 보론(Robert Boron)이 쓴 '성배의 역사'의 초기버전에 포함되어 성배의 이야기에 합류하였다. 예수의 죽음을 둘러싼 사건 이후에 본디오 빌라도에 대한 이야기의 한 부분이 되었다.

1100년경 작품인 만딜론의 이미지 ©wiki
모스크바 트레티마코프 미술관

성배의 이야기에서 베로니카의 출현은 중요하였다. 왜냐하면, 그것은 만들어진 것일지라도 예수가 십자가에 못 박힌 사건과 관련하여 육체적으로 연결되는 다른 목적물을 알려주는 것이기 때문이다(Barber 2004 : 127). 베로니카의 이야기가 십자가형에 대한 신화학적인 과정의 한 부분이 되었으므로 그것은 그리스도의 수난을 나타내는 일련의 14처(Stations of the cross)에 베로니카의 장소를 갖게 되었다. 가톨릭 사전에 의하면 14처는 예수가 재판을 받고 처형당하여 묻히기까지 예수의 생애의 사건을 재구성하여 예배를 드리는 곳이다(Stravinskas 2002 : 710). 현대의 해석에서는 예수가 부활한 곳을 추가하여 15처라고 표현하기도 한다.

베로니카의 이미지는 많이 나타났을 뿐 아니라 그 육체적 모양도 확장 되었다. 초기의 만딜론과 베로니카의 이미지는 얼굴만 보이는 초상인데 반하여 13세기 베로니카는 예수를 가슴 윗 부분부터 묘사 하였다. 또한 12세기부터는 만딜론은 때때로 구세주의 장려한 얼굴 이미지와 그의 전신의 이미지를 나타내는 것을 묘사하기도 했다. 13세기까지, 예수가 그의 초상을 압가왕에게 준 이야기가 증폭된 것을 발견할 수 있다. 왜냐하면, 고대문헌에서 예수가 흰 린넨 천에 그 자신이 엎드려서 신성한 힘으로 그의 얼굴 뿐 아니라 전신을 그 천에 눌러 프린트 했다고 전해져 오기 때문이다(Wilson 1998 : 108). 비록 전신 이미지는 생전의 예수의 이미지로 알려져 있지만, 14세기 중반에 명백히 십자가형의 모습을 보여주는 튜린수의의 이미지 모습을 만들기 위하여 그들은 무대를 만들기도 하였다.

1907년에 성베드로 교회에 베로니카의 천을 보관한 것으로 알려진 은제보관함을 열었을 때, 성직자 조셉 윌퍼트는 단지 밝은 색의 재질인 장방형의 천 조각만 보았는데, 오래되어서 바래고, 서로 연결된 두 개의 희미한 불규칙한 녹이 베어든 갈색 얼룩만 보았다(Wilson 1979 : 107).

이 유물은 1527년 로마가 샤를 5세의 군대에게 약탈 당할 당시 압수되어 분실한 것으로 추정되었다. 그러나 그것이 사실이라면 이 유물함에서 발견한 것을 무엇이라고 설명할 것인가? 이것은 단지 미술가가 그린 사본인가? 확실히 만일 우리가 윌퍼트의 묘사를 믿을 수 있다면, 그리고 현대의 연구에서 베로니카의 천을 가져간 자에 대한 정보가 전혀 없다면, 이 물체는 명백히 미술가의 사본은 아닐것이다(Wilson 1979 : 107). 가능한 추정은 이것이 대체물일 수도 있다는 점이다(Nickell 1998:46).

크루즈(Cruz 1984:56)는 성 베드로에 봉안된 이 천에 대하여 다음과 같이 말한다.

"베로니카의 천은 성 베드로 교회의 3대 계승자인 클레멘트1세가 후세에 전했다고 한다. 3세기의 박해기간 동안에 이 유물은 지하묘지의 깊은 곳에 숨겨져 있었다가 후에 성 베드로의 무덤 위에 세워진 교회에 안치되었다. 이 교회는 성 베드로 성당으로 발전 하였고, 성스러운 얼굴은 성 베드로 성당의 초창기부터 보관되어 왔다. 그것은 성 베드로 성당의 둥근 지붕을 떠받치는 4개의 큰 기둥 중의 하나가 건축된 예배실에 보관되어 있다. 고대 교회에서부터 난간과 틈새(벽감)를 베르니니가 장식하였고, 16피트나 되는 거대한 베로니카의 조상을 고대로부터 꼬여진 채 돌출된 기둥이 둘러싸고 있다. 이것은 돌에 사람의 움직임을 붙잡아 놓은 것과 같다. 그녀의 뻗은 팔은 천에 눈물을 만드는 것처럼 보이며, 베로니카는 구세주 초상의 성스러운 보물을 발견한 흥분과 그것을 보여주고자 하는 열망 사이에서 멈추어 있는 것처럼 보인다. 그 조상의 아래 배열된 문은 두 개의 회랑에 연결 되는데, 하나는 성 베드로가 영면하고 있는 바티칸의 지하 묘소로 연결되고, 다른 하나는 베로니카의 수건이 보관된 내부 벽감 쪽으로 올라간다. 3개의 자물쇠의 열쇄가 아치형 천장에 부착되었다고 그 성스러운 보물의 수호를 책임 진 사람인 베드로의 정전에 나타나 있다. 이 베일은 수정과 은박으로 만든 화려한 틀을 가진 유물함에 보관되어 있다."

누군가가 베로니카의 베일의 진정성을 의심하지 않도록 크루즈(Cruz 1984 : 56)는 다음과 같이 말한다.

> "초기의 저자들은 베로니카의 진정성에 대하여 추호의 의심도 있을 수 없다고 주장한다. 성인열전(Acta Sanctorum)을 발간하는 예수회 편집자가 인정하는 존 반 볼란드 신부(1596-1665)는 우리에게 알려오기를, 로마에 있는 베로니카의 수건은 예수가 십자가 고난의 길에서 우리에게 준 것과 동일한 것이며 확실히 그 베로니카의 수건이라는 진정성에 대하여 모든 종교사학가들은 만장일치의 의견을 표명하며, 모든 독실한 크리스찬은 확고히 믿고 있다. 우리는 그러므로 환상적인 신비주의자인 성 브리겟은 그것의 진정성을 의심하는 어느 누구든지 책망하여야 한다고 말했다. 고대의 의식, 교서, 서한과 축제와 행렬에서 축도를 언급하며 그것을 허용한 여러 교황들에 의하여 확약이 되었다."

그러므로, 환상에 대한 선언을 제쳐두고 진정성에 대한 출처와 어떤 다른 증거의 부재에도 불구하고 최소한 그것은 재 확약을 거의 필요로 하지 않으며 의문의 여지가 없다고 주장된다.

## 예수님의 얼굴(만딜론)

미술에서 예수의 모습의 묘사는 전통적으로 표준적인 육체적 외양을 형성하는데 수세기가 걸렸다. 대부분의 예수의 이미지는 비록 다양성을 띠고 있지만, 예수의 모습은 지금 거의 전 세계적으로 일련의 공통적인 특성을 가지고 있다. 턱수염과 긴 머리를 가진 모습의 예수는 동방 정교회에서는 6세기 이후에 확립되었으며, 서구의 기독교에서는 그보다 훨씬 더 후에야 확립되었다. 초기의 이미지는 훨씬 더 다양했다. 예수의 이미지는 그것이 만들어진 곳의 문화와 유사한 인종적 특성을 보여주는 경향을 보였다. 어떤 이미지는 역사적으로 진짜 모습이라고 믿어지는데 동방 정교회나 가톨릭 교회에서 전통적으로 공식적인 인정을 받았거나, 교회들이 진짜라고 강력하게 믿고 있다. 튜린의 수의는 오늘날 가장 잘 알려진 예수의 이미지를 보여주는 사례이며, 중세에는 에데사의 이미지(만딜론)나 베로니카의 베일이 더 잘 알려져 있었다.

만딜론은 기독교의 전설에 따르면 예수의 기적적인 얼굴이 프린트된 장방형의 천으로 만들어진 성스러운 유물이다. 이것은 인간의 손으로 만들어진 것이 아니라는 의미로 동방정교회에서는 그 이미지를 성스러운 만딜론(Holy mandylion)이라고 부르며 이 단어는 비잔틴 시대의 그리스어로 다른 문헌에서는 이런 용어는 보이지 않는다. 케라미디온(Keramidion)이라는 용어도 있는데 이것은 만딜론과 접촉에 의하여 예수의 이미지가 기적적으로 이동되어 프린트된 성스러운 타일(도자기 판)을 일컫는다. 전설에 따르면 에데사(Edessa[1])의 왕 압가 (Abgar)는 예수 그리스도에게 편지를 썼는데, 편지에서 예수에게 자신에게로 와서 병을 고쳐 달라고 요청하였다.

압가는 예수로부터 답장을 받았는데, 예수는 초청을 거절하였으나, 미래에 그의 제자 중 한 사람을 보내겠다고 약속했다. 이 전설은 가이사랴(Caesarea)의 유세비우스(Eusebius[2])에 의해 4세기경 기록되었다. 그는 에데사 왕의 시리아 공문서 보관청에 보관된 편지 원본을 기록하고 번역하였다고 말했다. 그러나 그는 이미지에 대하여는 언급하지 않았다(Runciman 1931:238-252).

예수의 제자인 유다(Thaddaeus)가 에데사로 가서 예수의 말을 전하니, 그 덕택으로 왕이 기적적으로 치유되었다고 전해진다. 에데사의 이미지에 대한 이야기는 압가왕의 전설을 모은 사리아의 문학작품인 '아다이의 교의(the doctrine of Addai)'에서 유래하는데, 그에 따르면, 여기서 언급되는 왕이 예수에게 보낸 메신저는 아나니아스(Ananias)라는 화가였으며, 그는 에데사의 이미지(예수의 얼굴인 만딜론)를 그렸으며, 그것을 에데사로 가져와서 왕궁에 보존했다(Runciman. 1931:238-252). 현재는 우르파(Urfa)인 고대 도시 에데사에서 물리적인 예수의 이미지의 존재에 대한 첫 번째 기록은 에바그리우스 스콜라스티쿠스(Evagrius Scholasticus)가 기원 후 600년경에 '신성한 예수 초상의 유래'를 보고한 내용으로, 이 이미지는 544년 페르시아의 침공에서 에데사의 방어를 기적적으로 도와주는데 영향을 끼쳤다.

이 이미지는 10세기경 콘스탄티노플로 옮겨졌다. 그 천은 콘스탄티노플에서 1204년 제4차 십자군 원정(콘스탄티노플 침공) 기간 동안 사라졌다가, 파리의 프랑

1) 서남아시아 메소포타미아의 고대도시. 지금의 우르파(Urfa:터키의 동남부) 에 해당하고 우르파주(州)의 주도(州都)로서, 부근 농목업(農牧業)의 중심을 이룬다. 예로부터 교통의 요충으로 로마와 페르시아와의 전투 때는 자주 뺏고 빼앗기는 지점이기도 하였다. 시리아계 그리스도교의 중심지였으며 시리아어역 성서는 대부분 이 지방에서 만들어졌고, 이 지방의 그리스도교는 수많은 변천을 거쳐 이슬람시대까지 계속되었다. 5세기 중엽에 이 지방에서 번성한 그리스도교 네스토리우스파는 아시아 대부분의 지역에 전파되었고 중국에서는 경교(景敎)라 하여 당나라 태종(太宗) 때인 635(貞觀 3)에 궁중에 맞아들였다. 또한 시리아문학의 발생지이기도 하였다.

2) Eusebius, Historia Ecclesiae 1.13.5 and .22.

세스 생뜨샤펠(France's Sainte Chapelle)에 루이 9세의 유물로 다시 등장했다.

1세기 이후에 에데사의 이미지(만딜론)의 변천은 유세비우스에 의하여 보고되지 않았다. 학자인 로버트 아이센만(Robert Eisenman:1997) 에 의하면, 그 이야기는 시리아 문헌에 널리 퍼져있는 것으로 유세비우스의 빈약한 기록에 모두 근거를 두고 믿기는 어렵다고 한다. 동방정교회는 이 상징물에 대해 8월 16일을 축일로 정하여, 그것이 에데사에서 콘스탄티노플로 이전되었음을 기념한다. 만딜론의 이야기는 수세기에 걸쳐 발전되어 온 산물이다. 첫 번째 버전은 유세비우스의 교회의 역사(History of the Church)에서 발견된다. 유세비우스는 시리아 공문서 보관청에 보관된 에데사 왕의 편지 원본을 기록하고 번역하였다고 주장했다. 이것은 에데사의 왕 압가가 예수에게 자신에게 와서 병을 고쳐 주기를 요청하는 내용을 쓴 편지를 기록하고 있다. 예수는 편지로 답하기를, 지상에서의 임무를 마쳤을 때는 하늘로 올라가야 하므로 압가왕의 병을 고치도록 제자 한사람을 보내겠다고 말한다. 이 단계에서 예수의 이미지에 대한 언급은 없다. 기원후 384년에 에데사의 주교는 스페인 혹은 갈리아[1]에서 온 순례자인 에제리아(Egeria)에게 개인적으로 관광 안내를 해 주었는데 주교는 에제리아에게 만딜론이 페르시아의 침략에서 에데사를 구한 많은 기적에 대한 놀라운 설명을 해주었다. 그리고, 그녀의 손에 압가왕과 예수사이에 왕래한 장식이 달린 서신 필사본을 건네주었다. 에제리아가 그녀의 자매에게 보낸 편지 중 여행을 설명하는 부분은 남아있다. 그녀는 순전히 이러한 이야기가 순례자들이 초창기에 서구로 가져온 이야기보다 훨씬 완벽했다고 생각했다. 통역을 동반한 그녀의 여행을 도와준 주교의 말을 다음과 같이 그대로 인용하였다.

---

1) 가울 혹은 갈리아(Gaul, Gallia)는 고대 로마인이 갈리아인(人)이라고 부르던 사람들(켈트족)이 BC 6세기부터 살던 지역. 북이탈리아 프랑스 벨기에 일대, 즉 라인 알프스 피레네 및 대서양으로 둘러싸인 지역을 말하는데, 포강(江) 유역의 북이탈리아도 이에 포함된다. 북이탈리아는 BC 3세기 말 로마의 속주(屬州) 갈리아 키살피나(알프스산맥 이남의 갈리아라는 뜻)가 되었으며, 남프랑스는 BC 118년 속주 갈리아 트란살피나(알프스산맥 너머 갈리아)가 되었다. 갈리아 전역을 평정하여 로마 영토로 만든 사람은 BC 58~BC 51년 갈리아 전쟁을 수행한 카이사르였다. 그 후 로마화가 급속히 진행되어, AD 21년 이후로는 갈리아인의 저항이 완전히 없어졌다.

> "자 내가 당신에게 말한 편지를 갖고 온 메신저인 아나니아가 들어온 문으로 가 봅시다"

그런데 3일간이나 에데사의 모든 골목과 주변을 조사한 에제리아는 어떠한 예수의 이미지에 대하여도 언급을 하지 않고 있다. 다음 단계의 이야기의 진전은 400년경 '아다이의 교의(the doctrine of Addai)'에 나타나 있다. 이 저작은 압가왕이 예수에게 보낸 대표단 중 궁정화가를 소개하고 있는데, 궁정화가는 왕에게 가져다 주기 위하여 예수의 초상을 그렸다고 한다.

> "공문서 기록관인 하난이 예수가 그에게 말하는 것을 보았을 때, 왕이 보낸 궁정화가 덕분에 예수와 닮은 얼굴을 그려 가지고 와서 압가왕에게 가져다주었다. 압가는 그 얼굴을 보았을 때 그는 기쁨에 넘쳐 그것을 받아 큰 예의를 갖추어 왕궁에 그것을 안치했다(아다이의 교의: the doctrine of Addai 13)."

그 후에 그 초상의 전설은 압가왕의 후계자가 이교도로 되돌아갔기 때문에 주교는 그 기적의 이미지를 벽속에 넣어버렸고 그 이미지 앞에 불타는 램프를 놓아두었는데 그는 그것까지도 타일로 덮어 봉해버렸다. 그 이미지는 후에 페르시아가 에데사를 침공한 바로 그날 밤에 다시 발견되었는데, 환영이 보이며, 타일에 에데사의 이미지 그 자체의 모습이 기적적으로 만들어졌을 뿐만 아니라, 처음에 두었던 램프가 그 앞에서 아직도 타고 있었다. 더구나 에데사의 주교는 그 이미지에서 흐르는 기름을 이용한 불을 페르시아 군인에게 부어 그들을 물리쳤다. 그 이미지 자체는 525년에 에데사를 지나간 유프라테스의 거대한 흐름인 다이산(Daisan)의 홍수기간 동안 재포장(봉인)되었다고 말해진다. 이 홍수는 가이사랴의 궁중 역사가인 프로코피우스(Procopius)의 기록에 언급되어 있다. 그런데 에데사의 보수작업 도중에 남자의 얼굴 모습이 베어든 천 한 조각이 에데사의 성문위의 벽에 숨겨진 채 발견되었다. 544년에 프로코피우스가 페르시아의 침략으로부터 에데사의 회복을 기록하였을 때, 그는 그 사건을 예수가 압가에게 보낸 편지의 덕택으로 돌렸다.

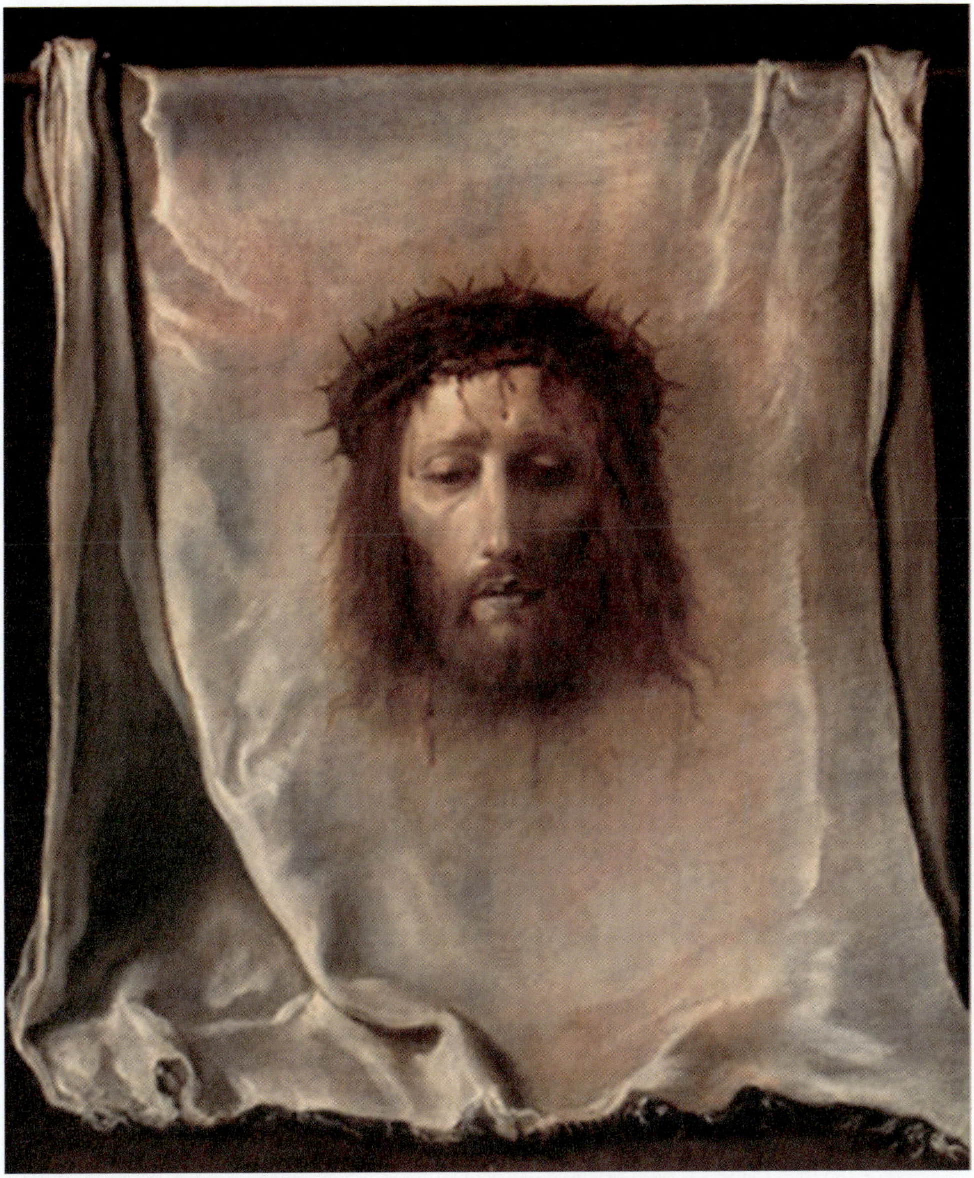

1620년 도메니코 페티가 그린 베로니카의 초상 ©wiki
도메니코 페티, 1588 - 1623, 미국 워싱턴 DC 국립미술관이 소장

이런 이야기는 에바그리우스 스콜라스티쿠스(Evagrius Scholasticus)의 '기독교의 역사(593 Ecclesiastical History)'에서 더욱 정선되어 페르시아를 물리친 사건은 천에 예수의 얼굴이 기적적으로 전사된 신이 만든 이미지(만딜론)의 탓으로 돌리기도 하였다. 그러므로 우리는 이 이야기의 발전을 편지로 부터 추적해 볼 수 있는데, 유세비우스의 경우에는 이미지에 대한 이야기는 없었고, '아다이의 교의'에서는 궁정화가에 의하여 예수의 초상화가 만들어졌고, 프로코피우스에 이르러서는 예수의 편지로 인하여 기적이 일어났으며, 에바그리우스에 와서는 예수가 그의 젖은 얼굴을 천에 눌렀을 때 초자연적으로 만들어진 기적적으로 창조된 이미지 (만딜론)에 의하여 기적이 일어났다고 하였다.

이것이 동방정교회에서 인정된 마지막 단계의 이야기인데 에데사의 이미지(만딜론)는 신에 의하여 창조된 것이지 인간의 손으로 만든 것이 아니다. 인간의 손으로 만든 것이 아니라는 이러한 생각은 원래의 전설을 강화하였다. 에데사가 609년에 페르시아의 사산왕조에게 정복 당한 후에 성스러운 만딜론은 사라졌다. 만딜론의 행방불명에 대하여 1999년 역사학자 앤드루 팔머(Andrew Falmer)는 우르파(에데사)를 방문했을 때, 지역의 전설인, 예수의 수의(Burial Cloth)가 오늘날 에데사 시의 대 사원(Great Mosque)의 우물에 던져 졌다고 들은 사실과 관련을 짓는다.

게오르규 케드레노스(Georgios Kedrenos)의 역사개요 (Historiarum Compendium)에서 이 이야기는 변형되어 기독교 구전은 더욱 풍성하게 되는데, 944년 존 코르코우스가 에데사를 포위했을 때, 만딜론은 한 무리의 무슬림 포로와 교환되었다. 그때 에데사의 이미지(만딜론)는 콘스탄티노플로 옮겨져 로마노스 레카페노스 황제의 커다란 환영을 받았다. 황제는 그것을 콘스탄티노플의 대궁전 파로스 채플에 보관해 두었다. 조리에 닿지는 않지만, 원래 비잔틴의 상징으로 알려진 만딜론은 시나이 산의 성 캐터린 수도원에 945년에 보존되게 된다. 그 후 만딜론은 1204년 십자군이 공격할 때까지 제국의 보호 아래 두었고, 많은 보물들이 서유럽으로 옮겨졌지만 만딜론은 이런 상황에서 어떤 당대의 문헌에도 언급되지 않는다. 비슷한 사건으로 1204년 십자군이 콘스탄티노플을 공략했을 때 튜린의 수의도 사라진 것으로 보인다. 이때 십자군 지도자는 프랑스 출신이었는데, 어떤 경로를 거쳐 수의는 프랑스로 간 것으로 생각된다(Zondervan 2005). 이 수의의 한 부분은 보드윙 2세가 프랑스 왕 루이 9세에게 1241년 팔았다고 믿어진다. 그것은 파리의 생뜨샤펠(Sainte Chapelle of Paris)교회에 안치되었는데 프랑스 혁명기간 중에 사라졌다. 만딜론을 튜린의 수의와 관련을 짓는 학자도 있다. 저널리스트인 이안 윌슨(1901) 은 6세기에서 13세기 사이에 만딜론으로 숭배되던 것은 사실은 네 겹으로 접어서 틀에 넣어져 얼굴만 볼 수 있게 한 '튜린의 수의'라는 이론을 제기하였다. 이것을 지지하기 위해 그는 바티칸과 네덜란드의 라이덴 대학교 도서관의 참고문헌을 제시하는데 그 참고 문헌은 또 다른 에데사의 이미지의 실재를 말해주고 있다. 지노자니노토(Gino Zaninotto)가 바티칸 도서관에서 발견한 10세기의 고사본(codex, 古寫本)인 Codex Vossianus Latinus 는 예수의 몸 전체가 캔버스에 남아 인쇄되어 에데사의 교회에 보존되어 있다는 설명을 담고 있다. 이 문헌은 콘스탄티노플의 스메라(Smera)라는 사람의 말을 다음과 같이 인용한다.

> "압가 왕은 얼굴 뿐 만 아니라 몸 전체를 볼 수 있는 천을 전달받았다."
> (Codex Vossianus Latinus, Q69, and Vatican Library, Codex 5696)

오늘날 만딜론과 관련하여 두개의 이미지가 남아있다. 그것은 제노아 본과 성 실베스트로 본이다.

### 제노아 본, 이탈리아 제노아

이탈리아 제노아[1]에는 아르메니아 교회인 현대식 성 바돌로뮤 교회가 예수의 이미지를 간직하고 있다. 이 유물은 비잔틴 황제 요한 5세( John V Palaeologus)가 14세기 제노아 총독인 레오나드 몬탈도(Leonardo Montaldo)에게 선사한 것으로 알려지고 있다. 1969년 콜레테 듀포 보조(Colette Dufour Bozzo)가 이 유물을 상세히

1) 이탈리아 리구리아 주의 주도, 이탈리아 제1의 항구도시, 밀라노, 토리노와 더불어 북부 이탈리아의 공업지대 중심을 이룸.

조사 했는데, 액자 외부의 틀은 14세기 것으로 조사 되었고, 내부 틀과 이미지는 그 이전의 것이라는 결론을 내렸다. 또한 보조(Colette Dufour Bozzo)는 그 이미지가 베어있는 천을 나무판 위에 붙여 놓았다고 확인하였다. 일설에는 제노아 본을 베로니카의 베일로 보기도 하며, 제노아의 베로니카 베일은 오리지널과 가장 가까운 모습이라고 알려지고 있다.

제노아의 이미지 ©wiki

## 실베스트로의 성스러운 얼굴

이 이미지는 원래 1870년까지 로마의 성 실베스트로(St. Silvestro) 교회에 보관되어 있었는데 지금은 바티칸의 마틸다 예배실에 보관되어 있다. 이것은 1623년 디오노라 치아루시(Dionora Chianucci)라는 수녀가 기증한 바로크 양식의 액자에 보관되어 있다. 그것의 초기의 존재의 증거는 이것이 베로니카의 베일과 비교되는 것을 피하기 위하여 전시를 금지하였는데 그 때가 1517년이다. 제노아의 이미지처럼, 나무 판 위에 천을 붙여 놓은 것으로 알려져 있어 사본이 분명한 것으로 알려지고 있다. 이 이미지는 독일에서 개최된 2000년 엑스포 기간 중 바티칸 관에 전시되었다.

실베스트로이미지 ©wiki

## 예수님의 얼굴(베로니카)

기독교 십자가상이나 액자에 넣어둔 기독교의 핵심인물인 예수의 상은 교회에 가면 볼 수 있다. 동상을 비롯하여, 석상, 초상화, 모자이크, 스테인드글라스, 그리고 프레스코화 등 도처에서 볼 수 있다. 그런데, 예수가 생존한 시대부터 현재에 이르기 까지 우리는 예수의 초상이 존재한다는 이야기를 흔히 들어보지는

베로니카가 수건을 바치는 조각, 19세기 ©wiki

않았다. 그러나 그것이 존재한다면 얼마나 놀라운 일인가? 우리가 기도하는 신의 형상을 원래의 모습, 아니 원래와 비슷한 모습으로나마 볼 수 있다면 인간과 신과의 사이는 매우 더 가까워 질 것이다. 그리고 우리가 전심전력으로 기도하는 열망이 속히 더 가까이 전달되지 않겠는가 ?

베로니카의 베일은 예수님의 얼굴이 나타나 있는 수건이다. 전설에 따르면 베로니카의 베일은 예수가 십자가를 나를 때 이마에 흐르는 땀을 베로니카가 수건으로 닦을 때 예수의 얼굴 모습이 그 베일에 베어들었다고 한다.

오늘날 여러 이미지가 베로니카의 베일이라고 주장하고 있다. 로마의 성 베드로 성당에는 중세시대에 숭배되었던 베로니카의 베일이라고 여겨지는 이미지가 보관되어 있다. 현대에 조사된 기록이 거의 없어서 상세한 사진은 없다. 20세기에 조사된 가장 상세한 기록은 1907년도에 로마 가톨릭 예수회 예술 역사가인 조셉 윌퍼트(Joseph Wilpert)가 그 이미지를 조사하기 위하여 두 장의 유리판을 옮기도록 허락되었다. 그가 본 것은 얼굴이 묻은 희미한 초상뿐 이었다.

비엔나의 호프부르크 왕궁은 베로니카의 사본을 가지고 있다. 교황 바울 5세의 비서의 서명이 확인되었는데, 그의 재임 동안 1617년도에 여섯 본의 꼼꼼한 사본이 만들어졌다. 스페인 알리칸테(Alicante)의 수도원에 있는 성안(Holy Face)의 이미지는 교황 니콜라스 5세가 1453년 비잔틴 황제의 친척으로부터 얻었는데 바티칸의 추기경이 스페인 사제에게 주었고 그는 그것을 1489년 스페인 남쪽의 알리칸테로 가지고 갔다. 스페인의 하엔 성당(The Jaen Cathedral)은 14세기 경부터 시에나(Siena)에서 유래된 베로니카 사본을 하나 가지고 있다. 그것은 산토 로스트로(the Santo Rostro)로 알려지고 있는데 14세기경 주교 니콜라스 데 비드마(Nicholas de Biedma)가 확보했다고 알려진다. 베로니카의 베일 혹은 수다리움(라틴어로 땀을 닦은 수건)은 그냥 베로니카로 불린다. 그것은 이탈리아 말로 볼토 산토(the Volto Santo) 혹은 성스러운 얼굴(Holy Face)이라고 불린다. 이것은 전설에 따르면 사람의 손으로 만든 것이 아닌 것으로 예수의 얼굴 모양이 천에 베어든 것이라고 한다. 가장 최근 버전의 전설은 예루살렘에서 온 성 베로니카는 예수가 고난의 길(Via Dolorosa)를 거쳐 골고다로 가는 길에서 예수와 만난다. 베로니카가 그녀의 수건으로 예수의 이마에 흐르는 땀을 닦기 위하여 잠시 행렬을 정지시켰는데 예수가 땀을 닦을 때 예수의 이미지가 베일에 찍혔다. 이 사건은 십자가를 멈추게 한 하나의 사건으로 기념되었다. 다른 버전의 이야기에 따르면, 베로니카는 후에 로마황제인 티베리우스에게 그 천을 선물하기 위하여 로마로 갔고 그 베일은 기적의 능력을 보여 주었는데 갈증을 풀고, 장님을 치료하며 때로는 죽은 자를 일어나게도 하였다고 한다.

여기서 베로니카의 베일이 만들어진 고난의 길(Via Dolorosa)을 살펴보자. 이는 '슬픔의 길' 혹은 '고난의 길'로 불리기도 하는 '십자가의 길'은 빌라도 법정에서 골고다 언덕에 이르는 예수가 십자가를 지고 걸어간 수난의 길을 말한다.

이 길은 예수가 십자가를 등에 짊어지고 처형장으로 가던 길이다. 수난의 길은 기독교에서 가장 성스러운 장소 중의 하나다. 비잔틴 시절(4세기부터 7세기경) 예수가 걸어간 루트인 겟세마네에서 골고다, 키드론 골짜기를 지나, 시온 산의 경사지에 있는 카이아파스의 집, 그리고 예수가 어머니인 마리아를 만난 프레토리움으로 확인된 소피아 교회를 지나 북쪽으로까지 믿음의 행진을 따라 순례자들이 걸었던 전통이 시작되었다. 8세기부터 12세기까지 그 전통은 시온 산에 있는 최후의 만찬을 한 방에서 시작하여 골고다의 북쪽까지 이어졌다. 현재의 십자가의 수난의 길로 가는 루트는 13세기 십자군 전쟁기간에 시작되었다. 그 경로는 성 스테판의 문에서 시작하여 성묘교회 방향인 서쪽으로 구부러진다. 이 길은 예수가 재판을 받았던 장소에서 십자가 처형장까지 걸어간 길이다. 수난의 길에는 예수의 생의 마지막 사건을 기념하는 열네 곳의 예수가 멈춘 장소가 있는데, 아홉 곳은 그 경로를 따라서 있고, 다섯 곳은 성묘교회의 내부에 있다. 이 장소에서 교회나 성지가 발현했다. 세번째, 네 번째, 다섯, 여섯, 일곱번째 멈춤 장소는 수난의 길을 따라 기념행렬이 진행되는 동안 금요일 오후에 개방한다.

첫 번째 멈춤 - 예수의 십자가 형 선고

로마시절 서있던 법정 내부가 있던 곳(프레토리움-안토니아 요새의 부분)

두 번째 멈춤 - 예수가 십자가를 진 곳

플라젤레이션(Flagellation) 즉, 로마병사가 예수에게 태형을 가한 곳이며, 그의 죄가 선고된 이후에 그의 머리에 가시관을 씌운 곳이다.

세 번째 멈춤 - 예수가 첫 번째로 넘어진 곳

세 번째 멈춤에서 예수는 십자가의 무게에 눌려 처음으로 넘어진다. 이 사건을 기념하기 위하여 작은 교회가 아르메니아 가톨릭 교회에 의하여 15세기에 설립되었다. 1947-1948년 사이에 폴란드 육군의 기부로 그 교회를 보수하였다.

네 번째 멈춤 - 예수는 어머니인 마리아를 만나다.

아르메니아 교회는 예수가 십자가를 나르면서 그녀의 곁을 지날 때 마리아가 서있던 장소(Stabat Mater Dolorosa)를 상징한다.

다섯 번째 멈춤 - 예수는 키레네[1]에서 온 시몬의 도움을 받음

전승에 따르면 이 장소는 키레네의 시몬이 로마병사의 강압에 의하여 십자가를 나르는 예수를 도와준다. 시몬은 유월절[2]을 보내기 위하여 북아프리카에서 예루살렘으로 온 순례자이다.

여섯 번째 멈춤 - 베로니카는 예수의 얼굴을 닦음

전통에 따르면, 베로니카의 집은 수난의 길옆에 있었고, 그녀는 예수를 맞이

1) 키레네는 그리스 테라(Thera, 현재의 산토리니 섬)인들이 리비아 동부 지역에 건설한 식민도시의 하나다. 리비아 지역에 세워진 그리스 식민도시 다섯 곳 중에 가장 오래되고 중요한 역할을 했던 곳이다. 현재도 리비아에는 키레네에서 유래한 키레나이카(Cyrenaica)라는 지명이 쓰이고 있다.

2) 이집트 탈출을 기념하는 유대인의 축제

하기 위하여 그 집에서 나와 그의 이마에서 흐르는 땀을 닦았다. 그렇게 함으로써 예수의 모습이 그녀의 수건에 각인되었다.

일곱 번째 멈춤 - 예수가 두 번째로 넘어짐

전통에 따르면, 이번 멈춤은 예루살렘의 길을 따라 골고다로 가는 길에 판단의 문을 지나는 장소를 말한다.

베로니카의 집, 성스러운 얼굴교회 ©wiki

예루살렘의 6처에 있는 베로니카교회의 제단으로 일설에는 베로니카가 살았던 집이라고 한다.

여덟 번째 멈춤
이 장소는 광장이며 전통에 따르면 이 장소에서 예수의 비참한 운명에 대하여 울부짖는 예루살렘의 딸들을 만난다. 그들에 대하여 예수는 "나를 위해 울지 마라, 너의 자신과 너희 자녀들을 위해 울어라"고 답했다.

아홉 번째 멈춤 - 예수는 세 번째로 넘어진다.
이번 멈춤에서 예수는 십자가의 무게에 눌려 흔들렸다. 이번 멈춤은 콥틱 교회의 입구에 자리 잡고 있다.

열 번째 멈춤 - 예수는 옷이 벗겨지다.
이곳은 예수의 옷이 벗겨진 곳이다.

열한 번째 멈춤 - 예수는 십자가에 못 박힘
이 장소에 모자이크가 있는데, 로마병사가 예수를 십자가에 못 박는 것을 묘사하고 있다.

열두 번째 멈춤 - 십자가가 세워진 곳
이곳은 골고다 바위 위에 제단을 세운 그리스 정교회 교회가 있다. 전통에 따르면 이 장소에서 예수의 십자가가 서 있었다.

열세 번째 멈춤 - 예수의 몸이 십자가에서 내려진 곳
예수의 몸이 십자가에서 내려진 후 마리아가 예수의 몸을 내린 장소이다.

열네 번째 멈춤 - 예수가 요셉의 무덤에 안치되다.
그 무덤은 19세기에 그리스인에 의해 세워진 구조물로 둘러 싸여있다. 천사의 교회라고 불리는 우아한 방에 돌로 된 제단이 있는데 그 돌은 무덤을 덮었던 돌의 일부라고 널리 믿어진다.

베로니카의 베일과 관련하여 현재에 알려진 것과 같은 이야기는 중세까지 기록되지 않았다. 이런 이유로 이것은 역사적인 사실인 것 같지는 않다. 오히려 이 이야기의 기원은 믿음은 구세주의 얼굴을 볼 수 있게 한다는 열망과 결부지어서 동방교회와 관련된 만딜론(Mandylion)이라고 알려진 예수의 이미지 이야기에서 발견되는 것 같다. 그러나 베로니카는 14세기에 서방교회의 핵심적 우상(icon)이 되었는데 대영박물관장 네일 멕그리거(Neil Macgregor)의 말을 빌면, "14세기부터 로마교회가 있는 곳에는 베로니카가 함께 있었다."라고 한다. 베로니카와 그녀의 베일의 이야기에 대하여 정전(Cannon)에 속하는 복음서(canonical Gospels)에 참고 되는 문헌은 없다. 가장 유사한 이야기는 예수가 입은 옷의 단을 만진 여자가 치유된 기적인데(누가복음 8장 43-48), 그녀의 이름은 후에 외경(apocryphal)인 빌라도 행전(Acts of Pilate)에서 베로니카로 확인된다. 이 이야기는 후에 11세기경 예수가 그녀에게 천에 그린 자신의 초상화를 주었고 그것으로 제2대 로마황제인 티베리우스의 병을 고친다는 이야기가 더해져서 상세하게 발전된다.

이 이야기는 예수의 수난에서 십자가를 진 것과 연결되고, 기적적인 이미지의 모습이 13세기의 프랑스의 로저드 아르젠틸의 성서에 의하여 만들어졌다. 그리고, 수도 보나벤투라인 저자에 의하여 약 1,300년경 예수의 생에 대한 국제적인 작업 이후에 더 큰 확산이 이루어졌다. 또한 그 시점에 다른 이미지를 묘사한, 가시관을 쓴 모습, 흐르는 피, 고통에 찬 사람의 표현으로 변하였고 그 이미지는 유럽의 가톨릭 교회에 공통적인 것이 되었으며, 아르마 크리스티(Arma Christi[1])의 부분을 만들었고, 예수와 베로니카의 만남은 십자가를 멈추게 한 사건의 하나가 되었다. 예루살렘의 수난의 길에는 조그만 교회가 하나 있는데, 그 교회이름은 "성스러운 얼굴(Holy Face)"이다. 전통적으로 이곳은 성 베로니카의 집으로 알려져 있으며 기적의 장소이다. 가톨릭 사전에 의하면 베로니카(veronica) 라는 이름은 진리를 의미하는 라틴어인 Vera와 이미지를 의미하는 그리스어 상징의 대화체 혼성어(colloquial portmanteau)이다. 그러므로 베로니카의 베일은 튜린의 수의에 앞서서 중세에 주로 '진짜 이미지', '진정한 예수의 얼굴'로 여겨졌다.

---

1) 십자가 같은 예수수난 도구들을 말함.

중세 이전에 베로니카의 베일에 대하여 기록된 역사는 없지만, 13~15세기에 걸쳐 로마에 베로니카의 베일이라고 알려지고 숭배되는 물리적인 예수의 이미지가 있었던 것은 의심할 여지가 없다. 그런데 예수 모습의 이미지에 대한 역사는 얼마간 문제가 있는 것 같다. 베로니카의 베일은 요한 7세의 교황 재임(705-708) 기간 동안 지어진 구 성 베드로 교회의 베로니카 예배실에 실재했던 것으로 추정되는데, 후에 저술가들이 그렇게 추정한 것으로 보인다. 그런데 그 예배실을 장식한 모자이크에는 베로니카 이야기가 전혀 언급되지 않고 있어 베로니카 베일의 실재는 확실하지 않다. 더구나, 당대의 저자들은 그 기간 동안에 베로니카의 베일에 관한 이야기를 전혀 언급하지 않고 있다. 그런데 1011년에 한 필경사가 그 천의 보관자로 확인되었을 때, 베로니카의 베일은 있었던 것으로 보인다 (Wilson 1991). 그런데, 베로니카에 대한 확실한 기록은 오직 제랄드 데 바리와 틸베리의 제바세(Gerald de Barri, Gervase of Tilbury) 라는 두 명의 순례자가 각기 다른 시기에 로마를 방문하여 베로니카의 존재를 직접 언급한 때인 1199년에야 시작된다. 그 직후인 1207년, 베로니카의 베일 앞에서 기도하면 면죄부를 부여하도록 허용한 교황 이노센트 3세가 베로니카의 베일을 가지고 공개적으로 퍼레이드를 거행하고 전시를 하였을 때 그것은 더 유명해졌다. 성 베드로교회와 산토 스피리토 병원 사이의 이 퍼레이드는 연례행사가 되었고 교황 보니파세 8세의 경우에는 1300년에 처음으로 베로니카 기념일을 선포하도록 하였다. 이 기념일 기간 동안 베로니카의 베일은 공개적으로 전시되고 로마를 방문하는 순례자들에게 "기적(Mirabilia Urbis)"이 되었다. 향후 200년간 베로니카의 베일은 구 성 베드로 교회에 안치되고 가장 중요한 예수의 유물로 여겨졌다. 1436년에 스페인에서 방문한 베드로 타푸르(Pedro Tafur)는 다음과 같이 말했다.

> "오른편에는 작은 탑 같은 둥근 기둥 모양의 기념비가 있고, 그 안에 성 베로니카의 베일이 있다. 그것이 전시되었을 때, 교회의 천장이 열렸고, 나무로 만든 궤 혹은 받침대가 내려졌다. 그것들이 내려졌을 때, 궤 혹은 받침대가 끌어당겨지고, 거기에 있는 두 성직자가 최대의 경의를 표하여 베로니카의 베일을 꺼내서 사람들에게 보여주었다. 사람들은 베로니카의 공개를 하기로 지정된 날 무리를 이루

어 모였다. 때때로 그것을 경배하기 위하여 모여든 사람들은 너무 많은 군중 때문에 압사의 위험이 있었다."

1527년 로마가 침공 당했을 때, 어떤 저자는 그 베일이 파괴 되었다고 기록했다. 우르비노 공작부인의 대변인(Messer Unbano to the Duchess of Urbino)은 베로니카는 도둑맞았고 로마의 타베른(Tavern)근처로 전달되었다고 말했다(Wilson, 1991). 그런데 다른 저자는 그것은 바티칸에 계속 있었으며, 약탈 당시 약탈자들이 베로니카를 발견하지 못했다고 증언했다. 많은 화가들이 그 당시 베로니카를 복제하였는데, 이는 그것이 살아남아 있었다는 점을 암시해준다. 1616년 교황 바울 5세는 성 베드로 교회의 원본에 기초하지 않은 예수의 이미지 제작을 금지하였다. 1629년에 교황 우르반 8세는 베로니카의 베일의 제작을 금지하였을 뿐만 아니라 또한 모든 현존하는 사본의 파괴를 명하였다. 그의 칙령은 누구든 사본을 가진 자는 바티칸에 제출하여야 하고, 그것을 소유한 자는 파문에 처해질 것이라고 공포하였다. 그 이후 베로니카는 거의 전적으로 공개된 장소에서 사라졌고, 그 이후의 역사는 기록되지 않았다. 그것이 성 베드로 교회에 남아있다는 결정적인 증거가 없기 때문에 그것이 거기에 존재할 가능성은 오늘날까지 남아있다. 바티칸이 최근 세기까지 제한된 정보만을 제공하였기 때문에 이러한 가능성만 일관되게 남아있다.

### 베로니카의 베일과 관련된 이미지들

서로 닮은 모습을 가진 최소한 일곱 개의 이미지가 현존하는데, 각각 진짜 베로니카의 베일, 원본을 보고 만든 사본 혹은 앞서 언급한 두 개의 만딜론(the Mandylion)이 그것들이다. 이들 각각의 이미지는 금박을 한 금속판 안에 넣어 정교한 액자로 둘러싸여져 있는데, 얼굴이 보이는 부분을 잘라 구멍을 내어 놓았으며, 이미지의 하단에는 머리칼과 턱수염에 상응하는 세 개의 지점이 있다.

## 바티칸의 베로니카

바티칸의 베로니카 ©wiki

중세에 숭배되던 베로니카와 같은 것으로 추정되는 이미지가 성 베드로 교회에 확실히 있다. 이 이미지는 돔을 지탱하는 남서편의 기둥의 발코니 뒤편의 예배실에 보관되어 있다,

근대에 이르러 조사기록은 거의 없으며, 정밀한 사진도 없다. 20세기 들어서 가장 상세한 조사기록은 1907년에 예수회 미술사가인 조셉 윌퍼트(Joseph Wilpert)가 그 이미지를 조사하기 위하여 유리판 두 장을 옮기도록 승인받은 때였다. 그는 두 군데가 부식되어-갈색의 희미한 얼룩이 지고 그 얼룩이 서로 연결되었으며, 밝은 색깔의 재질인 한 장의 정사각형 조각을 보았는데, 오래되어 바랬다고만 언급했다. 그럼에도 불구하고, 그 초상은 아직도 매년 수난 주일인 사순절 다섯 번째 일요일 전시된다. 오후 다섯 시에 전통적인 저녁 기도 후에 축복기도가 있다. 교회 내에서 짧은 행진이 있는데, 로마 가톨릭의 호칭 기도[1]가 동반된다. 수건에 프린트된 예수의 얼굴 모습은 보기가 어렵고 다만 액자의 테두리만 볼 수 있다.

## 호프부르크 궁전의 보물창고, 비엔나 본

이것은 중요한 베로니카의 베일 사본인데, 액자틀의 안쪽 오른쪽 구석에 스트로지(P. Strozzi)의 서명이 확인된다.

그는 교황 바오로 5세의 비서이며 1617년에 여섯 개의 정교한 사본을 만들었다.

1) 교회 예배에서 사제가 먼저 말하면 신도들이 대응하는 형식으로 이어지는 일련의 기도

스트로지는 교황 바오로 5세의 비서로서 일명 야코포 그리말디(Jacopo Grimaldi)라는 이름의 바티칸 공증인이었다. 그는 1617년 베로니카 수건의 복제품을 여섯 개 만들고 각 작품마다 공증의 표시로 자기의 서명을 넣었다. 액자의 바깥쪽은 비교적 현대적인데 안쪽은 거칠고, 초기 사본의 잘라버린 형태로 되어있다. 액자 안의 얼굴은 매우 불확실한데 일련의 반점이 있어 오직 코와 눈 그리고 입만 확인할 수 있다. 비엔나 본은 명백히 예술적인 특징이 없기 때문에 이 사본이 진본이라는 주장도 있다. 더구나 1527년 로마 침공 후에 바티칸 본으로부터 복사되었다는 사실은 로마 침공에서 원래의 이미지가 살아남아 있었다는 점을 말해준다. 이것은 비엔나의 호프부르크 왕궁에 있는 합스부르그 왕가의 보물창고에 보관되어 있다.

합스부르크 왕가,
비엔나의 베로니카
©wiki

알리칸테의 베로니카 ©wiki

하엔의 베로니카 ©wiki

### 스페인 알리칸테, 성스러운 얼굴 수도원(Monastery of the Holy Face)

이 유물은 교황 니콜라스 5세가 1453년 친척인 비잔틴 황제의 친척으로부터 얻었다고 전해진다. 이 베일은 바티칸의 추기경이 스페인 사제인 모센 페드로 메나(Mosen Pedro Mena)에게 주었고, 그는 베일을 스페인 남부의 엘리칸테로 가져갔다. 그것이 엘리칸테에 도착한 때는 1489년이었고 당시는 매우 심한 가뭄이 들었을 때였다. 엘리칸테 사제인 빌라프랑카 신부(Father Villafranca)가 주도하여 성직자들과 신도들이 지켜보는 가운데 3월 17일 종교행진을 수행하였는데 그 베일의 예수 얼굴의 눈에서 눈물이 흘러나왔고, 갑자기 비가 내리기 시작했다. 모두들 감격의 눈물을 흘리고 기적을 내려 주신 구주 예수를 찬양하였다. 그 유물은 지금 엘리칸테의 교외에 있는 성스러운 얼굴 수도원(Monastery of the Holy Face: Monasterio de la Santa Faz)의 채플에 보관되어 있으며, 그 베일을 보관한 예배실은 1611년에 건축되었고, 1677년과 1680년 사이에 조각가인 조세 빌라노바(Jose Vilanova), 도금사인 페레 조안 발레로(Pere Joan Valero), 화가인 주안 콘칠로스(Juan Conchillos) 에 의해 장식되었다.

그 예배실은 오랜 가뭄이 끝나고 단비가 내리는 장면을 그린 그림과, 그 예배실의 설립에 관련된 지역 인사, 그리고 심판과 구원의 종교적 주제를 담은 그림으로 장식되어 있다. 그 수도원은 시내 중심의 성 니콜라스 성당과 성 메리 성당과 함께 2003-6년 사이에 많이 보수되었는데, 그 세 개의 건물의 완공을 기념하기 위하여 2006년에 '불멸의 얼굴(Face of Eternity)'이라는 이름으로 베일을 전시했다.

### 하엔 성당본, 스페인, 하엔

스페인 남부의 하엔에 있는 하엔 성당은 14세기의 이탈리아 시에나에서 가져온 베로니카의 사본을 하나 가지고 있다. 이것은 사본이지만 높은 제단의 중앙 성소에 보관되어 있고 매년 수난일과 예수 승천축일에 전시되고 있다. 이것은 산토 로스트로(Santo Rostro)라는 별칭으로 불리며, 14세기에 니콜라스 대 비드마 주교(Bishop Nicholas de Biedma )가 가져온 것으로 알려져 있다.

### 마노펠로 이미지

마노펠로 이미지는 1999년 하인리히 파이퍼 신부(Father Heinnrich Pfeiffer)가 로마에서 기자회견을 열어 그는 이탈리아 마노펠로의 작은 마을에서 1660년부터 운영된 카푸친(Capuchin) 수도원의 교회에서 이 베일을 발견했다고 발표했다. 파이퍼교수는 사실은 오래전부터 이 이미지를 홍보해왔다. 지방의 구전에 의하면, 1508년 익명의 순례자가 보따리에 이 수건을 가지고 마을에 왔다. 순례자는 교회 앞의 벤치에 앉아있던 지아코모 안토니오 레오넬리(Giacomo Leonelli)라는 의사에게 그것을 주었다. 의사가 교회로 들어가서 보자기를 풀어보니 이미지가 그려진 수건이 들어 있었다. 그는 바로 교회 밖으로 나갔으나 보따리를 건넨 사람을 만날 수 없었다. 그 수건은 1608년까지 레오넬리 집안에 보관되었다. 군인인 판크라지오 페트루찌(Pancrazio Petrucci)는 그 가문의 여성인 마르지아 레오넬리(Marzia Leonelli)와 결혼하여 그의 장인의 집에서 그것을 훔쳤다. 몇 년 후 마르지아는 치티교도소에 수감되어 있던 남편 페트루찌(Pancrazio Petrucci)의 보석금을 지불하기 위해 도나토 안토니오 데 파브리티스(Donato Antonio de Fabritiis)라는 의사에게 그것을 4스쿠디[1]에 팔았다. 이 베일은 페브리티스 박사가 카푸친 수도원에 기증하여 오늘날까지 보관되고 있다. 이 역사는 도나토 다 봄바(Donato da Bomba) 신부가 1640년에 시작한 이 유물의 연구인 관련역사(Relatione historica)에 문서로 남아있다.

파이퍼 교수는 이 이미지는 로마 약탈 이전인 1506년에 바티칸의 재건축 기간 동안에 도둑맞은 베로니카로 진본이라고 주장한다. 심지어 그는 이 이미지는 무덤에서 예수의 얼굴을 덮었던 천으로 이 이미지는 튜린 수의의 이미지를 만든 것으로 믿어지는 예수의 부활에 의해 촉발된 힘으로 생긴 부산물이라고 제시한다. 그 외에도 그는 베일의 역사는 1세기로 거슬러 가야한다고 주장했다. 그의 말은 증거가 부족하여 지지되지 못하였다. 그러나, 천에 박힌 유리조각을 관찰한 몇 가지 연구 결과는 이 천이 도둑 맞을 때 내리쳐져서 개봉되면서 전에 그것을 보관한 성 베드로 교회의 유리와 관련이 있음을 입증한다는 주장도 있다. 어쨌든, 이 천은 최근에 언론으로부터 큰 관심을 받았으며, 교황 베네딕트 16세는 2006년 9월에 그 베일을 친견하기도 했다.

수건(베일)을 조사한 결과, 비써스(Byssus)라는 특수 섬유로 만들었다는 것이 판명되었다. 이런 종류의 섬유는 고대 이집트와 히브리에서 제작한 것으로 디벨트(Die Welt)지의 바티칸 특파원인 파울 바데(Paul Badde)의 의하면 이 섬유는 이집트의 파라오 무덤에서만 발견되는 것이라고 한다. 수건에 나타난 이미지와 관련하여 일부 교회의 인사들은 그것이 사람에 의해 그려진 것이 아니라 신의 섭리

1 ) scudo( 혹은 scudi) : 스쿠도는 19세기까지의 이탈리아의 은화단위를 말한다.

에 의해서 그려진 것이라고 주장하지만 다른 학자들은 사람이 그린 것이 틀림없다는 주장이었다. 구체적으로는 중세 후기 또는 초기 르네상스 시대의 대표적인 남자의 얼굴 스타일을 닮았다는 것이었다. 심지어 어떤 그림은 마치 알브레흐트 뒤러(Albrecht Dürer)의 자화상을 보는 듯 했다고도 한다.[1]

마노펠로의 이미지 ©wiki

1 ) http://blog.daum.net/johnkchung/6824245

제4장

# 수난기

# 성스러운 십자가

예수가 처형당할 때 못 박힌 십자가는 성스러운 십자가(Holy Cross) 또는 진정한 십자가(True cross)라고 불리고 있다. 기독교의 구전에 따르면 성스러운 십자가는 예수가 못 박힌 바로 그 십자가로 실질적으로 남아있는 목재와 같은 물리적인 잔유물을 말한다. 기독교의 중심적인 이미지는 예수가 못 박혔던 십자가이며, 이것은 기독교의 모든 상징과 모든 유물 중에서 가장 큰 주목을 끌고 있다고 조이 닉켈(2007)은 말한다.

소크라테스 스콜라스티쿠스를 위시한 역사가들에 따르면 니케아 공회 이후에 처음으로 기독교인이 된 로마황제는 콘스탄틴 대제였다. 그의 어머니 헬레나(AD 250-330)는 326-328년 사이에 성지 예루살렘을 여행하면서 교회와 빈민 구제기관을 세웠다.

4세기 말경 역사에 루피누스가 유세비우스의 저작인 '교회의 역사'에 십자가 이야기를 추가한 뒤에 겔라시우스 세자리아는 헬레나가 십자가를 발견하는 내용을 기록했다. 헬레나는 예루살렘에서 예수와 두 도둑(디스마스와 제스타스)이 십자가형을 받을 때 사용한 것으로 추정되는 십자가가 숨겨진 장소를 발견했고, 이 십자가로 죽은 자를 살리는 기적을 통해서 이 세 개의 십자가가 진짜임을 알게 되었다고 주장하였다.

많은 교회들이 고대로부터 전해 내려온 바에 따라 진짜라고 주장하는 많은 십자가 조각을 보관하고 있다. 그러나 십자가의 발견을 둘러싼 기독교의 믿음과 그 보고의 정확성에 대한 진위는 전 세계적으로 완전히 인정되지는 않고 있다. 즉, 기독교 교회가 견지했던 전승의 인정과 믿음은 일반적으로 가톨릭과 그리스정교회에만 한정되어 있다. 십자가의 출처에 관하여 발전되어 온 중세의 전설은 가톨릭교회와 그리스정교회 간에 서로 다르다. 그러나 이 교회들은 헬레나를 성인으로 받들고 있고, 영국 국교도의 경우에도 마찬가지로 헬레나를 성인으로 받

십자가형을 받는 예수, 프레스코화 ©wiki
지오토 스크로베니 예배소. 1300년경

들고 있다. 성스러운 십자가에 대한 이야기는 이 성스러운 십자가와 죄패를 발견하고, 십자가 발견이후 십자가 파편과 못에 대한 성 헬레나의 이야기를 포함하고 있다.

십자가의 발견을 그린 그림 ©wiki
이탈리아. 초기 르네상스, 아그놀로가디(1380)

성스러운 십자가의 발견과 관련된 이야기는 콘스탄틴 대왕(274-337)으로부터 시작된다. 콘스탄틴 대왕은 십자가와 가장 밀접한 관련을 가진 로마제국의 유일한 황제다. 그는 콘스탄티누스 클로루스와 플라비아 헬레나사이에 태어난 아들로 한때 실업자였다. 밀란의 성인인 암브로스에 의하면 헬레나는 여인숙 주인의 딸이었다고 전해진다. 콘스탄틴이 힘을 얻어 득세하는 과정에서 독재자인 막센티우스의 공격으로 위험에 빠져있을 때 콘스탄틴은 대낮의 하늘에 글자와 함께 출현한 불타는 십자가의 기적적인 환영을 경험하였다. 대낮의 하늘에는 "이 표징으로 정복하라(in this sign conquer)"라는 글자가 출몰하였다고 한다. 이 환영으로 인하여 콘스탄틴은 기독교로 개종하고, 그의 병사들과 함께 방어진을 구성하며 예수의 머릿 글자로 문장을 만들어 기치를 올리고 이교도로부터 로마를 지켜냈다(Cruz, 1984 : 38~41). 그 후에 콘스탄틴은 이교도의 박해로부터 기독교 신자들을 보호하고, 비잔티움을 새 수도로 선정하며 공식적으로 기독교를 공인한다. 그는 비잔티움을 그의 이름을 본 따서 '콘스탄틴의 도시'라는 뜻의 콘스탄티노플로 개명했다. 그 이름은 그의 지적능력이나 도덕적 강함에 관한 것도 아닌 제국 건설에 대한 위대함을 통칭하는 것으로 보인다.

회의론자(Skepticist)인 닉켈(Nickell, 2007 : 79)은 콘스탄틴의 기적적 환영에 대한 이야기는 자세히 보면 허점이 드러난다고 주장한다. 왜냐하면, 그 시대에 믿을 만한 저자가 쓴 초기의 저작에서는 대낮의 하늘에서 일어난 그러한 사건에 대한 언급이 없었고, 다만 콘스탄틴이 꿈에서 십자가의 징표를 보았다고만 주장하고 있어 훨씬 덜 극적으로 보인다. 후에 유세비우스는 그가 쓴 '콘스탄틴의 생애'에서 대낮의 하늘에 일어난 기적을 설명하는데, 그것조차도 황제가 그날 밤에 꾼 꿈을 기술하면서 보충적으로 설명을 한 것에 불과하다고 주장한다.

브리타니카 백과사전(1960)에 의하면 유세비우스는 '콘스탄틴이 경험한 대낮의 징표'를 콘스탄틴 황제가 직접 말한 것이라고 기록하고 있으나, 그것도 콘스탄틴이 죽은 후에 쓴 것이며, 유세비우스의 더 앞선 기록인 '교회의 역사(324년에 완성)'에는 그 사실이 기록되어 있지 않기 때문에 '대낮의 기적'은 명백히 유세비우스가 그 글을 쓸 당시에는 모르는 것이었다고 볼 수 있다.

닉켈은 잘 알려진 성서학자이자 예수회 세미나 멤버인 로버트 프라이스(2003)가 정의한 '회의적 공준'을 들어 이러한 역사서술의 모순과 의문점을 설명한다.

> "만일 우리가 두 가지 버전의 이야기 - 즉 하나는 더 장엄하고 하나는 덜 장엄한 이야기를 가지고 있다면, 그 중 어느 하나가 진실에 가깝다면 그것은 후자가 되어야 한다. 그런데 만일 전자가 더 극적이고 더 초기의 것이라면 우리는 더 보수적인 버전인 후자의 기원을 어떻게 설명할 수 있을 것인가? 만일 진술되는 첫 번째 이야기가 더 장엄하다면 누가 감히 그것을 평범한 이야기로 그것을 격하 시키려고 할 것인가? 그러나 그 평범한 이야기가 첫 번째 것이라면 더 극적인 것으로 각색하여 더 빛나게 하여 나중에 사람들이 더 흥미롭게 생각하도록 하는 버전으로 만드는 방법을 찾으려고 할 것이다."

이러한 공준의 소개 이외에도, 닉켈은 티데와 앙코나(2002 : 48)가 평가한 유세비우스의 인물 됨됨이를 통하여 회의론적 시각을 강화한다.

> '모든 증거를 고려하고 이 공준을 적용하면, 유세비우스는 콘스탄틴이 본 환영에 대한 설명을 각색해서 제공했을 것으로 보인다. 실제로 "유세비우스는 전 세계적으로 편파적이고, 자기중심적이며 종종 교묘한 작가로 평가받고 있다."라고 하였다.'

그러나 이러한 역사기록의 연대기적 논리 분석과 저자들이 기록한 내용의 진실성에 대한 폄하로 십자가 발견의 진위를 몰고 간다면 이 글의 재미도 없을 뿐더러, 성서에 기초한 수천 년에 걸친 낭만적인 전설과 기독교의 믿음과 많은 교회들의 가치관을 회의론자들의 손에 맡겨두는 모습이 된다. 저자는 이 글에서 확실하게 입증되지 않은 사실에 대한 편파적인 시각을 따르기 보다는 그러한 의견이 있다는 정도로 그 의견들을 참조하기를 바라며, 물론 그런 회의론적 시각과 비판은 앞으로도 계속 나올 것이지만, 우리는 예수의 유물에 대한 흥미로운 이야기들을 계속해 나가자.

그런데 우리가 특별히 관심을 가지는 콘스탄틴의 어머니인 여왕 헬레나(나중에 성 헬레나가 된다)의 또 다른 환영에 대한 이야기가 있다. 종교적인 전설에 따르면, 거의 80세에 가까운 헬레나는 신성한 힘이 보낸 환영을 보고 예루살렘으로 가서 거기서 예수가 못 박혔던 진정한 십자가를 발견했다고 한다. 그런데 그 전설을 자세히 검토해보면 의심을 품게 된다. 무엇보다 먼저 십자가의 존재를 주장하는 사람들에게조차 이렇게 먼 곳을, 여자인 헬레나가 그녀의 생애에서 하필 왜 그 시기를 택하여 중동까지 먼 여행을 하였는지를 정확히 알 수 없다는 점이다(Thiede & d'Ancona 2002 : 38).

크루즈(1984 : 38)가 말한 것처럼 콘스탄틴이 십자가와 예수 수난의 유물을 발견하기 위하여 그녀를 거기에 파견한 것일까? 아니면, 어떤 역사가들이 추측 하듯이 그녀 인생의 마지막 시점에서 일생의 죄에 대한 고행과 속죄를 하기 위한 여행 이었을까? 또는 신성한 장소에 대한 신비스러운 매력에 이끌렸을 수도 있다(Thiede & d'Ancona 2002 : 39).

어떤 사건이 있었든지 간에 전해지는 바에 따르면 헬레나는 326년에 예루살렘으로 가서 신성한 힘의 도움으로 결국 십자가가 숨겨진 장소를 발견했다. 놀랄만한 일은 아니지만, 십자가의 발견에 대하여 약간 다른 버전의 이야기가 전해 내려온다(Cruz 1984 : 38). 헬레나는 흔히 알려진 바대로 징표나 꿈에 의해서 진짜 십자가가 숨겨진 장소를 발견한 것이 아니라 유다스(Judas)라고 불리는 유대인의 안내를 받아 발견했다고 전해진다. 그 전설은 밀란의 주교인 암브로스(Ambros)가 395년에 쓴 '테오도시우스 대왕의 장례사'를 설명하면서 처음으로 공개되었으나 명백히 그 이전의 자료를 토대로 기록된 것이었을 것이다. 그런데, 이러한 설명도 역시 헬레나가 죽은 지 오랜 후에 만들어진 것이다. 그 사건에 훨씬 가까이 있었던 예루살렘의 연대기 작가는 헬레나가 십자가를 발견했다는 사실을 모르고 있었다.[1]

아주 문학적인 버전으로 헬레나가 십자가를 발견한 전설은 402년경에 학구적인 수도승인 루피누스(Rufinus)에 의하여 저술되었다. 그는 다음과 같이 말한다(Nickell 2007 : 81).

1) Encyclopaedia Britannica (1960). Helena St.

"콘스탄틴의 모친인 헬레나는 확고한 믿음과 깊은 경애심을 가진 여인이었으며, 또한, 매우 후한 사람이었으며, 그의 아들인 콘스탄틴도 예루살렘으로 가라고 명령하는 신이 보여준 환영에 순종하는 그러한 사람이었다. 거기서 그녀는 예수의 신성한 몸이 매달린 그 지점을 찾기가 어려웠다. 왜냐하면, 오래 전 형 집행자들은 그 자리위에 비너스 상을 설치해놓았기 때문에 그 자리에서 예수를 경배하기를 바라는 사람은 비너스를 숭배하는 것처럼 되어버리기 때문이었다. 이런 이유로 그 장소는 방문자가 없었고 결국 잊혀져버리게 되었다."

루피누스는 하드리안 황제가 성묘(지성소: 부활할 때까지의 그리스도의 묘) 자리에 세운 이교도 사원인 아엘리아 카피톨리나(Aelia Capitolina)에 대하여 다음과 같이 설명한다.

"독실한 헬레나는 하늘의 징표가 그녀에게 알려준 곳에 표시를 하고, 신성을 모독하고 오염시킨 그곳의 모든 것을 파괴했다. 그녀는 암석 조각들 아래 깊은 곳에서 무질서하게 놓여있는 세 개의 십자가를 발견했다. 그러나 이 보물을 발견한 기쁨은 잠시 뿐이었다. 왜냐하면 각각의 십자가가 누구의 것이었는지를 분간하기 어려웠기 때문이었다. 빌라도가 그리스어, 라틴어, 히브리어로 써서 걸었던 죄패가 거기 있었던 것도 사실이었다. 그러나 그것조차도 예수의 십자가를 확인하는 증거로 충분하지 않았다. 그러한 모호한 상황에서 불확실성을 해소하기 위해서는 결정적인 증거가 필요하였다. 그 도시에서 한 저명한 여인이 그 자리에서 죽을 병에 걸려 쓰러져 버린 일이 발생하였다. 마카리우스는 당시 그곳에 있던 교회의 주교였다. 그가 여왕과 모든 참석자들이 의심을 하는 것을 보았을 때, 그는 말했다. "발견된 세 십자가를 가져오라. 그러면 신이 어느 것이 예수를 매달았던 십자가인지 우리에게 보여주실 것이다." 마카리우스 주교는 기도 후에 '구원의 나무(십자가)'를 여자의 옆에 가져왔고, 그녀는 기적적으로 치유되었다. 헬레나 여왕이 명확한 징표를 통하여 그녀가 바라던 바를 응답받았을 때, 십자가를 발견한 장소에다 왕실의 격조를 갖추어 장엄한 교회를 건축했다. 예수가 달렸던 십자가의 못들도 수거하여 그녀의 아들에게 보냈다. 이 못들 중 몇 개로 그는 전쟁에서 쓰는 말의 굴레를 만들고, 다른 것은 전쟁터에서 보여 지도록 머리를 보호하는 헬멧에 단단히 부착했다. 헬레나는 되찾은 십자가 목재의 일부를 그녀의 아들에게 보냈고 나머지는 은을 입혀 거기에 보존하였다. 이것을 발견한 날을 기념하여 정기적인 예배가 거행되었다"(Thiede & d'Ancona 2002 : 20~22).

회의론자들은 이러한 상황의 기록에 대해 다음과 같이 평가한다.

> “예수의 십자가 뿐 아니라 그와 함께 못 박힌 두 도둑의 십자가 역시 예수의 몸과 함께 무덤 속으로 들어갔다는 사실에서 시작하는 그 순간을 반영한 이 이야기가 얼마나 믿기 어려운가? 그런 불합리성에 더하여진 것은 신성의 힘이 십자가가 있는 장소를 드러내고, 기적적인 치유를 보여줌으로써 예수의 십자가를 확인시켜 주었다는 점이다. 우리는 그 전체 이야기가 판타지라는 것을 인식하여야 한다” (Nickell 2007 : 82).

이런 비판도 그 당시 상황을 생각하면 일견 논리는 있으나, 예수가 골고다에서 숨을 거둘 당시를 연출한 영화를 보거나 성경의 기록을 보면, 예수가 숨을 거둘 당시 성전의 휘장이 찢어지고 이변이 발생하는 모습을 보여준다. 그런 두려운 상황에서 병사들은 시신을 급히 거두고 십자가를 처리하는데 허둥댔을 것이다. 두

십자가로 치유되는 여인의 그림 ©wiki
장 콜롬베 그림 (1410)

려운 나머지 그 자리에 방치되었다가 후에 묻어버리거나 아니면 형 집행 후에 바로 묻어버렸을 수도 있었다는 점을 충분히 예견할 수 있다. 그러므로 세 개의 십자가가 한 자리에 있다는 사실은 전혀 판타지로 치부할 수는 없을 것이다.

닉켈(2007 : 82)에 따르면, 서유럽에서 라틴어를 말하는 국가들의 신성한 십자가에 대한 이야기는 13 세기에 확립되었다고 전해진다. 1260년에 제노아의 주교인 자코보 데 보라진은 '황금의 전설'에 십자가에 대한 기록을 남겼다.

황금의 전설은 보라진이 '성인의 연구(hagiography)'를 모아놓은 책으로 중세 후기에 베스트셀러로 1260년경에 편찬되었다. 처음에는 성인에 관한 책(Legend sanctorum)으로 제목을 붙였다가 나중에 '황금의 전설'이라는 제목으로 바꾸었는데, 이 제목으로 명성을 얻었다. 보라진은 이 책에서 전형적으로 성인의 이름에 대한 어원학적인 분석으로 시작하여[1] 그 다음은 로마 가톨릭 교회에서 성인으로 기념하고 있는 분들의 자료를 참고하여 성인의 삶을 저술했다. 수많은 이야기들은 성인의 유물의 도움이나 그 유물을 이용하기 위하여 성인을 부른 사람에게서 일어난 기적과, 그와 유사한 경이로움으로 결론을 내리고 있다. 16세기에 성인의 연구에 대한 판단기준이 재조사되고 이러한 비판적인 재조사를 통하여 반작용이 나타나기도 하였으나 자코부스의 도미니크회 수사들 간에 있던 비판은 1815년 대주교의 시성식에서 환기된 대주교에 대한 존중심으로 완화되기도 하였다. 20세기 들어 이 저술의 재건이 이루어졌는데, 지금은 테오도 데 위제바가 프랑스어로 번역한 것을 기준으로 13세기의 진심어린 자비를 비추어보는 거울로 해석하고 있다.

황금의 전설은 진짜 십자가의 기원에 대하여 여러 가지 버전을 가지고 있다. 보라진은 '아담의 생애'에서 진짜 십자가는 아담의 아들 셋(Seth)이 수집하여 아담의 시신의 입에 심어놓은 '자비의 나무'로부터 나온 세 개의 씨앗으로부터 자란 세 그루의 나무에서 나왔다고 썼다(Voragine). "신성한 십자가의 창조와 이 말의 첫 번째 창조"에 포함된 다른 설명에서 보라진은 진짜 십자가는 지혜의 나무

1) 예를 들어 Silverster에서 sile은 빛을 의미하고, terra는 땅을 말하며, 즉 이 이름은 땅의 빛을 말한다.

가지가 자란 한 나무에서 나왔거나 혹은 아담이 먹은 나무, 즉 셋(Seth)이 아담의 무덤에 심어 솔로몬 시대까지 자란 나무로부터 유래했다고 기록했다(Voragine). 수세기 후에 그 나무는 베어져서 시바의 여왕이 솔로몬 왕을 만날 때 건너가는 다리를 만드는데 사용되었다. 나무다리에 함유된 강한 기운에 감화를 받은 여왕은 무릎을 꿇고 나무에 경배를 했다. 솔로몬을 방문한 그녀는 솔로몬 왕에게 다리에서 나온 한 조각의 나무를 새 칙령에 따라 유대인을 위한 신의 법궤를 만드는데 사용하려고 한다고 말했다. 솔로몬은 그의 백성들이 결국 그 다리를 파괴할 것이라고 두려워한 나머지 그 나무를 묻어버렸다. 14세대 이후에 그 다리에서 나온 나무는 예수를 매달기 위하여 십자가로 만들어졌다고 한다.

회의론자인 닉켈(2007)과 티데와 앙코나(2002:9)는 기독교가 생겨나기 이전의 역사가가 생각한 신성한 십자가의 전설을 기록한 황금전설과 같은 기록은 조작에 불과하다고 주장하는 역사가들의 주장을 발췌하였다. 이러한 시각은 십자가의 내력을 단순한 우화로 보려고 했기 때문에 그 같은 평가를 내리고 있는 것 같다.

다시 언급하지만, 그 이야기는 13세기의 보라진이 쓴 '황금전설'이라고 불리는 성인의 삶과 기적적인 사건들의 개요를 평가하고 있다. 보라진은 기록하기를 한 천사가 아담의 아들 중 하나인 셋에게 에덴 동산에서 금단의 열매(창세기 3장1-24)를 맺게 한 나무의 가지 하나를 주면서 그에게 알려주기를 "이 나뭇가지가 열매를 맺으면 그의 아버지가 온전해지리라."라고 했다. 그 전설에 따르면, 셋은 그 나뭇가지를 아담의 묘지에 심었다고 하며, 거기서 그 가지는 자라 나무가 되어 솔로몬 시대까지 서 있었다고 한다. 솔로몬왕은 그 나무를 사용하여 연못을 건너는 다리를 만들었다. 그러나 시바의 여왕이 성령 속에서 세상의 구세주가 하루는 바로 그 나무에 매달리는 것을 보았다고 한다. 황금전설이 전하는 바에 따르면, 그 나무는 나중에 연못 위에 떠다니다가 그것을 발견한 한 유대인이 십자가를 만드는데 사용하였다고 한다. 이러한 이야기에 대하여 티데와 앙코나(2002:9)는 보라진은 독실한 저자나 역사가라기보다는 우화작가라고 과소평가하기도 하였다.

나무다리를 경배하는 시바의 여왕 ©wiki
피에로 델라 프란체스카 (1420~1492) 작, 이탈리아 산프란체스코 아레조 소재. 프레스코화

중세와 르네상스 초기에 성스러운 십자가의 기원과 십자가형이 있기 이전에 십자가의 역사에 관한 광범위하고도 일반적으로 인정된 공통점이 있다고 보라진은 기록하였다. 이러한 일반적인 인정은 이 주제를 묘사한 여러 예술작품에 의해 확인되는데 1452년과 1466년 사이에 아레조 산 프란시스코(Arezzo San Francesco) 교회의 피에로 델라가 그린 벽화인 "진짜 십자가의 전설"과 같은 유명한 프레스코화가 그것인데, 이 그림은 황금전설에 기록된 바와 같은 이야기를 담고 있다.

황금전설과 그 이야기의 많은 원천은 1054년 로마의 동서분열 이후에 발전되었고 황금전설은 그리스어나 시리아어를 말하는 나라에서는 알려지지 않았다. 그러므로 예수의 십자가형 이전의 이야기는 동방교회에서는 발견되지 않는다.

그런데, 동방정교회의 신성한 구전에 따르면, 진짜 십자가는 세 가지 다른 종류의 나무로 만들어졌다고 한다. 그것은 잣나무(sedar), 소나무(pine), 황양목(cypress)이다. 이것은 이사야서 60장 13절의 "레바논의 영광 곧 잣나무와 소나무와 황양목이 함께 네게 이르러 내 거룩한 곳을 아름답게 할 것이며 내가 나의 발 둘 곳을 영화롭게 할 것이라." 를 암시한 것이다.

이 싯귀와 "나의 발 둘 곳"이라는 어구가 의미하는 십자가 형 사이의 연결은 못이 박힐 예수의 발이 놓일 곳을 언급하는 것으로 해석된다.

진짜 십자가가 만들어진 세 그루의 나무는 한 장소에서 자랐다는 구전이 있다. 전통적인 동방교회의 상징은 아브라함의 조카인 롯이 나무에 물을 주는 모습을 묘사한다.[1] 전설에 따르면 이 나무들은 예루살렘 성전을 건축하는데 사용되었다. 후에 해롯이 그 사원을 재건축하는 중에 이 목재는 사원에서 제거하여 버려졌고 결국 예수가 처형된 십자가를 만드는데 사용되었다.

이러한 이야기들은 십자가의 기원에 대하여 황금전설과는 또 다르게 다양하게 발전된 버전의 이야기를 포함하는데, 중요한 점은 이미 예수 탄생 이전에 원인 행위가 이루어진 십자가의 유래를 포함하고 있다는 사실이다.

십자가의 발견 경위로 거슬러 올라가서 다시 한 번 그와 관련된 역사적 사실

1 ) Dr. Alexander Roman " Feast of the Exaltation of the Cross", Ukrainian Orthodox.

들을 살펴보자.

유세비우스는 그의 저서 '콘스탄틴의 생애'에서 어떻게 원래 예루살렘의 기독교공동체 예배장소인 성묘(Holy Sepulchre)터가 흙으로 덮이고 그 위에 비너스 사원이 세워졌는지를 묘사하고 있다. 비록 유세비우스는 이것을 많이 언급하지는 않았지만, 아마도 아엘리아 캐피톨리나가 135년에 한 것처럼 하드리안 왕조가 예루살렘 재건을 위해 행한 짓의 일부일 것으로 추정된다. 콘스탄틴은 약 325-326년경에 그 장소를 찾으라고 명령하였고 그 장소를 발견한 후에 예루살렘의 주교인 성 마카리우스에게 그 자리에 교회를 지으라고 지시하였다. 유세비우스는 '콘스탄틴의 생애'에서 십자가의 발견은 언급하지 않았다.

소크라테스 스콜라스티쿠스(380년 출생)는 그의 저서 '교회의 역사'에서 십자가의 발견에 대하여 상세히 기술하고 있다. 콘스탄틴의 나이든 모친인 헬레나는 비너스 사원을 파괴하고 성묘(Holy sepulchre)를 발견한다. 거기서 세 개의 십자가와 죄패를 발견하고 마카리우스 대주교는 그 십자가를 죽음에 이른 중병의 여자에게 가져간다. 이 여자는 세 번째 십자가를 만지자마자 회복되고 이것이 진짜 십자가의 징표가 된다. 소크라테스는 또한 예수를 십자가에 고정시킨 못의 발견도 적고 있다. 헬레나는 이것을 콘스탄티노플로 보내고 그 못은 황제의 헬멧과 말의 재갈에 부착한다.

소조만(Sozomen, 450년 사망)은 "교회의 역사"에서 결국 소크라테스와 같은 종류의 이야기를 기술한다. 그가 덧붙인 것은 성묘의 위치는 동쪽에 거주하던 히브리인들이 발견하였는데 그들은 이 정보를 그의 부모로부터 전해져온 어떤 문서에서 찾아냈다고 한다. 죽은 사람이 십자가에 닿자마자 살아났다. 헬레나를 도운 그 사람의 이름은 유대, 혹은 유다스라고 하는데 후에 기독교인이라고 바뀌었다가 나중에는 그 이름이 키리아코스(Kyriakos)라고 하였다.

데오도렛(Theodoret, 457년 사망) 은 '기독교의 역사 xvii장'에서 진짜 십자가 발견의 표준 버젼이 된 내용을 다음과 같이 기술하였다.

"여왕은 구세주가 고통을 받은 장소를 찾았을 때 그녀는 즉시 그곳에 세워진 우

> 상숭배 사원을 파괴하라고 지시했다. 그 사원은 즉시 제거되었다. 그리고 오랫동안 숨겨진 예수의 무덤이 발견되었을 때, 성묘 근처에 묻혀있는 세 개의 십자가가 보였다. 그것을 모두 수거하자 그 중의 하나는 구세주의 십자가가 분명했고 나머지 두 개는 예수와 함께 십자가형을 받은 두 도둑의 것이 분명했다. 그러나 그들은 세 개중 예수의 몸이 달리고 그의 귀한 피를 묻힌 십자가를 판별 할 수 없었다. 지혜롭고 성스러운 마카리우스는 다음과 같은 방법으로 이 문제를 해결했다. 그는 오랫동안 중병을 앓아온 여인을 데려와 진지한 기도를 올리며 각각의 십자가에 닿게 했고 구세주의 진짜 십자가를 판별하게 되었다. 진짜 십자가가 여인의 곁에 다가갔을 때 심한 병을 쫓아내고 이 여인은 온전하게 되었다."

십자가와 함께 발견된 성스러운 못은 헬레나가 콘스탄티노플로 가져갔다. 데오도렛에 의하면 그녀는 구세주의 십자가 일부를 궁으로 가져갔다. 나머지는 은제함에 봉인하여 손상되지 않고 후대에게 전하도록 예루살렘의 주교가 보관하도록 하였다.

역사가들은 이 다양한 버전의 이야기들이 다양한 형태의 외경(apocryphal)이 되었다고 생각한다. 그런데 성묘교회는 335년에 지어졌고 알려진 십자가의 유물은 예루살렘의 키릴로스의 교리문답에 언급된 것처럼 거기서 340년대까지 숭배되었다는 것은 확실하다. 성묘교회에 남겨진 은제 보관함은 예루살렘 주교의 보호 아래 예배를 위하여 주기적으로 전시되었다. 380년경에 순례여행을 하던 에제리아라는 한 수녀가 장문의 편지에다가 예루살렘의 진짜 십자가에 경의를 표하는 모습을 아래와 같이 기술하였다.

> "그때 지금 서있는 십자가의 뒤, 골고다에 주교를 위한 의자 한 개가 놓여지고, 주교는 지체 없이 의자에 앉고 린넨 천으로 덮인 한 테이블이 그의 앞에 놓여졌다. 부사제들이 탁자주위에 빙 둘러서고 신성한 십자가가 든 은을 입힌 작은 상자를 가져왔다. 작은 상자가 열리고, 나무가 꺼내지고 십자가와 명패가 모두 탁자위에 놓였다. 이제 그것들이 탁자위에 놓이자, 주교는 앉은 채로 신성한 나무를 그의 손에 꽉 쥐고 한편 부사제들은 주위에서 그것을 지키고 있었다. 신앙심이 깊은 사람이나 초심자이거나 한 사람씩 와서 테이블에 절하고 성스러운 나무에 키스하고 지나가는 관례 때문에 지키고 있어야 했다. 나는 당시 몰랐지만, 어떤 자는 성스러운 십자가 나무를 물어뜯어 훔쳐갔다고 전해진다. 때문에, 그 주위에서

부사제들이 누군가가 함부로 감히 그런 짓을 하지 못하도록 지키고 있어야만 했다. 모든 사람들이 한 사람씩 지나가며 절하고 십자가와 명패에 접촉하는데, 먼저 이마를, 그 다음은 눈을, 그 다음은 십자가에 키스하고 지나갔다. 그러나 아무도 그것에 손을 올려 놓지는 못하였다. 그들이 십자가에 키스하고 지나갈 때 한 부사제가 솔로몬의 방울과 뿔피리를 들고 서 있었는데 그들은 그 뿔피리에 키스하고 방울을 응시하기도 하였다(McClare & Feltoe 1919)."

헬레나가 발견했다고 전해지는 십자가의 역사는 수난의 과정을 거치면서 그 여정은 그리 환상적이지 않은 것 같다. 십자가의 한 부분은 콘스탄티누스에게 주었고, 다른 부분은 로마로 가져오게 되었다. 십자가의 주요부분은 가장 중요한 종교적 행사에 전시되도록 예루살렘의 후임 주교들에게 관리와 보관을 하도록 하였다. 그런데 614년에 페르시아 왕 코스로에스 2세가 팔레스타인을 침공하여 6,000명의 저항자를 죽이고 35,000명을 노예로 삼았다고 한다. 그러나 그 정복기간은 짧았다. 627년에 비잔틴황제 헤라클리투스는 메소포타미아 니네브에서 페르시아 군을 쳐부수고 뒤이어 성스러운 십자가를 가지고 있는 예루살렘을 탈환하는데 승리하였다(Cruz 1984:40).

500년 이상 십자가는 예루살렘에 평화롭게 보관되어 있었다. 그런데 1187년 그것은 다시 실종되어 그 이후 영원히 사라지게 된다. 이집트 술탄 살라딘(1138-1193)이 예루살렘을 재정복했을 때 프랑크족은 예루살렘을 88년간 점유하고 있었다. 아크레의 주교가 십자가를 높이 올린 채 프랑크 군대는 갈릴리 평원의 하틴에서 술탄의 군대와 마주쳤다. 전쟁이 끝났을 때, 살라딘이 승리하고 아크레는 죽었다. 티데와 앙코나(2002:8)는 다음과 같이 그 당시 역사를 기술한다.

"다시 한 번 기독교 세계는 가장 중요한 유물을 잃었다. 후에 사자왕 리차드는 1190년에 조지아 여왕이 변상금으로 제공한 20만 디나르를 가지고 십자가를 찾아오려고 하였다. 그러나 십자가는 어떤 댓가를 주어도 다시 돌려받을 수 없었다. 십자가의 마지막 운명에 대하여 지어낸 이야기가 혼란스럽게 돌아다녔다. 템플기사단이 그것을 예루살렘 어딘가에 혹은 프랑스 어딘가에 묻었다고 말해지기도 하였다. 3세기 후에 콘스탄티노플의 기독교인들은 자신들이 십자가를 소유하고 있다고 주장했으나 소용이 없었다. 전 기독교 국가가 관심을 가지고 있는 한 십자가는 하틴 전투에서 영원히 잃어버린 것이다."

십자가에 대하여는 헬레나에 의하여 십자가가 발견되었다고 전해지는 것만 남아있고, 그 외에는 다른 정확한 기록이 남아있지 않다. 고대로부터 전해지는 이야기에 따르면 똑바로 세운 십자가는 거의 189인치나 되고 대들보를 펼치면 90 1/2~102 1/2인치나 되었다고 한다(Cruz 1984:41). 십자가에 대한 상세한 기록은 복음서에도 마찬가지로 남아있지 않다. 4대 공관복음서에도 십자가의 특징에 대한 설명 없이 다만 '십자가(마태 27:40)', 혹은 '예수의 십자가(요한 19:25)'라고만 언급했다. 예수가 십자가를 골고다로 옮겼다는 생각은 어쩌면 부정확한 묘사일지도 모른다. 로마군인은 스티페스(Stipes)라고 부르는 처형장의 공터에 항구적으로 설치해 놓은 수직 막대를 사용했기 때문이다. 희생자는 그곳으로 들보를 강제로 옮기도록 했다. 희생자는 팔을 벋어 들보에 못 박히고 그 다음 위로 들어 올려져서 스티페스(Stipes)에 고정되었다. 마지막으로 그의 발에 못이 박혔다(Ward 1987:257-259, Craveri 1967:413).

그러므로 가로지르는 빔을 가진 똑바로 선 나무의 모습이 기독교 예술에서 적절한 십자가의 모습을 나타내는 상이다. 크라베리(1967:413)는 비록 십자가형의 묘사에서 발 받침대가 묘사되지만 그것은 존재하지 않았다고 주장한다. 니켈(1998:64-65)에 의하면, 초기 기독교 미술은 예수의 두 발에 각각 못을 박은 모습이지만, 나중에는 발을 교차하거나, 발받침을 하고 세 개의 못을 박은 모습을 보여주는데 그것은 개작된 것이라고 주장한다. 명백히 1세기의 십자가형을 보여주는 유일한 고고학적 사례는 발에 못을 박는 방법이 그런 미술품의 것과는 매우 다르다는 것을 보여준다. 윌슨(1979 : 50)에 의하면, 발뒤꿈치 옆을 못이 꿰뚫은 한 히브리인의 유골이 1968년 예루살렘 근교에서 발견되었다. 이 유적은 사람을 십자가에 매달았던 사실을 나타내는데, 형 집행자들은 잔혹하게 그의 다리를 구부리고 곁 안장에 올라타는 자세로 만들어 뒤꿈치의 옆에 똑바로 못을 박았다. 대체로 그의 발은 십자가의 수직들보의 왼쪽과 오른쪽에 따로 따로 못이 박혔다(Thiede & d'Ancona 2002:66-67). 뒤꿈치 뼈와 못 대가리 사이에 있는 나무 한 조각은 작은 판자가 못 박기 전에 발 아래 놓여 졌다는 것을 말해주었다. 그것은 못이 살을 찢어서 발이 내려오지 않도록 고정하거나 혹은 죄명을 적은 판(패)이라고 생각되었다.

로마의 산타크로세 교회는 십자가형의 죄패과 참회하는 도둑(소위 선한 도둑, 누가복음 23:39-43)의 십자가에 가로대는 들보를 포함한 중요한 십자가의 유물을 가지고 있다고 주장한다. 독실한 기독교 믿음의 전승에서 선한 도둑의 이름을 디스마스라고 한다. 티데와 앙코나(2002:68)는 '십자가를 찾아서'라는 저술에서 이 십자가의 유물을 논한다.

> "이 나무 조각이 헬레나에게 봉안된 예배실의 제단 계단에서 발견되었던 1570년 이후, 교회의 수집 품목으로 되어왔다. 비록 나이테 패턴분석(dendrochronological analysis)을 하기에 충분할 정도로 나무조각이 남아 있지만, 아직 시도되지는 않았다. 이론상 이런 크기의 나무 한 조각도 하드리안 사원의 땅 아래 오래된 저수조에서 3세기동안 예루살렘의 기후에서 보존되었다 해도 아주 작았다면 보존될 수 없었을 것이다. 그러나 우리가 논의를 위해, 또 그렇게 생각할 수 있는 문헌이 없다는 이유로 그걸 받아들인다 해도 예수가 달린 십자가가 아닌 다른 십자가와 그 부분들이 보존되어왔고, 그것이 외국으로 보내졌고 그것이 디스마스를 매달았던 것인지 아니면 다른 도둑을 매단 것인지, 혹은 골고다와 같은 언덕에서 당시 로마 군인에 의하여 죽임을 당한 수 백명 가운데서 십자가 형을 받은 사람의 것인지는 아직 알 수가 없다. 어떤 연구자들은 디스마스가 형은 받은 십자가 나무에는 못 박은 자국이 없다고 했고, 이것은 두 도둑을 묶은 것을 그린 초기의 많은 그림의 도상학적 연구에서 확인할 수 있다. .........우연일까 아니면 의도된 것일까? 확실히 말하기는 불가능하다. 이 유물에 대한 자신있는 연구는 나이테 패턴분석과 목재의 균열에서 발견되는 식물군(Flora)의 잔유물에 대한 생물학적인 조사를 해보아야 한다."

이 나무가 예루살렘과 혹은 헬레나가 발견한 십자가와 관련이 있는지는 알

수 없다. 로마에서 십자가가 발견되었다고 하더라도 확실히 입증이 되기 전에는 그것이 고대에 만들어진 물건이라고 생각하는 헬레나의 생각을 정당화하지는 못한다고 회의론자는 생각한다.

닉켈(2007:92)에 따르면, 비잔틴 황제 헤라클리투스가 페르시아로부터 7세기경 십자가를 되찾고 그것을 예루살렘으로 되돌린 것은 아직도 매년 파리에서 기념되고 있다고 한다. 축일은 9월 14일이며 십자가의 개선에 대하여 1241년 루이왕이 가운을 벗고 십자가 조각을 나르는 행렬에서 맨발로 걸어간 사실이 목격되기도 했다(Cruz 1984:40). 7세기경 예루살렘의 세평에 의하면, 순례자 선물권이 만들어 졌는데 7세기경 순례자 선물권은 십자가를 태운 재와 진흙을 섞어서 십자가를 양각하여 만들었다. 이것은 십자가를 찾는 수요가 늘어나서 이를 충족시키기 위하여 만든 것으로 추정된다. 그 선물권은 진흙과 십자가를 태운 재를 섞었고 바닥에 십자가의 형상이 거칠게 양각되어 있었다.

**죄패**

죄패(Titlus: 죄명을 적은 패)는 예수의 십자가형을 설명하는 복음서에 기술된 대로 형이 선고된 사람의 죄명을 적은 판이다. 죄패에 대한 성서의 기록은 다음과 같다.

"빌라도가 패를 써서 십자가위에 붙이니 나사렛예수 유대인의 왕이라고 기록되었더라. 예수께서 못 박히신 곳이 성에서 가까운 고로 많은 유대인이 이 패를 읽는데 히브리와 로마와 헬라말로 기록되었더라(요한복음 19장 19~20절)."

"그 머리위에 이는 유대인의 왕 예수라 쓴 죄패를 붙였더라(마태복음 27장 37절)."

"그 위에 있는 패에 유대인의 왕이라 썼고(마가복음 15장 26절),
그 위에 유대인의 왕이라 쓴 패가 있더라(누가복음 23장 38절)."

죄패는 헬레나가 성묘에서 세개의 십자가와 함께 발견한 것으로 알려져 있고 예수의 머리맡에 붙인 나무판에 씌여진 십자가의 명패다. 수도승인 루피누스는 말했다.

"패가 거기 있었다. 그것은 정말이다. 빌라도가 그리스어, 라틴어, 그리고 헤브루어로 써서 붙인 것이다(그런데 그것은 명백히 제자리에서 벗어나 있어서 예수의 십자가는 기적에 의하여 다른 두 개와 구별되어야 했다)."

닉켈(2007:87)에 따르면, 헬레나는 그 판을 세 조각으로 나눈 것으로 추정된다. 하나는 그녀를 위해, 다른 한 개는 로마를 위해 그리고 나머지 가장 큰 부분은 예루살렘에 남겨두기 위해서였다. 383년경 에제리아(Egeria)라는 한 순례자는 예루살렘의 주교가 작은 상자에 십자가 나무와 그 판을 보관했다고 썼다. 이것을 보면 당시 헬레나가 그것을 발견한지 60년이 채 못 되어 이 두 성물의 아주 작은 부분만 남아 있었다는 것을 말해준다. 오늘날 대다수의 사람들이 믿는 것은 그 명패의 조각 중의 하나가 로마의 게루살렘에 있는 산타 크로세 (Santa Croce)교회에 봉안되어 있다. 그것은 교회 유물 예배실에 보관되어 있는데, 십자가에서 예수의 가시관에서 나왔다고 하는 두개의 가시와 도마의 손가락뼈 한 개, 그리고 참회한 도둑의 십자가의 가로대와 함께 보관되어있다. 명패의 나머지 두 조각의 행방은 알려지지 않았다. 오늘날 이것이 명패라고 믿는 사람들은 산타 크로세의 실체적인 부분이 그 명패라고 생각한다.

게루살렘의 산타크로세 교회는 헬레나에 의하여 기원후 325년에 설립되었다. 그녀의 성지순례 후 발견한 십자가와 수반된 유물을 새로 세운 교회에 주었는데, 그중의 하나가 이 죄패다. 1144년경 이 유물은 봉인되어 안치된 후 1492년2월1일까지 잊혀진 채로 있다가 모자이크를 보수하면서 발견되었다.

12세기 중반에 교황 루시우스 2세(1144-1145) 당시 재임한 게라도 칼시아네미시라는 추기경 명의로 죄패는 새로운 상자에 옮겨져 봉인되어 구별하였다. 그러므로 그 상자는 1145년 혹은 그 이전으로 거슬러 올라가야 하는데 십자군의 비잔틴 정복이후 가짜유물이 엄청나게 쏟아져 나오기 약 반세기 전이다. 종교적 및 정치적 야망을 가진 그러한 유물들은 점차적으로 그 가치가 떨어질 때였다 (Thiede & d'Ancona 2002:91).

로마 게루살렘의 산타크로세 교회에 있는 십자가의 죄패(Titulus Crucis)에 대해 학자들은 무시(Morris 2005:32)하거나 혹은 중세의 위조품(Byrne, Ryan. McNary-Zak 2009:87)이라고 생각한다. 이 패는 호도나무로 만들어졌고, 크기는 25x14cm이며 두께는 2.6cm, 무게는 687g이다. 한 면에 세 줄로 문자가 새겨져 있고, 그중 첫 번째 줄은 거의 파괴되었다. 두 번째 줄은 그리스어로 뒤집혀진 글자로 새겨졌고, 세 번째 줄은 라틴어로 역시 뒤집혀진 채로 새겨져있다.

3-4세기 후에 그것이 재발견되어 보고될 때까지 그 유물은 필연적으로 비밀스러운 보물이 되었다. 1492년에 한 모자이크가 복구되었을 때 그것은 조명을 받았다. 손상된 회반죽을 벗겨내자 TI TVLVS CRVCIS라고 써진 벽돌이 드러났다. 이 벽돌 뒤에 명패가 든 상자를 보관한 틈새가 있었다. 크루즈(1984:43)에 따르면 이 명패는 비시고트의 침략을 당할 때인 455년경에 성직자들에 의하여 숨겨졌다고 믿었다. 이 물건의 진정성을 논의하는데 있어서 '십자가를 찾아서'(Thiede & d' Ancona 2002: 93-100)의 저자에 따르면, 다음과 같은 여러 가지 요소가 있었다.

> '그 나무는 중동 근처에 서식하는 종류로서 로마의 명패처럼 원래 흰색으로 칠해졌다. 어두운 색의 흔적을 가진 새겨진 문자는 헤브루어(아라믹어), 그리스어 그리고 라틴어의 세 줄로 구성되어 있었다. 그리고 글자의 스타일은 1세기 문자 형태와 일치한다. 티데와 앙코나(2002 : 94)는 이 세 언어의 배열을 연구하였는데, 그것은 누가복음이나 요한복음의 것과 달랐다. 티데와 앙코나는 "말할 것도 없이 헬레나나 예루살렘의 기독교 공동체를 위하여 이 두 복음서의 하나가 제시하는 언어의 순서를 따라 위조가 되었을 것이다"라고 주장한다.'

닉켈(2007:89)에 따르면, 이러한 종류의 논의는 위조전문가인 찰스 해밀톤이 말한 '죽은 자의 심리분석 시도'를 의미한다.

위조자들 특히 다른 시대의 위조자는 우리가 생각하는 것보다 더 영리하거나 어리석거나 혹은 단순히 다를 수 있다. 그런데 십자가의 명패와 같은 큰 주목을 받는 물건을 가지고 범상함을 주장하는 공준은 범상한 증거의 적용을 요구한다. 이것은 특히 기원이 존재하지 않고, 의심스럽거나 수상쩍을 때 더욱 그러하다.

한편, 티데는 이것이 유대인 필경사가 쓴 십자가의 일부분인 것 같다고 주장하였다. 기록된 언어의 순서를 보면 신약성서에 나타난 순서와 달리 역사적으로 설명이 가능한 순서이기 때문에 진본으로 보았다. 이것이 위조품이라면 위조자는 성서의 문헌에 나온 순서대로 언어를 기록했을 것이지만 그렇지 않았기 때문이다.[1]

특정한 시대 착오적인 생각이나 다른 문제시되는 요소가 그 물건이 최소한 문제가 된다는 판단을 하게 만든다. 심도 있는 조사를 해보면 전문가의 의견은 그것이 가짜라는 결론을 가져올 것이지만 확신할 수는 없다.

닉켈(2004)에 따르면 명패를 놓고 여러 가지 요소가 문제로 제기되었고 그들은 대체로 위조품일 것이라고 의견을 제시하고 있다.

첫째 비록 헤브루 문자가 오른 쪽에서 왼쪽으로 정확히 써졌다 하더라도 그러므로 그리스어와 라틴어의 줄은 부정확하다. 티데와 앙코나(2002:95)는 이것을

죄패 ©wiki

1 ) http://www.s8int.com/page40.html/

강력한 위조의 증거로 보고 있다. 왜냐하면 위조자는 만일 그가 한 작업의 목적이 의도된 진정성을 보여주는 것이라면 그는 단순히 그런 비정상적인 작업을 하는 위험을 무릅쓰지는 않았을 것이다.

그들은 글씨를 쓰는 사람이 단순히 실수를 했거나, 혹은 유대인의 글 쓰는 방식을 서투르게 모방했다고 제시하며, 그러나 그들은 이런 방식으로 전체 문장을 쓴 당대 혹은 비슷한 시대의 증거가 없다는 점을 인정한다.

닉켈(2007)은 이러한 사실을 토대로 결론을 내릴 때, '저술의 역사'(Nickell 1990)에 대한 그의 연구에 기반 하여 그것은 자명하게 가짜라고 생각했다. 그는 또 다른 고문학적(Paleographic)인 실수는 그리스어 줄에서 발견된다고 주장한다. 비록 그것이 오른쪽에서 왼쪽으로 거울에 비친(좌우가 바뀐 물체의 상) 모양으로 써졌지만, 한 글자인 Z는 뒤집혀 있지 않았는데, 이것은 문제가 있는 글씨의 속성을 강조하여 글을 쓴 자가 고대 언어에 익숙하지 않았을 수 있다는 점을 나타낸다고 보았다.

또 다른 수상쩍은 요소는 글자가 실제로는 나무에 새겨진 다음 칠해졌다는 사실이다. 그 조각은 불필요하게 공을 들인 것으로 명패를 더욱 우아하게 하고 그러므로 예수의 신분에 맞추려고 하였으며 마치 케이크에 장식용으로 당의를 입히는 것과 같다. 그러나 복음서에 기술된 바에 따르면, 당시 예수에 대한 대우는 그렇게 승격시킨 지위로 대우했다고 믿겨지지는 않는다. 반대로 혹자는 신속하게 사용하고 버리기 위하여 그 명패를 시급히 준비하였을 것이라고 생각한다.

오래 걸리는 글자를 파는 과정은 그 작업이 주의 깊게 위조된 것임을 말해준다. '십자가를 찾아서'가 출간된 이래 그 명패는 방사선 탄소연대 측정을 했다. 완벽하게 보존된 판의 뒷부분 목재의 옹이부분에서 샘플이 채취되었다(Bella & Azzi 2002:685).

2002년에 미국 아리조나 대학은 이 패의 탄소연대 분석결과 그것은 980-1146년 사이에 만들어진 것이라고 결론을 내렸다(Bella & Azzi 2002:685-689).

그 샘플은 오염을 막기 위해 특별히 세척되고 탄소연대측정의 대상이 되었다. 분석의 정확성을 확인하기 위하여 과학자들은 다양한 연대의 비교샘플에 대하여도 측정을 했는데, 12세기의 목재샘플, 14세기의 명판, 1세기의 로마 선박의 목재들을 포함하고 있었다. 비교샘플의 측정결과는 분석적 체계에 따라 정확한 결과치를 보여주었다. 판의 방사성 탄소 연대 측정치는 AD 980-1146년의 값을 산출하였다. 물론 이 연도는 그 죄패가 진짜로 1세기의 예수가 십자가형을 당한 유물이라는 어떠한 가능성도 배제하지 않았는데 측정값은 그 물건이 획득된 시기(1144-1145)와 확실하게 일치하였다.

6세기경에 피아센자에서 온 안토니누스라는 순례자는 예루살렘에 있는 패를 묘사하였는데, "이분은 유대인의 왕이다(Hic est rex Iudeaorum: Here is the king of the Jews)"라고 쓰여 있다고 묘사하였다. 한편 로마에 보관된 패에는 "유대의 왕 나자렛 예수(Iesus Nazarenvs Rex Iudeaorum: Jesus the Nazarene king of the Jews)"라고 쓰여 있다고 하는데, 이것을 보면 적어도 이 둘 중 하나는 위조된 것이 분명하다.

## 십자가에 대한 태도

십자가의 한 부분은 헬레나가 십자가를 발견한 성묘(Holy Sepulchre)에 세운 교회의 은제 보관함에 보관되어 있었다고 보고되고 있다. 명백히 이것은 1187년에 잃어버린 조각이다. 다른 하나의 조각은 콘스탄틴에게 주어졌다고 말해지는데 콘스탄틴은 콘스탄티노플을 수호하기 위한 부적으로 자신의 조상(彫像)에 밀봉했다. 또 다른 한 조각은 헬레나가 로마로 가져가서 게루살렘에 산타크로세 교회를 세우고, 거기에 보관했다. 오늘날 세 개의 진짜 십자가는 각각 길이가 약 6인치로 십자가형태의 보관함에 보관되어 있다(Cruz 1984:39). 십자가형으로 부터 나온 진짜 십자가와 못과 같은 파편들은 급증했다. 14세기 중반에 예루살렘의 성 키릴(St. Cyril 315-386)은 그의 강의록 Catecheses를 썼는데 거기서 "이미 전 세계는 십자가의 나무 조각들로 가득했다"라고 기록했다. 성 키릴(St. Cyril)은 덧붙여서 "십자가의 신성한 나무를 위해 증언한다. 여기에 그것을 바로 오늘날 볼 수 있고 신앙심으로 그것을 가져간 자를 통하여 거의 전 세계에 이미 그것이 가득

했다 (Thiede & d'Ancona 2002:53)."

'진정한 십자가를 찾아서'에 따르면, 십자가의 조각들이 전 세계로 확산되었다고 주장하는 성 키릴(St. Cyril)의 주장에 대한 확증이 있다. 359년에 마우레타니아의 틱서라고 하는 인도의 한 순교자 기념성당은 한 조각의 십자가를 가지고 있었다고 자랑했다.

니사(Nyssa)의 그레고리에 따르면, 379년에 죽은 성 마크리나(St. Macrina)는 십자가 조각을 목걸이에 걸어서 지니고 다녔다. 4세기 말에 존 크리소스톰은 모든 사람들이 십자가 나무 조각을 가지고 다툰다는 사실을 알았다. 5세기 초에 십자가 조각이 가울(Gaul), 아프리카, 소아시아, 시리아, 이탈리아와 기타 지역에까지 널리 퍼진 증거가 있다(Thiede & d'Ancona 2002:53).

성묘교회의 십자가 보관함 ©wiki
예루살렘 성묘교회의 보물 보관실

5세기부터 십자가에 대한 광신적인 추종이 일어났고, 그들의 유물을 보물처럼 보관한 교회와 예배당 건축이 증가했다(Cruz 1984:40). 이것들은 450년 이전에 이탈리아 라벤나(Ravenna)의 산타크로세(Santa Croce)처럼 진짜 십자가의 이름을 가지고 세워진 교회를 포함한다. 460년에 교황 힐라리우스(Hilarius)는 라테른(Latern)에 십자가 유물을 위한 예배당을 건축했다. 유사하게 교황 시미아쿠스 (Symmiachus: 498-514)는 성베드로 교회에 특별한 예배소를 건축하고 황금으로 십자가 모양의 보관함을 만들어 십자가 조각을 안치했다. 십자가 조각이 너무 넘쳐나서 개혁주의자인 캘빈(1543:61)은 십자가가 배의 화물칸을 몽땅 채울 만큼 많다고 했다. 놀라(Nola)의 성폴리누스(St. Paulinus:353~431)는 아무리 많은 십자가 조각을 가져와도 원래 십자가의 크기는 줄어들지 않는데 그 이유를 5병2어의 기적[1]처럼 나누어주어도 줄지 않는 빵과 물고기의 기적에 비유할 수 있다는 사실로 설명하기도 하였다(Cruz 1984:39). 19세기에는 한 프랑스인이 그가 찾은 십자가 조각을 측정해보니 400만 입방밀리미터였는데 그는 예수가 못 박힌 십자가의 양은 대략 178만 입방밀리미터라고 주장했다(Meyer 1971:73). 어떤 자는 나무로 된 그 유물을 소유하고자 하는 사람들의 갈망을 무시하기도 했다. 성 제롬은 조심스럽게 다음과 같이 말한다.

> "십자가에 대하여 내가 말하고자 하는 것은 나무가 아니라 예수의 수난이다. 그 십자가는 영국, 인도 등 전 세계에 있다. 자기 자신의 마음에 그 십자가, 부활, 예수의 탄생지와 그의 승천을 간직한 자는 행복할 것이다."

밀란의 성 암브로스(339-397)는 나무 그 자체를 숭배하는 것에 대해 경고한다.

> "나무를 숭배하는 것은 이교도와 같은 잘못이며, 죄를 짓는 어리석음이다(Thiede & d'Ancona 2002:55)."

지금의 성묘교회에는 무엇이 보관되어 있을까?

---

1) 물고기 다섯 마리와 빵 두 개를 가지고 5천명의 인파를 배불리 먹이고 부스러기가 12광주리나 남았다는 신약성서의 기적을 이름(요한복음 6장 9~13절)

예루살렘의 성묘교회의 지하로 내려가는 계단을 따라가면 이중으로 자물쇠가 걸린 성스러운 십자가의 보관 장소가 있다. 주교는 두개의 십자가를 보여주는데 둘 다 금속으로 된 것인데, 하나는 나무가 십자가 모양으로 보이는 은제 십자가다. 다른 하나는 십자가 나무 조각을 금속이 다 둘러싼 십자가 모양의 것이다. 그 두 십자가를 보여주는 주교는 그 두 십자가에 정성스럽게 입을 맞추며 말했다.

> "이 십자가는 기적적인 힘을 가지고 있습니다. 이 십자가를 보러 오는 신자가 도중에 병이 나은 사람도 있고, 이 십자가를 만지자마자 병이 치유된 환자도 있습니다."

콘스탄티노플의 에나멜 칠을 한 은제 십자가 보관함 ©wiki

십자가 조각, 스페인
산토 토리비오 리에바나 수도원 ©Wiki

십자가조각, 오스트리아 비엔나
합스부르크 왕가보물 ©Wiki

십자가에 대한 조사에서 가톨릭과 동방정교회는 진짜 십자가의 보유와 존재, 그리고 기적에 대하여 옹호하는 입장이며, 개혁파(칼빈 등)는 구교회의 십자가에 대한 맹신과 가짜의 범람에 대하여 일단의 냉소적인 입장을, 닉켈 등의 회의론자들은 정밀한 과학적 조사와 연대기, 범죄심리학 등의 견지에서 오늘날 교회가 보관하고 있는 십자가에 대하여 유보적 또는 회의적인 입장을 보여주고 있다.

예수가 매달렸던 그 진짜 십자가를 교회가 보유하고 그것을 기념하는 것은 성스럽고 고마운 일이다. 그것은 그렇게 나쁜 일은 아닐 것이다. 오히려 그것을 통하여 예수의 수난사를 기억하고 느끼며 신앙을 다지는데 유익할 것이다. 그러나 더 중요한 것은 크루즈나 성 암브로스의 의견처럼 우리가 십자가의 나무 그 자체를 숭배하고 그것을 맹신하여 섬기는 것보다는, 우리의 마음 깊은 곳에서 예수가 행한 사랑의 실천, 신의 계획에 따라 몸을 던져서 인류를 구원한 인간의 속죄에 대한 프로그램의 완성을 이룬 사실에 대하여 확고한 믿음을 갖는 것이 더 중요하다고 생각된다. 만일 신이 우리의 마음속의 기도와 소리에 귀를 기울인다면, 십자가가 죽은 자를 일으켰듯이 우리도 믿음을 통하여 우리를 사지 속에서 구원하여 죽음으로부터 일으켜 세워주시지 않겠는가?.

그 외에 진짜 십자가를 보관하고 있다고 주장하는 소재지는 스페인의 산토 토리비오 리에바나 수도원, 오스트리아 비엔나, 합스부르크 왕가, 코소보 데카니 소재 세르비아 수도원 및 프랑스 파리 노틀담 사원 등이 있다. 그 이미지는 다음과 같다.

프랑스 파리 노틀담 사원
십자가 보관 함 ©Wiki

십자가 조각, 코소보 데카니 소재
세르비아 수도원 ©Wiki

## 가시관

가시관은 콘스탄틴 대왕의 어머니인 헬레나에 의하여 기원후 326년 그녀가 예루살렘에 전해 내려온 예수의 무덤을 열었을 때 발견되었다고 전해진다. 그것은 1201년 콘스탄티노플의 왕실 보물창고에 보관되어 있었다고 전해지며 1238년 프랑스 왕 루이에 의하여 파리로 옮겨졌다고 한다. 역사적으로 가시관을 묘사한 것은 드물지만, 1350년에 파리에서 가시관을 묘사한 문헌이 있었고 두 번째 것은 콘스탄티노플에 있었다.

가시관을 쓰고 십자가를
나르는 예수의 초상 ©wiki
1580년, 엘그레코의 그림

예수의 가시관은 예수가 대속한 죄와 고통을 나타낸다. 기독교의 가장 생생한 상징 중의 하나는 예수가 십자가에 못 박히기 전에 쓴 가시관이다.

마태복음 27장 29절에는 다음과 같이 묘사되고 있다. "가시 면류관을 엮어 그 머리에 씌우고 갈대를 그 오른손에 들리고 그 앞에서 무릎을 꿇고 희롱하여 가로되 유대인의 왕이여 평안할지어다 하며..."

성경에서 가시는 종종 죄를 나타내며, 그러므로 가시관은 세상의 죄를 짊어진 예수에게 씌어진 것이다. 가시관은 기독교의 왕인 예수의 고통을 나타내지만, 왕 중의 왕이자 주인 중의 주인인 예수에게 씌어졌다.[1]

기독교에서 가시관은 예수의 수난의 도구의 하나이며 가시줄기로 엮어 예수의 십자가 처형이전에 예수에게 씌운 것이다. 가시관은 성경의 마태복음 27장 29절, 마가복음 15장 17절, 요한복음 19장 2절과 5절에서 언급되고 알렉산드리아 오리겐의 클레멘트같은 초기 교황에 의해 언급되기도 하였다. 요한복음 제19장 1-5절에서 사도 요한은 다음과 같이 말했다.

> "그 때에 빌라도는 예수를 데려다가 채찍으로 쳤다. 병사들은 가시나무로 왕관을 엮어서 예수의 머리에 씌우고, 자색 옷을 입힌 뒤에, 예수 앞으로 나와서, 유대 사람의 왕 만세! 하고 소리 치고, 손바닥으로 얼굴을 때렸다. 그 때에 빌라도가 다시 바깥으로 나와서, 유대 사람들에게 말하였다. 보시오, 내가 그 사람을 당신들 앞에 데려오겠소. 나는 그에게서 아무 죄도 찾지 못하였소. 나는 당신들이 그것을 알아주기를 바라오. 예수께서 가시관을 쓰시고, 자색 옷을 입으신 채로 나오시니, 빌라도가 그들에게, 보시오, 이 사람이오 라고 말하였다."

창세기 제3장 18절에 따르면, "땅이 네게 가시덤불과 엉겅퀴를 낼 것이라 네가 먹을 것은 밭에 채소인즉..."라고 기록된 바, 가시는 기독교 성서의 저자들에게 남자의 타락의 상징으로 보여졌다. 창세기 22절에 신은 아브라함에게 그의 독자인 이삭을 제물로 바치라고 요구한다. 모리아로 가는 길에 이삭은 의아해

1) http://christianity.about.com/od/symbolspictures/ig/Christian-Symbols-Glossary/Crown-of-Thorns.htm (2011. 5. 26 검색)

했는데 왜냐하면 그들은 번제를 위해 필요한 모든 것을 가지고 갔으나 희생제물은 가지고 가지 않았기 때문이다. 창세기 22장 7~8절에서, 이삭이 그의 아버지 아브라함에게 말하였다. 그가 "아버지!"하고 부르자, 아브라함이 "얘야, 왜 그러느냐?"하고 대답하였다. 이삭이 물었다. "불과 장작은 여기에 있습니다마는, 번제로 바칠 양은 어디에 있습니까?" 아브라함이 대답하였다. "얘야, 번제로 바칠 어린 양은 하나님께서 손수 마련하여 주실 것이다." 두 사람이 함께 걸었다. 아브라함이 손을 내밀어 칼을 잡고 그 아들을 죽이려 하니 여호와의 사자가 하늘에서 그의 팔을 붙잡았다. 아브라함은 희생물로 드릴 대체물을 발견한다. 창세기 22장 13절은 다음과 같이 언급한다. "아브라함이 눈을 들어 살펴본즉 한 숫양이 뒤에 있는데 뿔이 수풀에 걸려 있는지라 아브라함이 가서 그 숫양을 가져다가 아들을 대신하여 번제로 드렸더라." 구약시대에 뿔은 권력의 표시로 보았다. 일반적으로 '양'은 인류의 상징으로 사용되었다. 여기서 언급된 문제시 되는 양은 특히 숫양(ram)과 암양(ewe)이다. 숫양(ram)은 예수 그리스도의 전조로 사용된다. 예수(메시아인 신의 남자)는 모든 나라의 남성 지도자이며, 에덴동산에서 불순종(창세기 2장 16~17절, 3장 2~3절, 19절)으로 인하여 영원한 죽음이 선고되었다. 여기서 주목할 점은 숫양이 희생물로 쳐지기 전에 뿔이 가시덤불에 잡혔으며, 그러므로 이러한 상황은 가시관의 전조가 된다.

문화적인 맥락에서, 플루타크[1]는 결혼한 커플에게 충고하기를, "고대 그리스의 관습에는 신부에게 아칸서스[2] 가시가 있는 화관을 쓰게 합니다."라고 하였다. 이 말은 가시로 뒤덮인 식물은 향기가 나지만, 그러한 관습이 신랑이 신부에게 인내심을 가져야 할 필요가 있다는 것을 상징적으로 나타내다. 가시관을 쓰는 것은 한편으로 굴욕을 나타내고, 형벌을 받는 남성상에 대한 모욕이다. 기원후 6세기경 몇 명의 저자들은 아직도 존재하고 있고 신앙으로 숭배되는 가시관에 대하여 기록하고 있다.

성 폴리누스 노라(St. Paulinus of Nola)는 십자가와 함께 영예롭게 보관되고 있

1) AD 46~120, 그리스출생, 전기작가, 수필가, 사제, 외교관, 법관

2) 아칸서스(acanthus) : 지중해 연안 지방에 자생하는 가시가 있는 다년초 식물

는 가시관을 유물로서 언급하고 있다.[1] 카시오도루스(Cassiodorus)는 시편을 들어 여러 가지 유물들 중에서 세속적인 예루살렘의 영광인 가시관을 말하고 있다. 그는 말하기를 "우리는 세상의 모든 죄를 한꺼번에 모아 속죄하기 위하여 우리 구세주의 머리에 씌여진 가시관을 바라볼 수 있다."[2] 6세기경 성 그레고리 (St. Gregory[3])는 가시관은 아직도 녹색으로 보이며 기적적으로 매일 신선함이 새로워지고 있다고 했으며, 안토니누스의 브레비아누스(Breviarius)는 시온 산의 교회에서 지금도 가시관을 볼 수 있다고 잘라 말했다. 이러한 증거의 단편에서, 사실이 아닐지도 모르지만, 가시관으로 믿어지는 유물이 15세기부터 수백 년 간 예루살렘에서 숭배된 것 같다.

프랑코 데 멜리(1904)는 가시관 전부가 1063년도까지 비잔티움으로 보내지 않았다고 생각했다. 유스티니안[4]이 파리의 주교인 성 저메인에게 가시관을 주었다고 말해지는데, 그것은 성 저메인 데스프레스(Saint-Germain-des-Prés[5])에 오랫동안 보관되었고, 이레네 여왕이 798년 혹은 802년에 샤를마뉴에게 여러 개의 가시를 보냈고, 그는 그것을 아헨(Aachen)에 보관하였다.

네 개의 가시는 877년 신성로마제국 황제인 샤를2세[6]가 세인트 콩파뉴의 성 코르넬리우스(Saint-Corneille of Compiègne)에게 주었다. 927년에 프랑크의 공작인 휴는 결혼을 합의하면서 한 개의 가시를 앵글로색슨 왕인 아델스탄에게 주었고 그것은 후에 말뫼스베리 사원에서 발견되었다. 다른 한 개는 1160년경 스페인 공주에게 선물로 보내졌고, 또 다른 한 개는 1200년경 독일의 안데크(Andechs) 사원으로 보내졌다. 성스러운 예수의 가시관은 루이 IX세가 보드윙 2세(Baldwin II)로부터 구매했다. 그것은 오늘날까지 파리 노틀담의 유물보관함에 보존되고 있

1 ) Epistle Macarius in Migne, Patrologia Latina, LXI, 407

2 ) Migne, LXX, 621

3 ) 성 그레고리(St. Gregory(538 ~ 594), 로마의 역사가, 투어의 주교,

4 ) Justinian : 483출생~565 사망, 로마 비잔틴 황제로 527-565년 사이에 재임

5 ) 성 저메인 데스프레스(Saint-Germain-des-Prés )는 전에 파리 성 저메인 데스프레스 교회 근처의 6구역임

6 ) 샤를 2세(Charles the Bald, Charles II, 823 ~ 877),

다. 1238년에 콘스탄티노플의 로마제국의 황제인 보드윙 2세는 그의 위태로운 제국에 대한 지지를 얻기 위하여 프랑스의 왕 루이에게 가시관을 제공하였다. 그때 댓가로 13,134 개에 달하는 금 조각은 안전을 염려한 베니스인들에 의해 부담되었는데, 그것은 나중에 상환되고 가시관은 파리로 옮겨졌다. 루이왕은 가시관을 보관하기 위하여 성스러운 교회를 지었고 그것은 1248년에 완공되었다.

가시관은 프랑스 혁명 때까지 거기에 있었고, 1801년 콩코드의 국립문서보관소에 잠시 두었다가 다시 교회에 되돌려져 노틀담 성당에 봉헌되었다. 노틀담 성당이 받은 유물은 꼬인 골풀 화관(twisted circlet of juncus balticus rushes)이었고, 여러 다른 보관함에 보존된 가시들은 '예수의 가시관 대추나무(Ziziphus spina-christi)'라는 상록수로 북아프리카와 서아시아에 자생하는 것이다. 이 대추나무는 이스라엘의 계곡에서 자라는데 해발 500미터까지 살고 있다. '예수의 가시관 대추나무(Ziziphus spina-christi)'는 유대인, 기독교인과 무슬림에게 중요한 의미를 갖는데

프링스 노틀담 사원의 예수의 가시관을 보관한 함 ©wiki

예수의 가시가 이 나무에서 난 것으로 만들어졌기 때문이다.

가시관이 프랑스에 들어온 직후 가시관에서 가시가 분리되어 각기 다른 보관함에 보존되었다. 가시를 위해 새로운 보관함이 나폴레옹에 의하여 만들어져 제공되었고, 또 다른 보석으로 치장된 고딕양식의 크리스탈 보관함이 유진 바이올렛 레둑(Eugene Viollet-le-Duc[1])에 의해 설계되어 만들어졌다. 2001년에 생뜨샤펠교회의 생생한 보물이 루부르에 전시되었을 때, 그 화관은 홀로 노틀담 성당에 매주 금요일 전시되었다.

가시관은 로마 군인들이 만들었다고 알려져 있고 이 골풀로 만든 띠는 가시들을 함께 부착하도록 하는 기술을 채택하였다. 데멜리(De Mely)에 따르면, 화관이 파리에 도착했을 때 60-70개에 달하는 가시는 이미 골풀의 띠에서 분리되어 다른 보관함에 보관되고 있었다. 이들 어느 것도 파리에 남아있지 않다. 몇 조각의 골풀이 아라스와 리용에 보관되어 있을 뿐이다. 가시관의 유래에 관하여, 식물학적으로는 '예수의 가시관 대추나무(Ziziphus spina-christi)', 더 쉽게 말하면 곧 대추나무(Jujube tree)이다. 이 나무는 자라면, 높이가 15-20피트에 달하고 예루살렘 근교에서 널리 자생하고 있는 것이 확인되었다.

대영박물관의 성스러운 가시보관함은 한 개의 가시를 보관하고 있다. 이 보관함은 프랑스 왕자인 장 둑 더 베리(Jean duc de Berry)가 만들었는데 그는 샤를 5세, 6세 그리고 그의 형제와 조카들로부터 여러 개의 가시를 받았다고 기록되어 있다(Cherry 2010).

가톨릭 사전(1908)에 따르면 두 개의 성스러운 가시가 봉안되었다고 보고하는데 하나는 겐트의 성미카엘 교회(St. Michael's church in Ghent), 다른 하나는 스코트랜드의 메리여왕이 토마스 퍼시에게 준 것으로 스토니허스트 대학(Stonyhurst College)[2]에 보관되어 있다고 한다(Thurston 1908).

---

1) Eugene Viollet-le-Duc(1814 ~ 1879) 파리출생의 고딕양식 복구 건축가, 중세건물의 해석적 복구로 유명한 건축가이자 이론가.

2) 스토니허스트대학(Stonyhurst College)은 제수이트교단의 로마 가톨릭 학교로 1593년 로버트 퍼슨스 신부에 의하여 설립되었고 영국 랑카셔의 호스트그린 빌리지 근처 스토니허스트에 위치하고 있다.

그 외에 가시관을 보관하고 있는 자료의 정보는 다음과 같다.

| 국가 | 보관위치 | 보관내용 |
|---|---|---|
| 벨기에 | 웨벨겜의 파로치알 교회[1] | 가시관의 일부를 보관 |
| | 겐트의 성 미카엘 교회[2] | 한 개의 가시 |
| 프랑스 | 파리의 노틀담 사원 | 가시관의 골풀의 화관, 매월 첫 주 금요일 전시 |
| | 상트 예배소 | 가시관의 일부, 루이 IX세가 가져옴 |
| 독일 | 트리어 성당[3] | 한 개의 가시 |
| 이탈리아 | 로마, 게루살렘의 산타 크로체 성당[4] | 두 개의 가시 |
| | 로마, 산타 프라세데[5] | 가시관의 작은 조각 |
| | 피사, 스페달리 리우니티 디 산타 키아라[6] | 가시관의 가시가 붙은 줄기 |
| | 나폴리, 산타마라아 인코로나타[7] | 가시관 한 조각 |
| | 아리아노 이르피노 성당[8] | 두 개의 가시 |
| 스페인 | 오비도 성당[9] | 다섯 개의 가시(전에는 여덟 개) |
| | 바르셀로나 성당[10] | 한 개의 가시 |
| | 세빌리에 이글레시아 델라 아눈시아시온[11] | 한 개의 가시 |
| 영국 | 대영박물관 | 성스러운 가시 보관함[12]과 솔팅 보관함[13]에 각 한 개의 가시가 보관 |
| | 웨세스터의 스탄브루크 사원[14] | 한 개의 가시 |
| | 랑카셔 스토니허스트 대학[15] | 한 개의 가시 |

1) Parochial Church of Wevelgem
2) Ghent, St. Michael's Church
3) Cathedral of Trier
4) Rome, Santa Croce in Gerusalemme
5) Rome, Santa Prassede
6) Pisa, Spedali Riuniti di Santa Chiara
7) Naples, Santa Maria Incoronata
8) Ariano Irpino, Cathedral
9) Oviedo, Cathedral
10) Barcelona, Cathedral
11) Seville, Iglesia de la Anunciacion (Hermandad del Valle)
12) Holy Thorn Reliquary
13) Salting Reliquaryr
14) Stanbrook Abbey, Worcester
15) Stonyhurst College, Lancashire

✝

예수의 머리에 씌워진 가시관은 하나가 아니고 두 개라는 연구가 있다.

2003년3월, 1973년부터 튜린의 수의를 조사해오던 연구자인 알란과 메리 왕거(Alan and Mary Whanger[1])는 역사상 가장 유명한 이미지인 두 번째 가시관의 모습을 조사한 결과를 보여주었다.

먼저 1987년 그들은 튜린 수의의 남성의 오른쪽 어깨 위에서 커다란 보닛[2] 스타일의 가시관을 확인한 바 있다. 최근에 확인된 두 번째 가시관은 가시가 없이 골풀로 짠, 파리의 노틀담 사원에 보관된 가시관과 크기와 형태가 일치하는 화관(circlet)이었다. 이 발견으로 말마암아 튜린의 수의의 진정성을 더 해줄 뿐 아니라 중요한 역사적 및 고고학적인 증거를 제공하여 주었다.

알란과 메리 왕거가 발견한 그 독특한 두 번째 가시관은 마태복음, 마가복음 그리고 요한복음에서 언급된 것으로 로마병사가 만들어 유대인의 왕이라고 예수를 조롱하기 위해 머리에 씌운 것이다. 각각의 가시관의 발견에서 주요한 요소는 가시의 이미지와 수많은 꽃 무늬 중 엉겅퀴를, 그리고 수의에서 발견되는 비신체적 요소를 확인하는 것이다. 이러한 것들이 알란과 메리 왕거의 고해상도 튜린 수의의 사진 분석에서 이미지 분석의 핵심이었다. 그들은 튜린 수의가 복잡한 방사능 이미지에서 흐릿하고 부분적이지만 정전기나 혹은 광환[3]이미지가 닮았다는 것을 보여주었다. 그들은 보닛 형태의 관을 만드는 수많은 국화과의 토네포르틸[4]의 이미지를 발견하였는데, '예수의 가시관 대추나무(Ziziphus spina-christi)'의 잔가지가 아직도 목 뒷부분에 박혀있고, 수많은 엉겅퀴 모양을 한 이미지를 확인하였다.

이들 모두와 약 20개 이상의 다른 꽃무늬의 확인은 예루살렘의 헤브류 대학의 식물학 교수인 아비노암 다닌 박사(Dr. Avinoam Danin)와 중근동의 꽃에 대한 세계적으로 저명한 기관에 의해 확증되었다. 또한 막스프라이 박사(Dr. Max Frei)

---

1 ) www.shroudcouncil.org

2 ) 보닛[bonnet] : 뒤에서부터 머리 전체를 싸듯이 가리고 얼굴과 이마만 드러낸 모자. 머리를 덮는 윗부분이 부드럽게 처리되어 있으며, 어원은 힌두어인「banat」에서 유래되었다.

3 ) 일식이나 월식 때 해나 달 둘레에 생기는 광환으로 여기서는 둥그런 테두리를 의미

4 ) Gundelia Tournefortil

는 1973년과 1978년 사이에 튜린의 수의에서 끈끈한 테이프로 채취한 꽃가루 종자의 확인으로 그것을 확증하였다.

튜린 수의의 혈흔의 조사는 앞머리 중간부분에서 뒷목 아래 부분까지 40군데의 찔린 구멍의 상처를 보여준다. 이러한 패턴을 만들어 낼 수 있는 유일한 방법은 한 사람이 그의 머리에 동시에 두 개의 가시관을 쓰는 것이다.

알란과 메리 왕거는 최근에 확인된 가시관은 성경에서 말한 왕의 관으로 로마황제처럼 머리 뒤에 땋은 띠를 씌우고 그 안에 가시와 엉겅퀴를 끼운 것이라고 결론을 내렸다. 왜 거기에 두 번째 가시관이 있었는지에 대하여, 로마병사들은 유대인의 고위급 사제의 보닛을 닮은 여러 줄의 관을 함께 조롱하기 위하여 그것을 씌웠다고 결론을 내렸다.

그러므로 튜린의 수의에 나타난 가시관의 증거는 예수가 십자가형을 당하는 동안 왕이자 고위사제로서 이중의 조롱을 받았다는 증거를 보여준다.

예루살렘에는 흔한 가시관과 엉겅퀴의 이미지 발견과 수의에 대한 30시간 이상의 방사능 조사과정에서 나온 두 개의 가시관은 인류역사에서 중대한 시기에 있었던 예수와 튜린 수의의 진정성을 지지하고 있다.

## 수난의 도구들

수난의 도구(Arma Christi)는 예수가 수난을 당할 때 사용된 도구들로 예수의 수난과 관련한 기독교의 상징과 예술에서 사용되는 물건들이다. 그들은 문장학(紋章學: 가문의 문장과 역사를 연구하는 학문)적 관점에서 문장이며 사탄의 정복을 이루기 위하여 예수가 사용한 무기들이다. 그것의 주요한 구성요소인 십자가는 4세기에 승리의 상징으로 기독교 예술에 도입되었다.

하나의 집단으로서 수난의 도구들은 도상학의 오랜 전통이 되었는데 그것은 9세기경으로 거슬러 올라가며, 830년의 삽화가 그려진 성경의 시편(Utrecht Psalter)이 그 예이다(Chazelle 1997). 이것은 당시 예수 수난의 신학적 관심에 점차적으로 반영되었다(Schiller 1972).

중세 영어로 된 시(Poem)인 아르마크리스티(Arma Christi)는 14세기 말 이전에 나타났으며, 그의 유명세를 입증하는 15개의 문헌이 존재하며 그중 일곱 개는 매우 비범한 두루마리 형태로 되어있고, 대중예배 시 그림이 도움을 주면서 교회에 전시하도록 설계되었다.

아르마크리스티의 문헌은 일반적으로 그림으로 그려진 수난의 도구들을 수반하고, 그 문헌에 따르면, 앞으로 겪을 지옥(혹은 연옥)에서의 특정일자에 대한 면죄를 허용하는 것으로 보여지고 있다. 오랜 역사를 가지고 있는 가장 중요한 유물은 4세기 초에 십자가를 발견한 헬레나 여황제까지 거슬러 거슬러 올라간다. 성스러운 창, 성스러운 스폰지, 성배, 그리고 십자가에서 나온 못들은 1000년 이전에 모두 숭배되고 10세기 이후에도 그런 전통은 빠르게 확산되었다. 십자군원정기간동안 서구에서는 새로운 유물에 대한 물결이 있었고, 수난의 도구와 같은 심화된 흐름이 14세기의 헌신적인 문학과 실천에 있어서 두드러진 특징이 되었다(Schiller 1972:189-191). 예술에서 수난의 도구는 비탄에 잠긴 남자와 같은 예수의 이미지를 둘러싼 예술, 혹은 예수의 이미지의 중심에 있는 베로니카의 베일과 같은 것들이 그것이다. 그런 것들을 표현한 목적은 예수의 수난사에서 예수의 고통을 상징화하는 것이었다. 그것은 인간의 모습을 표현하는 것보다 더 쉬워서 덜 성숙한 예술가들에게는 실제적인 이점이 있었다. 처음에는 하나씩 표현되던 수난의 도구들은 나중에는 한꺼번에 표현되었다(Schiller 1972:187).

그러한 수난의 도구들은 다음과 같은 것들이다

- 예수가 처형된 십자가
- 가시관
- 예수가 고문을 당할 당시 채찍질 당할 때 묶여있던 기둥

수난의 도구들 ©wiki
왼쪽에서부터 디스마스의 십자가, 계단, 갈대 스폰지, 망치, 천사, 예수의 십자가, 수탉, 별, 펜찌, 창, 사악한 도둑의 십자가

- 39차례나 후려칠때 사용된 회초리(자작나무 회초리)
- 예수에게 신 포도주를 드릴 때 사용한 갈대위에 놓인 성스러운 스폰지
- 성스러운 창
- 성스러운 못
- 베로니카의 수건

그외의 다른 수난의 도구들은 다음과 같다

- 예수를 조롱하기 위해 예수의 손에 들려준 홀(sceptre, 왕권의 상징인 홀)

수난의 도구들 ©wiki
왼쪽에서부터 창, 횃불, 랜턴, 검, 채찍, 고문시의 기둥, 베로니카의 천, 30냥 의 은화, 주사위, 갈대로 만든 홀, 예수를 때린 손, 횃불, 신 포도주를 담은 잔

- 예수를 조롱하기 위해 입힌 자줏색 원피스
- 십자가 명패
- 최후의 만찬때 사용한 성배
- 예수의 솔기없는 원피스
- 예수의 옷을 나누기 위해 병사들이 사용한 주사위
- 베드로가 예수를 세번 부인한 뒤 운 수탉
- 십자가의 예수에게 드리기 위하여 신 포도주를 담았던 용기
- 예수의 신체를 내리기 위해 사용한 사다리
- 예수를 십자가에 못박을 때 사용한 망치
- 못을 제거하기 위해 사용한 펜치

- 예수의 몸에 바르기 위한 몰약을 담은 용기
- 예수의 몸을 감싼 수의
- 수난기간 동안 일어난 일식을 나타낸 태양과 달
- 유다가 배신의 값으로 받은 30냥의 은화(혹은 은화 주머니)
- 예수의 따귀를 후려친 손
- 예수가 밤새 옥에 갇혔을 때 묶은 사슬 혹은 줄
- 예수를 체포할 당시에 병사들이 사용한 랜턴 혹은 횃불
- 고위사제의 귀를 자른 베드로의 칼
- 예수의 수난당시 예수의 면전에서 예수를 조롱한 사람들의 머리모습들

## 성스러운 계단

성스러운 계단은 이탈리아어로 스칼라 산타(Scala Santa)라고 하는데 기독교 전승에 따르면 예루살렘의 본디오 빌라도가 있는 궁전으로 가는 계단으로 예수의 수난기간 동안 예수가 재판을 받으러 가는 길에 서 있던 곳이다. 이 계단은 4세기경 성 헬레나에 의하여 로마로 가져왔다. 수세기동안 성스러운 계단은 예수의 수난을 영예롭게 여기는 수많은 순례자의 방문을 받았다.

그것은 28개의 흰색 대리석 계단으로 구성되어 있으며, 지금은 나무계단으로 감싸서 성 요한 레터란 성당(Basilica of Saint John Lateran)의 반대편에 위치해 있다. 그 계단은 십자가 처형이 있었던 산에서 가져온 흙 위에 지은 교회 옆에 위치해 있다. 그 계단은 지성소(Sancta Sanctorum, Holy of Holies)로 이르는데, 지성소는 성 로렌스 예배실로 알려져 있는데, 초기의 교황들이 레터란 왕궁에서 개인적으로 예배를 보던 곳이다.

성스러운 계단 ©wiki

중세의 전설에 따르면 성스러운 계단은 325년경 콘스탄틴 대왕의 어머니인 성 헬레나에 의하여 예루살렘에서 로마로 가져온 것이다(Nickell 2007).

중세에 그 계단은 빌라도의 계단(Scala Piliati : Stairs of Pilate)으로 알려져 왔다. 그것은 성 실베스타 예배실 인근의 레터란 왕궁의 회랑에 이르도록 특별한 지붕을 씌워서 설치 되어있다. 1589년 식스투스 5세는 낡은 구 왕궁을 파괴하고 새로운 왕궁을 건설하였는데, 교황은 지성소 앞에 있던 성스러운 계단을 현재의 위치에 놓도록 명령하였다.

성스러운 계단은 보호를 위하여 호두나무 판으로 감쌌고, 4개의 다른 계단으로 양 측면을 감싸고 평상시에 사용을 하도록 하였다. 왜냐하면 성스러운 계단은 오직 금요일과 사순절[1]에만 신심이 깊은 순례자들을 위하여 무릎으로만 기어서 올라갈 수 있기 때문이다. 성스러운 계단의 장식은 세자레 네비아와 지오반니 구에라의 감독으로 실시한 교황 식스투스 5세가 행한 주요한 쇄신의 하나이다.

가톨릭교회에서는 연례적으로 이 계단을 무릎으로 올라가는 자에게는 면죄부를 부여하였다. 1817년 10월2일, 피우스 7세는 계단을 올라가는 자에게 한 계단에 9년의 면죄를 부여하였다.

레터란의 성 요한 성당 ©wiki

1) 사순절(四旬節) : Ash Wednesday부터 Easter Eve까지의 40일간(단식과 참회를 행함)

✝ 1908년 2월 26일 피우스 10세는 고해와 성찬 후에 간절한 마음으로 계단을 오른 자에게만 면죄를 부여하였다. 교황 피우스 9세는 1870년9월19일 성스러운 계단을 올라갔으며, 마틴 루터도 1511년 그의 무릎으로 이 계단을 올라갔다. 계단을 오른 이후에 루터는 그것이 자신의 인생의 전환점이 되었다고 한다. 최근의 영국 더 텔리그라프지(The Telegraph)에 의하면 성스러운 계단을 보수하였다고 다음과 같이 기사화 하였다.

> "로마 가톨릭의 가장 신령스러운 유물 중 하나인 예수가 빌라도에게 재판을 받기 전에 올라갔던 것으로 믿어지는 계단이 과거의 영광을 위하여 보수된다. 산타 스칼라 혹은 성스러운 계단이라고 부르는데 이것은 4세기경 예루살렘에서 로마로 가져왔으며, 레터란의 성 요한 성당의 맞은편에 있는 전 교황의 궁전에 놓여졌다. 그런데 보수자들은 계단의 보호케이스는 일부 관광객의 행동을 제재하는데 별 영향을 주지 않는다는 점을 발견했다. 성스러운 계단 우정협회 사무국장 알렉산드라 스케라도는 '추잉검이 계단의 케이스인 나무에 붙어있는 것을 발견했습니다.'라고 말했다. 28개의 백색 대리석의 계단은 보호를 위하여 나무상자로 감쌌고, 너무 성스러워 순례자들은 오직 무릎으로만 기어서 올라갈 수 있다. 무릎으로 올라가면서 취하는 자세는 대리석 아래에 예수의 피의 흔적을 보여준다고 알려져 있는 나무에 있는 구멍만을 응시하면서 올라 가도록 하고 있다. 계단을 올라간 순례자들에게는 그들의 모든 죄가 사해지는 면죄가 부여된다. 1845년에 그 계단을 방문한 찰스 디킨스는 이러한 가톨릭 의례에 대하여 실망하면서 '외적인 관찰에 위험하게 의존한다'라고 말하고 덧붙이기를 '내 인생에서 나는 이 모습처럼 우스꽝스럽고 불쾌한 것은 처음이다' 라고 하였다. 1589년, 교황 식스투스 5세는 17,000평방 피트의 프레스코화를 계단주위에 만들도록 하였다. 벽화와 천정화는 수세기동안 방문자들의 촛불에서 나온 연기로 칙칙해졌다. '가장 어려운 부분은 기초를 옮기는 것이었습니다.' 복구자 중의 한사람인 프란시스코 차이나는 말한다. 발다사르 크로세 등을 포함한 시스틴 성당의 벽화를 그린 일단의 16세기의 유명한 예술가들이 프레스코화를 만드는데 기여했다. 복구자들은 원래 이미지를 분간하기 위하여 디지털 카메라를 사용하여 1밀리미터씩 복구 작업을 진행하였다."[1]

---

1 ) The Telegraph, Steps Jesus walked to trial restored to glory. By Malcolm Moor in Rome, (14 JUN 2007)

## 성스러운 창

요한의 설명에 의하면 롱기누스의 창은 예수가 십자가형을 받을 당시 예수의 옆을 찌른 것으로 성스러운 창(Holy Lance), 운명의 창(Spear of destiny), 롱기누스의 창, 혹은 예수의 창(Spear of Christ)이라고 불린다. 이 창은 오직 요한복음(19장 31~37절)에만 나오고 그 외의 공관복음에는 나오지 않는다. 요한복음에 따르면 로마군인은 예수가 십자가 형을 받는 동안 빨리 죽도록 하기 위하여 소위 크루리프라기움(crurifragium : 다리를 꺾는 것[1]) 이라고 불리는 형벌인 예수의 다리를 부러뜨리기로 계획을 하였다. 그러나 다리를 부러뜨리기 전에 그들은 예수가 죽은 것을 깨달았다. 예수가 죽었는지 확인하기 위해 로마병정은 그의 옆구리를 창으로 찔렀다. 요한복음 19장 34절에 다음과 같이 기술되어 있다.

> "병사 중 한사람이 그의 옆구리를 창으로 찔렀고, 즉시 피와 물이 흘러나왔다."

오리겐에 의하면 피와 물이 나온 현상은 기적으로 생각한다. 니케아 1차 공회에서 채택된 마태복음의 주요주제인 가르침은 예수는 신성과 인성을 가진 자인데 피는 그의 인성을 나타내며, 물은 그의 신성을 나타낸다. 이것을 기념하는 의식은 가톨릭 사제가 미사를 볼 때 축성 전에 와인에다 물을 약간 붓는데 예수의 인성과 신성을 인식하며 십자가상의 예수의 옆구리에서 나온 피와 물을 회상하는 것이다. 이러한 개념은 폴란드 수도승인 파우스티나 코왈스키의 주장과 저술로서 확립하였다.

예수의 옆구리를 창으로 찌른 로마병정의 이름은 요한복음에는 나와 있지 않지만 가장 오래된 전설적 문헌인 4세기경 외경 빌라도 행전 후판의 부속서인 니코데무스 복음에 롱기누스로 알려져 있다. 그 병정은 롱기누스라고 불리는 고대

1) 다리를 꺾는 것을 라틴어로 크루리프라기움(crurifragium)이라고 하는데 다리가 꺾여지면 십자가에 못 박힌 사람은 자기 다리로 자신을 받칠 수 없기 때문에 몸을 위로 처들 수가 없었다. 그래서 횡경 막을 압박하여 질식해 빨리 죽게 되었다

로마의 백부장이었다고 한다. 롱기누스라는 형태의 이름은 라불라 복음[1]의 세밀화(Miniature)에 나타나는데, 586년에 한 라불라스인에 의하여 그려졌다. 그 세밀화에서 롱기노스(LOGINOS :Λ Ο Γ Ι Ν Ο C)라는 그리스 문자가 창으로 예수의 옆구리를 찌르는 병사의 머리위에 써 있었다.

예수의 옆이 창에 찔리다. 프라 안젤리코 그림, 1440년, 산 마르코 도미니칸 수도원, 플로렌스©wiki

1) 플로렌스 로렌시안 도서관에 보존 되어있다. 그림 참조 : Crucifixion miniature, Rabula Gospels, with the legend "Loginos"

만일 이것보다 더 빠른 기록이 발견되지 않는다면 이것이 그 이름을 가장 먼저 기록한 자료다. 롱기누스는 후에 성인으로 추대되었지만 처음부터 성인은 아니었다. 4세기에 발견된 초기의 전승에 따르면 '헤로드가 빌라도에게 보낸 편지'인 구약성서 위전(pseudepigraphal)에 롱기누스는 예수를 찌른 죄로 동굴에 가두어져 매일 밤 사자가 들어와서 새벽까지 공격하여 상처를 입히는 형에 처해졌는데 그의 몸이 회복된 후에도 죽을 때까지 그 형을 받았다. 나중의 문헌에는 그가 기독교로 개종하였는데, 사빈 바링 고울드가 조사한 바에 따르면, 715년 페트리아크 게르마누스 이전에 그리스에 롱기누스라는 이름은 없었다고 한다. 롱기누스는 외경인 니코데무스 복음에서 서구에 알려지게 되었다. 롱기누스의 행적과 순교에 대한 믿을만한 당국의 기록은 없다. 그러나 롱기누스가 오늘날 중앙 이탈

롱기노스(Loginos)의 전설이 있는 십자가형의 세밀화 ©wiki

리아의 압루조 지방의 삼니테 지역의 랑시아노의 작은 마을 출신이라는 오래된 전설이 있다. 그 이름은 필경 그리스어인 롱체(longche : λόγ χ η)에서 라틴어화한 것으로 요한복음 19장34절에 언급된 창에 관련하여 사용된 단어인 것 같다. 그 단어는 플로렌스 로렌시아 도서관의 586년 어떤 라불라스인에 의해 그려진 세밀화에서 시리아어 복음문서에 수평으로 쓴 동시대의 그리스어의 롱기노스(Loginos)라는 단어가 십자가형과 그 옆에 창을 든 군인의 모습을 그린 곳에 문자로 써져있는 것이 처음으로 보인다. 그때 사용된 창은 '성스러운 창'으로 알려져 있는데, 6세기경 예루살렘에서 숭배된 것으로 최근에는 특히 맹신주의적 모임에서 '운명의 창'으로 알려져 있다. 그런데 어떤 문헌에도 백부장(하사관)이라던가 롱기누스라는 이름을 환기시키는 기록이 남아있지는 않다. 롱기누스의 창처럼 그 창은 성배의 전설에 나타난다. 중세민담인 '황금의 전설'에 따르면, 예수의 피를 만지면 장님이 눈을 뜬다고 한다. 롱기누스의 신체는 두 번 찾았다가 잃어버렸다고 하는데, 1304년에 이탈리아의 만투아에서 예수의 피가 묻은 스폰지와 함께 한번 더 발견되었다고 한다. 거기서 롱기누스가 예수의 시신이 십자가에서 내려졌을 때 예수의 몸을 닦는 것을 도왔다고 하는 롱기누스의 역할이 전해진다. 그 유물은 13세기말 볼로냐에서 성배의 로망과 함께 지역적으로 성체성사의 기적의 전통으로 베네딕토 수도원의 성안드레아 교회에서 롱기누스 창과 성혈에 대해 축성된 예배실에서 맹신적인 숭배를 받았다. 후에 그 유물은 나누어져서 프라하와 기타지역으로 흩어지고 신체는 로마 바티칸의 산 아고스티노 교회로 데려갔다. 사디니아에서 롱기누스의 신체가 왔다고 확언하고 있고, 그리스 문헌에서는 롱기누스가 가발라 카파도시아(Gabala Cappadocia)에서 순교했다고 공언하고 있다. '성스러운 창'이거나 혹은 그의 일부분이라고 주장하는 유물이 3-4개 존재한다.

### 바티칸 창

AD 570년경 순례자 피아센자의 안토니누스가 시온 산의 성당에서 본 구세주가 썼던 가시관과 그의 옆구리를 찌른 창을 본 예루살렘의 성스러운 장소를 기술하기까지는 성스러운 창에 대하여는 알려지지 않았다. 창에 대한 언급은 성묘 교회의 브레비아리우스(Breviarius)로 알려진 곳에서 일어났다. 이 유물이 예루살렘에 출현한 것은 투어스의 그레고리(538-594) 와 카시오도루스(485-585)에 의하여 증명된다.[1]

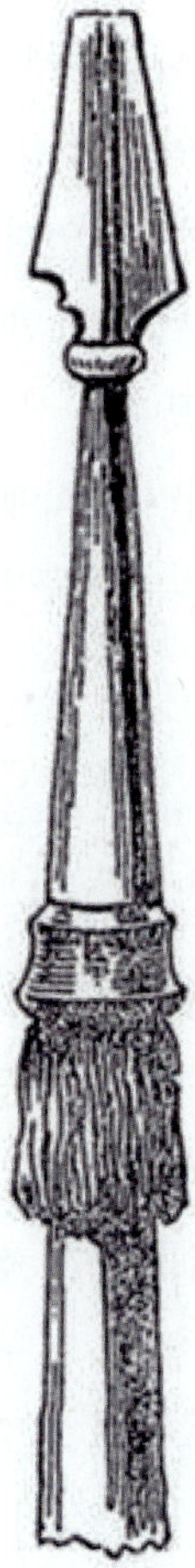

로마에 있는 것으로 알려진 창
©wiki
de Mély (1904)

1 ) Cassiodorus, Expositio in Psalterium (Explanation of the Psalms) lxxxvi, (printed in Migne, Patrologia Latina, LXX, 621).

✝

615년에 예루살렘과 그 유물은 페르시아 왕 코스라우 2세에게 점령되었다. 역사학자 파샬레에 의하면, 부러진 창 끝은 같은 해 니세타에게 주어졌는데, 그는 그것을 콘스탄티노플로 옮겨 하기아 소피아 성당에 보관하였는데 후에 파로스의 버진교회로 옮겼다. 이제는 하나의 성상(聖像)이 된 이 창 끝부분은 동로마 황제인 콘스탄틴노플의 볼드윈 2세가 습득했고, 나중에 이것을 프랑스의 루이 9세에게 팔았다, 이 창끝은 거기서 파리의 상트 샤펠레에 가시관과 함께 봉안되었다. 프랑스 혁명기간 동안 이 유물은 파리국립도서관으로 옮겨졌으나 바로 사라졌다. 창의 나머지 더 큰 부분에 관하여는 아쿨푸스는 예루살렘에서 670년경 성묘교회에서 그것을 보았다고 주장했다. 그러나 615년의 예루살렘 침공 이후에 그것에 관해 언급된 적은 없었다. 어떤 자들은 창의 더 큰 나머지 부분은 8세기경 가시관과 함께 동시에 콘스탄티노플로 옮겨졌다고 주장한다. 어쨌든, 그것이 콘스탄티노플에 존재했다는 사실은 여러 순례자들에 의하여 명확하게 입증된다. 그것이 계속하여 여러 교회에 보관되었지만, 특히 러시아인들은 그것을 추적할 수 있었고 창의 끝부분과 구별하였다.

존 만더빌 경은 1357년 성스러운 창의 날을 파리와 콘스탄티노플 두 장소에서 보았다고 발표했다. 그리고 콘스탄티노플의 것은 파리의 것보다 훨씬 더 컸다고 주장했다. 일반적으로 만더빌 경에 대하여 사람들은 그를 평판하기를 그는 중세의 가장 믿을만한 목격자 중의 한 사람으로 여기지는 않았고, 그가 한 여행의 이야기도 보통 신화, 전설과 기타 허구를 절충적으로 합성한 것으로 취급하였다. 예수님의 옆구리를 찌른 창은 1430년 베드로 타푸르[1]에게 보여진 콘스탄티노플의 유물의 하나였고, 타푸르는 말하기를 "신은 오토만 술탄 메흐메드가 콘스탄티노플을 전복[2]시에 그것이 신앙의 적 수중에 떨어지지 않도록 하셨다. 왜냐하면 그것에 대한 존중심이 없이 그것을 다루거나 만졌을 때 질병에 걸렸을

1) 스페인 코르도바 출신의 여행자, 작가.

2) 1453. 4. 6. ~ 1453. 5. 29.

것이기 때문이다."[1] 그 콘스탄티노플의 유물이 무엇이든 간에 그것은 터키의 손에 떨어졌고, 1492년 파스토르가 간략히 기술한 교황의 역사에서 술탄 바이야지드 2세는 그의 형제이자 라이벌인 죄수 지짐(Zizim)을 지키는데 도움이 되도록 이노센트 8세에게 그것을 보냈다. 조한 부카드[2]의 기록에 따르면 이 당시 로마에서는 그것이 진짜인지 매우 의심을 하였는데 왜냐하면, 파리, 뉴른베르크와 아르메니아에도 성스러운 창이 있었기 때문이다. 18세기 중엽, 베네딕트 14세는 파리에서 창의 끝을 정확히 그린 그림을 얻었다고 하면서 그것을 세인트 피터의 더 큰 유물과 비교하고는 그 두 개가 원래 하나의 날로 구성되었다고 만족해하였다고 한다.[3] 이 유물은 교회가 그 진위에 대하여 주장을 하지 않았지만 세인트 피터 성당의 돔 아래 보관되면서 그 이후로 로마를 떠나지 않았다.

## 에크마이드진의 성스러운 창

1655년 프랑스인 여행가인 장 밥티스테 타버니는 아르메니아의 창을 본 첫 서구인이었다. 아르메니아어로 겍하드(Geghard)인 이 성스러운 창은 지금은 아르메니아의 종교적 수도인 에즈미아드진(Ejmiadzin)에 보관되어있다.

이 창에 대하여 맨 먼저 언급한 문헌은 13세기 아르메니아 문헌인 "우리 주 예수 그리스도의 신성한 유물"이라는 문헌이다. 이 문헌에 따르면, 예수를 찌른 그 창은 제자인 타데우스(12사도의 한사람인 다대오, Saint Judas)가 아르메니아로 가져왔다. 그 문헌은 창이 어디에 보관되어 있는지 정확히 말하지는 않았지만, 13세기에 이미 겍하다방크( Geghardavank : 성스러운 창의 수도원)라는 이름은 성스러운 창이 바로 그 창이라고 하는 정확히 일치하는 기술을 하고 있다. 1655년에 프랑스 여행가인 장 밥티스테 타버니어는 아르메니아의 유물을 본 첫 서구인이었다.

1) Pedro Tafur, Andan as e viajes

2) "Diary" I, 473~486, ed. Thusasne

3) Bibliothèque nationale de Paris, Manuscrit arménien 74, folios 145~147

에크마이드진 박물관의 성스러운 창, 아르메니아 ©wiki

1805년에 한 러시아인이 그 유물을 치차노이 게하드 트빌리시(조지아)로 옮겼다. 나중에 그것은 아르메니아의 에즈미아드진으로 반환되었는데, 마노지안 미술관에 항상 볼 수 있도록 17세기 유물보관함에 봉안되었다. 이 에즈미아드진 창은 무기로 사용된 적이 없었다. 오히려 이것은 도림질 세공된 다이아몬드형의 철제 그리스 십자가를 가진 비잔틴 시길룸(sigillum)의 창끝이다. 이것이 피에르 바델레미가 발견한 안디옥의 성스러운 창인가? 이것은 어떤 가정이지만, 아르메니아의 창은 게하드(Geghard)가 나타나기 1세기 전에 십자군이 잃어버린 역사속의 유물일지도 모른다.[1]

1 ) Bibliothèque nationale de Paris, Manuscrit arménien 74, folios 145~147

36 VOYAGES DE PERSE.

Le Patriarche fit faire en ſuite les prieres pour le Roy & pour Monſieur le Duc d'Orleans, aprés quoy l'Archevêque prit le livre où il avoit lû l'Euangile qu'il donna à baiſer au Patriarche, aux Archevêques, aux Evêques & à tout le peuple. Sur un des coſtez de la couverture de ce livre il y a des reliques enchaſſées & couvertes d'un cryſtal, & c'eſt le coſté du livre qu'on donne à baiſer. Toute la ceremonie achevée le Patriarche donna la benediction au peuple, plusieurs furent luy baiſer les mains, & chacun ſe retira.

Avant que de venir à Erivan je diray un mot de quelques ſingularitez qui ſe trouvent aux environs de cette ville. Il y a un lac vers le nord à dix lieües d'Erivan dans lequel on voit une Iſle où on a bâti un beau convent. Les moines qui y demeurent vivent ſi auſterement qu'ils ne mangent que quatre fois l'année de la viande ou du poiſſon. Ils ne ſe parlent point l'un à l'autre que dans ces quatre jours là, & le reſte de l'année ils ne mangent que des herbes comme on les cueïlle au jardin, parce qu'ils diſent, que ce n'eſt pas jeûner que de manger de beure ou de l'huile. Le pain qu'ils mangent leur eſt apporté des villages circonvoiſins, & dans cette petite Iſle il croît toutes ſorte de bons fruits.

Du coſté de ce lac & plus prés d'Erivan on voit une grande plaine dans laquelle il y a ſix monaſteres, l'un deſquels eſt tout entier taillé dans le roc avec l'Egliſe & les piliers qui la ſoûtiennent, eſtant aſſis ſur une roche fort dure. Les Armeniens appellent cette Egliſe *Kickart* en leur langue, & les Turcs en la leur *Guieurghiéche*, c'eſt à dire, *Voy & paſſe*. C'eſt dans cette Egliſe où ſelon la Tradition des Armeniens eſt gardé le fer ne la lance dont JESUS-CHRIST fut percé, & ils le montrent à ceux qui y vont, pourvû qu'ils s'y trouvent à l'iſſuë du ſervice. *En voicy la figure que j'ay eu la curioſité de tirer ſur le lieu.* Les Armeniens ont cette lance en grande veneration, & diſent qu'elle fut apportée par ſaint Matthieu en ce païs là.

A cinq lieües d'Erivan tirant au Sud-eſt ou à l'orient d'hyver



타버니어가 스케치한 창의 모습. ©wiki
1712

## 비엔나 창(호프부르크 창)

신성로마제국 황제가 자신의 창을 가지고 있었다는 것은 오토1세(912-973)부터 입증된다. 1000년에 오토3세는 폴란드 볼레스로 1세에게 니즈노 회의에서 창의 복제품을 주었다.

비엔나의 황제의 보물인 창 ©wiki

1084년에 헨리4세는 '우리 주의 못(Nail of Our Lord)'이라고 돋을 새김한 은제 띠를 거기다 덧붙였다.(사진) 이것은 십자가형을 받는데 사용된 못이 봉안된 콘스탄틴 황제의 창이라는 믿음에 기초한 것이었다. 1273년 그것은 처음으로 대관식에 사용되었다. 1350년경 샤를 4세는 은제 띠 위에 '주의 창과 못(Lancea et clavus Domini)'이라고 새겨진 금으로 된 소매를 입혔다. 1424년에는 시지스문드가 창을 포함한 유물을 수집했고 수도 프라하에서 그의 출생지인 뉴른베르크로 옮겨 거기에 영원히 보관하도록 칙령을 발하였다.

이 유물은 황제의 보물(Imperial Regalia)이라고 불린다. 1796년 봄, 프랑스 혁명군이 뉴른베르크로 접근하자 시의회는 황제의 보물을 안전하게 보관하기 위하여 비엔나로 옮기기로 결정했다. 이 유물은 평화가 찾아오고 유물의 안전이 확실해지면 즉시 반납하겠다고 약속을 받은 바론 폰 휘겔리라는 자에게 신탁되었다. 그런데 그 신성로마제국이 1806년 해체되었으나 황제의 보물은 합스부르크에 그대로 남아있었다. 뉴른베르크 시의회가 황제의 보물을 반환해달라고 요청하였으나 그들은 거부했다. 황제의 보물의 일부로서 그것은 비엔나 제국 보물창고에 보관되어 있으며 세인트 마우리스(Saint Maurice)의 창으로 알려져 있다. 오스트리아가 독일에 병합된 안슐루스 기간동안 황제의 보물은 뉴른베르크에 반환되었으나 그후에 사라졌다. 그것은 2차대전시 미군의 공격당시 발견되어 2차대전 후에 조지패튼 장군에 의하여 오스트리아로 반환되었다. 영국 야금학자이

성스러운 창을 싼 띠의 돋을 새김 ©wiki

자 기술공학작가인 로버트 피더박사는 2003년1월 다큐멘터리를 만들기 위하여 그 창을 검사하였다. 그는 실험실에서 조사 뿐 아니라 함께 둘러싸진 금과 은의 띠를 벗길 수 있도록 전례없는 허가를 받았다.[1] 피더박사와 다른 학술적 전문가들은 이 창끝은 미술관이 스스로 추정한 것보다 약간 이른 7세기경에 만든 것으로 추정했다. 그런데 피더박사는 같은 다큐멘터리에서 십자가에서 나온 것으로 오랫동안 주장되고 망치로 두드려 창날 안에 넣고 작은 놋쇠 십자가로 장식한 철 핀은 길이와 모양이 1세기경의 로마의 못과 일치한다고 진술했다. 폴 더 디콘에 따르면, 롬바르드의 왕의 가계는 궁깅기(Gungingi)라는 명칭을 나타내는데, 칼 혁과 스테파노 가스파리는 오딘의 창의 이름인 궁니르(Gungnir)에서 그들의 이름을 확인했다고 주장했다. 폴 더 디콘은 롬바르디 왕의 취임식은 반드시 신성한

1 ) BBC/Discovery Channel 'Spear Of Christ, narrated by Cherie Lunghi, written and directed by Shaun Trevisick. Atlantic Productions, 31 March 2002.

왕의 창을 움켜쥐는 의식을 진행하는 것으로 구성된 사실에 주목했다.[1] 콘스탄틴시설 서로마황제의 수도였던 밀란은 7세기경 기독교인이 된 롬바르디 왕인 퍽타릿과 그의 아들인 쿠니페르트의 수도였다. 그러므로 롬바르디 왕가의 창의 끝은 헬레나가 발견하여 밀란으로 보내진 1세기경 제작된 로마의 못을 봉안하기 위하여 7세기경 창을 개조하여 그리스도교의 신성성을 오랜 이교도인 왕가의 창에 불어넣었을 수도 있는 가능성이 있다. 777년에 롬바르디의 왕으로서 샤를마뉴가 마찬가지로 취임식에서 지금은 기독교화 된 신성한 왕가의 창을 움켜쥐었다면, 그것은 결국 이 창이 독일 황제보물의 목록이 된 이유를 설명해주는 것이 된다. 롬바르디의 철 왕관은 신성한 십자가의 못을 포함하고 있다는 전승으로부터 결국 롬바르디 왕가의 첫 번째 상징이 되었다. 투어스의 그레고리는 그의 역사서에서 585년에 메로빙거 왕인 군트람은 그의 조카 칠데버트2세에게 그의 창을 넘겨주어 상속자로 삼았고, 왕의 창은 메로빙거 왕의 상징이 되었으며, 7세기경 이 왕의 창에 통합된 십자가의 못으로 인하여 그것은 독일 황제의 보물이 되었다.

## 다른 창들

적어도 13세기 이후부터 다른 창들이 폴란드 크라코우에 보관되어 있다. 그런데 독일의 기록은 그것은 비엔나 창의 복사품 이라고 지적한다. 황제 헨리 2세는 원래 창의 작은 은 조각으로 복사품을 만들도록 하였다. 또 다른 복사품은 동시에 헝가리 왕에게 주어졌다. 성스러운 창을 휴 카펫이 영국 왕인 아델스탄에게 주었다는 이야기도 있는데 이것을 언급한 윌리엄 말메스베리[2]의 이야기는 잘못된 이야기로 보인다.

---

1) Historia Langobardomm vi. 55.

2) 1095/96~1143, 영국의 저명한 역사가, Wiltshire 출생, 그의 부친은 노르만인이고 모친은 영국인이었으며, 그는 평생을 영국에서 살았는데 성인이 되어서는 Wiltshire의 Malmesbury abbey의 수도자가 되었다.

## 성스러운 못

예수 수난의 유물가운데 십자가는 핵심적인 아이콘인데, 예수의 십자가 형벌에 대한 섬뜩한 사실을 상기시키는 못이 있다. 복음서가 주는 못에 대한 정보는 거의 없다. 그러나 캐터린 엠머리히(Catherine Emmerrich 1774~1824)처럼 자칭 선지자라고 불리는 자는 이를 상세히 설명하고 있는데 그가 묘사한 잔인한 이미지는 2004년 논쟁이 된 맬깁슨의 영화 "예수의 수난(The Passion Of Christ)"의 주요 소재가 되었다. 예를 들면, 그녀는 예수를 십자가에 못 박는 장면을 다음과 같이 묘사하였다(Emmerich 1904:172).

> "집행자들은 예수를 오래 쉬도록 내버려 두지 않고 그를 억지로 일으켜서 그를 못 박기 위해 십자가 위에 올려놓았다. 그런 다음 그들 중의 하나가 예수의 가슴에 무릎을 꿇은 채 예수의 오른 팔을 잡아당겨 끌어서 못을 박기 위해 준비된 구멍에 대고 줄로 단단히 묶었다. 그 다음 사람은 예수의 손을 평평하게 펴고, 세 번째 사람은 길고 두꺼운 못을 가져와서, 일찍이 사람들이 배은망덕해도 축복과 호의의 자비를 베풀기 위해 펼쳤던, 사랑스러운 손바닥에 대고 누른 채 커다란 쇠망치로 쳐서 살을 뚫고 십자가 나무에 깊이 박았다. 우리의 주는 깊은 신음이 나왔으나 참았다. 그리고 피가 솟구쳐 팔에 맺혔다. 나는 망치소리를 세었다. 그러나 극도의 고통은 망치질 수를 잊어버리게 했다. 못은 너무커서 못 대가리는 왕관조각만큼 컸고 두께는 남자의 엄지 손가락만 했으며 못질은 십자가의 뒤를 뚫었다. 이 끔찍한 과정은 우리 주에게 말할 수 없는 고통을 주었다. 그 못질로 인하여 그의 가슴은 들어 올려지고 그의 다리는 아주 찌푸러졌다."

엠머리히는 이처럼 직관에 따른 태도를 견지했다. 1968년 예루살렘 근교에서 발굴된 십자가 형을 받은 자의 유적이 발굴되었데, 여호하난이란 자의 무덤에서 그의 발뒤꿈치를 못이 관통한 채로 발견되었다. 그 못은 예수의 십자가 형과 유사한 시대의 것으로 못의 길이는 12Cm(약 4 3/4인치), 그 못의 4면의 각 폭은 0.9Cm인데 로마의 못은 둥글지 않고 정사각형이었다.

1968년 말 이스라엘 고고학성의 실험실에서 최근 발견된 신약시대의 유골을 분석하던 한 연구원은 철제 못이 관통한 발뒤꿈치 뼈를 확인하고는 놀라움을 금치 못했다. 신약성서를 비롯해서 로마시대의 여러 역사기록에서 자주 언급된 십자가 처형의 고고학적인 증거가 처음으로 밝혀지는 순간이었다. 1967년 6일전쟁의 결과 이스라엘은 요르단이 통치하던 동예루살렘을 합병하면서 새로운 도시계획에 따라 북쪽으로 연결되는 도로를 확장하는 사업이 활발하게 진행됐다. 이 과정에서 1968년 여름철 어느 날 예루살렘 북쪽의 '미브타르 언덕'이라 불리는 지역에서 신약시대의 무덤들이 여러 개 발견됐다. 이중 한 무덤에서 무려 8개나 달하는 유골함이 발견됐으며 가족으로 보이는 17구의 유골이 담겨져 있었다. 예루살렘 성벽을 둘러싼 모든 지역에는 바위에 굴을 파서 만든 암굴무덤들이 산재해 있었다. 구약시대 가족무덤의 경우 일단 시신을 무덤에 안치했다가 일 년 정도 지나 썩으면 뼈만 추려서 무덤 안에 만들어진 별도의 유골 보관소에 모았다. 이러한 관습 때문에 고대 이스라엘의 왕들이 죽었을 경우 '열조에게로 돌아 간다'는 표현을 사용하기도 했다. 서기전 2세기경부터 페르시아 종교의 영향으로 유대교에 부활 사상이 들어오면서 유대인들의 매장 양식도 변하기 시작했다. 즉 개인의 뼈를 추려서 한꺼번에 모으는 것이 아니라 각각 개인의 이름이 새겨진 유골함에 보관하게 된 것이다. 십자가형은 로마시대에 처음으로 고안된 것은 아니다. 이미 신 앗시리아 시대인 서기전 800년경 전쟁 포로들을 죽여서 나무에 매단 것을 부조를 통해서 알 수 있다. 이에 영향을 받은 페르시아와 페니키아에서도 십자가형이 자주 시행됐다. 구약시대에도 사형에 처해진 사람을 죽여서 나무에 매달아 놓을 경우 다음날까지 두지 말 것을 규정하고 있다(신 22:21 22). 십자가형은 사형방법 중에서 가장 잔인한 방법으로서 사형수가 죽을 때까지 최대한 고통을 가하는 한편 죽은 시신을 나무에 매단 채로 방치함으로써 주변 사람들로 하여금 사형의 끔찍함을 알리는 전시효과를 노렸다. 유대인들의 전통적인 사형방법은 돌로 쳐 죽이는 것이었다. 하지만 그리스 통치자들의 영향으로 서기전 1세기 하스몬 왕조 시대부터 십자가형이 자주 시행됐다. 따라서 서기전 87년경 알렉산더 야나이는 예루살렘에서 유대인 800명을 한꺼번에 십자가형에 처하기도 했다. 서기전 1세기말 로마 당국은 식민지 사람들의 형벌로 십자가형을 공식적으로 택했다. 처음에 십자가형은 사형방법이 아니라 채찍질 같은 형벌 중의 하나로 적용됐다. 대부분 중죄를 저지른 노예에게 부과된 십자가형은 우선 노예의 목과 양팔에 걸쳐 큼직한 나무 막대기를 묶어서 형장에까지 지고 가도록 함으로써 전시효과를 노렸다. 당시만 해도 십자가형은 못을 박아 죽음에 이르도록 한 것이 아니라 나무에 묶어놓고 고통을 증가시키는 형벌로서 채택됐다. 하지만 서기 1세기에 들어와 십자가형은 차츰 로마 정권에 대항했던 반란자들에 대한 잔인한 처형방법으로 정착됐다. 서기 70년 유대인 반란을 진압하기 위해 예루살렘을 포위한 로마의 장군 티투스는 여러 달에 걸쳐서 매일 유대인 포로 500명씩을 십자가형에 처하기도 했다. 당시의 광경을 생생하게 전해들은 역사가 요세푸스는 티투스가 일부러 예루살렘 성안의 유대인들에게 보여주기 위해서 성벽 주위에 포로들의 십자가를 세웠는데 '더 이상 십자가를 세울만한 공간과 나무 십자가를 구할 수 없을 지경 이었다'라고 기록했다.http://cafe.naver.com/jc.cafe?iframe_url=/ArticleRead.nhn%3Farticleid=409&에서 전문인용.

조이 닉켈은 성흔(Stigmata)과 관련하여 재미있는 사실을 하나를 설명하였다.

데레사 노이만 이라는 소녀가 있었다 그녀는 1898년에 태어나 1962년에 죽었다. 그녀는 체코슬로바키아의 국경근처 바바리아의 작은 마을인 코너스루트에 살았다. 그녀가 20살 되던 해 그 마을에 어느 날 화재가 일어나 온 마을을 집어삼킬듯이 타올랐다. 동네 사람들은 물동이에 물을 퍼서 줄을 서서 날랐다. 그녀도 그 줄에 끼어 의자위에서 전달 되어온 물을 받아 전해주고 있었다. 불길이 갑자기 치솟아 그녀는 그 화기를 이기지 못하고 놀라 의자에서 떨어지면서 머리를 땅에 부딪혔다. 그녀는 머리에 심한 상처를 입었고 일어설 수가 없어서 침대에서 살았다. 그녀는 사고 이후 7년 40일간 병원과 집을 오가며 온갖 증상을 다 겪었다. 그녀는 장님이 되었다. 그녀를 치료한 의사는 그녀 마음에 섹스와 전쟁 같은 것들이 남자를 짐승같이 만든다는 깊이 자리 잡은 믿음이 있었는데 점차 그녀는 예수에 대한 믿음이 깊어지면서 완전하고 순수한 믿음을 갖게 되었다고 전했다. 예수는 그녀의 사랑이자 전부였다. 그녀는 기도했다. “주여 왜 제가 건강한 어린아이였을 때 아프리카에 선교사로 가서 봉사할 마음을 갖도록 해 주지 아니하였나이까?” 그녀는 예수님에게 깊이 의지했고 예수는 바로 그녀가 되었다. 그리고 그녀는 이윽고 아픈 자가 그녀를 방문하면 그 병을 대신 그녀가 고통을 받고 환자들은 치유되었다. 사고이후 7년40일 후에 그녀는 눈을 뜨고 볼 수 있게 되었다. 1925년 4월29일 바로 그날 교황 피우스XI는 데레사 리슈(Therese Losoeux 1873-1897)라는 젊은 프랑스 수녀를 성인으로 선포하였다. 이 성인은 정확히 데레사 노이만이 태어나기 1년 전에 24세의 젊은 나이로 죽었다. 데레사 노이만은 데레사 수녀를 본받고 싶어했다. 데레사 수녀가 성인으로 추대되는 날 데레사 노이만의 눈이 떠졌다. 사람들이 사제를 불러왔다.

어찌된 일이냐고 신부가 물었다. 데레사는 “저는 성모마리아를 봤어요.”라고 말했다.

“그 목소리를 들었느냐?” 사제가 물었다.

데레사는 말했다. “예, 성모가 말하기를 너는 병자들의 병을 네게로 옮겨라.

축복받은 주의 뜻은 네가 볼 수 있는 것이다."

제가 그 환영에 감사를 드리자, 다시 마리아는 "데레사야 너는 걷고 싶지않니?"라고 물었습니다.

"그래서 뭐라고 했습니까?" 사제가 물었다.

"나는 걸을 수 있든지 걸을 수 없든지, 누워있든지 아니든지 그건 문제가 안됩니다. 내가 주를 위해 무엇이든지 할 수 있다는 것 그것이면 충분해요."라고 말했어요.

그녀의 다음 환영에는 예수가 그녀 앞에 나타났다. 그녀는 말할 때 마다 강렬한 믿음으로 두 눈을 반짝였다. 그리고 이내 황홀경(엑스터시)에 빠진 채 손뼉을 쳤다.

그녀는 데레사 리수 성녀가 성인으로 추대 받았을 때 병이 나았고 그 이후 불치병을 가진 사람들의 병을 자신에게로 가져와 자신이 고통을 받고 그들의 병을 고쳐주었다.

이런 병 고침의 기적뿐이 아니었다. 예배도중 성찬식 때 사제의 손에 있던 와퍼(wafer[1])가 공중으로 날아올라 그녀의 입안에서 사라지는 일이 일어났다. 또한 성흔(stigmata[2]) 현상이 일어나기도 했다. 1927년 8월7일 베를린 헤페지의 기자가 목격한 바에 따르면 데레사의 발에서 성흔이 보이며 피가 흐르기 시작했다. 이것은 2000년 전 예수의 몸에서 일어난 것과 똑같은 일이었다라고 보고되었다.[3]

앞에서 언급한 바 대로 닉켈(2001:278)은 데레사의 성흔에 대해 언급하기를 '그녀의 손에 처음에는 둥그런 못 자국이 나타났는데 시간이 지남에 따라서 네모난

1) 가톨릭교에서 성찬식 때 신부가 주는 제병 (빵)

2) 성흔(聖痕: 일부 성인의 몸에 나타난 것으로 여겨지는, 예수의 몸에 새겨진 못자국과 같은 상처)

3) http://tenets.zoroastrianism.com/TheAmazingLifeStoryofTheresaNeumann.pdf

모양으로 변했는데, 아마도 그녀가 로마 못의 진짜 모양을 알았기 때문이 아닌가 한다'라고 주장했다.

시간이 지나면서 출현한 다양한 못은 로마의 못과 닮았으나 이것들은 항상 그것들에 동반된 이야기와 함께 십자가에서 유래된 못으로 여겨졌다.

성 암브로스에 의하면 성묘에서 헬레나가 십자가를 발견한 이후 그녀는 2개의 못을 콘스탄틴에게 보냈고 한 두 개는 남겨놓았다고 한다(이것은 발에 한-두개의 못이 사용되었다고 한다면 맞는 말일 것이다). 전설에 따르면 콘스탄틴은 못 한 개는 헬멧에 매달았고 다른 한 개는 말의 굴레에 매달았다고 한다. 그런데 독실한 전설의 수집가인 투어스의 성인 그레고리(538-594)는 두 번째 못은 말의 굴레에 매단 게 아니라 말의 재갈을 만들었다고 주장했다. 아마도 이것은 구약성서의 스가랴(Zechariah)의 예언을 충족하려는 의도로 보여지는데, 크루즈(1984:42)는 이것을 다음과 같이 설명한다.

"그날에는 말방울에까지 여호와께 성결이라 기록될 것이라(스가랴 14장 20절)."

헬레나는 한 개의 못을 십자가 조각 및 죄패 조각과 함께 로마 게루살렘의 산타크로세 교회에 보냈다고 전해진다. 그것은 아직도 그곳의 보관함에 보존되어 있으나 못의 머리가 바뀌어서 여러 가지 의문을 야기하고 있다고 한다(Cruz 1984:42).

누군가가 그 수를 세지 않는다면 헬레나가 폭풍을 잠재우기 위해 베스니 만에 한 개의 못을 어떻게 또 던지게 되었는지 알 수가 없다(Nickell 1998:52).

또 헤아려야 하는 것이 있다. 다른 못이 나타나는데, 파리의 노틀담 성당을 비롯하여 독일 트리어의 성당 그리고 플로렌스에 또 다른 못이 있다고 한다.

사실 유럽 전역의 교회를 통털어 약 30여개의 못이 있다고 주장되고 있다. 십자가 조각들처럼 못을 증가시킨 도구들이 발견되기도 했다. 예를 들면, 진짜 못의 줄밥(filings 철가루)이 그것을 모방하기 위해 위조된 철 못에 포함되고, 모방된 못들은 진짜로 여겨지는 못의 쇳가루와 섞어서 만들어지기도 했다.

성인 찰스 보로미오(Charles Borromeo)가 전하는 바에 따르면, 그는 밀란에서 그러한 복제 못을 만들어 기념품으로 나누어 주기도 했다고 전해진다.

크루즈(1984 : 42)에 의하면, 성직자나 독실한 믿음을 가진 자가 그것을 진짜라고 인정할 때까지는 우리는 단지 이 못이 원래 진짜 못에 접해있던 모방품이라고 확인할 수 있을 뿐이며 후에 시간이 지남에 따라 그들의 진짜 정체성은 사라졌다.

아마도 십자가의 유물은 귀족들과 교회가 다 같이 그들의 영향력을 강화하기 위하여 진지하게 추구되었으며 거기에는 비록 신성하지 못한 방법일지라도 그 수요에 대해 공급을 해주고자 하는 의도적인 활동이 항상 같이 있었을 것으로 추정된다.

독일, 티어의 십자가 못과 보관함 ©wiki

## 십자가의 못으로 만든 롬바르디의 왕관

십자가의 못으로 만든 물건 중에 유명한 것으로 롬바르디의 왕관이 있다. 롬바르디 왕국의 왕관은 롬바르디 왕국의 중요한 심볼중의 하나였는데 후에 이태리 왕국의 심볼이 된다. 현재 이것은 밀란의 교외에 소재한 몬자(Monza) 성당에 보관되어 있다. 이 철제 왕관이 유명해 진 것은 왕관의 안쪽에 1Cm 가량의 좁은 띠를 둘렀는데 이것이 십자가 형에 사용된 못을 두들겨서 만든 것이라고 한다. 왕관의 외부는 여덟 조각의 금 조각을 두들겨서 만들었고 스물두 개의 보석을 붙였다. 밖의 왕관에는 꽃무늬를 십자가 모양으로 장식하였는데 그것은 구원을 상징하고 있다. 전설에 따르면 십자가와 못을 처음 발견한 헬레나가 못을 콘스탄틴 황제에게 주었다. 여러 개의 못을 헬레나와 콘스탄틴 황제가 사용했다고 한다. 헬레나는 베니스의 바다 폭풍을 잠재우기 위하여 한 개의 못을 바다에 던졌다고 하며, 다른 것은 콘스탄틴의 헬멧을 만들었고, 다른 한 개는 황제의 두상을 만들 때 그 안에 넣었다고 하며, 네 번째 못은 녹여서 황제의 말 굴레를 만들었다고 한다(Blom 2002:147). 학자들에 따르면 그 당시 많은 못들이 돌아다니고 있었다고 한다. 유럽 국가들은 약 30개 가량의 못을 가지고 있었고 제각기 그 못이 십자가에 사용된 성스러운 못이라고 주장 하였다 (Blom 2002:146).

독일의 정복자들이 북부 이탈리아를 정복하여 이주하고 있던 시대에 어떻게 십자가의 못이 롬바르디 왕국의 왕관을 만드는데 사용되고 그게 롬바르디 왕의 수중에 들어갔는지는 확실치 않다. 역사학자 필립 블롬에 의하면 30개 가량의 못 파편들이 유럽 국가들에 의해 소유되고 있다고 주장하고 있었기 때문에 콘스탄틴은 못의 외교적 가치를 잘 알고 있었다. 여러 개가 고위관리들에게 보내졌는데 그 중의 하나가 6세기경 롬바르디에 거주한 데오데리나 여왕에게 보내졌다. 그녀는 그 못을 롬바르디의 철제왕관으로 유명한 그녀의 왕관을 만드는데 사용하였다.

몬자 성당에 보관된 롬바르디의 왕관. 안쪽의 테가 십자가 못으로 만든 부분 ©wiki

로마의 전승은 이 왕관을 교황 그레고리가 롬바르디 왕국을 기독교로 개종시키는데 그녀가 일조하였음을 연결시킨다(Blom 2002:146). 그녀는 후에 이 왕관을 그것을 보관하고 있던 몬자의 이탈리아 교회에 628년에 기증한다.

일설에는 샤를마뉴가 롬바르디 왕으로 등극할 때 이 왕관이 대관식에 사용되었다고 하며, 다른 전언에 의하면 이 왕관은 샤를마뉴대왕 이후인 9세기에 단조(鍛造)된 것이라고 주장하기도 한다. 그 당시에 샤를마뉴가 롬바르디 왕국의 왕으로 대관식 때 이 왕관이 실제로 사용되었다는 당대의 기록이 없으므로 그 당시 대관식 행사에 왕관을 사용한 것은 불가능했을 수도 있다.

롬바르디의 초기 이교도 국가의 기독교 신앙을 가진 왕에 대한 당대의 설명에서는 앞에서 이미 살펴 본 것처럼 왕이 성스러운 창(Holy Lance)을 소유하였다는 사실의 중요성을 강조하였다.

1996년에 호주국립협력응용연구소(ANTARES)는 밀랍(beeswax)과 진흙을 섞어 철제 왕관의 보석을 붙인 샘플을 조사하고 그 왕관은 700~780년 사이에 만들어졌다고 결론을 내렸다.

트위닝 경(1960:421) 은 라인홀드 엘제가 세운 가설을 인용하여 다음과 같은 사실을 설명한다.

프루일리의 에버하드 백작과 결혼한 루이황제의 딸인 독실한 신자인 기셀라는 이 왕관을 처음으로 소유했으며, 874년에 그녀가 죽을 때 그녀의 아들인 베렝가 1세에게 이것을 남겨주었다. 베렝가는 당시 몬자에 있는 성당의 주요 후원자였으며 당시 철제왕관의 십자가 꽃무늬와 같은 문양을 몬자의 성 요한 성당에 만들어 주었는데 그것은 아직도 교회의 보물창고에 보관 되어있다. 트위닝 경은 또한 성 페테르부르크의 제국 박물관의 수집품 중에는 롬바르디의 왕관과 같은 스타일과 같은 크기로 만든 왕관이 있는데 이것은 1730년에 카잔에서 발견된 중세의 왕관이라고 말한다. 이 왕관과 롬바르디의 철제왕관은 너무 작아서 성인이 머리에 쓸 수는 없다. 이 왕관의 용도는 베일에 붙인다면 머리 꼭대기 위에 놓을 수 있으며, 철제왕관의 가장자리(테)에 작은 구멍이 있는 이유를 설명해준다. 트위닝은 1209년에 몬자에서 오토 4세의 대관식을 보여주는 듯한 성당의 부조를 언급하는데, 이것은 모리지아스의 1345년의 작품인데 그 점을 잘 강조하고 있다. 비록 신에게 봉헌된 네 개의 왕관이 제단위에 매달려 보여 지지만, 대주교가 왕의 머리에 씌운 왕관은 롬바르디의 철제왕관과는 닮지 않았다는 점을 보여주었다(Twining 1960:424). 브리태니카 백과사전에 따르면 이태리 왕의 대관식에 철제왕관의 사용에 대한 믿을만한 기록은 1312년의 헨리 7세의 대관식이다. 트위닝은 루도비코가 연구한 내용을 인용하며 1688년까지 대체적으로 이 철제왕관은 여러 종류의 기독교 당국에 의해 그 권위를 인정하여 왔으나, 대중예배와 행진에 공개되고 사용된 이왕관의 공식적인 조사 후에 1715년에는 외교적으로 이 철제왕관의 철제 링이 십자가에 사용된 못으로 만들어졌다는 사실에 대하여는 결론을 내리지 못하였다. 그러나 그 이후에 밀란의 대주교인 비스콘티는 몬자의 왕관의 철제 링은 신성한 십자가의 못이며 바로 그 원래의 유물중의 하나로 여겨져야 한다는 개인적인 결론을 내렸다. 트위닝은 덧붙이기를, 그 몬자의

철제왕관을 보관한
몬자의 성당 ©wiki

성직자는 수세기동안 철제왕관이 대중의 미사에 노출되었지만, 중요한 내부 철제 링에는 한 점의 녹도 슬지 않았다고 단언했다. 1985년에 철제왕관을 조사한 리핀스키는 이 철제 링은 자석에도 붙지 않는다고 주장했다. 역사학자 바돌로메오 주치는 9세기부터 17세기 사이에 이 철제왕관은 서른네 번의 대관식에 사용되었다고 주장하고 있으나 역사에 기록된 것은 다음과 같이 아홉 번이었다.

샤를마뉴(800년)
콘라드 2세(1024년)
콘라드 3세(1128년)
프레데릭 바르바로사(1155년)

헨리 6세(1186년)

샤를 4세(1355년)

샤를 5세(1530년)

나폴레옹 1세(1805년)

오스트리아의 페르디난드 1세(1838년)

10세기 이후에 로마-독일왕들은 신성로마 황제로 책봉을 받으러 로마로 여행을 했다. 그 길에서 그들은 전통적으로 롬바르디에 멈추어서 이태리의 왕으로 철제왕관으로 대관식을 하였다. 대관식의 전통적인 장소는 구 롬바르디의 수도인 파비아인데 그러나 콘라드 2세부터 시작하여 1026년 이후의 대관식은 밀란에서 거행되었다. 1530년에 샤를 5세는 볼로냐에서 그의 황제 대관식을 철제왕관으로 동시에 거행하였다. 1805년 5월26일 나폴레옹은 밀란에서 이탈리아의 왕으로 화려하고 장엄하게 대관식을 거행하였다. 그는 스스로 제단으로 올라가 그 자신이 철제왕관을 집어 들고 스스로 머리에 썼다.

그는 "신이여 제게 그것을 주소서, 누구든지 그것을 만지지 마라"고 외쳤다.

그 자리에서 나폴레옹은 1805년 6월 15일 철제왕관에 대한 훈령을 세웠다. 나폴레옹의 실각 후 롬바르디가 오스트리아에 복속된 후 그 훈령은 오스트리아 황제 프란시스 1세에 의하여 1816년 1월 1일 다시 만들어졌다. 그 철제왕관으로 마지막으로 대관식을 한 것은 롬바르디와 베네치아의 왕인 페르디난드 1세 황제였다. 이 대관식은 밀란에서 1838년 9월6일에 거행되었다. 오스트리아와 이탈리아의 전쟁 후에 1859년 오스트리아가 롬바르디에서 퇴각할 때, 그 철제 왕관은 비엔나로 옮겨져 보관되다가 1866년 3차 이탈리아 독립전쟁 후에 이탈리아로 반환되었다. 이 왕관이 이탈리아로 반환되기 까지의 여정을 주제로 한 1935년 작품인 알렉산드로 블라세테가 감독한 "라 코로나 디 페로(La corona di ferro)"란 영화는 이 왕관의 환상적인 이야기를 다루고 있다.

## 성스러운 스폰지

성스러운 스폰지는 양질의 이집트산으로 예수 그리스도의 수난에서 사용된 도구의 하나이다. 마태복음 27장 48절, 마가복음 15장 36절, 요한복음 19장 29절에 따르면, 그것을 식초(혹은 신 와인)에 적셔서 올려 예수가 십자가에 매달린 동안 마시도록 제공되었다. 성스러운 스폰지로 확인된 물건이 나중에 발견되었고, 성 소프로니우스가 그것을 언급한 기원 후 600년경 팔레스타인의 콘스탄티니안 성당의 상층에 받들어 모셔졌다. 소프로니우스는 다음과 같이 기록하였다.

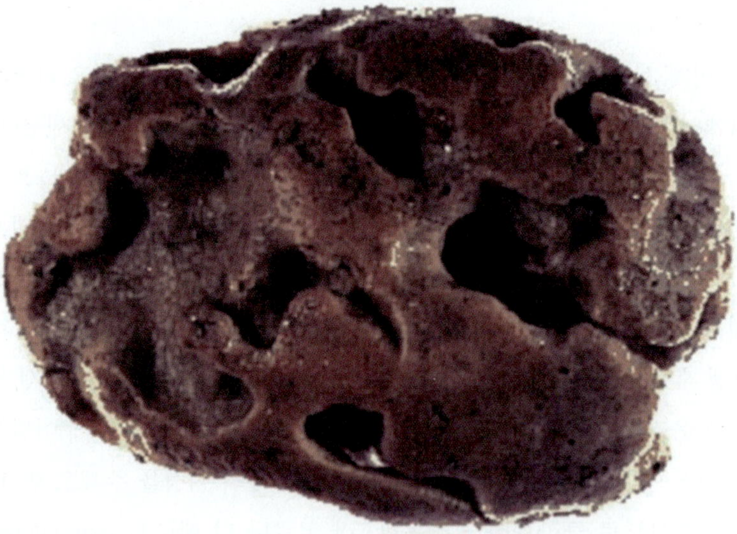

바티칸의 스폰지의 공식적인 모습 ©wiki

나로 하여금 아름다운 지성소에서
다시 즐거워하게 하소서
고귀한 여황제 헬레나가
신성한 나무를 발견한 곳에서

그리고 올라가서
나의 심장은 두려움을 이기고
윗 층을 바라보네
갈대, 스폰지, 그리고 창

거기서 성당의 신선한 아름다움을
내려다보며 응시하면
수도승의 찬송가가
밤새도록 울리네

비록 피가 묻은 갈색의 성스러운 한 조각의 스폰지이지만, 그것은 로마의 라테라노의 산 지오반니 성당에 보존되어 있고, 매우 높이 받들어져 모셔지고 있다.

이것은 성스러운 스폰지가 아닌 성 프락세디스(Saint Praxedis[1])의 스폰지와 혼동해서는 안된다. 성 프락세디스(Saint Praxedis)의 집안에서 23명의 기독교인이 발견되었을 때 그들은 그녀의 눈앞에서 순교되었다. 그녀는 그들의 피를 스폰지에 모았고 그것을 나중에 그녀자신이 묻어버린 우물 안에 안치했는데 그 자리가 성당의 안에 원형으로 표시되어 있다.

성스러운 스폰지 그 자체는 게루살렘의 산타크로세의 유물 예배실에 있다.

로마에 있는 모든 교회 중에서 산타크로세는 유물을 가장 풍부하게 수집해서 가지고 있다.

따라서 1930년에 특별한 예배실을 건축했다. 이 예배실로 이르는 성가대의 왼편에 있는 계단에서 세 개의 진짜 십자가 조각, 십자가에 사용된 못들 중의 하나, 죄패의 부조 조각(나자렛 예수, 유대인의 왕이라고 써 있음), 가시관에서 나온 두

1) 기독교 성인, 그녀는 Praxedis 또는 Praxed 라고 불린다.

개의 가시, 예수에게 올려진 한 조각의 스폰지, 유다에게 지급된 은 조각들 중 하나, 예수의 상처를 만진 성 토마스의 손가락 한 개, 선한도둑이 매달렸던 십자가의 가로대를 볼 수 있다. 포장된 돌들은 골고다에서 필요한 양만큼 가져와 깔았다(Knopf 1994).

라테라노 성당이외에도 더 많은 조각의 성스러운 스폰지가 산타마리아 마지오레 성당, 트라스티베레의 산타마리아 성당 그리고 캄피텔리의 성 메리 성당에 보존되어 있다.

성스러운 스폰지에 관하여 엇갈리는 이야기가 있는데, 7세기경 포카스에서 이집트를 정복하는데 참가한 니세타스는 이집트의 총독이 되었는데, 612년에 팔레스타인에서 성스러운 스폰지와 성스러운 창을 가져온 것으로 유명하다. 619년부터 628년까지 그는 아프리카 총독을 역임한 것으로 보인다. 그의 딸 그레고리아는 그녀의 사촌인 헤라클리우스 황제의 후계자와 약혼했다. 성스러운 스폰지는 프랑스 루이 9세가 파리의 상트 샤펠을 위해 필요한 유물들 가운데서 터무니없는 가격으로 콘스탄티노플의 로마황제인 보드윙 2세로부터 살 때까지 콘스탄티노플에 남아있었다. 거기서 그것은 가시관과 한 조각의 십자가와 함께 프랑스 혁명 때까지 남아있었다. 혁명은 상트 샤펠을 유린하고 유물들을 뿔뿔이 흩어지게 하였다. 일부는 급히 국립 문서보관소로 갔으나 오래지 않아 사라졌다. 그러나 나중에 파리 노틀담 사원에 복원되었다.

## 성배

기독교에서 성배(Holy chalice)는 예수가 최후의 만찬에서 포도주를 마시기 위하여 사용한 잔이다. 마태복음 26장 26절~27절에 다음과 같이 기록되어있다.

> 26절, 그들이 먹고 있을 때에 예수께서 빵을 가지고 축복하신 후 떼어 제자들에게 주시며 말씀하시기를 "받아먹으라. 이것은 나의 몸이니라."고 하시고
> 27절, 또 잔을 가지고 감사를 드린 후에 그들에게 주시며 말씀하시기를 "이것을 모두 마시라."

이 사건은 전통적으로 최후의 만찬으로 알려지는데, 마가와 누가, 그리고 고린도인인 바오로에 의하여 기록되어있다. 떡을 떼어주는 것과 함께 포도주를 마시는 것은 기독교에서 정기적으로 기념되는 성찬식의 기본이다. 성경은 최후의 만찬에서 잔에 대한 언급은 없고 그에 대한 강조도 하지 않았다. 성 존 크리소스톰(AD 347-407)은 마태에 대한 설교에서 다음과 같이 단언했다.

"예수가 그의 피를 제자들이 마시도록 주었던 탁자는 은도 아니고 잔은 금도 아니다. 그러나 거기에 있던 모든 것은 귀중하고 진실로 경외심을 불러일으키기에 충분하다."

허버트 터스톤은 1908년 가톨릭 대사전에서 다음과 같이 결론을 내린다.

> "최후의 만찬에서 예수가 사용한 용기에 관하여 우리가 보관해온 믿을만한 것은 없다. 6-7세기경 예루살렘의 순례는 실제로 십자가형이 집행된 곳에서 우리 주 예수에게 드린 스폰지를 담은 성배가 지성소의 성묘교회에서 아직 경배되고 있다고 믿었다."

로마 가톨릭 전통에 따르면, 최후의 만찬에서 사용한 성배로 알려진 잔은 성 베드로가 지켰는데, 그는 이것을 미사의식에서 사용하였으며, 그가 로마로 여행할 때 이것을 가지고 갔다고 전해진다. 베드로의 사후 이 잔은 황제 발레리안에 의해 기독교인이 처형될 때인 258년 그의 후계자인 교황 식스투스 2세까지 전해졌으며, 로마정부는 그 잔을 정부에 바치도록 요구했다. 교황 식스투스는 그 잔을 그의 집사인 성 로렌스에게 주었고 그는 그것을 스페인 군인인 프로셀리우스에게 넘겨주면서 로렌스의 모국인 스페인에 잘 보관하라고 지시했다.

스페인의 성배에 관련되어 내려온 전통은 1200년의 알푼스 데 카스텔라 왕을 포함한 일련의 스페인 군주에 의하여 잘 보관되었다는 것이다. 그가 군사캠페인을 위하여 돈이 필요하게 된 시점에 알폰소는 발렌시아성당에서 돈을 빌릴 때 성배를 담보물로 사용하였다. 그가 채무를 이행하지 못하게 되었을 때 그 유물은 그 교회의 재산이 되었다

## 성배(Holy Grail : 聖盃)와의 관련

성스러운 잔의 다른 이름이 되는 성배(Holy Grail)가 있는데 이것은 최후의 만찬에 사용된 성배에 대한 전적으로 다른 버전의 이야기를 담고 있다. 잘 알려져 있지만 매우 혼란스러운 이 버전의 이야기는 성스러운 그레일(Grail)로 알려진 성배의 이야기다.

이 전설에서 이 잔은 십자가에 달린 예수의 피를 모아 담은 것이다. 이 전설은 베드로가 미사를 집전할 때 최후의 만찬 때 사용한 성배를 사용하였다는 이야기와 모순된다.

성배는 영어로 Holy chalice와 Holy Grail 로 나타내는데 Holy chalice는 미사때 포도주를 담는 잔이며 Holy Grail 은 그리스도가 최후의 만찬에서 썼다는 술잔인 성배(聖杯)를 말한다. 후자는 아무리 애를 써도 결코 찾을 수 없는 것을 말하기도 한다

두 잔의 전승이 양립하지 않는 것처럼 보일지라도 그 근저에는 하나의 개념이 있다. 가톨릭 신학에서 성찬식에 봉헌되는 포도주는 예수의 진짜 피가 되기 때문에 이 두가지 잔은 예수의 피를 담은 잔으로서의 용기임을 강조하는 전통과 외견상으로는 신성성과 문자적 형태에서 모순되고 있다. 시와 음유시인의 이야기 같은 구전은 이 두 잔의 이야기를 결합한다. 십자군, 기사, 아더왕 그리고 셀틱과 독일 전설을 섞은 요소를 통합한 사실과 허구가 섞여있다. 1485년에, 토마스 말로리경은 아더왕과 기사에 관한 많은 전설을 결합하여, 허구의 주인공인 갈라하드 경은 성배(Holy Grail)를 찾으러 간다.

## 성배의 도상학(iconography)

중세 초기동안 성배의 도상학적 중요성이 증가했다. 14세기 고트랜드의 오자(Oja of Gotland)에 있는 교회의 14세기 프레스코화는 예수가 겟세마네 동산에 있을 때 산꼭대기에 서있는 성배의 예시된 출현을 "이 컵을 나에게서 가져가라"라는 말로 예증하고 있다.

신의 손과 예수를 둘러싼 후광이 함께 성배 꼭대기의 후광이미지가 예배를 봉헌하는 제병(가톨릭교에서 성찬식 때 신부가 주는 떡)처럼 성령을 상징함에 의하여 삼위일체를 완성한다.

고트랜드의 오자교회의 프레스코화 ©wiki

## 4개의 중세 유물

중세기간 동안 성배의 지위를 차지하기 위해 네 개의 잔이 경쟁관계에 있었다. 하나는 예루살렘에, 다른 하나는 제노아에 그리고 세 번째는 발렌시아에 있었다. 네 번째의 중세 성배는 20세기 초에 발견되어 성배로 알려지게 된 안디옥 성배로서 뉴욕 시립미술관에 소장되어 있다.

## 예루살렘의 성배

예수가 최후의 만찬에서 사용한 잔에 대한 초기의 기록은 예루살렘 근처 골고다성당과 순교자 기념성당 사이의 예배당의 보관함에 위치하였다고 7세기경 앵글로 색슨 순례자인 아쿨프(Arculf)가 문헌(De locis sanctis)에 기록하였다. 그는 그것이 프랑스 가울(Gaul)지방의 1파인트(0.47리터의 단위)를 담는 두 개의 손잡이가 달린 잔으로 묘사했다. 아쿨프는 잔을 만지기 위해 그의 손에 키스를 한 후 구멍이 뚫린 보관함의 뚜껑을 열고 손을 넣어 그것을 만졌다. 아쿨프는 콘스탄틴 성당에서 성스러운 창(Lance)도 보았다고 한다. 이것이 예루살렘에 있던 성배에 대한 유일한 기록이다.

## 제노아의 성배

오늘날까지 남아 있는 두 개의 잔 중에 하나가 제노아의 성당에 있는 잔이다. 이 육각형의 잔은 사크로 카티노(sacro catino) 로 불리는 성배다. 전승에서는 에머랄드를 깎은 것이라고 말하지만, 그것은 사실은 이집트 유리접시로서 직경이 14인치 가량(35cm)으로 나폴레옹이 이탈리아 정복 시 파리로 보내졌으나 유리로 확인된 에메랄드가 깨진 채 반환되었다.

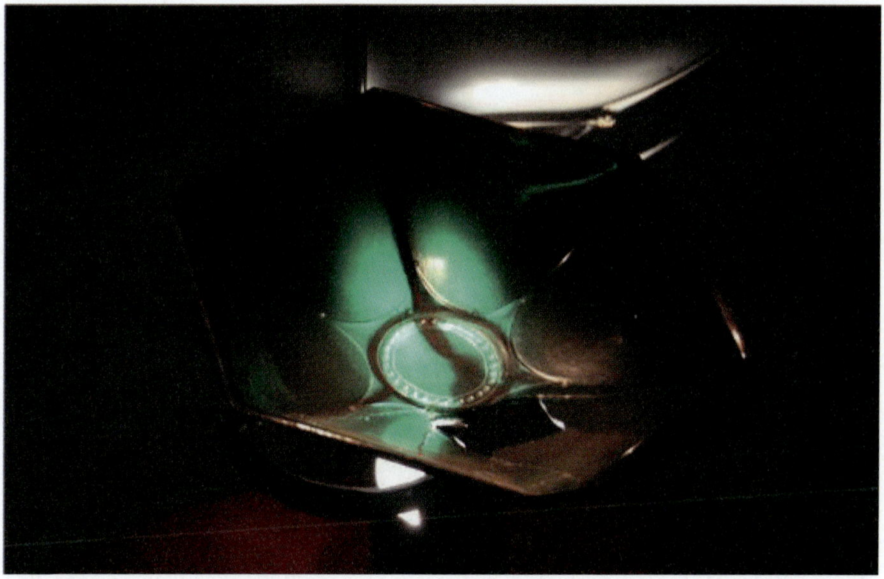

제노아의 산 로렌조 성당의 성배인 사크로 카티노(sacro catino) ©wiki

이 잔의 기원은 불확실한데 1170년경 쓰여진 윌리엄 타이레의 글에 따르면, 그것은 주발과 같은 찬란한 녹색의 용기로 1101년에 세자리아(Caesarea)의 회교사원에서 발견되었다. 그것을 에메랄드로 믿은 제노아 사람들은 큰 금액의 돈 대신에 그것을 받아들였다. 스페인의 연대기에 기록된 다른 이야기에 따르면, 카스틸레(Castile) 7세가 1147년 제노아인들의 도움으로 무어인으로부터 알메리아(Almeria)를 정복했을 때, 에메랄드를 깎아서 만든 접시같이 생긴 용기인 그것을 발견했다. 제노아 인들은 알메리아 침공에서 그들이 원한 유일한 물건이 그것이라고 말했다. 후에 자코부스 보라진은 13C 말에 쓴 '제노아인의 연대기'라는 글에서 성배와 사크로 카티노(sacro catino) 를 동일시하지는 않았다.

## 발렌시아의 잔

남아있는 다른 하나의 성배는 발렌시아 성당에 있는 루비(마노)로 만든 잔인 산토칼리즈(santo caliz)다. 이 잔은 그것을 봉안한 예배실에 보관되어 있고 아직도 순례가 이어지고 있다. 이것은 손잡이 위에 올려진 암홍색의 반구형 잔으로 옥수(석영의 변종)로 만든 엎어놓은 컵 같은 바닥위에 두 개의 굽은 손잡이가 있다(주안 주아네스의 그림 참조). 이 루비 잔은 직경이 약 9Cm(3.5인치), 바닥을 포함한 총 높이는 17cm(7인치)이다. 성 제롬의 기술에 따르면, 이 루비 잔은 받침이 없이 설치되었고, 하단에 아랍어가 새겨져 있다. 1960년에 이 컵을 조사한 스페인 고고학자인 안토니오 벨트란은 이 잔은 기원 전 4세기에서 기원 후 1세기 사이에 팔레스타인 혹은 이집트의 공방에서 생산된 것이라고 단정했다. 표면의 재결정을 조사하기 위한 현미경 조사에서 표면의 연대는 밝혀지지 못했다. 발렌시아 컵은 정부가 후원한 로마군인의 기독교 박해시인 262년 당시 로마의 탄압으로 교회는 성 로렌스 집사와 같은 사람들이 보물들을 나누어서 숨기도록 하였는데, 그때 작성된 분실된 편지의 부속서에 벨륨[1]가죽으로 된 재고목록에 이 품목이 들어있어 진본으로 확인되었다.

외관적 특징이 기술된 그 성배는 성 베드로 이후 초기 교황들이 성찬식을 집전하는데 사용되었다고 전해진다. 현재의 발렌시아 잔에 대한 첫 번째 명확한 참고문헌은 1339년에 만들어 졌는데, 그때 그 잔은 산 주안 델라 페나(San juan de la pena) 수도원이 아라곤 왕인 마틴 1세와 금으로 된 잔과 바꿨다. 14세기말 그 잔에 대한 출처가 추적 될 수 있었는데, 성 베드로가 그것을 로마로 가지고 갔다. 교황 요한 바오로 2세는 1982년 11월에 발렌시아에서 그 잔으로 성찬미사를 거행했는데, 이 성배에 대한 회의론적 시각을 가진 모임들과 이 잔이 성배라고 믿는 사람들 양쪽으로부터 소동을 야기했다. 이 잔이 성배라고 믿는 사람들은 교황이 마태복음 26장 27절의 성찬식에 쓰인 평범한 말 대신 '이 가장 유명한 잔'이라는 말을 해주기를 희망하였지만 이를 듣지 못했던 것 같다. 그들

1) 벨럼 가죽, 책표지나 램프 갓으로 씀, 옛날에는 글 쓰는 데 썼음

제노아의 산 로렌조 성당 ©wiki

은 교황이 이 잔을 성배로 인정하지 아니하여 축복의 말을 하지 않은 것으로 여겼다.

2006년 7월에 발렌시아의 제5차 세계가족회의의 성찬식을 마치며 교황 베네딕토 14세는 이 성배를 가지고 미사를 집전하면서 이 자리에서 로마에서 4C까지 초대 교황들을 위하여 사용된 것으로 밝혀지고 이러한 방법으로 발렌시아의 성배를 지지해온 로마경전의 단어인 '이 가장 유명한 잔'이라는 말을 사용하게 되었다.

그러나 이 잔은 어떤 초자연적인 힘이 있다고 인증 받지는 못하였다. 그런 초

자연적인 힘은 성배(Holy Grail), 성스러운 창, 십자가와 같은 다른 유물에게만 명백하게 제한된 전설이었다.

제니스 베넷은 성로렌스와 성배에 얽힌 역사적인 설명에서, 3C 경, 교황 식스투스 2세가 성 로렌스에게 위임하고 258년 로마의 발렌시아 박해 동안 그리디론(Gridiron)에서 순교한 로렌스가 스페인 휴에스카(Huesca)로 보낸 성배가, 안전한 보관을 위해 피레니스로 보내지고 거기서 수도원들을 거쳐 산 주안 델라 페나(San juan de la pena) 수도원의 사제에 의해 봉안되게 된다. 그 수도원의 루비 컵은 1399년 킹 마틴 1세가 획득하여 자라고자(Zaragoza)에 보관하였다. 그의 사후 알폰소왕은 발렌시아로 가져갔고 거기에 남아있게 되었다. 베넷은 6세기 경의 도

발렌시아 성당 ©wiki

나토(Donato)가 쓴 라틴어 문헌을 들어 역사적인 증거를 제시하는데, 한 아우구스트 파의 승려가 발렌시아 근처에 수도원을 세웠는데 거기에 성 로렌스의 생애와 성배의 스페인 유입에 대한 상세한 이야기를 담고 있었다. 원본은 존재하지 않지만, 17세기에 "영광스러운 스페인인 성 로렌스의 삶과 순교"라는 제목의 스페인어 번역본이 있다. 1960년에 스페인 고고학자인 안토니오 벨트란은 그 잔을 연구하고 다음과 같이 결론을 내렸다.

"모든 스페인인은 이것이 성배라고 믿는다."

그는 덴버 가톨릭 레지스터(Denver Catholic Register)와 인터뷰에서 "당신은 예배실이 열리는 날이면 그것을 항상 볼 수 있다."라고 언급했다.

발렌시아의 잔을 그린 16C 후반의 주안 주아네스 그림 ©wiki

## 안디옥 성배

원래 초기 기독교 성배로 알려진 은도금한 잔은 뉴욕의 메트로폴리탄 미술관의 소장품이다. 그것은 명백히 6세기경 안디옥에서 만들어졌으며 이중으로 만들어진 잔으로 은으로 된 안쪽 부분을 바깥 부분의 놋으로 된 껍데기가 싸고 있다. 이 잔이 1차 대전 직전에 안디옥에서 발견되었을 때 이것은 성배로 인정되기를 권유 받았고, 뉴욕 메트로폴리탄 미술관은 의욕적으로 이의 확인을 추진하였다. 그러나 메릴랜드 발티모어의 예술박물관의 전문가인 월터스의 확인에 의하면 이것은 6세기경의 스탠딩 램프로 믿어진다는 확인에 따라 지금은 더 이상 성배로 인정되지 않는다.

안디옥 성배, 뉴욕 메트로폴리탄 미술관
©wiki

## 난테오스(Nanteos)의 잔

영국에 난테오스의 잔이라는 성배로 추정되는 나무로 만든 물건이 하나가 더 있다. 이 잔은 수년간 영국 웨일즈의 에비리스트위스 (Aberystwyth) 근교의 리디펠린(Rhydyfelin)의 난테오스(Nanteos) 저택에 보관되었다. 전설에 따르면 이것은 성배(Holy Grail)라고 주장된다.

영국 웨일즈의 난테오스의 잔 ©wiki

사람들은 성배가 예수가 최후의 만찬에서 사용한 금으로 만든 비싼 잔이라고 믿고 있으나 대다수의 사람들은 작고 올리브 나무로 만든 웨일즈의 난테오스의 잔이 진짜 성배라고 믿고 있다. 진실로 성배인지의 여부에 대한 증거는 그것의 기적적인 치유의 힘이다. 이 잔은 명백히 아리마대 요셉이 웨일즈로 가져왔으나 수 천년간 숨겨져 왔다. 그런데 12세기경 사람들은 성배를 찾기 시작

다른 방향에서 본 난테오스의 잔 ©wiki

했고 아직까지도 계속되고 있다.

탐색이 시작된 후 3세기 후 영국 왕 헨리 8세는 그것을 파괴하라고 명령했다. 일단의 사제들이 곧 그 성배를 찾아냈고 그것이 파괴될 때까지 수도원에 숨겼다. 일단의 사제가 곧 성배를 찾아냈으나, 그것이 파괴될 것을 염려하여 수도원에 그것을 숨겼다. 그 다음 그들은 포웰가가 소유한 난테오스라는 저택으로 가지고 갔다. 마지막 승려는 죽으면서 그것을 포웰가에 주었고, 포웰가의 집안에 수 세기 동안 전해 내려져 왔다. 포웰가 사람들은 난테오스 잔이 특별한 치유의 힘을 가지고 있음을 깨달았다. 1988년에 피터 그리피스경(Reverand Peter Griffiths)이 웨일즈에서 성배를 찾고 있을 때, 한 목소리가 그에게 들렸는데, 그가 성배를 찾게 될 것이라고 말했다. 곧 한 친구가 그에게 전화를 걸어 난테오스의 잔에 대하여 말해주었다. 난테오스 잔의 소유자는 포웰 가의 후손인데, 그 잔과 함께 은둔하여 살고 있으며 그리피스 경과 같은 특별한 사람에게만 그것을 보도록 허용하고 있었다.

난테오스의 저택 ©wiki

그리피스는 잔에 닿은 물을 잔의 소유자로부터 받아 그것을 아픈 사람들에게 주었다.

그는 그 성수를 맹인에게 주었는데 그 맹인은 지금 볼 수 있으며, 11년간 문둥병을 앓아온 사람은 기적적으로 회복되었다. 또한 관절염과 다른 불치병을 앓은 사람들도 난테오스의 잔 때문에 고침을 받았다. 말린 체피(Marleen Chepy)는 그녀가 샤워 중에 암으로 믿어지는 종양덩어리를 발견하고 그리피스가 준 성수를 그 덩어리에 붓자 그 암은 불가사의하게 사라졌고 그녀는 그 이후 아무 문제도 없었다고 주장했다. 그리피스 경을 비롯한 많은 사람들은 난테오스의 잔은 병 고침의 힘이 있다고 확신하고 있다. 로버트 보론스의 '아리마데 요셉과 중세 전승'에 따르면 성배는 요셉 아리마대에 의해 영국으로 가지고 왔다고 한다. 아리마대 요셉은 글라스톤베리에 종교적인 거주지를 설립했다고 한다. 성배는 그 당시에 글라스톤베리(Glastonbury)에서 일단의 승려들에 의하여 수호 되었다.

수도원이 해산되던 당시에 몇몇 승려는 바로 웨일즈 세레디지온(Ceredigion) 군의 트레가돈(Tregaron) 근처의 폰티펜디지아드(Pontrhydfendigaid)에 있는 스트라타 플로리다 사원(Strata Florida Abbey)으로 그 잔을 가지고 도피했다. 그 사원이 문을 닫을 즈음에 그 잔은 스테드만(Stedman)가의 보호아래 남겨지게 되었고, 뒤이어 결혼을 통하여 난테오스의 포웰가로 넘어갔다. 사람들은 만성질병을 고치고자 그것으로 물을 마시곤 하였다. 난테오스의 잔은 포웰 가의 사람들이 난테오스의 저택을 떠나면서 그것은 더 이상 거기에 있지 않다. '성배를 찾아서'라는 영국 채널 5 TV 다큐멘터리 프로그램에 소개된 난테오스의 잔에 대한 결론에서 이 나무 잔은 최소한 1400년부터 사용된 물건으로 결론을 내렸다. 웨일즈의 기념협회의 연구결과 이 물건은 정확히 14세기경의 중세에 사용된 용기가 맞다고 하였다. 지금은 이것이 정확히 어디에 있는지는 알려지지 않고 있다. 다음의 글은 이 잔의 최후의 행방에 대하여 언급한 웹의 글이다.

"1930부터 1952년 사이에 그 잔은 의식에서 사용되어 기적을 일으킨 것으로 믿어지고 있다. 1952년 포웰가의 마지막 인물이 죽은 후 그 잔은 포웰가의 마지막 후손이 결혼한 사람의 가문인 마이리리가(Mirylee Family)에게 넘어간 것으로 보인다. 두 명의 수도승이 마이리리가를 1959년에 방문하여 당시 아직 2/3가량 남아있는 그 잔을 보았다고 전해진다. 그 잔은 아마도 난테오스 인근의 은행 금고에 보관된 것으로 말해지고 있다. 물론 통상적인 음모론에 따르면 그 잔을 안전하게 지키는 수호자가 있고 그 잔을 가끔 옮긴다고 한다. 왜냐하면 웨일즈 정부 혹은 영국정부가 그것을 소유하기를 원하고 있기 때문이라고 한다. 현실을 영적으로 바꾸는 것은 믿음이다. 불신자의 손에 있는 성배는 단지 그냥 잔일 뿐이다. 성인의 손에 있는 잔이 성물이다."[1]

브리앙 케나드가 조사한 난테오스 잔[2]의 이야기를 더 들어보자.

난테오스 잔은 1520년대 말 헨리8세의 재위기간 동안 알려지기 시작되는데, 헨리8세는 가톨릭교회의 영적권위로부터 영국의 분리단계를 밟고 있었다. 교회와 왕 사이에는 헨리가 아라곤의 캐터린과 결혼을 취소하고자 하는 헨리의 소망에 집중되어 불화가 있었다. 캐터린은 헨리를 계승할 왕자를 생산하지 못하자 헨리는 아들을 보고자 안나 보일린과 결혼을 희망하였다. 헨리는 수년간 가톨릭교회를 조롱하였다. 헨리는 그의 결혼을 취소하는 것을 관철하고자 교황에게 편지와 대표단을 교환하였다. 가톨릭교회 입장은 교리신조 뿐 아니라 정치적이었다. 교황은 영국을 멀리하고 싶어하지 않았다.

1553년 헨리는 스스로 몰래 임신한 보일린과 결혼하였다. 그때 의회는 영국에 교황의 권위를 나누어 주는 법을 통과시켰다. 이 법은 영국법원이 헨리와 케터린의 결혼은 법적으로 취소되며 그러므로 보일린과의 결혼은 법적으로 타당하다는 결정을 내리도록 만들었다. 의회의 행동은 또한 헨리를 새로이 형성된 영국교회의 영적지도자로 두어 헨리를 권한 위의 존재로 만들었다. 영국교회의 교조는 믿음에 있어서 교황의 권위를 제외하면 가톨릭과 같았다. 1536년에 모든 공무원과 성직자는 의회개혁법에 따라 로마 권위의 실효를 통보하여야 하였다.

교황의 권위의 실효에 대하여 이를 항의하는 시민은 없었다. 대부분의 평민은 가톨릭 교회를 영적인 보호를 받는 직업으로 보았다. 교회는 결혼, 세례, 혹은

1) http://www.celtic-twilight.com/camelot/infopedia/n/nanteos_cup.htm

2) http://grailseekers.blogspot.com/2006/06/nanteos-cup.html

장례식을 책임지고 있었다. 이러한 서비스 없이는 천국으로 들어가도록 하는 교회의 위치는 얻을 수 없었다. 사원과 수도원은 그의 세도에 저항하는 점령치하의 고립지였다. 실용적으로 그들은 또한 왕의 수입의 흐름을 대변했다. 대부분의 사원은 왕이 사용할 수 있는 넓은 농장과 물질적자산을 소유했다. 수도원이 그 법에 순응하도록 확신하기 위해서 토마스 크롬웰은 성직자의 위치를 점검하는 통제집단을 조직했다. 이것은 통제위원들에게는 상당히 욕심나는 직업이 되었다. 그들은 법을 위반한 것으로 확인된 수도승이 있는 수도원의 재산을 빼앗는 지위를 가졌다.

이 시기에 난테오스 잔이 수면위로 떠올랐다. 1539년에 왕의 통제위원들은 글라스톤베리 사원에 대한 검사를 위하여 파견되었다. 글라스톤베리의 대수도원장은 명백히 교황의 권위를 부정하지 않았다. 가톨릭에 얼마간의 충성심을 가진 대수도원장은 사원의 값나가는 대부분의 재산을 숨길 계획을 수립했다. 사원이 소유한 금과 은과 함께 5.3인치되는 올리브나무로 만든 잔이 숨겨졌다. 한 전설에 따르면 대수도원장은 일곱 명의 수도승을 스트라타 플로리다(Strata Florida)로 보내 그 잔을 안전하게 지키도록 했다고 한다. 대수도원장은 그 수도승의 피난을 보호하기 위하여 글라스톤베리에 머물렀다. 그 잔에 대한 헌신과 믿음 때문에 그는 교수형에 처해지고 사원은 파괴되었다. 두 번째 이야기는 더 실제적인 버전인데, 대수도원장은 그 승려들과 함께 통제위원들의 글라스톤베리의 파괴행위를 피하게 되었다. 카디간셔의 스트라타 플로리다 사원(Strata Florida in Cardiganshire)에서 그 승려들은 기념비적인 피난처를 발견했다. 그들의 보물은 주 예배당의 느슨한 마루판자아래 숨겨졌다. 오래지 않아 통제위원들은 수도승들의 행적을 파악했다. 두 번째로 글라스톤베리의 수도승들은 그들의 신변에 위험이 다가오고 있다고 파악했다. 그 일곱 명의 승려는 구내 밖으로 나갈 수 없었다. 그들은 왕의 대리인으로부터 그들을 숨겨줄 후원자를 찾든지 혹은 그 도시를 떠나야 했다. 수도승들은 포웰 가와 연락을 했다. 포웰가는 이웃한 스테드만 가와 비교적 큰 밀수를 하는 동업자로 알려져 있었다. 해안에서부터 포웰가의 영지까지 거의 1마일가량 터널을 운영하고 있다고 알려졌다. 지역 선술집에서의 소문에 포웰가가 왕으로부터 받는 특권은 지역의 행정장관에게 뇌물을 주고 산 것이라고 했다. 수도승과 포웰가가 연계하여 이익을 은닉하거나 혹은 비밀스럽게 가톨릭과 연계한 것은 아마도 밀수업자의 속성 때문일 것이다. 포웰가의 이유가 무엇이든 지간에 일곱 명의 수도승은 포웰가의 난테오스의 저택으로 도피했다. 그 승려들이 난테오스에 도착했을 때, 안전한 피난처의 조건은 포웰경의 마음을 움직였다. 은신처를 제공해주는 대신 대수도원장은 포웰가를 위해서 가정목사가 되었고, 나머지 수도승들은 그의 저택에서 하인이 되고자 하였다. 포웰경은 이에 동의하고 승려들이 원하는 만큼 그의 저택에 머물러 있도록 허락해 주었다. 이런 과정에서 몇 년이 흘렀다. 수도승들은 글라스톤베리에서의 생활과 별 차이 없이 거기서 살았다. 단 한 가지 예외가 있다면 호기심이 강한 눈초리가 그 저택에 미치면 해안의 터널에 숨는 것이었다. 수도승들은 수년간 약속을 지켰다. 내내 그들은 글라스톤베리를 떠날 용기를 주었던 잔의 비밀을 지켰다. 마침내 나이가 들고 병이 들어 오직 한사람의 승려만 남게 되었다. 그는 임종에 임하여 포웰경을 불렀다. 그는 올리브 나무로 만든 잔을 포웰경에게 기탁하며 그 비밀을 말해주었다. 포웰경은 이 잔이 예수의 최후의 만찬 때 사용한 잔이라는 말을 들었다. 또한 예수가 십자가형을 받은 뒤에 아리마데 요셉에 의하여 영국으로 가져온 것이라는 말도 들었다. 포웰경은 죽어가는 승려로부터 그 잔을 받아 들고서 전율을 느꼈을 것이다. 그가 들은 말로보면 이것은 성배(Holy Grail)이다. 그 승려는 포웰 가문에게 교회가 돌려달라고 스스로 요구할 때까지 그 잔을 지키라고 책임을 주었다.

포웰경은 그의 책임을 신중하게 여겼음에 틀림없다. 왜냐하면 그것은 그 가문에 거의 400년간 보존되어 있었기 때문이다. 1739년 난테오스의 저택은 토마스 포웰에 의하여 재건축되었다. 그 잔은 맨 윗층 방에 유리용기에 넣어져 보관되었다. 난테오스를 방문하는 방문객은 어떻게 이 잔이 포웰가의 소유가 되었는지에 대해 세대 간 전해 내려온 오래된 이야기를 들었다. 그 잔은 그후 200년을 더 머물며 그 잔에서 기적적인 치유를 바라는 순례자들을 모여들게 하였다. 그 잔에 담긴 물이 심각한 질병을 앓고 있는 전 세계의 친구들과 친지들에게 보내졌다. 1855년 리차드 와그너는 조지 포웰의 초청으로 파르시팔(Parsifal: 중세 유럽의 아서왕 전설에서 성배를 찾아 나선 기사의 이야기를 주제로 한 오페라)을 쓰는 동안 그 잔을 보기 위하여 난테오스를 방문하였다. 조지는 그 잔의 치유력에 대하여 와그너에게 자세히 설명했다. 서부메일 신문과 사우스웨일즈 뉴스의 톰 맥도날드는 그 잔에 대한 기사를 쓰기도 하였다. 1934년 7월 5일 그는 80이 된 노인이 그 잔에 담은 물을 마시고 불치병을 고쳤다는 이야기를 자세히 보도했다. 그 잔으로 물을 마시기 위하여 난테오스 저택으로 여행한 순례자들은 그 예술품에 대한 육체적인 통행세를 감수해야했다. 그 잔으로부터 축복을 받기를 너무나 원한 나머지 사람들은 그 잔을 물어뜯기도 하였다. 1934년 어느 시점에 쓰여진 기사를 보면 그 잔의 부서진 부분을 보호하기 위해 은테두리가 그 잔에 둘러졌다고 한다. 어떤 자들은 그 때 이 잔의 기적적인 은혜가 끝났다고 말한다.

제랄드 모간이 쓴
난테오스 가의 이야기
©wiki

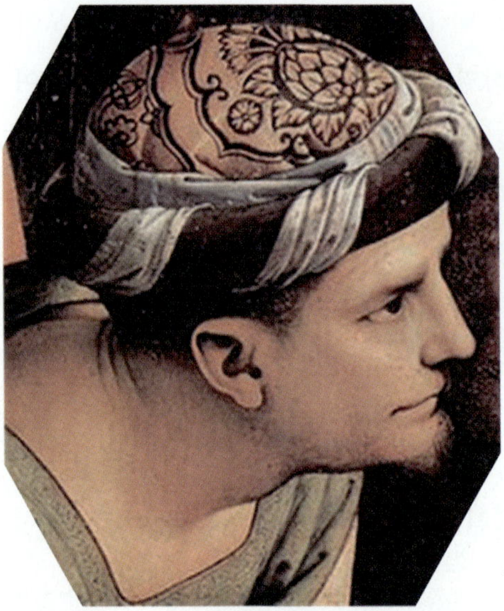

아리마대 요셉, 페드로 페루지노(1448–1523) 그림
©wiki

1952년 포웰가의 마지막 사람이 죽었을 때 난테오스의 저택은 시장 마이리리스(a Major Mirylees)에게 팔렸다. 마이리리스는 어떤 면에서 그 잔을 사적으로 관리했다. 그들은 더 이상 그들이 성배의 소유자라는 사실을 공공연히 공개하지 않았다. 그 가문은 그 잔에 대하여 몇 번의 인터뷰만 허용하였다. 한번은 1997년 BBC TV 다큐멘터리에서, 그리고 다른 한번은 1959년의 마틴주의자(Martinist)의 검토를 허용하는 인터뷰에서 였다. 마틴주의자(Martinist)의 검토 논문에서 시장 마이리리스(a Major Mirylees)는 그 잔은 아직도 병든 자들을 고치기 위하여 사용되고 있다고 귀뜸을 해주었다. 그녀는 때때로 그 잔의 남은 부분에 물을 부으면 그 물은 노란색으로 변하며 와인같은 맛이 난다고 하였다. 마이리리스 부인에 의하면 전문가들은 그 잔의 나무는 물 색깔의 변화와 아무런 관련이 없다고 말하였다고 기자들을 확신시켜주었다. 현재 마이리리스는 난테오스 저택에서 다른 곳으로 이사갔다. 한때 기품있던 저택은 낡은 B&B[1] 로 운영되고 있다. 잔을 보존하고 그들의 사생활을 위하여 그들은 헤레포드셔(Herefordshire)로 이사갔고, 성배로 여겨지는 이 잔은 로이드은행의 귀중품 금고에 보관되어 있다고 전해진다. 난테오스 잔이 공개된 유일한 시기는 2001년인데 '난테오스와 그 가문'이라는 책이 발간되었을 때이다. 마이리리스 부인은 이직도 그 잔의 물을 보내고 있다고 말했다. 글라스톤베리하면 성스러운 산사나무[2] 이야기를 빼고 넘어갈 수 없다.

1) 여관의 영국식 명칭

2) http://grailseekers.blogspot.com/2010/12/glastonbury-thorn-tree-vandalized. html

글라스톤베리의 산사나무, '91년에 죽어 '92년에 제거함 ©wiki

## 글라스톤베리의 성스러운 산사나무

영국 글라스톤베리에는 귀중한 성스러운 산사나무가 있는데 2010년12월8-9일 모시에 그 나무를 파손하는 행위가 보도되었다. 아본 섬머셋 경찰은 범죄에 대한 수사에 착수하였는데 아직 누가 왜 그랬는지 알려지지 않고 있다. 글라스톤베리의 산사나무는 매년 크리스마스시즌에 수천 명의 순례자를 끌어 모았다. 전설에 따르면 최초의 보통 산사나무(Hawthorn)가 아리마대 요셉에 의해 심어졌다. 요셉은 예수의 사후 성배(holy gral)를 가지고 팔레스타인을 떠났다고 알려져 있다. 요셉은 그가 관심을 가진 주석광산이 있는 영국 남부에 정주했다.

글라스톤베리의 언덕위에서 여행에 지친 요셉은 쉬는 동안 땅에다 그의 지팡이를 짚고 있었다. 그러자 그 나뭇가지는 금방 뿌리가 나서 꽃이 피고 천년이상 서있는 산사나무가 되었다.

원래의 그라스톤베리 산사나무는 수명만이 유일한 기적이 아니다. 그 나무는 일년에 두 차례 꽃이 피었다. 산사나무는 보통 봄에 꽃이 피는데 글라스톤베리 산사나무는 크리스마스 시기의 겨울철에 꽃이 피었다. 1500년도 초에 그레고리안 이전의 달력을 쓰던 당시인 1월 5일에 크리스마스를 보냈는데 그때 꽃이 피었다는 기록이 있다. 원래의 글라스톤베리 산사나무는 잘려버렸다. 전설에 따르면 두 가지 일이 있었다고 한다. 한번은 청교도가 이 나무가 마술과 미신을 유발한다는 이유로 그 나무를 잘라버렸다. 청교도가 불편하게 한 이유인지 몰라도 그 나무가 넘어지면서 나무 조각이 그의 눈을 찔러 맹인으로 만들었다. 원래의 산사나무를 베어버린 다른버전의 이야기는 올리버 크롬웰의 병사들이 1653년에 그 나무를 베어버렸다는 이야기다. 원래의 나무는 여러 번 잘려버렸지만 글라스톤베리의 주민들은 그것을 다시 심었다. 공공장소를 따라 일단의 비밀장소가 주민들에 의해 선택되었다. 두 번째 글라스톤베리 산사나무는 무성하게 자랐고, 1752년부터 보고된 바에 의하면 아직도 크리스마스 시즌에 꽃을 피우고 있다. 그레고리안 달력을 채택한 이후에 그 나무는 12월24일에 꽃을 피우고 있다. 수년간 크리스마스 시즌동안 크리스마스 이브나 당일 날 꽃을 피우는 나무에 대하여 많은 설명이 있었다. 그 특별한 나무는 1991년 자연적인 이유로 죽었고 가지를 잘라 그 이듬해 다시 심었다.

그 나무는 아마도 요셉이 심은 나무의 손자나 손녀뻘 되는데 2010년 12월에 다시 파손행위가 있었다. 수 년동안 글라스톤베리 산사나무는 수천 명의 순례자를 끌어 모았다. 그 순례자 중의 한 사람인 존 스타인벡이라는 작가가 있었다.

1901년 그는 산사나무의 가지를 잘라 워싱턴의 주교에게 보내며 국립성당에 심도록 요청했는데 그것도 크리스마스에 꽃을 피웠다고 전해진다. 글라스톤베리의 산사나무를 둘러싼 다른 오래된 전통에 관한 이야기는 그 산사나무의 작은 가지가 매년 크리스마스에 영국 왕에게 보내지고 있다는 사실이다.

이번에는 또 다른 네 개의 성배에 대한 다른 이야기[1]를 추적해보자.

---

1 ) http://grailseekers.blogspot.com/2008/01/here-grail-there-grail-grail-cups- part_27.html

## 수게르 대수도원장(Abbot Suger)의 잔

이 잔은 세인트 데니스( Saint Denis)의 베네딕토 지도자인 수게르 수도원장(1122-1151)의 이름으로 불리는 잔에 관한 이야기다. 파리 근교인 세인트 데니스는 다고버트 1세 이래로 프랑스 왕가의 무덤과 관련이 있었다. 다고버트 1세를 포함한 대부분의 프랑스 왕가는 현재의 성당에 묻혀있다.

이 성당은 수게르 그 자신의 지휘 아래 있었다. 그 건물을 짓는데 그는 신에게 영광을 드릴 수 있는 희귀한 재료를 사용하고 싶었다. 이러한 생각은 교회는 아름다운 예술품이 되어야 하고 금이나 비싼 석재는 불필요하다고 생각한 클레버의 버나드 입장과 반대되었다.

수게르 대수도원장의 잔 ©wiki

수게르의 잔은 수게르 대수도원장이 세인트 데니스로 가져와 현재까지 남아있는 네 개 중의 하나이다. 다른 세 개의 잔은 루부르에 있다. 수게르 대수도원장의 잔은 중세에 만들어진 고대 마노 주발의 형태와 같은데 이것이 진짜 성배인지에 대하여는 의문이 있다. 이 잔에 대하여는 정말로 진짜라고 주장할만한 역사적인 계보나 의문에 대해 반론을 주장할만한 것이 없다.

## 마리아의 잔(Marian Chalice)[1]

마리아의 잔

이 잔은 현재 미국 워싱턴 국립미술관에 있다.

이 잔에 얽힌 이야기는 예수가 십자가에 매달려 있을 때 막달레나 마리아가 약간의 피를 받기위해 이 잔을 사용했다고 한다. 후에 헬레나 여황제가 4세기경 예수의 무덤을 발굴할 당시 이 잔을 발견하였다고 한다. 그 다음 이 잔을 로마로 가져왔으나 비시코트에 의한 약탈을 피하기 위해 4세기경 영국으로 옮겼다고 한다. 이 전설은 5세기경 역사가인 올림피오도로스(Olympiodorus)에 의해 기록되었다.

1990년대 말, 그라함 필립스가 그 이야기를 추적하였다. 그는 영국의 자료와 관계된 또 다른 마리아의 잔을 추적하고, 영국 웨일스 중동부의 주인 포위의 왕의 후손인 스롭샤이어 가문과 만난다. 작가 앤드루 콜린스는 '21세기의 성배(Twenty-First Century Grail)'라는 책에서 그 잔의 숨겨진 역사를 추적했다. 이 책

1) 호크스톤 파크 잔(the Hawkstone Park Cup)이라고도 불린다. http://grahamphillips.net/chalice/chalice11.html

은 한때 미국에서 베스트셀러가 되기도 하였다. 이러한 전통은 다빈치코드로 연결되는데 댄 브라운의 다빈치코드는 사실은 그라함 필립스나 앤드루 콜린스의 연구, 혹은 영국작가인 린 픽크넷이나 클리브 프린스 같은 자들이 쓴 '템플기사단의 비밀' 같은 이야기를 바탕으로 하고 있다고 한다. 필립스의 증거는 12세기의 문헌, 16세기의 시, 그리고 1850년부터 내려온 비밀스러운 상징에 의존하였다. 필립스는 말 그대로 그가 찾고자 하는 빅토리아 팔머의 후손을 추적하였다. 팔머양은 그녀의 집 구석에 놓여 있던 잔을 소유하고 있었는데 그것의 잠재적인 가치를 모르고 있었다. 필립은 '성배를 찾아서'란 책에서 그가 막달레나 마리아의 잔을 추적한 이야기를 말하고 있다.

마리아의 잔을 들고 있는 사람들
앞줄 왼쪽이 그라함 필립스,
오른쪽이 린 픽크넷, 뒷줄 가운데
사람이 호크스토운 파크, 뒷줄
왼쪽이 앤드루 콜린스, 뒷줄
오른쪽이 클리브 프린스 (*ibid.*)

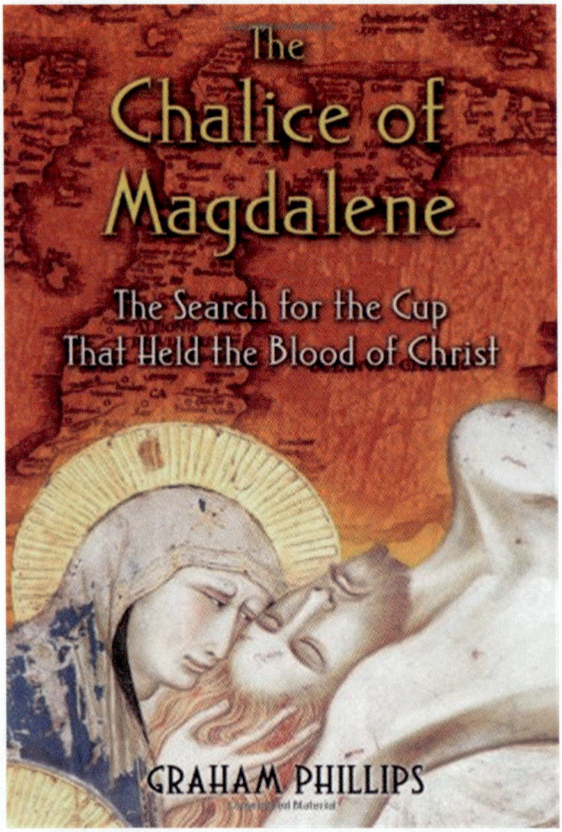


그라함 필립스의 책
(*ibid.*)

## 옥스브로스 성배(Oxbrow's Grail)

2008년1월 초 이브닝타임지는 역사가인 마크 옥스브로(Mark Oxbrow)가 성배의 수수께끼를 풀었다는 사실을 보도[1]했다. 옥스브로는 성배는 파리의 루부르 박물관에 소장되어 있고 거기서 한동안 전시되었다는 이론을 주장했다. 그는 성배가 12세기에 프랑스 왕가의 대관식에 사용된 1세기에 만든 접시로 '파텐데 세펜텐(Patene de Serpentine)'이라고 불리는 물건이라고 말했다.

1 ) http://www.eveningtimes.co.uk/i-ve-cracked-mystery-of-the-holy-grail-1.977410

## 징가로의 잔(Zingaro's Cup)

1995년 8월 17일 로코 징가로 백작의 고향인 이탈리아 디 산 페르디난도에서 한 기자회견이 열렸다. 징가로는 여기서 그가 성배를 소유하고 있다고 발표 하였다. 이것은 그라함 필립스가 그가 마리아의 성배를 발견했다고 발표한데 대한 직접적인 반응이었다. 징가로에 따르면, 그 성배는 안토니오 암브로시니가 20년 전에 결혼기념 선물로 준 것이라고 하였다. 그 성배는 이집트에서 콥틱 돈으로 암브로시니가 사서 소유하게된 것이라고 한다. 뉴스에 따르면 징가로는 이 성배를 조만간에 나자렛의 집에 돌려줄 것이라고 한다. 2007년 3월 징가로는 성모마리아의 환영을 보았다고 말했다.

성배로 믿어지는 잔을 들고 있는 로코 징가로[1]

1 ) http://nnm.me/blogs/olejka_a/osnovy_graalevedeniya/

## ✝ 성스러운 기둥

예수의 채찍질은 때로는 '기둥에 묶인 예수' 혹은 '기둥에서 고문받는 예수'로 알려져 있는데 예수의 수난사에서 빈번히 보여주는 장면이다. 이것은 예수의 십자가의 고난 시 멈춘 네 번째 장소이며, 가톨릭의 묵주기도에서 비탄의 성사(聖事)에 해당하는 사건이다.

채찍질당하는 예수 ©wiki
피터 폴 루벤스 그림,

예수가 묶여있던 기둥, 밧줄, 고문, 채찍, 노끈, 자작나무 회초리는 수난의 도구들(Arma Christi)의 요소들이다. 로마의 산타 프라세데 성당(Basilica di Santa Prassede)은 예수가 고문받던 때 사용된 원래의 기둥을 보관하고 있다고 주장한다. 예수를 고문한 사건은 네 개의 공관복음서 중에서 세 개부분에 언급되고, 로마법에 따르면 십자가형을 집행하기 전에 통상적으로 실시한 것이다. 예수의 수난사에서 예수를 조롱하고 가시관을 씌우기 전에 고문을 행하였다.

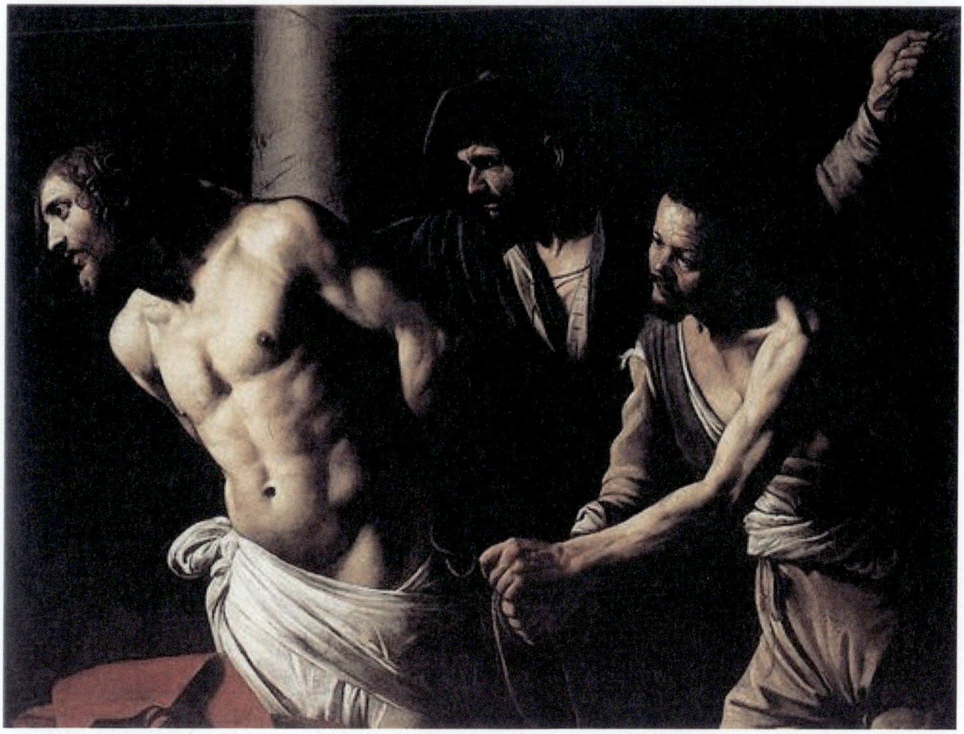

기둥에 묶인 예수 ©wiki
카라바지오 그림. (1573~1610)

예수를 고문한 사실의 표현은 9세기경 서구의 미술에 나타났다. 비잔틴 예술이나 동방정교회의 예술에서는 거의 나타나지 않는다. 처음에 그것은 계몽된 문헌에서 발견되고 1000년경의 이탈리아의 기념벽화에 남아있었다. 처음부터 거기에는 대부분 세 종류의 인물이 존재했다. 예수와 그를 채찍질하는 본디오 빌라도의 두 명의 부하가 그들이다. 초기에 예수의 묘사는 벌거벗었거나, 긴 원피스를 입고 얼굴이 안보이거나 혹은 뒤에서 바라본 모습이었을 것이다. 12세기부터 예수가 허리에 두르는 간단한 옷(loincloth)을 입고 보는 사람들로부터 얼굴을 돌리고 있는 모습으로 표준화 되었다(Schiller 1972:66-67).

본디오 빌라도는 때때로 그 장면을 구경하는 모습으로 보여지고, 그의 부인의 종은 부인의 메시지를 전달하기 위하여 그에게 다가가는 것과 같은 모습으로 보여지고, 중세 후기에는 예수의 수난을 표현한 연극의 영향인지는 몰라도 3~4명의 사람들이 예수를 때리고 당대의 용병차림의 기괴한 인물들이 북쪽에 점차로 많이 그려져 있었다(Schiller 1972:68). 때때로 해로드로 생각되는 다른 인물들도 현장에 있는 것으로 그려졌다. 채찍질은 본디오 빌라도를 위하여 일하는 사람들의 손으로 행하여졌으나, 매질을 하는 사람들은 때때로 유대인이 모자를 쓰고 있으며, 두시오의 매스타(Maesta of Duccio)에 따르면, 그 장면은 유대인 청중이 모인 공공장소에서 행하여졌다(Schiller 1972:66-69).

예수의 고통을 확인하는 수단으로 스스로 자신을 채찍질 하는 행사를 만든 프란시스칸스(franciscans)는 이탈리아의 수많은 십자가 행렬에서 십자가 앞에서 형과 함께 십자가의 뒷면에 채찍질의 흔적이 남아 있도록 만들었다. 이러한 사실은 아마도 때때로 채찍질 고행자의 행렬에 수반되었는데, 사람들은 그들 앞에서 고통을 받는 예수를 볼 수 있었다(Schiller 1972:67).

15세기부터 이 주제는 일련의 수난 장면 중의 하나라기 보다는 개인들이 미술에서 하나의 주제로 설정하여 그려지게 되었다. 동시에 기둥에 묶인 예수, 혹은 말뚝에 묶인 예수는 예수가 홀로 기둥이나 말뚝에 묶인 모습으로 발전되었다.

산타 프라세데 교회의 입구 ©wiki

이것은 바로크 조각에서 가장 흔한 것이 되었고, 또한 공관복음에서는 발견되지는 않지만 그 주제와 관련되어 지하 감옥의 예수가 나타난다. 그것은 기둥에 묶인 예수와 말뚝에 묶인 예수 혹은 기둥에 묶인 예수와 채찍질 사이의 차이를 분간하기 힘들게 한다(Schiller 1972:69). 현대 영화 제작자들은 예수가 채찍질을 당한 것 까지 묘사하였다.

산타 프라세데 교회가 보관하고 있는 예수 고문 시 묶여있던 기둥 ©wiki

## 성혈



기독교 신학에서 예수의 피는 예수가 십자가에서 실제로 흘린 물리적인 피를 의미하며 기독교가 가르치는 바는 예수가 피를 흘림으로써 구원이 달성된다. 성찬식에서 제공되는 성찬용 피(포도주)는 가톨릭, 동방정교회, 성공회, 루터교 등 모두에게 있어서 예수가 십자가에서 실제로 흘린 물리적인 피와 같이 본다. 가톨릭, 동방정교회, 성공회, 루터주의자는 성찬식에서 와인으로 만든 문자 그대로 예수의 피를 충심으로 받아 마시는 것을 믿는다. 그 교회들은 성찬식에서 예수가 실제로 함께 한다는 것을 믿는다. 가톨릭교회는 빵과 와인이 실제 예수의 몸과 피로 변한다는 성변화(Transubstantiation)라는 용어를 사용한다.

동방정교회 역시 그러한 변화를 기술하는데 같은 용어를 사용한다. 대부분의 프로테스탄트 교회는 성찬식에서 예수가 실제 출현한다는 점은 반대한다. 그들은 성찬의식은 단순히 기념식일 뿐이라고 본다. 귀중한 예수의 피에 대한 지극한 헌신은 15~16세기 플란더스 인들의 특별한 현상이었다. 16세기에는 신의 어린 양 혹은 예수의 신성한 상처에서 흘러나온 피가 가득한 삶의 원천으로서 상징적인 자비의 이미지가 증가했다. 12세기 이후로 벨기에의 브루게에 새로 나타난 예수의 피의 유물로 인하여 플란더스인의 다양한 그림의 주제가 되기도 하였고 이는 13세기 후반까지 증가하였다. 전 세계적으로 존재하는 성스러운 피에 대한 유물은 브루게의 성혈교회, 독일의 웨인가르텐 사원, 프랑스의 성삼위일체 사원, 독일 로센부르크의 성 제이콤 교회, 그리고 이탈리아 만투아의 산 안드레아 만토바 성당에 그것이 보관되어 있다고 알려져 있다.

### 벨기에 부르게 성혈교회의 성혈

성혈교회는 벨기에 부르게의 로마 가톨릭 교회로 12세기에 플랜더스 백작의 거주지의 교회로 건축되었다. 이 교회는 아리마대 요셉이 수집한 것으로 알려진 성혈을 플랜더스의 백작인 알사스의 티에리가 예루살렘에서 가져와 봉안하여 보관하고 있는 것으로 알려져 있다. 성혈교회는 1134~1157년 사이에 건축되어 1923년에 로마 가톨릭 성당으로 승격되었다. 12세기에 그 성당은 부르게 광장에 위치하였고 낮은 예배실과 높은 예배실로 구성되어 있었다.

성혈교회의 전경 ©wiki

성혈교회의 제단 ©wiki

예수의 성혈 유물 ©wiki

성혈의 유물은 16세기와 19세기에 재건된 높은 예배실에 보관되어있다. 1134년 알사스의 티에리는 플랜더스 백작의 첫 거주지 인근인 오우드 스틴(Oud Steen) 옆에 개인용 복합 예배당을 짓기로 결정하였다. 티에리는 1147년 제2차 십자군 원정 때 두 번이나 참가하였다. 알사스의 티에리는 1150년 4월7일 예수의 성혈을 가지고 귀환하였다. 13세기 초에 높은 예배실의 명칭은 성혈교회로 변경되었다(Snauwaert 2005:58-60). 원래 로마네스크 양식으로 지어진 높은 예배실인 성 바실리 예배실은 15세기말과 1823년에 고딕양식으로 변경되었다. 높은 교회로 이어지는 기념비적인 계단의 난간은 후기 고딕과 르네상스 양식으로 1529-1533년 사이에 건축되었다. 19세기에 계속적인 개축으로 인상적인 벽장식이 만들어졌다. 성가대가 있는 유리의 스테인드 글라스는 1845년에 만들어졌고, 버군디 공작인 필립으로부터 대공비인 신성로마여황제인 오스트리아 테레사에 이르기까지 재임한 플랜더스 백작의 군주들을 나타내고 있다.

이 성당에서 가장 유명한 것은 12세기의 제2차 십자군 원정 동안 알사스의 티에리가 부르게로 가져온 예수 그리스도의 피가 묻은 천을 보관하여 받들어 모신 유리병이다. 성경은 예수의 피가 보존되어 있다고 언급하지 않았지만, 외경의 복음서는 아리마대 요셉이 예수의 시신을 닦은 후 귀중한 피를 보존하였다고 한다. 중세 유럽의 종교생활에 있어서 예배기간 동안 매일 예수의 피를 보는 것이 가장 중요한 일이었다. 그것이 진짜라면, 예수의 피의 유물은 극도로 중요한 것이며, 예수의 수난에서 매우 중요한 것을 보는 것이며, 기독교 복음의 역사적 특징을 영속적으로 되새기는 것이 될 것이기 때문이다. 1147년-1149년 사이에 알사스의 티에리 백작은 제2차 십자군 원정에서 귀환할 때 그의 공적에 대한 댓가로 그의 처남인 예루살렘 왕 보드윙 3세에게서 선물로 받은 성혈을 부르게로 가지고 왔다(Nickell 2007:169-170). 그런데 최근의 연구결과에 따르면 1250년 이전에는 부르게에 그 유물이 있었다는 증거가 없었다(Vincent 2001:73).

가장 가능한 추정은 이 유물은 1204년 플랜더스 백작인 보드윙 9세가 제4차 십자군 원정 시 콘스탄티노플을 침공하면서 습득한 것이다. 그때까지도 그 유리병은 부르게 시민의 종교생활에 큰 영향을 미치고 있지는 못했다(Cyril 1913). 교황 클레멘트 5세는 1310년 성혈을 보기 위하여 방문하는 순례자에게 보여주도록 허락하는 칙령을 발하였다. 최근의 조사에서 그 유리병은 크리스탈로 만들어졌으며, 11세기 혹은 12세기의 것이라는 점을 보여주었는데(Snauwaert 2005:58-60) 콘스탄티노플 인근에서 만들어진 비잔틴 시대의 향수병으로 밝혀졌다. 그것은 부르게에 도착한 이후 한 번도 열지 않았다. 그 병의 목 부분은 금으로 둘러쌌고 마개는 붉은 왁스로 밀봉하였다. 그 유리병은 양 끝부분이 금으로 된 원통의 실린더로 천사로 장식된 화관에 의하여 둘러싸여 있다.

성혈의 행렬 행사는 19세기에 부르게 시의 행사로 거행되는데 원래는 13세기 후반부터 시작되었다. 1303년에 제도화된 기념행사는 프랑스 독재로부터 독립을 이끈 국가 영웅인 장 브레이델과 피터 코닝크에 의하여 시가 추진하는 기념행사가 되었다. 행진에 이용되는 이 유물은 그 기간동안 성당의 박물관에 전시된다. 이 유물의 보관함은 1617년에 부르게의 대장장이인 장 크랩이 30킬로그램의 금과 은 그리고 100개가 넘는 보석조각을 이용하여 만들었다.

성혈을 옮기는 행렬의 모습
©wiki

## 독일 웨인가르텐 사원(Weingrarten Abbey[1])의 성혈

1056년 바바리아의 공작인 웰프 1세는 그의 모친으로부터 물려받은 알트도르프 마을을 굽어볼 수 있는 마틴스베르그에 베네딕토 수도원을 설립하였다. 포도원이라는 의미를 가진 웨인가르텐이라는 명칭은 약 1123년의 문헌에 나타난다. 웰프 1세는 알토뮌스터에서 온 수도승과 함께 거기에 거주하였다. 1126년에 바바리아의 공작인 헨리 9세는 그의 양위이후에 여기서 철수하였다. 그는 같은 해 죽었고 사원의 교회에 묻혔다.

1) 이 사원은 성 마틴의 사원(St. Martin's Abbey)이라는 별칭도 가지고 있다.

1917년의 웨인가르텐 전경 모습 ©wiki

수도승들은 무엇보다도 문헌에 삽화를 그리는 일을 하였는데 가장 유명한 작품은 현재 뉴욕의 피어퐁트 모간 도서관에 있는 베돌드 세크라멘토리(Berthold Sacramentory)란 작품이다. 이 사원은 수많은 숲과 포도원을 포함한 알가우에서 보덴시까지 펼쳐진 306제곱킬로미터의 영역을 가지고 있고 남부독일에서 가장 부유한 수도원 중의 하나이다. 1715년에 로마네스크 양식의 사원의 교회가 1124-1182년 사이에 건축되었으나 거의 다 철거되었고 1715-1724년 사이에 크고 풍부한 장식을 가진 바로크 양식의 건물로 대체되었다. 1803년 독일의 병합기간 동안 그 사원은 와해되었다. 처음에 그것은 나소 오렌지 풀다(Nassau-Orange-Fulda) 공국의 한 부분이 되었다가 나중에 1806년에는 뷔어템가르텐(Württemgarten)왕국의 일부가 되었다. 건물은 공장과 병영 막사로 사용되었다.

웨인가르텐의
성 마틴 성당 ©wiki

웨인가르텐의 가장 귀한 보물은 예수의 성혈이며 아직도 웨인가르텐 교회에 보관되어있다. 성혈이 이 사원에 있게된 경위는 다음과 같다. 롱기누스가 예수를 창으로 찔렀을 때 나온 성스러운 피를 받아 납으로 된 상자에 보관하였다가 후에 이를 이탈리아 만투아(Mantua)에 묻었다. 804년에 이것이 기적적으로 발견되어 교황 레오 3세에 의하여 엄숙하고 고귀하게 모셔졌다가 헝가리와 노르만 침공 시 다시 묻었다. 1048년에 그것은 다시 발견되어 황제인 헨리 3세와 고귀한 신하들의 면전에서 교황 레오 9세에 의하여 엄숙하게 받들어 모셔졌다. 그것은 세 조각으로 나누어져서 하나는 교황이 로마로 가져가고, 다른 한 조각은 황제인 헨리 3세에게 주었고 나머지 한 조각은 만투아에 남겨 두었다. 헨리3세는 그에게 주어진 것을 플랜더스의 백작인 보드윙 5세에게 물려주었고 보드윙 3세는 그의 것을 딸 쥬디아에게 주었다. 후에 쥬디아가 바바리아의 공작웰프 1세와 결혼하여 쥬디아는 그 유물을 웨인가르텐에 선물로 주었다. 그 증정식은 예수승천 축일 후인 1090년 금요일이었고 매년 같은 날 고귀한 행렬식이 있게 되었다. 1812년 그 행렬은 금지되었다가 1849년부터 매년 다시 시작되었다.

### 이탈리아 성 안드레아 만토바 성당의 성혈

이탈리아 성 안드레아 만토바 성당은 르네상스 로마 가톨릭성당으로 이탈리아 만투아 롬바르디에 있는 만투아 성당의 부설성당이다. 이 성당은 베네딕토수도회에 의해 레온 바티사 알베르티의 설계에 따라 1462년에 건축이 시작되었으며 곤자가의 루돕코 2세가 협찬하였다.

이 건물 건축은 328년 이후에 종료되었다. 이 건물은 1597년에 증축되고, 거대한 돔이 1732-1782년에 만들어지고 18세기와 19세기에 걸쳐 개축되었는데 이러한 목적은 예수 승천축일 기간동안 방문하는 순례자들을 수용하기 위한 것이었다. 이 교회의 돔 바로 아래 바닥의 구멍을 통하여 그 아래 지하실에 예수의 성혈을 보관하고 있다. 가장 귀중한 예수의 피(Preziosissimo Sangue do Cristo)라고 부르는 유물이 성스러운 용기에 보관되어 있다. 전설에 따르면 로마병사 롱기누스가 만투아로 가져왔다고 한다. 그것은 르네상스 기간 동안 매우 높이 숭앙되었다. 봉안된 유물은 오직 수난일(Good Friday)에만 믿음이 깊은 자들에게 전시되며, 만투아의 대로에서 행렬식에 가져간다.

이탈리아 성 안드레아
만토바 성당 ©wiki

### 페캄 사원(Fécamp Abbey)의 성혈의 샘

페캄 사원은 프랑스 북부 노르망디에 있는 베네딕토 소속 사원이다. 이 사원은 658년에 메로빙거 왕조의 백작인 와닝구스(Waningus)가 승려들을 위하여 설립하였다. 660년에는 또 다른 수녀원이 설립되었는데 842년에 바이킹의 침략에 의

만토바 성당의 성혈을 담은 용기
©wiki

하여 파괴되었다. 또 다른 여러 차례의 바이킹 침입 후에 851년에 노르망디의 리처드 1세는 교회를 재건하였다. 페캄 사원은 영국의 노르망디 정복에 있어서 중요한 곳이었다. 참회의 왕인 에드워드는 그의 망명기간동안 그가 노르망디를 보호하는 것을 감사하기 위하여 왕실 교회를 두도록 허용하였다. 1047년 주교가 사망한후 이 사원의 관할권은 교황에게 넘어갔다. 페캄은 프랑스 알바스터 해안의 발몬트 강의 계곡에 자리한 곳으로 하브레의 북동쪽 35키로미터, 로우엔의 북서쪽으로 60킬로미터에 걸쳐있다. 페캄의 이름의 기원은 중세의 전설에 따르면, 1세기경 아리마대 요셉이 자신이 수집한 예수의 귀중한 성혈을 옮기던 무화과 나무줄기를 페캄의 강둑 물가에서 씻었다. 즉시 그 자리에서 성혈의 샘이 분출하였고 그 이후 그 유적은 많은 중세의 순례자들이 모여들었고 그 도시의 명성을 높였다. 도시의 이름도 그 전설에 기반하여 만들어진 인위적인 것으로 알려졌다. 처음에 그 이름은 무화과 나무의 캠프(Camp of the fig tree)인 Fici-campus였다. 그런데 Fécamp은 875년에는 Fiscannum으로, 그리고 990년에는 Fiscannus로 불리기도 했다.

### 독일 로센베르크의 성혈제단

로센베르크는 독일 미텔프랑켄의 안스바흐 지역의 마을이다. 중세에 이 도시는 황제령 자유무역도시로 관세의 감면을 받는 곳이었다. 이 도시에 있는 성 제임스 교회는 성혈을 주제로 한 제단을 보유하고 있는 것으로 유명하다.

# 제5장
# 사 후

오비도의 수건(Sudarium Ovido)
튜린의 수의
예수의 가족 무덤
언약의 궤와 예수

## 오비도의 수건(Sudarium Ovido)

수다리움 오비도는 스페인 오비도의 산 살바도르 성당의 카마라 산타에 보관된 84 x 53cm 크기의 예수의 성혈이 묻은 수건이다. 수다리움(sudarium)은 라틴어로 '땀에 젖은 수건'이란 말로, 요한복음 제20장 제6~7절에 언급된 것과 같이 예수가 죽은 후 그의 머리를 쌌던 수건이라고 주장되고 있다. 요한복음 제20장은 예수의 부활을 적고 있는데 그중 6절~7절을 보면 다음과 같이 기록되어있다.

> 6절. 시몬베드로도 따라와서 무덤에 들어가 보니 세마포가 놓였고,
> 7절. 또 머리를 쌌던 수건은 세마포와 함께 놓이지 않고, 딴 곳에 개켜 있더라.

이 유물을 안치하고 있는 작은 채플은 기원후 840년 아스투리아스의 왕 알폰소 2세에 의하여 건축되었다. 이 천과 함께 다른 유물들이 함 전면에 로마네스크 양식의 금속을 붙인 성스러운 정교한 유물보관 수납장에 보관되어 있다. 이 수건은 튜린의 수의에 나타난 표시와는 달리 이미지가 없고 대칭적으로 배열된 검은 얼룩이 있으며 심하게 훼손되고 구겨져 있다. 성경에는 예수를 실제 무덤에 안치할 때 이 수건에 대한 설명이 없었으나, 무덤이 빈 후 놓여져 있었다는 것만 요한복음 제20장 제7절에 언급되어 있다.

이 수건은 여러 경로를 거쳐 가져왔다고 전해진다. 예수의 십자가 처형이후 수세기 동안은 아무런 사항도 언급되지 않다가 피아센자의 안토니누스(Antoninus of Piacenza[1])가 570년에야 언급하였는데, 그는 이 수건이 예루살렘 근처의 성 마크(Saint Mark)수도원 근처 동굴에 보존되고 있었다고 기록했다. 이 수건은 명백히 614년에 페르시아의 사산왕조 왕 초스로스(Chosroes) 2세가 비잔틴 지역의 침략 후에 팔레스타인에서 가져갔으며, 616년에 북아프리카를 거쳐서 옮겨져서 곧

1) Antoninus of Piacenza는 6세기의 순례자, 예루살렘 성스러운 장소를 기술했다.

수다리움 오비도를 보관한 궤 ©wiki

바로 스페인에 도착하였다. 이 수건은 방사성 탄소 측정법에 의하여 조사결과 7세기의 어느 시점의 것으로 측정되었다. 그런데, 그 결과는 매우 신뢰할 수 없으며 다른 조사결과도 고려되어야 한다고 논의 되었다(Bollone 1994:428-429).

이 수건의 많은 얼룩은 튜린 수의의 머리 부분의 얼룩과 일치했다. 그러나 1988년의 튜린수의에 대한 탄소연대 측정결과 14세기의 것으로 조사되었다. 2005년의 뒤이은 연구에서는 1988년의 탄소 측정 당시 사용된 천 조각은 중세에 수선한 조각일지도 모른다는 의견이 제시되었다.[1]

오비도의 수건과 튜린 수의는 같은 사람이 덮었을 것이라고 대부분 믿고 있

1 ) Archaeological Study Bible by Zondervan

다. 1998년에, 두 천에 대한 혈액검사가 있었고 그 결과, 두 천의 혈흔은 같은 혈액형인 AB형으로 확인되었다. AB형은 중동사람들에 흔한 혈액형이며, 중세 유럽인에게는 매우 희귀한 혈액형이다(Tanner 2008).

오비도의 수건과 튜린 수의에 남아있는 꽃가루 검사결과 두 천은 팔레스타인 지역에서 동시대의 것이라는 강력한 증거가 있었다(Dees 2008). 오비도의 수건과 튜린 수의 간의 연계에 대한 가장 중요한 물리적 증거는 두 천은 짠 방식에 차이가 있었지만, 두 천의 재질이 같다는 점이다.

수다리움 오비도 ©wiki

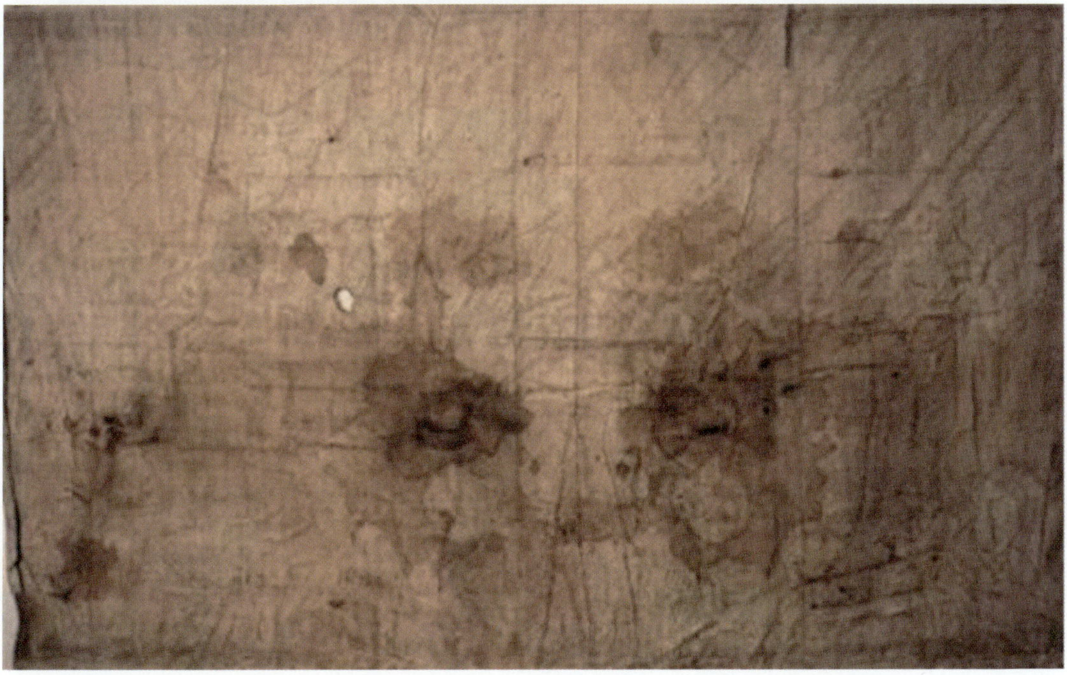

수다리움이 보관된 스페인 오비도의 성당 ©wiki

## 튜린의 수의

튜린의 수의는 십자가형과 같이 신체적인 외상(Trauma)을 겪은 한 남자의 이미지를 담고 있는 아마포로 된 천이다. 이것은 북부 이탈리아의 튜린에 소재한 성 세례요한 성당의 왕립 예배실에 보관되어 있다. 이 수의의 이미지는 일반적으로 예수 그리스도의 십자가형과 매장에 관련되어 있다. 그 기원과 이미지는 과학자,

신학자, 역사가 및 연구자들 사이에 맹렬한 논쟁의 주제가 되어왔다. 가톨릭 교회는 이 수의를 공식적으로 인정하지도 부인하지도 않았으나, 1958년 교황 피우스 7세가 로마 가톨릭 교회가 그 수의에 있는 예수의 성스러운 얼굴에 대해 예배를 보는 것과 관련하여 그 이미지를 승인한 바 있다 (Cruz 2003:200). 수의의 이미지는 원래 자연스러운 오징어 먹물 색보다는 흑백 음화가 훨씬 선명하다. 이 음화는 튜린에 소재한 성당에서 그 수의가 전시되던 기간 중에 사진촬영을 허락받은 세콘도 피아라는 아마추어 사진가의 사진건판 뒷면에서 1898년에 처음으로 관찰되었다. 1978년에는 튜린수의 연구 프로젝트(STURP)라는 프로젝트를 통하여 일단의 미국과학자팀이 튜린 수의에 대하여 세밀한 조사를 수행하였다. 그들은 이 수의가 위조되었다는 믿을만한 증거를 찾지 못하였으나 어떻게 예수의 이미지가 만들어졌는지에 대하여는 '미스테리'라는 의문을 제기했다 (Ruffin 1999:79).

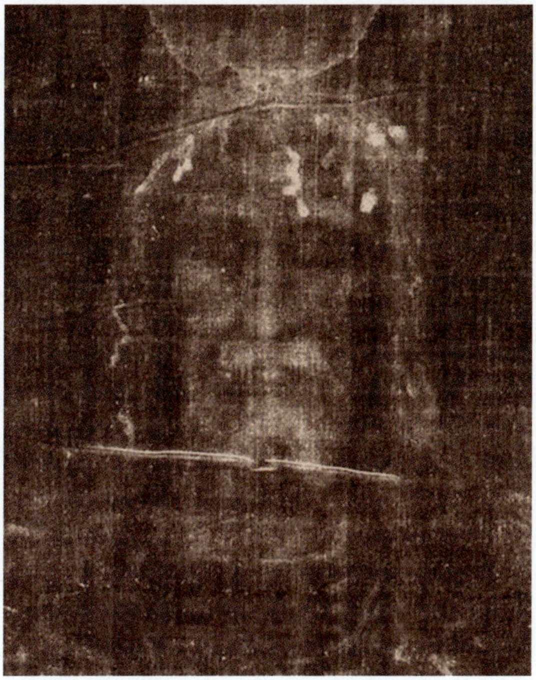

세콘도 피아가 촬영한 음화
©wiki

STURP는 1970년 초부터 1980년까지 튜린 수의에 대하여 연구와 분석을 수행하였다. 이 팀의 기원은 물리학자인 존 잭슨, 열역학자인 에릭 점퍼, 사진가인 윌리엄 모턴이 1976년에 수행한 실험으로 거슬러 올라간다. 화성(Mars)의 이미지를 만들기 위하여 3차원모델을 구축하는 항공과학의 기술을 활용하였는데, 에릭 점퍼는 튜린 수의의 사진을 검증하기 위하여 처음으로 분석 장치를 구축하였다. 이것은 과학자들이 수행한 수의와 관련된 첫 번째 실험이었다. 1977년 3월, 세 명의 과학자들은 수의 분석을 위한 팀을 구성하기 위하여 다른 몇 명의 과학자들을 초빙하였다. 첫 회의는 뉴 멕시코 주의 알부쿼쿠(Albuquerque)에서 개최 되었다.

이 팀은 아무런 공식적 후원도 없이 스스로 비용을 조달했다. 그들은 2백만 달러에 달하는 장비의 기부와 은행대출을 스스로 감당했다. 핵물리학자인 톰 무할라가 팀을 이끌었다. 잭슨, 점퍼, 모턴 이 외에 로스 알라모스 국립연구소의 열화학자인 레이몬드 로저스, 로이 런던, 로저 모리스가 포함되었다. 다른 멤버로, 파사데나(Pasadena)의 제트추진연구소에서 돈 린, 생물물리학자인 존 헬러, 사진기사인 어네스트 브룩스와 바리 슈볼쯔, 광학물리학자인 샘 펠리코리, 전력전문가인 존 저먼과 루디 디흐틀, 법의학 병리학자인 로버트 버클린 등이 포함되었다. 당시 STURP에는 중세미술, 고고학 및 직물 전문가는 포함되지 않았다.

튜린에 수의가 도착한지 400주년을 기념하기 위하여 수의는 1978년 8월 27일 ~ 10월 8일 기간 동안 공중에 전시되었고 약 300만 명의 방문객이 방탄유리 안에 보관된 수의를 관람했다. 전시 후 5일간 STURP 팀은 성당에 인접한 왕립 궁전의 시계 근처에서 수의를 분석했다. 어떤 과학자들은 다른 과학자들의 조사가 진행되는 동안 그 옆에서 자기도 했다. 유럽과학자들을 이끈 리더는 뤼기 고넬리아였다(Ruffin 1999:80-83). 그 팀은 끈끈한 테이프로 수의의 여러 지점에서 시료를 채취하기도 하였다(Adler 2002:93-94). STURP 팀은 수의에 접근한 이후에도 연구를 계속했고 그 연구결과를 여러 과학저널에 발표하였다. 1981년 그들은 최종 보고서를 발표하였다.

"우리는 수의의 이미지가 십자가형을 받은 한 남자의 것이 맞다고 결론을 내릴 수 있다. 그것은 예술가의 작품이 아니었다. 혈흔은 헤모글로빈으로 구성되었고 또한 세룸 알부민(혈청)에 대한 검사는 양성이었다. 그 이미지는 아직 미스테리로 본 팀과 그 외의 과학자들이 아직 추가적인 화학분석을 진행 중이며 아직 미해결로 남아있다."[1]

튜린 수의 : 앞면의 이미지 ©wiki

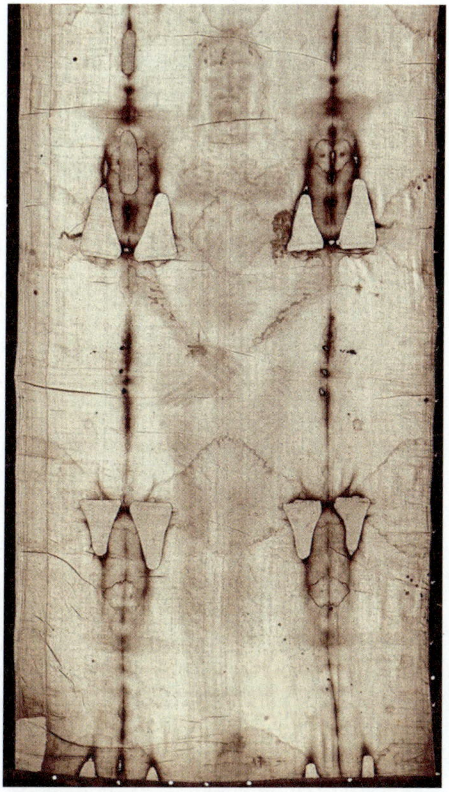

STURP는 1981년에 그 활동을 끝냈다. 1988년에 적은 양의 수의 샘플을 토대로 논쟁의 여지가 있는 방사능 연대측정이 수행되었다. 옥스포드대학교, 아리조나 대학교, 그리고 스위스 연방공대연구소들이 동시에 측정한 수의의 연대는 중세인 1260-1390년으로 측정되었다(Damon *et al.* 1989). 세 팀이 서로 검토하여 출간한 논문은 방사능 연대 검사 시 사용한 샘플이 전체 수의를 대표하지 못할 수도 있다는 점을 주장하였다(Rogers 2005). 과학적이고 대중적인 출판물들이 이 수의가 진짜이거나 위조의 가능성에 대하여 다양한 논의를 표출하였다. 그 이후로 수의에 관하여 화학에서부터 생물학, 그리고 법의학에서 광학이미지 분석에 이르기까지 다양한 과학적 이론이 제시되었다. 전 네이처지의 편집자인 필립 볼(Philip Ball)은 다음과 같이 말했다.

> "1988년의 결정적으로 보이는 분석에도 불구하고 튜린 수의의 진위는 전보다 더 판명하기 어려운 것 같다. 적어도 이미지의 속성과 어떻게 그 이미지가 천에 깊숙이 베어 남아 있는지는 수수께끼다(Ball 2008)."

1 ) Summary of STURP's Conclusions(1981)

튜린의 수의는 인류역사에서 가장 많이 연구된 인공물이며 가장 논쟁의 여지가 있는 것이었다(Res 2004).

튜린 수의의 역사[1]를 살펴보자.

기원후 544년에 에데사(Edessa) 시에서 예수로 믿어지는 이미지를 가진 접힌 수의가 성벽의 출입문 위에서 발견되었다. 이 천은 희미한 예수의 전신 이미지를 가진 수의이며 그 이미지 위에는 혈흔이 묻어 있었다. 그 이미지는 땀과 신성한 힘이 작용하여 만들어진 것이라고 다양하게 묘사되었다. 이 이미지는 부정적으로 여겨졌다고 하는 지적도 있다.

기원후 944년 8월 15일, 에데사의 이미지는 강제적으로 에데사에서 콘스탄티노플의 수도인 비잔틴으로 옮겨졌다. 그것은 명백히 혈흔이 묻고 사람의 전신 모습을 가진 수의였다. 이러한 사실은 다음과 같은 역사적 사실로 입증된다.

- 기원후 944년 8월16일, 하기아 소피아 성당의 부주교이자 행정관인 그레고리(gregory)가 행한 설교
- 960년에 기록된 그리스어 전례서
- 1201년의 콘스탄티노플의 황제 유물과 보물 감독관인 니콜라스 메사리테스(Nicholars Mesarites)가 기록한 문서
- 1203년의 십자군 기사인 로버트 데 클라리(Robert de Clari) 기사의 편지
- 바티칸의 문서고와 네덜란드 라이덴(Leiden)대학의 도서관에 다음과 같은 문헌이 있다.

> "faciel figuram sed totius corporis figuram cernere poteris".
> 얼굴 모습 뿐 아니라 전신을 볼 수 있다.[2]

- 법전(Codex)1192의 예증 : 헝가리인의 기도 문헌에서 알 수 있는 것처럼 예

1) Daniel R Porter, Bronxville, New york. http://www.shroudstory.com

2) The Codex Vossianus Latinus Q69 and Vatican Library Codex 5696, P35

수는 매장이 준비되었으며 텅 빈 무덤의 모습을 보여준다. 이 문헌은 튜린의 수의와 일치하는 몇 가지 특징을 보여준다. 독특한 헤링본 트윌[1], 수의를 거의 파괴할 뻔한 1532년 이후의 화재보다 더 앞서 생긴 특정한 패턴의 불에 탄 구멍 자국, 예수는 발가벗겨진 그의 몸 앞으로 손을 모아 교차시켰고 엄지손가락은 보이지 않았다.

1204년 4차 십자군 원정에서 프랑스와 베네치아 기사들이 에데사 시를 포위하고 4월13일 시내로 진입하여 도시를 유린하였다. 에데사에서 가져간 천의 이미지는 그 점령군들이 가져간 보물 중의 하나임이 분명하다.

약 1년 후에 콘스탄티노플이 약탈당할 때에 데오도 두카스 앙겔로스(Theodore Ducas Angelos)가 교황 이노센트 3세에게 보낸 편지에서 다음과 같이 언급하였다.

"베네치아인들은 프랑스인들과 금, 은, 상아를 나눠가졌던 반면, 프랑스인들도 마찬가지로 베네치아인들과 성인의 유물과 가장 신성한 유물인 우리의 주 예수가 사후에, 부활 이전에 덮었던 아마포 등을 나누어 가졌다."

수많은 신성한 보물들이 베니스와 프랑스 그리고 기타장소에 보관되었다. 1207년, 카솔레(Casole)의 대수도원장이자 아테네의 교황사절인 니콜라스 도란테(Nicholars d'Orrante)는 프랑스 기사가 콘스탄티노플에서 가져온 유물에 대하여 기록했다. 특히 수의에 대하여 그는 그것을 보고 있었던 것을 언급했는데, 아테네에서 "우리의 두 눈으로 직접 보았다"라고 기록했다.

그 이후 에데사의 이미지에 대한 줄지은 관심은 식어갔다. 1356년 프랑스 기사이자 제4차 십자군 운동의 저명한 기사의 후손인 제프리 데 챠니(Geoffrey de

1) 헤링본 [herringbone] : 헤링본은 '청어의 뼈'라는 의미로 그와 닮은 조직 효과를 가진 옷감의 총칭. 팔자능이라고도 하며 안정하게 균형이 잡힌 무늬를 헤링본 능직(HBT)이라고 한다. 정식으로는 헤링본 트윌, 즉 청어의 등뼈라는 의미로 사선무늬 직물의 일종이다. 미니헤링본은 언뜻 보면 무늬가 아니라 골과 같이 보이며 검은색이 기조인 것은 무늬가 없는 것처럼 보이기도 한다. 헤링본은 홈스펀, 도니골 등과 함께 트위드에 속한다. 트위드는 클래식하고 미니멀한 여유로움을 느끼게 하여 슈트, 재킷, 오버 코트 등에 주로 쓰인다. 헤링본 스트라이프(Herringbone Stripe)는 헤링본과 줄무가 조합된 무늬로서 슈트, 코트감으로 자주 사용된다. 원래는 전통적인 신사복 소재로 사용되었으나 지금은 여성복에도 사용하여 보수성이 강한 캐주얼 타입으로 여성다움보다는 지성미를 나타내는 데 효과가 있다.

Charny)는 예수가 매장될 당시 쌌던 수의라고 주장하는 수의를 전시하였다. 그 수의가 지금의 튜린 수의다. 그 수의가 앞에서 언급한 것과 같은 수의이고 튜린의 수의가 에데사의 이미지이라면, 그렇게 여길만한 충분한 이유가 된다. 그 이후 120년에 연결되는 어떤 실증적인 기록은 발견되지 않았다. 그러나 그 천에 1356년 이전에 프랑스 베상콘(Besancon)에 있었다는 몇 가지 증거는 있다.[1]

튜린 수의의 역사는 크게 1390년 이전과 이후의 두 시기로 나눌 수 있다. 1390년 이전의 시기는 역사학자들 간에 토론과 논쟁의 주제다. 14세기 이전에는 기도문 필사본(Pray Codex)[2] 같은 몇 가지 적절한 문헌이 있었다.

첫 번째 특정한 역사적 기록은 1353 혹은 1357년까지 거슬러 올라간다고 종종 언급되었다(Meacham 1983). 그런데 프랑스 리레이(Lirey)에 튜린 수의의 실재는 의심할 바 없이 1390년에 피에르 다시스 주교가 수의는 위조품이며 미술가들이 이를 고백했다고 말한 사실을 쓴 비망록을 참칭 로마교황[3]인 클레멘트 7세에게 보냈을 때 입증되었다(Nickell 1998)고 회의론자들은 주장한다. 15세기 이후 현재까지의 역사는 이해하기가 용이하다. 1453년 마가렛 데 카니는 수의를 사보이궁(House of Savoy[4])에 양도했다. 1578년 수의는 토리노로 옮겨졌다. 17세기에 수의가 전시되고 19세기에는 공중에 전시되는 기간 중에 사진을 찍었다.

1) www.spiritrestoration.org/Archeology/shroud%20of%20Turin.htm

2) 손으로 쓴 기도문의 고문서(필사본)

3) 대립교황 [對立敎皇, antipope] 교회법에 따라 선출된 교황에 대립하여 부당하게 교황위를 주장하거나 행사한 성직자. 교황은 한 사람으로 한정되어 있기 때문에 두 사람인 경우에는 대립교황으로서 합법적인 교황을 판별해내야 한다. 그 원인으로는, 맨 처음 히폴리토스(재위 217 235)와 같이 교의면에서 기존 교황에 반대한 경우도 있으나, 대부분은 세속세력의 개입이나 영향에 의하여 이중 삼중으로 교황을 선출했기 때문이다. 그 밖에 1059년까지는 세속세력도 교황선거권을 가지고 있었던 것도 한 원인이었다. 14 15세기 유럽의 시스마(교회분열) 때에는 교회 내부가 분열하여 추기경단(樞機卿團)도 둘로 나뉘어 대립하였으므로 이런 모순이 생겼다. 가장 새로운 성격을 띤 대립교황은 이 무렵의 펠릭스 5세(재위 1439 1449)였다. 교회사에는 대립교황의 수가 37명이나 된다. http://search.naver.com/search.

4) 이탈리아 북부 토리노(Torino) 시내와 근교에 흩어져 있는 사보이 왕가의 왕궁과 정원을 비롯한 유럽의 바로크양식 건물들을 이른다. 사보이 궁중저택 건물 중에서 가장 돋보이는 1646년의 왕궁(Palazzo Reale)이다. 1997년 유네스코에서 세계문화유산으로 지정하였다. 소재: Province of Torino, Piedmont Region

14세기 이전에는 수의에 관하여 명확한 역사적 기록이 없다고 주장하는 사람들도 있다. 물론 기원이 불명확한 예수의 수의나 두상의 이미지가 14세기 이전에 여러 장소에 봉안되고 숭배되었으나 그것들이 현재 튜린 성당에 보관된 수의와 관련되는 증거는 없다(Humber 1980).

역사가들은 수의가 비잔틴 황제에게 소유되고 있었으나 1204년 콘스탄티노플 침공 당시 사라졌다고 주장한다(Poulle 2009:747-781). 역사적인 기록이 지적하는 바는 수의는 십자가형을 받은 남자의 이미지를 담고 있으며 1353년부터 1357년 사이에 프랑스 기사이며 1356년 포이티어스(Poitiers) 전투에서 사망한 제프리 데 챠니(Geoffrey de Charny)의 소유로 리레이(Lirey)라는 작은 마을에 있었다고 한다(Meacham 1983). 이 수의가 튜린의 수의와 같은 것이며 바로 그 기원에 대하여 학자들은 논쟁을 벌였으며 미술가들이 위조한 것이라는 주장을 하였다. 어떤 사람들은 리레이의 수의는 위조자와 살인자의 작품(Mills *et al.* 1999:822)이며 혹은 레오나드로 다빈치가 위조한 것이라고 주장하기도 하였다.[1]

15세기 이후의 수의의 역사는 잘 기록되어 있다. 1532년 수의는 그것이 보관된 사보이 지역의 수도인 캄베리 예배소에 화재가 발생하여 손상을 입었다.

화재 시 보관함에서 녹아 용해된 은방울이 떨어져 접힌 천의 층을 관통하여 대칭적인 자국을 남겼다. 클라라 동정수녀회(Poor Clare Nuns[2])는 손상된 부분을 기워서 수선하기도 하였다. 1578년, 임마뉴엘 필리버트 사보이 공작이 그 이후 수의를 캄베리에서 튜린으로 옮겨서 보관하도록 하였다. 1694년에는 세비스챤 볼프레가 클라라 동정수녀회가 수선한 부분을 개선하기 위해 수의를 다시 수선하였다(Scott 2003:26). 방화로 추정되는 화재가 1997. 4.11 수의를 위협하기도 했다.[3] 2002년에 교황청은 수의를 원상태로 복구했다. 뒤에 덧댄 천과 30군데의 기운 곳을 제거하고 사진을 찍고, 잘 볼 수 없었던 천의 뒷면을 세밀히 조사하였다. 2004년에는 수의의 뒷면에서 유령과 같은 신체부분이 발견되었다. 최근에 공

1) Turin Shroud may have been faked by da Vinci, The Independent, Ireland, July 1, 2009

2) 관성수녀회라고도 하며 성녀 글라라(1194-1253)가 성프란치스코의 지도를 받아 1212년 이탈리아의 아시시에 창립한 수녀회로 글라라동정수녀회라고 부르기도 한다.

3) NY Times April 12, 1997 Shroud of Turin Saved From Fire in Cathedral

중에 전시된 때는 2010년이었다.

수의는 장방형이고 크기는 대략 4.4 x 1.1 m (14.3 x 3.7 ft)이다. 천은 아마포로 구성된 3대 1의 헤링본 트윌(Herringbone Twill)로 짜였다.

이 수의의 가장 독특한 특징은 그의 샅(groin)위에 두 손을 모아 접어 포갠 채 벌거벗고 있는 남자의 앞과 뒤의 희미하고 누르스름한 이미지다.

이 두 개의 모습은 몸의 중앙 부분을 따라 정렬되어 있고 양 방향이 딱 들어 맞는다. 머리의 앞과 뒷면의 모습은 거의 이 천의 중간에서 만난다(Adler 2002:103).

천에서 발견되는 불그스름한 갈색 얼룩은, 이 수의의 진정성을 옹호하는 자들에 따르면, 누르스름한 이미지와 상관관계가 있으며, 십자가형의 병태생리학(Pathophysiology), 그리고 예수의 죽음을 묘사한 성서에서 말하는 여러 상처와 피를 포함하여 보여주는 것이라고 말해진다(Heller 1983).

아마포의 얼룩들은 다음의 것들을 포함한다(Ruffin 1999:14).

- 한쪽 손목에 무언가 관통한 것이라고 주장되는 크고 둥근 상처, 두 번째 손목은 그 손이 포개고 덮어서 숨겨짐
- 흉곽을 측면에서 찔러 위쪽 방향으로 끌로 판 것과 같은 구멍, 수의의 옹호자들은 이것이 십자가형에서 검시의 과정이었으며, 손상된 부위에 붉은 혈액세포와 혈청의 구성성분들이 분리되어 말라있었다고 주장한다.
- 앞머리와 머리가죽 주위에 찔러서 생긴 작은 상처들
- 몸통과 다리에 길쭉하게 긁힌 상처들, 지지자들은 이것이 플라그룸(Flagrum)[1]이라고 불리는 채찍질에서 나오는 특징인 아령모양의 상처와 일

1) 9가닥의 가죽과 철을 엮은 채찍으로 가죽 끝에 날카로운 톱니모양의 뼈나 납 조각을 붙여 만든 채찍으로 flagrum 이라고 불렸던 이 채찍은 한 번 내리칠 때마다 살점을 뜯어냄으로, 여러 번 내리치게 되면 피부 밑에 근육까지 뜯어지게 되고, 결국에는 피와 살점이 엉겨 붙어 형체를 알아 볼 수 없는 지경으로 피부 조직을 망가뜨리면서, 극심한 고통과 함께 반죽음 상태로 만들어 간다.

치한다고 주장한다.

- 심하게 얻어맞아서 부어오른 얼굴
- 양 팔에 흘러내린 피의 흐름, 옹호자들은 십자가형을 받는 동안 만들어진 각도에서 중력에 의하여 발생한 피의 흐름이라고 주장한다.
- 어느 한 다리를 부러뜨린 증거는 없음
- 발을 긴 못으로 박은 커다란 상처구멍

이 수의가 포함하고 있는 이미지는 맨눈으로는 쉽게 구별하기 힘들고, 사진기의 도움으로 맨 처음 관찰되었다. 1898년 5월, 아마추어 사진가인 이탈리아인 세콘도 피아(Secondo Pia)는 수의를 사진 찍는 것을 허락받았고, 1898년 5월28일 저녁 그는 처음으로 수의를 찍었다. 세콘도 피아는 암실에서 음화건판에서 보이는 이미지를 보고 화들짝 놀랐다. 음화의 이미지는 양화 이미지의 외양을 보여주는데 이것은 수의의 이미지 그 자체가 어떤 종류의 음화라는 것을 의미한다(Ruffin 1999:14). 세콘도 피아는 처음에 그 사진을 조작한 혐의로 고소를 당했다. 그러나 곧 1931년 전문적 사진가인 기우세페 엔리(Giusepe Enrie)가 수의의 사진을 찍어 그 결과가 세콘도 피아의 입장을 지지하게 되자 혐의가 풀렸다 (Scott 2003:302). 1978년에 밀러와 펠리코리(Miller & Pellicori)는 수의의 자외선 사진을 찍었다. 수의 속의 남자는 턱수염, 구렛나루가 있고 중간에 가름마를 탄 어깨까지 늘어진 머리를 하고 있었다. 그는 근육질이고 키가 컸다. 여러 전문가가 측정한 결과, 1.70M, 혹은 약 5피트 7인치에서 1.88미터 혹은 6피트 2인치였다.[1]

수의에 대한 종교적인 믿음은 수세기 동안 존속하였다.

마태, 마가, 누가복음은 아리마대 요셉이 아마천으로 예수를 싸서 새 무덤에 안치했다고 한다. 요한복음은 아리마대 요셉이 아마포 조각을 사용했다고 언급하며 요한은 제자 베드로가 무덤이 열린 후 몸을 쌌던 아마천 조각과 머리를 덮은 별도의 천조각 등 많은 조각의 수의를 발견했다고 말한다. 프랑스와 이탈리아의 세 개의 성당 등 적어도 네 개의 성당이 예수의 수의를 갖고 있다고 주장하

1) http://www.shroudofturin4journalists.com/Details/howtall.htm.

나 튜린 수의만큼 종교적 관심을 얻지는 못하였다(Cruz 1984:55). 비록 가톨릭 교회가 그 진정성을 주장하지는 않았지만, 수의에 대한 종교적 믿음과 실천은 역사적이고 과학적인 논의보다 앞서며, 21세기까지 계속되었다(Ball 2002:533). 몇몇 교회에서 수의의 이미지를 담고 있는 닮은 메달을 사용하고 있는 것이 그 사례다(Ball 2002:239).

존 캘빈은 당시 니스에 있던 수의(1578년에 튜린으로 옮김)에 대하여 말하기를, "예수가 죽음에서 부활한 그 모든 기적과 관련된 신령한 역사가들이 우리 주의 몸을 싼 수의가 남아있다는 그런 놀라운 사실을 언급하지 않았을 리가 없다." 그는 또한, "성 요한에 따르면, 예수의 몸을 쌌던 수의는 하나였으며, 별도로 머리를 덮었던 천이 하나 있었다. 성 요한이 거짓말을 했거나 아니면 수의를 가지고 이를 조작한 누군가는 허위나 사기죄로 유죄선고를 받아야한다"고 말했다(Calvin 1543).

바티칸에서 클레멘트 Ⅶ세는 수의에 대한 입장 표명을 하지 않았으나 후임인 줄리우스Ⅱ세 교황은 튜린의 수의가 진본임을 인정하였다.[1] 1898년 6월 15일 바티칸 기관지인 오서베토 로마노(Osservatore Romano)지는 세콘도 피아가 1898년 5월 28일 찍은 사진에 대한 기사를 실었으나 여기에 대해 노코멘트로 일관했고 그 후 반세기동안 교회 고위지도자들은 역시 튜린의 수의에 대하여 입을 다물었다. 튜린의 수의 이미지가 들어간 메달을 만들기 위한 허가를 얻기 위하여 마리아 피에리나 수녀회의 공식적인 요청으로 1940년에 튜린의 이미지와 관련한 가톨릭 교회의 첫 공식회의가 열렸다.

당국은 이를 승인하였고 그 이미지가 들어간 첫 번째 메달이 이를 승인한 교황 피우스Ⅶ세 에게 제출되었다. 그때부터 그 이미지는 소위 성안(聖顔)메달(Holy Face Medal)로 알려지게 되었고, 2차대전 동안 몸을 지켜주는 호신용으로 착용 되었다. 1958년 교황 피우스 Ⅶ세는 그 이미지에 예배하는 것을 예수의 성스러운 얼굴에 예배하는 것으로 인정하였고, 그 축일은 사순절 첫날인 재의 수요일(Ash Wednesday)의 전일로 하여 기념하도록 선포하였다(Rigamonti 1999). 1983년에 사보

1 ) Encyclopaedia Britannica, art. Shroud of Turin (relic)., 28 Dec. 2010

이 왕가는 교황청에 튜린의 수의를 헌납했다(Freze 1993:57). 그런데 이런 종류의 모든 유물에 그렇듯이 교회는 이것이 예수의 수의인지 혹은 위조품인지에 대하여 아무런 발표도 하지 않았다. 다른 승인받은 가톨릭 예배 행위처럼 교회가 반대한다는 의견을 제시하지 않는 한 이 수의에 예배하는 문제도 개인적인 신앙의 문제로 치부되었다. 교회의 견해는 이 수의가 진본이냐 아니냐의 문제는 예수 가르침의 타당성 혹은 그의 죽음과 부활을 통한 구원의 힘에 대한 타당성에 영향을 주지 못한다고 보았다(Bunson 2004:912). 1998년 교황 요한 바오로 Ⅱ세는 "이것은 신앙의 문제가 아니므로 교회가 이러한 문제(수의의 진정성 여부)에 대하여 특정한 발표를 할 능력은 없다"라고 발표하였다(Barbet 1963). 이 수의의 이미지에 깊이 감명을 받은 교황 요한 바오로 Ⅱ세는 1998년과 2000년에 이 수의를 공개전시 하도록 주선하였다. 1998년 5월 24일 일요일 교황 요한 바오로 Ⅱ세가 세콘도 피아의 사진촬영 100주년기념을 위하여 튜린 성당에서 행한 연설에서 "수의의 이미지는 인간의 죄 뿐만 아니라 신의 사랑의 이미지다.... 십자가에서 고문을 받은 몸이 흔적을 남겼는데, 그 흔적은 이웃에게 고통과 죽음을 주는 엄청난 인간의 능력을 증명하며, 전 세대의 속죄를 위한 대속의 상징을 나타낸다."

2000년에 추기경 랏징거(Ratzinger)는 튜린의 수의에 대해 "참으로 신비스러운 이미지이며, 인간의 예술로는 만들어 낼 수 없는 것이다. 그것은 불가해한 방법으로 천에 베어든, 십자가에 못 박히고 부활한 주 예수의 진짜 얼굴로 보인다." 라고 기록했다(Zugibe 2005).

교황 베네딕트 16세는 수의의 진정성에 대하여 공개적인 코멘트를 하지는 않았지만 수의의 영향에 대해 간접적인 태도를 취하였다. 2008년 6월, 2010년 봄에 수의의 공개적인 전시를 승인하였고 그는 다른 순례자들과 함께 그 수의를 보러가고 싶다고 하였다(Zugibe 1989). 교황 베네딕트 16세는 2010년 5월 2일 일요일 튜린을 방문한 기간 동안 튜린의 수의에 대하여 '비범한 상징', '성경이 말하는 예수의 상징에 상응하는 성스러운 상징', '채찍질당하고, 가시관을 쓰고, 십자가에 못 박히고 오른편이 창에 찔려 흘린 피로 쓰여진 상징'이라고 묘사하였다(Bollone 2001:119-126).

성해포학(Sindonology : 聖骸布學)은 수의의 형식을 연구하는 학문을 말한다. 세콘도 피아의 1898년의 튜린 수의에 대한 사진촬영으로 그것을 연구하는 과학적 공동체가 만들어지게 되었다. 튜린 수의의 광학적 이미지에 대하여 화학, 생물학 및 법의학에 이르기까지 다양한 과학적 이론이 제시되었다. 극소수의 과학자들만이 수의를 직접 볼 수 있었다. 수의에 대한 조사는 세그룹의 학자들이 각각 재료분석(화학적 및 역사적 재료), 생물학적 분석, 의학적 및 법의학적 분석 그리고 이미지 분석이 그것이다.

20세기 초기에 프랑스 비교해부학 교수인 이베스델라게 (YvesDelage)는 사진 이미지 분석을 통하여 수의의 사진은 해부학적으로 결함이 없고 사후경직, 상처, 혈액의 흐름의 특성에서 이 이미지는 죽은 시신과 접촉한 것이라고 주장했다(Delage 1902). 그러나 이 연구는 수의에 대한 직접적인 조사는 아니었다.

수의에 대한 직접적인 조사는 1969-1973년 사이에 행하여 졌는데 주로 조사에서 측정방법을 결정하기 위한 예비조사였고, 1973년에 직물 샘플에 대한 예비조사가 행해졌다. 1976년 물리학자인 잭슨 등의 학자가 이미지 분석을, 1977년엔 그들이 연구 프로젝트 추진을 위한 그룹을 형성하고 1978년에는 이 그룹이 STURP(Shroud of Turin Reseaech Project)를 발족하여 튜린수의를 직접 조사하기에 이른다.

### 수의재료의 화학적 분석(방사성 탄소분석)

1988년에 옥스퍼드대, 아리조나대 및 스위스 연방공대가 각각 수의 재료에 대한 방사성 탄소분석을 하였고 그 결과는 95%의 신뢰수준에서 수의는 기원 후 1260년부터 1390년 사이에 만들어진 것으로 분석되었다(Damon *et al.* 1989). 이러한 결론은 이 수의가 교회의 역사상 처음 나타난 시기인 13-14세기와 일치하였고, 예술사적 관점에 기반하여 데일(W.S.A. Dale)이 추정한 11세기보다는 다소 뒤의 시기였다(Dale 1987:187-192). 이러한 결과에 대하여 방사성탄소분석 방법 그 자체에 대한 것은 아니었지만 시료로 채취한 샘플에 대한 문제를 제기하는 비판이 있었다(Busson 1991).

"탄소연대측정법에서 도출된 결과는 프랑스 리레이에서 처음 수의가 공개된 시점과 일치해, 그 당시 순례자들을 모으기 위해 위조한 것이라는 회의론자들의 기존 주장을 증명하는 셈이 되었다. 결국 바티칸에서도 그 실험결과를 인정했으며, 토리노의 수의에 대한 미스터리는 종식되는 듯했다. 하지만 그게 끝이 아니었다. 비교적 정확하다는 C14 탄소연대측정법에도 약점이 있기 때문이다. 시료에 오염물질이 포함되어 있을 경우 연대 측정에 오차가 생길 수밖에 없다. 공교롭게도 토리노 수의는 리레이의 봉건 영주인 드 샤네이 가문에서 사보이 왕가의 손으로 넘어간 뒤 샹베리 교회에서 보관되고 있던 1532년 12월 화재로 인해 불에 탄 적이 있다. 그때 화재로 인해 손상된 자국이 지금도 크게 남아 있는데, 수의가 진짜라고 믿는 이들은 그 당시 생긴 오염으로 인해 탄소연대측정법의 결과가 잘못 나온 것이라는 주장을 펼쳤다. 또 탄소연대측정법에 사용된 시료가 화재 직후 수선을 위해 덧댄 부위라서 그런 결과가 나왔다는 주장도 제기됐다. 실제로 화재 직후인 1534년 수녀들이 화재로 손상된 곳에 천을 덧대서 수의를 기웠다는 기록이 있다. 그뿐만이 아니었다. 탄소연대측정법의 결과를 반박하는 과학연구 결과도 잇따라 발표되었다. 미국 텍사스 휴스턴에 소재한 건강과학센터의 레온치오 가르자발데스 교수는 토리노 수의에 대한 탄소연대측정법의 결과가 잘못된 원인으로 '원생체 코팅'을 지목했다. 그에 의하면 아주 작은 미생물들이 섬유에 붙어서 오랜 시간이 지날 경우 원생체 코팅을 형성하는데, 이로 인해 탄소연대측정법에 오차가 발생한다는 것. 예를 들면 원생체 코팅이 발견된 이집트 미라의 경우 탄소연대측정법의 결과에서 약 1천700년의 오차가 발견됐다고 한다. 가르자발데스 박사는 토리노의 수의에서도 원생체 코팅이 발견되었다고 주장하며, 1988년 탄소연대측정법의 결과에 대해 문제를 제기했다."[1]

아래 기술은 수의가 진짜라고 주장하는 몇 가지 다른 증거 들이다.[2]

1977년에 행해진 미국 로스앨러모스 연구소의 실험 결과도 '토리노의 수의'가 진

1) http://www.sunjang.com/bbs/zboard.php?id=mystery_mystery&page=2&sn1=&divpage=1&sn=off&ss=on&sc=on&select_arrange=reg_date&desc=desc&no=4291

2) http://www.sunjang.com/bbs/zboard.php?id=mystery_mystery&page=2&sn1=&divpage=1&sn=off&ss=on&sc=on&select_arrange=reg_date&desc=desc&no=4291

짜임을 뒷받침했다. 연구소는 사상 최초로 무기폭발 모델을 분석하고 방출된 고온가스 측정에 사용하는 장비인 VP-8 화상분석기로 1931년 주세페 앙리가 촬영한 토리노의 수의 사진을 분석했다.그 결과 수의에 새겨진 형상은 3차원 특성을 가진 이미지임이 밝혀졌다. 즉, 수의에 그려진 예수의 형상은 화가의 역량으로는 만들어낼 수 없는 입체적인 형상이라는 결론이 내려진 것. 이제껏 유명 화가가 그린 어떠한 명화도 그 같은 3차원적 특성을 갖고 있지 않다는 게 연구에 참여한 광학기술자의 설명이었다.또 하나 수의에 새겨진 네거티브 이미지도 수의가 진짜라는 증거로 제시된다. 사진술이 발명되기 훨씬 이전인 중세 시대에 명암이 피사체와 반대가 되는 이미지를 새길 이유가 없고 또 그런 기법을 알지도 못했을 거라는 주장이다.

만약 토리노의 수의가 가짜였다면 나치 독일의 총통이었던 아돌프 히틀러가 탐을 내지도 않았을 것이다. 사보이 공국의 수도 토리노에 정착한 이후 수의는 그곳을 벗어난 적이 없었는데, 딱 한 번 나폴리 외곽으로 옮겨진 적이 있다. 그때가 바로 제2차 세계대전 중인 1939년으로서, 캄파니아 지방의 베네딕트 수도원에 보관되다가 전쟁이 끝난 후인 1946년 토리노로 되돌아왔다. 이처럼 수의가 비밀리에 옮겨진 것은 아돌프 히틀러가 수의를 훔치려 했기 때문이었다.

전쟁 전인 1938년 히틀러가 이탈리아를 방문했을 때 그의 보좌관들이 집요하게 수의에 대해 캐묻는 것을 보고 교황청에서 전쟁이 나자마자 몰래 수의를 빼돌렸던 것이다.

한편, 이탈리아 파비아 대학의 갈리스 첼리 교수는 그 같은 안료 성분을 사용하여 수의에 형상을 새기는 실험을 재현하며 가짜임을 증명하기도 했다. 그는 토리노의 수의와 같은 기술로 직조된 아마포를 오븐에서 데우는 방식으로 먼저 수의를 오래된 것처럼 보이게끔 만들었다.

그 후 예수의 얼굴처럼 보이는 평평한 석고 부조에 안료 성분을 바른 다음 아마포를 덮고 문지르면서 토리노의 수의에 새겨진 형상과 똑같이 만드는 데 성공했다. 갈리스 교수는 그 모든 제작 과정을 1주일 만에 끝낼 수 있었다고 한다.

## 수의에 찍힌 얼룩은 정말 피일까

여기서 한 가지 중요한 것은 갈리스 교수가 사용한 것이 사람의 형상이 아니라 평평한 석고 부조였다는 점이다. 만약 사람의 얼굴처럼 입체적인 모형에 천을 덮고 문지른다면 실제 얼굴 면적보다 천에 찍힌 얼굴 모형이 훨씬 넓어 보이기 때문이다.

그런데 토리노의 수의에 찍혀 있는 얼굴의 폭은 일반 사람의 평균보다 오히려 좁으므로, 수의가 예수의 시신을 감싸서는 결코 그런 형상이 나타날 수 없다는 게 회의론자들의 시각이다.

예를 들어 사람의 얼굴을 정면에서 바라보면 폭이 대략 15㎝밖에 안 되지만, 천을 씌운 후 한쪽 귀에서 다른 쪽 귀까지 찍을 경우 그 폭은 25㎝ 정도가 된다.

토리노의 수의에 수없이 찍혀 있는 혈흔이 사실 피가 아니라는 실험 결과도 있다. 이탈리아 모디니 대학의 조르지오 프라카 박사는 수의의 혈흔을 정밀히 조사한 결과 얼룩이 피가 아니라는 결론을 내렸다.

그러나 이와는 반대 의견을 도출한 과학실험 결과들도 많다. 병리학자 피에르 바이마 블론은 수의의 혈흔이 인간의 피가 분명하며 그 혈액형은 AB형이라는 사실을 밝혀냈다. 또 의약물리학자인 존 헬러 박사는 수의의 혈흔에서 황달에 걸렸거나 심하게 맞아서 죽을 경우 나타나는 담즙 속의 색소인 빌리루빈을 검출했다고 발표했다.

'토리노의 수의'에 대한 논란이 끊이지 않는 것은 진위 여부를 밝히는 과학적 검증 결과와 이에 대한 해석들이 서로 판이하게 다르기 때문이다. 예를 들면 월터 맥크론 박사가 핏자국 부분에서 채집한 실밥에서 안료 성분을 검출한 연구결과만 해도 수의가 가짜라는 증거로 100% 인정되지 않는다.

엑스레이를 이용해 수의 전체를 형광 스캔할 경우 안료 성분 중 하나인 산화철의 농도가 거의 동일하다는 연구결과가 나왔기 때문이다. 만약 산화철 안료를 이용해 그린 것이라면 핏자국 부분의 철 농도가 월등히 높게 나타나야 하는데 수의 전체가 동일하다는 건 안료 성분 자체가 수의의 형상과는 상관없다는 의미가 된다.

따라서 수의가 진짜라고 믿는 이들은 안료 성분이 중세 시대의 화가들이 수의 형상을 똑같이 그리는 모사 작업을 할 때 묻은 물감 성분이 아니라고 주장한다. 또 수의를 아주 크게 확대해 보면 물감으로 그린 형상이 아니라는 연구결과도 있다. 토리노의 수의는 머리카락 지름의 반도 되지 않는 매우 세밀한 섬유로 직조되었는데, 64배로 확대해서 관찰한 결과 핏자국처럼 보이는 얼룩은 섬유의 한 가닥 깊이까지만 배어 있고 바로 그 아래 가닥부터는 얼룩이 묻어 있지 않았다는 것.

만약 안료를 이용해 붓이나 접촉법 등의 기법으로 수의에 형상을 나타냈다면 섬유의 여러 가닥 층까지 배어들어야 하는데 그렇지 않다는 의미이다. 따라서 어떤 기법으로 이처럼 세밀한 섬유의 한 가닥에만 형상을 새겼는지는 현대 과학도 풀어내지 못하고 있다.

VP-8 분석기로 수의에 새겨진 형상을 연구한 물리학자 존 잭슨은 수의에 어떻게 그런 이미지가 새겨졌는가는 현대 과학으로도 알 수 없다고 밝혔다. 때문에 토리노의 수의가 만약 위조된 것이라면 현대 과학마저 속일 정도의 두뇌를 지닌 천재의 소행이었을 거라고 꼬집는다.

그런데 이 같은 오랜 진위 논쟁을 단번에 잠재운 과학실험 결과가 1988년에 발표됐다. 토리노의 수의를 소장하고 있는 지오바니 바리스타 성당의 발레스트레노 추기경은 그해 10월 13일 수의가 가짜라는 연구결과를 발표했다.

추기경이 발표한 연구결과를 도출해낸 곳은 영국 옥스퍼드대, 스위스 폴리테크닉대, 미국 터슨대의 실험실이었다. 이들 실험실에서 토리노의 수의를 실험한 방법은 바로 C14 탄소연대 측정법이었다.

1960년 노벨화학상 수상자인 미국의 화학자 윌라드 리비에 의해 개발된 탄소연대측정법은 방사능 물질의 반감기를 이용해 과거 유물이나 자연물의 연대를 측정하는 방식이다.

탄소에는 서로 무게가 다른 C12, C13, C14의 세 가지 동위원소가 있다. 탄소를 함유하고 있는 대기 중의 이산화탄소에는 C12와 C13, C14의 비율이 항상 일정하다. 따라서 이산화탄소를 흡수하는 동식물 내에도 이 비율이 항상 일정하게 분포한다.

그런데 C12와 C13은 비방사성이므로 유기체가 죽어도 그대로 남아 있는 반면, 방사성 탄소인 C14는 유기체가 죽어 더 이상 대기 중의 이산화탄소를 흡수하지 못할 경우 시간이 지남에 따라 점차 감소한다.

따라서 C12, C13 대 C14의 비율을 정확히 측정하면 생명체가 언제 죽었는지 알 수 있다. C14 탄소연대측정법의 도입으로 인해 지구를 덮친 마지막 빙하기를 비롯해 인류 최초의 농사가 지어진 시기, 아메리카 대륙으로 인디언들이 이전한 시기 등 그동안 논란에 휩싸였던 고고학적 문제들이 해결되기도 했다.

바티칸으로부터 지오바니 바리스타 성당에 보관되어 있는 토리노의 수의를 자른 작은 조각을 건네받은 세 군데 실험실은 수의가 1260년에서 1390년 사이에 만들어졌을 거라는 일치된 실험결과를 내놓았다. 실험실들이 밝힌 실험의 정확도는 95%, 오차는 200년 미만이다. 이는 예수가 사망한 시기와 약 1천300년이나 차이가 난다.

### 진품으로 인정하는 발언을 한 교황

한편 지난 2005년에는 토리노 수의의 제작 연대가 AD 700년에서 BC 990년 사이라는 논문이 발표됐다. 미국의 화학자 레이먼드 로저스에 의해 발표된 이 논문은 목재 성분의 열분해 과정에서 생성되는 바닐린이라는 과일향의 함량을 근거로 이 같은 결과를 도출해냈다. 사정이 이렇게 변해서였을까. 지난 2009년 교황청 기록보관소의 바르바라 프랄레 연구원은 토리노 수의에 새겨진 문자를 컴퓨터로 판독한 결과, 수의가 진품임이 확실하다고 발표했다. 수의에 남아 있던 문자는 그리스어로 '나사렛 예수'라는 의미였는데, 중세 시대에는 이단으로 낙인찍히는 것을 두려워해 감히 그런 표기를 할 수 없었다는 주장이다.

급기야 교황도 토리노의 수의가 진품이라고 인정했다. 교황 베네딕토 16세는 토리노의 수의가 10년 만에 일반에 공개된 지난 2010년 5월 토리노를 방문해 '이 수의는 십자가에 못 박혀 죽은 사람의 피로 새겨진 성상이며, 그 가치의 중요성은 매우 크고 무한하다'고 말했다. 이는 교황청이 그간 침묵해 왔던 수의의 진위 논란에 대해 사실상 진품임을 인정하는 발언이었다. 그리고 그해 43일 동안 공개된 수의를 보기 위해 토리노를 방문한 관광객은 총 250여 만 명에 달했다. 이는 2006년 토리노에서 개최된 동계올림픽 때의 관광객보다 무려 열 배나 많은 인원이다.

## 재료분석

섬유의 역사적 분석

2000년에 예루살렘 근교무덤에서 1세기경의 예루살렘 고위사제 혹은 귀족의 것으로 추정되는 수의조각이 발견되었다. 이 수의는 튜린 수의의 복합 헤링본 트윌과는 달리 단순 이중 직조였다. 이 발견에 기초하여 연구자들은 튜린 수의는 예수시대의 예루살렘 산이 아니라고 말하였다.

직물전문가인 함부르크의 맥틸드 플루리 렘버그(MAchrild Flury-Lemberg) 에 의하면, 그 천의 솔기는 오직 1세기경 사해인근의 마사다 요새에서만 발견되는 섬유와 같다고 주장한다. 벨기에의 겐트 직물기술연구소의 길버트 래(Gilbert Raes)의 평가에 따르면 직조 패턴이 3:1인 트윌(능직)은 1세기의 시리아디자인과 같다. 그런데 플루리 렘버그는 튜린 수의의 아마포천 조각은 1세기의 직물 근로자가 만든 양질의 제품이라는 기원을 말해주는 어떤 직조나 바느질 기술을 보여주지 못한다고 말한다(Wilson 1979).

1999년에 마크 구스킨(mark Guscin)은 튜린 수의와 수다리움 오비도[1]와의 관련성에 대하여 조사를 하였다. 구스킨은 두 천이 비슷한 시점에 같은 머리를 덮었던 천이라고 결론을 내렸다. 아비노암 다닌(Avinoam Danin)도 이 분석에 동조를 하고 수다리움에 묻은 화분립(花粉粒)이 튜린수의 것과 일치한다고

1) 스페인 산살바르도 성당에 보관된 혈흔이 묻은 천으로 예수사망당시 얼굴을 덮었던 천이라고 요한복음 20장(6-7절)에 나와 있음

덧붙였다.[1]

회의론자들은 구스킨의 이미지 분석방법을 비판하고 예루살렘의 꽃가루가 어떤 경로를 통해서 수다리움에 닿았을 수도 있을 것이라고 생각하였다(Bell 2009).

2002년에 알도 구에레치(Aldo Guerreschi)와 미셸 살시토(Michele Salcito)는 수의의 직물에 나타난 이러한 많은 표시는 보관함에 보관했어야 할 천을 토기항아리에 보관함으로서 나타난 결과라고 주장했다.[2]

## 분말(먼지)조각들

유타의 항공회사 허큘레스의 죠셉 콜벡(Joseph Kohlbeck)과 페르미연구소의 레비 세티(Levi-Setti)는 다수의 표면의 먼지조각들을 조사하였다. 조사된 먼지조각은 탄산칼슘퇴적물인 석회암이었다. 고배율 현미경을 이용하여 죠셉 콜벡과 레비 세티는 고대 예루살렘 무덤에서 가져온 석회암 샘플과 수의에서 채취한 샘플의 스펙

석회암 조각 ©wiki

1) http://www.physorg.com/news180165623.html

2) Shroud of Turin Not Jesus', Tomb Discovery Suggests". National Geographic Daily News. 2009-12-19.

트럼을 비교하였다. 수의의 샘플과 무덤의 석회암의 화학적 특징은 수의의 샘플에서 분리할 수 없는 아마포 직물의 작은 섬유소 조각을 제외하고는 같았다.[1]

### 생물학 및 법의학 분석

#### 혈흔

수의의 여러 붉은 얼룩은 혈액이라고 하나, 이 얼룩이 수의의 이미지와 동시대에 생성되었는지 혹은 그 이후에 생성된 것인지의 여부는 불확실하다.[2] 맥크론은 이것이 철 산화물을 함유하고 있다고 확인하고 철 산화물의 존재는 중세에 사용된 단순한 안료의 재료에 기인한 것 같다는 이론을 제시하였다.

알란 아들러(Alan Adler)같은 다른 연구자들은 붉은 얼룩이 혈액이라고 확인하고 철 산화물은 자연적으로 침착된 헤모글로빈이라고 해석하였다.

헬러와 아들러(Heller and Alder)는 어두운 붉은 얼룩을 심층적으로 연구하였고 과학적 확실성을 주장할 수 있는 범위 내에서 포르피린 (헤모글로빈에서 금속을 제거한 화합물), 빌리루빈(간에서 분비되는 적황색 물질), 알부민과 프로테인의 존재를 확실히 입증하는 헤모글로빈을 발견하였다.[3]

별개로 연구를 실시한 법의학 병리학자인 피에뤼기 바이마 볼론(Pier Luigi Baima Bolone)은 헬러와 아들러의 연구에 의견일치를 보이며 그 혈액은 AB형이라고 확인하였다.[4]

뒤이어 STURP는 고대혈액의 조사를 위해 뉴욕주립대학 실험실에 혈액 조각을 보냈다. 뉴욕주립대의 앤드루 메리웨더 박사는 어떤 혈액형 유형도 발견할 수 없었으며 DNA는 심하게 파괴되어 있었다고 진술하였다. 그는 혈흔은 거

1 ) http://www.shroud.com/guscin.htm

2 ) http://www.skepdic.com/shroud.html

3 ) Aldo Guerreschi and Michele Salcito IV Symposium Scientifique International, Paris (2002)

4 ) http://www.shroudstory.com/faq/faqindex.htm

의 혈액이 맞지만, 그러나 그것의 본질이나 기원 즉, 남성의 것인지 중동인근에 사는 사람의 것인지에 대한 결정적인 진술을 할 수 없었다고 말했다(Wilson 1996:328).

조이 닉켈은 헬러와 아들러의 연구결과와 비슷한 결과는 템페라 페인트(Tempera Paint : 아교나 달걀노른자로 안료를 녹여 만든 불투명한 그림물감으로 그린 그림)에서 얻을 수 있다고 주장하였다 (Heller & Adler 1980).

회의론자들은 수의의 진정성을 논쟁하는 여러 법의학적 혈액검사에서 수의의 혈액은 수의를 조작한 사람의 것일 수도 있으며 수의에 나타난 혈액의 흐름은 비현실적으로 깔끔하게 처리되어 있다고 주장한다(Bell 2009).

## 꽃과 꽃가루

1997년 예루살렘 헤브루대학의 식물학자인 아비노암 다닌(Avinoam Danin)은 1931년에 찍은 수의의 사진에서 1985년에 사진가 알란 왕거(Allan whanger)가 처음으로 수의 위에 압착된 이미지가 쑥갓, 흰털 시스투스 와 흰꽃풍조목 종임을 확인했다고 보고하였다.[1]

그는 그 식물들의 개화 시기는 3-4월이며 예루살렘 근교에 자생한다고 보고하였다. 1978년에 보고된 별도의 보고서에서, 다닌(Danin)과 유리바루크(Uri Baruch)는 수의조각에서 이스라엘에서 4월에 흔한 것이 분명한 화분립(花粉粒 : Pollen grains)을 보고하였다(Baden 1980).

STURP 조사기간 중 수의에서 화수분을 처음으로 채취한 스위스 경찰범죄학자 막스 프라이(Max Frei)는 58종류의 다양한 유형의 꽃가루가 발견되었고 45가지는 예루살렘 근처에서 발견되는 것이며, 반면 6가지 종류는 중동 동쪽에서 발견되는 것이며, 1종은 콘스탄티노플에서만 발견되고, 2종은 에데사와 터키에서

1 ) http://blog.daum.net/kualum/17041195(흰털시스투스 사진)

만 발견되는 것이라고 하였다.[1]

마크 안토나찌(Mark Antonacci)는 화수분의 증거와 꽃의 이미지는 내재적으로 한데 얽혀 짜여서 수의의 진정성을 강화해 준다고 주장하였다.[2]

회의론자들은 꽃의 이미지는 다닌의 결정을 확신하기에는 너무 희미하며, 꽃가루 가닥의 독립적인 재검토에서 26개중 1개만이 다른 꽃가루 보다 더 많이 함유되어 있음을 보여주어 아마도 샘플의 의도적인 오염 가능성이 있을 수 있다는 점을 지적하고 있다(Sheler 2000. 7. 24).

회의론자들은 또한, 막스 프라이는 전에도 히틀러의 수첩들을 조사하면서 사기를 당한 사람으로 이번에도 사기를 당했거나 혹은 그 자신이 사기를 친 것 일 수도 있다고 주장하였다(Danin 1998).

뷰루(Beaulieau)는 프라이는 화분학 [palynology, 花粉學]을 독학한 아마추어 화분학자로 제대로 훈련받지 않았고, 그가 연구한 샘플은 너무 소량이었다고 말했다(Frei 1982:3-7).

2008년에 아비노암 다닌은 1978년에 밀러와 펠리코리가 자외선 사진에 기초한 분석을 보고하였다. 다닌은 5종의 새로운 꽃을 보고하였는데, 그 꽃들은 역시 3월-4월에 피는 것이었으며, 1931년의 흑백사진과 1978년의 자외선 사진의 비교에서 꽃의 이미지는 진짜이며 특정한 촬영방법을 적용한 인공적인 이미지가 아니라는 점을 지적한다고 보고하였다(Antonacci 2000:111).

### 해부학적 법의학 분석

1902년에 이베스 델라지(Ives Delage)가 처음으로 연구를 시작한 이래, 수의의 이미지의 해부학적 일치성과 수의의 상처의 특성에 대한 일련의 연구가 수행되었다(Delage 1902).

---

1) McCrone in Wiener Berichte uber Naturwissenschaft in der Kunst,4/5, 50 1987/1988).

2) Avinoam Danin Where Did the Shroud of Turin Originate? A Botanical Quest ERETZ Magazine, (November/December 1998)

델라지는 수의의 이미지는 해부학적으로 결함이 없다고 선언하였지만, 다른 학자들은 수의의 진정성과 위조에 대한 주장을 제기하였다.

1950년에 의사인 피에르 바베트(Pierre Barbet)는 후에 책으로 출판된 칼바리의 의사(A Doctor of Calvary) 라고 불린 장문의 연구를 저술했다.

바베트는 1차 대전 중 전쟁터의 외과 의사였던 자신의 경험에서 수의의 이미지가 진짜이고, 해부학적으로 정확하며 십자가형을 받은 사람의 것과 일치한다고 진술하였다(Carroll 2003).

1997년에 의사이자 법의학 병리학자인 로버트 버클린(Robert Bucklin)은 수의속의 남자에 대한 검시가 어떻게 체계적으로 수행되었는지에 대한 시나리오를 구성하였다. 그는 어깨에서부터 등의 아래 부분까지 이르는 일련의 충격적인 상처에 주목하였는데, 그는 그것이 채찍질에서 생긴 상처와 일치하고, 오른쪽 어깨죽지 날의 자국은 무거운 물체를 옮긴 표시라고 결론을 내렸다. 버클린은 그 수의의 이미지는 십자가형을 받은 실제 사람의 것이라고 결론을 내렸다(Ruffin 1999:76).

의료조사관인 프레데릭 주기베(Frederick Zugibe)는 그 자신과 자원자들을 십자가에 매달아가며 십 년 이상 연구를 수행하고 그의 결론을 1998년 책으로 출판하였다(Danin 2008).

주기베는 수의의 이미지와 그 각 부분들은 진짜라고 결론을 내렸으나, 바베트와 버클린의 혈액흐름과 같은 상세한 부분에 대하여는 동의하지 않았다. 주기베는 수의의 이미지는 남자의 몸이 맞지만, 신체는 세척된 후의 것이라고 결론을 내렸다(Pierre 1963).

2001년 튜린의 법의학 교수인 피에뤼기 바이마 볼론(Pierluigi Baima Bolone)은 수의에 대한 상처와 혈흔의 법의학적 검사는 수의의 이미지가 채찍으로 맞고, 뾰족한 도구가 머리둘레에 상처를 냈고, 죽기 전에 사지에 못을 박은 남자의 죽은 몸이라는 점을 지적하고 있다고 진술했다(Ruffin 1999:17).

2010년에 기계측정학 교수인 귈리오 판티(Giulio Fanti)는 수의가 공개 장소에 놓여진 이후로 양손과 떨어져있는 시신의 앞부분과 뒷부분의 이미지는 175Cm

키의 남자의 신체를 싸는데 사용된 수의의 이미지와 양립하며, 그것은 십자가형 동안 시신이 강직 되고 그와 같은 자세로 남아있게 되었다고 기록했다(Bucklin 1997).

1995년에 저명한 예술가인 이자벨 피제크는 수의는 재활용 된 것이라고 하는 일반적인 연구자의 의견이 있는 반면, 전문가는 명백히 재활용된 위치의 실질적인 차이를 볼 수 있다고 설명하면서, 그녀는 수의 속의 남자의 분석에서 시신이 다르거나 왜곡된 흔적을 찾아볼 수 없다고 진술하였다.[1]

2009년도에 모나리자는 레오나르도 다빈치의 자화상과 일치한다고 주장한 예술가인 릴리안 슈바르쯔는 수의의 얼굴 이미지 부분은 정확하며 다빈치의 얼굴치수와 일치한다고 설명하기도 했다.[2]

1998년에 저술가인 닉켈과 2010년에 그레고리 폴은 각각 이미지의 비율은 비현실적이라고 주장하였다. 폴은 얼굴과 수의 이미지의 비율은 불가능하며, 그 모습은 실제사람을 나타내지 못하며 그 자세는 일관성이 없다고 주장했다. 그들은 수의에 있는 남자의 앞머리는 너무 작고 팔은 너무 길고 길이가 다르며, 눈썹과 정수리 간의 길이는 전형적인 사람의 것이 아니라고 주장했다. 그들은 만일 수의가 고딕예술가의 작품이라면 그 특징들을 설명할 수 있다고 결론을 내렸다.

참고로 버클린의 검시(1997)에 대한 전문을 검토하여 그의 의견을 한번 보자.

### 수의의 남자에 대한 검시

> 50년 이상 일해 온 법의학병리학자로서 나는 의학적 검사의 검사관의 관할아래 시신검사에 활동적으로 임해왔다. 개인적으로 그 기간 동안 나는 25,000구의 시신 검시를 통해 죽음의 원인과 방법을 결정해왔다. 대부분의 기간 동안 의학적인 관점에서 튜린의 수의 연구에 관심을 가지고 있었다. 내가 두 가지 관심사를 통

1) http://www.shroud.com/piczek.htm

2) Daily Telegraph, July 1, 2009

합하여 결정을 내린 것과 오늘날 의학 검시청이 수의속의 인간신체의 이미지를 조사한다면 나타날 결과를 기록하고자 한 것은 자연스러운 것이다. 천에 묻은 혈흔의 개별적 특성과 함께, 신체의 앞면과 뒷면이 전사된 전신은 특정한 유형의 상처를 보여주는데, 그것은 경험이 있는 법의학 병리학자로 하여금 자연스럽지 않은 상황에서 검시관이 죽은 사람에 대한 검시를 하는 것처럼 수의속의 이미지에 대한 조사가 가능하도록 해주었다.

이 보고서의 목적은 튜린 수의의 이미지에 대하여 사용한 검시조사를 돌이켜보고 충격적인 발견을 드러내고 그곳에 나타난 상처의 원인과 결과를 해석해 보고자 함이며 또한 튜린 수의에 나타난 이미지 속의 개인의 죽음에 대해 가장 적절하고도 가능한 원인을 보여주고자 함이다. 그러한 조사를 하는 첫 번째 단계는 희생자의 신체적 특성을 가능한 한 정확하게 기록하는 것이다. 수의의 이미지의 경우에 죽은 자는 키가 71인치의 남자로 175파운드로 추정되는 몸무게를 지닌 자라고 할 수 있다. 신체구조는 해부학적으로 정상으로, 잘 발달되고, 머리, 몸통, 사지를 확실히 확인할 수 있는 잘 성장된 개인임을 보여준다. 신체는 후배부로부터 하지의 외관으로 보아 특정한 변형뿐 아니라 전체적으로 경직된 것으로 보아 신체가 강직된 것으로 보인다. 왼편보다 오른편 장딴지가 더 분명히 찍혀있는데 이는 죽음에 임박해서 왼쪽 무릎을 약간 구부러뜨려서 오른발위의 불룩한 부분에 왼발을 걸쳐놓은 결과 왼다리가 뒤틀려졌음을 나타낸다. 이 자세는 사후경직이 된 후에도 그대로 유지되었다 (Bucklin 1997).

신체이미지에 대한 전반적인 검사와 설명을 기록한 이후에 병리학자는 머리에서 시작하여 발끝까지 단계적으로 검사를 실시하였다.

죽은 자는 긴 머리를 하고 있고 배면의 이미지는 머리를 땋거나 꼬아서 늘인 모습이었다. 그리고 가운데가 지그재그형인 짧은 턱수염이 있다. 앞부분을 보면, 바늘로 찌른 자국을 따라 둥근 테두리가 머리 가죽에 나타나 있다. 이들 중 하나는 문자 3 형태를 가지고 있다. 이 바늘로 찌른 곳에서 피가 흘러나와 머리칼과 이마로 흘렀다. 뒷 모습은 바늘로 찌른 상처가 왕관처럼 후두부 머리가죽까지 퍼져있음을 보여준다. 피의 흐름방향은 앞면과 뒷면 다 아래쪽을 향하고 있다. 이마의 가운데는 장방형으로 찍혀서 피부 위에 물체가 놓인 모양을 보여준다. 코끝에 분명한 찰과상이 있고 오른 뺨은 왼편에 비교하여 매우 부어있다. 양눈은 감겨있는 것으로 보이나 자세히 조사하여 보면 오른편 눈과 왼편 근처에 전사된 것을 보면 둥그런 외부 물체가 발견된다. 가슴을 조사하여 보면 오른편 가슴부

위에 커다란 혈흔이 있는데, 자세히 조사하면, 일관되게 두 가지 체액이 흐른 얼룩의 강도를 가진 변차를 보여주는데, 하나는 혈액이고, 다른 하나는 물과 닮았다. 이 얼룩에서 혈액이 아래쪽으로 흐른 중력의 영향을 받은 명확한 증거가 있고, 동맥에서 흘러나온 피가 튀기지 않고 출혈한 증거이다.

이 상처는 신체구멍이나 심장과 같은 조직에서 사후에 출혈한 모든 특징을 가지고 있다. 상처 윗 부분의 난형(卵形)의 피부결함은 날카로운 구멍을 뚫는 도구에 의하여 만들어진 관통된 흔적의 특징이다. 가슴이 좌우대칭으로 확장되었기 때문에 가슴의 전후방향의 직경이 증가된 것 같다. 몸통은 편평하며 오른팔과 왼팔은 몸통 중하위 부분에서 교차되었다. 성기는 확인되지 않았다. 팔, 팔뚝, 손목, 그리고 손에 대한 조사에서 병리학자들은 왼손이 오른손목위에 놓인 점에 주목했고, 왼쪽 손목부근에는 가운데서부터 시작하여 약10도가량의 각도로 분리된 2개의 누로(淚路)를 가진 돌출한 구멍형태의 상처가 분명히 있었다. 이미지에서 보듯이 누로(淚路)는 수평방향으로 뻗어있었다. 병리학자들은 이 혈액의 흐름이 그가 조사하는 기간 중에 그가 본 자세의 팔에서 발생된 것이 아님을 깨달았다. 병리학자는 피의 흐름방향이 중력에 의해 일어나야 하는 쪽으로 위치하도록 팔의 위치를 재구성하여야만 했다. 중력의 영향을 감안한 그의 계산은 팔이 수평선에서 약 65도의 각도로 위쪽으로 벋어 있어야만 했을 것을 나타냈다. 병리학자들은 혈액의 흐름이 오른 쪽과 왼 쪽 팔뚝에서 손목에서 팔꿈치방향으로 벋어있음을 관찰했다. 이러한 흐름은 병리학자가 결론을 내린 팔의 위치를 바로 설명할 수 있다. 손가락을 검사하면서, 양손의 손가락은 각각 네 개씩만 천에 전사되어 있음을 알게되었다. 엄지손가락은 명확히 프린트되어 있지 않았다. 이러한 사실은 병리학자에게 엄지손가락이 손바닥 쪽으로 구부러진 결과 신경체계가 일부 손상되었다는 점을 알려준다. 하지를 검사하자 의학검시관은 몸이 전사된 신체의 후면으로부터 대부분의 그의 정보를 도출한다. 감시관은 피로 덮인 발가락과 발꿈치의 프린트를 남긴 오른발의 확실한 윤곽을 보았다.

왼발의 프린트는 덜 선명했으며 또한 왼쪽 장딴지도 불확실하게 프린트된 점을 확인할 수 있었다. 이것은 왼다리가 돌려져서 오른쪽 발등위에 교차되어 불완전한 발의 프린트가 만들어졌다는 것을 나타낸다. 오른발의 중심부분에는 명확히 반점으로 보이는 결함을 확인할 수 있다. 이 구멍은 어떤 물체가 발의 구조를 관통했다는 사실을 말해주며, 발의 위치로 볼 때, 왼발이 오른발위에 놓여 진 후 동일한 물체가 양발을 관통했다는 결론을 내릴 수 있다. 뒤편의 이미지를 조사했을 때, 어깨 부분으로 부터 뒷부분의 하지부분인 엉덩이, 장딴지에 이르기까지 일련의 충격적인 위해가 있었다는 점이 아주 명확했다. 이러한 이미지는 둘로 갈라져서 채찍과 같은 유형의 도구에 의하여 만들어진 것으로 보이는데, 피가 흘러나와 피부에 아령모양의 프린트를 남겼다. 위해의 방향은 문자 그대로 중간과 아랫방향을 향하고 있는데 이것은 서있는 사람에게 뒤에서 채찍질을 했다는 점을 시사한다(Bucklin 1997).

양 어깨 날 위에서 흥미로운 발견이 있었다. 이것은 피부 표면의 찰과상 혹은 박피가 일어난 것과 같은 것인데 들보와 같은 무거운 물체에 의한 것이다. 무거운 물체를 어깨 날 위에 올려놓고, 피부에 일어나는 마찰효과에서 그러한 자국이 남는다.

이러한 정보를 이용할 수 있었기에 법의학 병리학자는 위해가 일어난 시점에 죽음의 양태를 포함한 죽음의 상황에 대하여 적절한 결론을 내릴 수 있다. 연대기적으로 등에 위해를 가한 채찍은 병리학자가 발견한 다른 상처보다 먼저 일어났을 것이다. 채찍질 당시에 두 팔에는 채찍자국이 발견되지 않았기 때문에 개인은 똑바로 서서 상지(두 팔)를 그의 머리위로 올렸다고 볼 수 있다. 피가 흘렀을 때 희생자가 양팔을 벋고 똑바로 서 있었다고 병리학자가 결론을 내렸다면, 팔목의 구멍 난 상처의 위치는 팔꿈치 쪽으로 흐른 피와 함께 있었고, 또한 발의 상처 구멍과도 관계가 있다. 이 발견에 대한 가장 가능한 설명은 십자가형의 양태일 것이다. 오른편의 상처는 피와 피가 아닌 성분이 섞여있기 때문에 법의학 병리학자에게 구멍을 낸 도구는 심장 근처의 상처구멍에서는 혈액뿐 만 아니라 물과 같은 액체를 나오게 했다는 점을 알려준다. 하나의 잠재적인 고려사항은 가슴에 난 상처구멍에서 찌르는 도구에 의하여 심장에 구멍이 뚫린 결과 그 근처에서 피가 분출한 다음에 뒤이어 흘러나온 액체가 있었다는 점이다. 이점에서 병리학자는 순전히 객관적인 관점에서 신체의 상처에 대한 많은 정보를 모았다. 학식이 많고 노련하며 훈련된 법의학 병리학자로서 그가 받은 인상을 긍정하거나 부정하기 위하여 이용 가능한 역사적 및 기타 증거에 의한 정보에 의존할 권리와 의무가 있다. 그는 수의의 신체에서 발견한 물체에 대해 핵방사선학 연구와 혈액작용학, 그리고 화학적 검증을 포함하여 스스로 다른 과학적 검증을 이용했을 것이다. 이런 검증을 통하여 그는 혈액의 존재를 확증할 수 있었을 것이다. 그는 또한, 현미경과 유전학 연구에 기초한 다른 관찰을 할 수도 있다.

무슨 수단을 쓰든지 간에 죽은 자를 확인하고 죽음의 원인을 결정하는 것은 의료검시관의 궁극적 책임이다. 수의 속 남자의 사례에서 법의학 병리학자는 해부학적 발견에 의하여 지지될 수 있는 십자가형에 의한 죽음의 상황에 관련된 정보를 얻었을 것이다. 그는 천에 묘사된 이미지에 나타난 개인이 손목과 발에 구멍을 내는 상처를 입고, 그의 머리에 찌르는 상처를 입고, 그의 등에 채찍질과 같은 다수의 충격적인 상처를 입고 피와 체액이 흐르도록 그의 가슴에 사후확인을 위한 상처를 냈다. 이런 자료로부터 법의학병리학자가 역사적으로 오직 한 사람만이 이러한 일련의 사건을 겪었으리라고 결정하는 것은 불합리한 결론이 아니다. 그 사람은 예수 그리스도이다. 죽음의 매카니즘이 관련되는 한, 십자가형 동안 일어난 몸의 물리적 및 생리적 변화의 기본 이해와 함께 수의의 프린트와 혈흔에 대한 상세한 연구는 십자가형에 나타난 이야기처럼 그 자세의 결과로 질식사했음을 강하게 제시한다. 또한 호흡곤란을 유발한 가슴 상처구멍의 체액 누적 뿐 아니라 피부의 상처에서 대량의 혈액손실의 증거가 있다. 결정된 죽음의 양태에 대하여 죽음의 상황에 대한 충분한 조사가 필요하다. 이 경우에는 한 개인이 사형선고 되었고 집행은 십자가형으로 수행되었다고 역사적으로 결정될 것이다. 죽음의 방식은 사법적 살인이다. 요약하면 합리적 의학적 가능성에 기초하여 법의학 병리학자인 의료조사관이 튜린의 수의의 이미지에 대하여 조사를 수행하는 방법과 그러한 조사결과를 가지고 그가 도달할 결론에 관하여 하나의 시나리오를 구성하여 보여 줄수 있는 것이다.

### 이미지 분석

디지털과 아날로그 이미지처리 기법이 수의 이미지 분석에 적용 되었다. 피터 슘페터 해석기 회사는 VP8 이미지 분석기를 만들어 1976년에 콜로라도 스프링스의 존 잭슨과 에릭 쥼퍼에게 보냈다. 아날로그 컴퓨터로 분석했을 때 수의의 이미지가 3차원 이미지를 만들어냈다(Ruffin 1999:79).

수의의 이미지는 음화사진 같다기 보다는 예상을 벗어나 더 어두운 이미지 부분이 수의에 가장 가까이 닿았을 때 남자의 특성과, 더 밝은 부분의 이미지가 수의에서 가장 멀리 떨어진 남자의 특성을 보여주는 3차원으로 재구성된 특성을 가지고 있었다. 이것은 사진에서 나타나는 특성이 아니며 연구자들은 판화나 조판 혹은 양각 등의 기법을 사용하여 유사한 이미지 전사를 시도하였을 때 이러한 영향을 재구성해낼 수 없었다(Heller 1983:207).

나사의 연구원인 잭슨, 점퍼 및 스테판슨은 1978년 한 디지털 이미지 연구 후에 이미지의 양 눈 위에 확실히 동전이 놓여 있었음을 추적 해냈다고 보고 한다(Jackson et al. 1977:74-94).

오른쪽 눈꺼풀 위의 2립톤[1]짜리 동전은 추정컨대 빌라도 재위 29-30년경 주조된 것으로 추정되었고, 왼쪽 눈꺼풀위의 1렙톤 동전은 빌라도 재위 29년에 주조된 것으로 추정되었다(Filas 1982).

1979년에는 얼굴근처에서 그리스와 라틴문자가 써 있는 것이 보고되기도 했다. 뒤이은 컴퓨터분석과 미세농도계 분석에서 다른 문자들이 발견되었는데 그 내용은 "너는 죽을 것이다", "나자렛", "예수", "예수그리스도" 같은 문자들이 포함되어 있었다. 불확실한 문자 중에는 티베리우스(로마 제 2대 황제; 42 B.C.~A.D. 37)로 추정되는 문자도 있었다(Marion & Courage 1998).

언어학자인 마크 구스킨은 마리온과 코우리지의 보고서를 놓고 논쟁을 벌였다. 그는 발견된 문자들은 문법적이지도 않고 역사적 의미도 없으며 마리온과 코우리지가 지시한 슬라이드에는 보이지 않는다고 진술했다.[2] 동전이 있었다고 알려진 바의 진정성에 대하여는 아직도 논쟁 중이다.[3]

2004년에 광학(Optics) 저널지의 논문에서 판티와 마지올로는 2002년에 복구

1) 고대 그리스의 화폐단위

2) Mark Guscin. "The "Inscriptions" on the Shroud". British Society for the Turin Shroud Newsletter. http://www.shroud.com/pdfs/guscin2.pdf.

3) Doubts Concerning the Coins Over the Eyes Antonio Lombatti "British Society for the Turin Shroud" Newsletter #45. 1997.

된 수의 천의 뒷면에서 희미한 두 번째 얼굴을 발견했다고 보고한다(Fanti & Maggiolo 2004). 그들에 따르면 튜린 수의의 전면 이미지는 1.98M이고, 뒷면의 이미지는 2.02미터로 서로 직접적으로 맞지 않는다(Fanti, Basso & Bianchini 2010).

### 이미지 기원에 대한 가설

수의의 이미지를 설명하기 위하여 많은 가설이 만들어지고 검증되었다. 오늘날까지 수많은 언론이 관련된 주장에도 불구하고 튜린의 신체의 이미지는 전통적인 과학으로 설명이 되지 않았다. 그래서 이미지 형성의 가능한 매카니즘에 많은 관심이 아직도 존재한다(Baldacchini *et al.* 2008).

### 회화

맥크론에 따르면, 수의의 이미지를 만드는데 사용된 기법은 찰스 록 이스트레이크(Charles Lock Eastlake)가 1847년에 출판한 중세회화에 관한 책에 이미 기술되어 있다. 이스트레이크는 "14세기의 일반적인 회화실제"장에서 유달리 투명한 특징을 가진 이미지를 만드는 템페라 채색법을 이용한 아마포천의 특수채색기법을 기술한다. 멕크론은 이 투명한 채색기법을 수의의 이미지와 비교하였다(McCrone 1999).

이 가설은 엑스레이 형광조사에서 맞지 않는 것으로 판명되었을 뿐만 아니라 적외선 온도 기록법에서도 어떤 안료가 사용되었다고 파악되지 못하였다(Imbalzano 1980). 퓨리어도 수의의 이미지는 그린 것이 아니라는 주장을 하였는데, 그는 이미지를 변형하여 보았는데, 일반적인 그림은 일방향 지향성을 가지는데 튜린의 수의에는 그런 특징이 없었다(Lorre & Lynn 1977).

## 촬영기법(사진기법)에 의한 제작가설

예술사학자 니콜라스 알렌은, 수의의 이미지는 13세기에 촬영기법에 의하여 만들어진 것이라고 주장한다.

알렌은 그러한 기법은 이미 14세기 이전에 가능하였으며, 그 당시 아랍어에서 라틴어로 번역된 광학서적에 기술된 것처럼, 원초적인 이미지를 충분히 만들어 낼 수 있었으며, 이러한 기법에 익숙한 사람들은 튜린 수의에서 발견된 것과 같은 이미지를 만들어 낼 수 있었을 것이라고 주장한다. 이것을 증명하기 위하여 수의가 만들어질 당시에 이용 가능했던 기법과 재료만을 사용하여 튜린 수의와 유사한 사진 이미지를 제작해냈다. 그는 그의 연구결과를 박사학위 논문과 여러 과학저널에 기술하였다(Allen 1993).

## 분말이동 기법

과학자인 에밀리 크래이그와 렌달 브리지는 중세예술로 행해지던 먼지이동기법을 통하여 튜린의 수의와 닮은 것을 재현해보려고 하였다. 그들은 먼저 13~14세기의 종이와 유사한 목제펄프로 만든 신문용지위에 콜라겐먼지를 이용하여 예수와 닮은 얼굴을 그리는 탄소분말 기법을 실행하였다. 그 다음단계로 그 그림을 탁자위에 놓고 한 조각의 아마포천으로 덮었다. 그 다음에 나무로 만든 스푼의 평평한 면으로 신문용지를 덮은 아마포천을 박박 문질러 눌렀다. 이렇게 하여 그들은 사람과 닮고 살아있는 것 같은 3차원의 브러시로 문지른 자국이 없는 홍갈색 이미지를 만들 수 있었다(Craig & Bresee 1994).

## 얇은 부조(Bas-Relief) 활용기법

튜린의 수의는 얇은 부조로 만든 조각품을 사용하여 만들었다는 또다른 가설이 등장했다. 연구자인 잭키 디 코스탄조는 수의의 이미지가 3차원적 특성을 가

✝

진 점에 주목하고 그 이미지는 조각처럼 실제로 3차원적 형태를 가진 물체를 이용하여 만들어졌을지도 모른다는 가설을 제기했다. 그의 가설을 증명하기 위해 코스탄조는 예수의 얼굴을 닮은 얕은 부조를 만들고 그 부조위에 젖은 아마포천을 드리웠다. 아마포천을 말린 뒤에 그는 제2산화철($Fe^{2+}$)과 아교를 섞은 혼합물로 그것을 살살 두드렸다. 그 결과 튜린 수의의 이미지와 비슷한 이미지가 만들어졌다. 전사된 이미지는 방수로 밝혀졌고 섭씨 250도의 온도에도 손상이 되지 않았으며, 중아황산나트륨(bisulphite)같은 강한 화공약품에 노출되어도 파괴되지 않았는데 아교의 도움이 없다면, 보통 산화제2철($Fe^{3+}$)은 산화제1철($Fe^{2+}$)로 저하될 것이다(Ingham 2005-06-21). 과거 설치 마술사이자 저자인 닉켈도 유사한 연구결과를 얻었다. 회화대신에 얕은 부조를 활용한 기법은 천에 열을 가하거나 이미지를 천에다 태우는 방법을 이용하였다.

판티와 모로니에 따르면, 256가지의 다른 회색의 수준을 비교한 결과 얕은 부조기법에서 얻은 이미지는 60-256 레벨 사이의 회색 값을 가지고 있다는 것이 발견되었으나 그것은 광범위한 백색채도(245-246레벨)와 현저한 차이를 보였고 중간 회색수준(160-200 레벨)은 빠져있었다.

그러나 튜린 수의의 얼굴 이미지에서 회색조는 같은 값의 분포(60-256레벨)를 가졌으나, 백색채도는 훨씬 덜 명확하고 중간회색수준은 실질적으로 160-200레벨에 상응하는 평평한 히스토그램을 보여주었다(Fanti & Moroni 2002).

이 결과를 보면 얕은 부조기법으로 만든 이미지를 튜린 수의의 이미지와 채도분석을 비교하여 보면 일치하지 않는다는 점을 시사하고 있다.

### 마이야르 반응

마이야르 반응기법은 아미노산과 당의 감소로 비효소적 갈색의 물질을 만드는 것을 말한다. 수의의 셀룰로우스 섬유는 얇은 전분조각과 여러 당분들 그리고 다른 불순물인 얇은 탄수화물 층으로 덮여있다.

'튜린의 수의 : 아미노기-카보닐기 반응은 이미지 형성을 말해줄지도 모른다' 라고 제목이 붙은 논문에서, 레이몬드 로저스와 안나 아놀디는 최근에 죽은 사람의 몸에서 나온 아미노기는 체액의 분해물이 아마포에 얼룩을 주거나 손상을 주기 전에 적절한 시간동안 이 탄수화물 층과 마이야르 반응을 했을 것이라는 이론을 제안했다(2003).

사망한 신체가 만드는 가스는 수시간안에 극도로 화학적인 반응성이 있고 무덤안과 같은 환경에서 신체세포 조직은 악취가 나고 펜타메틸렌디아민[1]과 같은 무거운 아미노기를 방출하기 시작한다. 그런데 반응에 필요한 아미노기의 잠재적인 원천은 부패하는 시신인데(Rogers 2008:100), 수의에서 발견된 것에는 부패의 징후가 없었다. 아마포의 이미지 분해와 획일적인 착색의 분석은 반응의 확산 매카니즘과 일치하지 않았다(Fanti *et al.* 2010).

알란 밀스는 수의의 이미지는 자가 산화(auto-oxidation)에 의해서 만들어졌다고 주장했다. 그는 수의의 이미지가 아마포에 느슨하게 드리워진 시신의 거리에 반비례하여 색채의 강도가 변했다면, 그 이미지는 화학적 증발에 의하여 만들어진 이미지와 상응한다고 인식한다(Mills 1995).

## 코로나(광환:光環)방전

2002년 수의를 복구하는 과정에서 아마포의 뒷면이 촬영되고 처음으로 (영상을) 주사(스캐닝 : 走査)하였다. 판티 등에 의하여 작성된 이 주제에 대한 논문은 수의의 이미지를 만든 가능한 매카니즘으로 전기적 코로나(화관)방전을 상상하게 한다(Fanti *et al.* 2005).

그들은 주로 얼굴과 손이 있는 아마포의 반대편의 이미지를 기술하였는데, 그

1) 부패한 냄새를 가진 무색의 액체. H2N(CH2)5NH2. 리신의 탈카르복시화반응으로 생성되는 펜타메틸렌디아민이다. 단백질의 부패성분 중에 테트라메틸렌디아민과 함께 존재한다. 폴리아민으로 단백질 및 핵산의 생합성에 관여한다.

매카니즘과 일치하여 신체의 앞부분 보다 훨씬 희미하였다. 앞부분의 사진처럼 그것은 탄수화물 층에 국한하여 화광을 가진 전적으로 피상적인 것이었다. 그 이미지는 아마포의 반대편에 있는 이미지들과 상응하여 짝이 맞추어져 있었다. 시신의 척추부위의 반대편에는 이미지가 감지되지 않았다. 새로운 실험의 결과는 화광방전 매카니즘이 튜린 수의의 이미지 생성에 포함되었을지도 모른다는 가설이 제시되었다. 그러나 실험실에서 모든 이미지의 특성을 재현하기는 요구되는 에너지가 너무 높기 때문에 불가능하였다 (Fanti *et al.* 2010, Fanti 2010).

이 이론과 실험은 수의의 손상없이 고수준의 에너지를 통제하고 유도하는 방법을 언급하지는 못하였다.

2009년에 바티칸 비밀문서 연구자인 바바라 프랄레는 튜린의 수의에 관하여 두 권의 책을 출판하였다. 그녀는 수의가 1204년 이후 템플기사단에 의하여 수호되었다고 생각하고 있으며, 그리스어, 헤브루어 및 라틴어의 단편이 전사된 나자렛 예수라고 쓰인 매장을 증명하는 이미지를 읽을 수 있다고 하였다(Owen 2009). 그녀의 방법론은 비평거리가 되어왔다(Poulle 2009, Vallerani 2009).

2009년 10월 5일 파비아대학의 유기화학자인 뤼기 갈라쉘리는 오직 중세의 기술만을 사용하여 튜린수의와 똑같은 크기의 수의를 재현했다고 발표했다. 그는 아마포를 자원자 위에 놓고 산성안료로 문질렀다. 그 다음 수의는 안료를 세척해내기 이전에 오븐에 오랫동안 두었다. 그 다음 그는 원본과 같이 복제하기 위하여 혈액의 얼룩을 뜨겁게 하여 늘어 붙게 하고 수분의 얼룩을 더하였다(Garlaschelli 2010). 그러나 파두아 대학의 기계 및 열측정학 교수인 귈리오 판티에 따르면 "그 기술 자체는 가장 논쟁적인 튜린수의 이미지의 특성을 가진 이미지를 만들어낼 수 없을 것으로 생각한다"라고 말했다.

2010년에 통계학자인 마르코 리아니와 안토니 아트킨손 교수는 한 통계학 논문에서 방사성 탄소 실험에 대한 세 연구소에서 얻은 원자료의 통계학적 분석은 샘플의 중대한 오염이 있다는 점을 시사 한다고 썼다(Riani *et al.* 2010)

2010년 처음 방영된 두 시간짜리 특집 다큐멘터리 히스토리 채널방송에서 한 팀의 그래픽 예술가들이 예수의 실제 얼굴 모습을 재현하기 위한 시도를 하였

다. 그 이미지는 튜린 수의에 부호화된 정보와 혈액을 가져다가 3차원 이미지로 변형하여 만들어졌다.[1]

2010년 12월에 '방사선탄소' 저널지의 편집자인 티모시 줄 교수는 이 저널의 동료검토자인 직물 전문가와 논문을 공동 저술하였다(Freer-Waters & Jull 2010). 그들은 알려지지 않은 샘플을 분석하고 튜린수의는 수선한 증거가 없다고 결론을 내렸다. 그런데 이 논문은 심하게 비난을 받았는데 심지어 전통적으로 튜린 수의에 회의적인 사람들로부터도 비난을 받았다.[2]

## 외경에서 수의에 대한 언급

다음은 예수의 수난에 관한 별도의 증언인 가말리엘 복음의 내용이다.

예수의 시체를 도난당했다고 보고한 네 명의 로마 군사들을 빌라도가 심문했다. 두 번째 군사는 열한 명의 사도들이 시체를 가져갔다고 말했다. 세 번째 군사는 요셉과 니코데무스가 가져갔다고 했고, 네 번째 군사는 "우리는 잠을 자고 있었습니다"라고 말했다. 그들은 감옥에 갇혔다. 빌라도는 백인대장과 사제들을 거느리고 무덤으로 가서 시체를 쌌던 수의를 발견했다. 그리고 그는 "시체를 도둑 맞았다면 이 수의들도 도둑들이 가져갔어야 옳다."고 말했다. 같이 간 그들은 "이 수의는(예수가 아닌) 다른 사람의 것입니다."라고 말했다. 빌라도는 "엄청난 기적들이 나의 무덤에서 일어날 것이오."라고 한 예수의 말을 기억하고는 무덤 안으로 들어갔고 수의에 엎드려서 울었다. 이어서 그는 백인대장에게 몸을 돌렸는데 백인대장은 전쟁터에서 눈을 하나 잃어 애꾸눈이었다. 백인대장이 수의를 만지자 즉시 눈이 치유되었고 또한 신앙을 가지게 되었다.[3]

1) To see the Shroud : 2M and counting", Zenit, May 5, 2010,

2) Gian Marco Rinaldi, "Autogoal a Tucscon" (Own goal in Tucson),

3) 이동진(2001:173~174). 제2의 성서, 신약시대,

## 예수의 가족무덤

예수가 십자가에 못 박혀 돌아가신 후 아리마대 요셉이 그의 무덤에 예수를 안치하고 사흘만에 예수는 부활하여 마리아에게 발견된다. 그리고 예수는 제자들을 인도하고 하늘로 승천한 것으로 성서에 기록되어 있다. 이러한 성서의 기록과 배치되는 사실을 입증하는 예수의 가족무덤이 발견되었다면 예수를 믿을 것인가? 어떤 고명한 학자는 만일 그것이 사실이라면 나는 나의신앙을 포기하겠다고 말하는 사람도 있다. 신앙은 수많은 사실을 뒷받침하는 이적과 언약, 그리고 많은 상징과 해석으로 구성된다. 사실 가장 영향력 있는 것은 역사적인 기록과 이를 뒷받침하는 사실로서 입증되고 아직도 살아있는 신과 또는 성령과의 교감을 통하여 유지되고 있다. 성경의 기록도 어떤 것은 수 십년 또는 수 백년 후에 기록되었기 때문에 구전으로 전해내려 온 것들을 기록하여 주의 말씀이라고 신앙되고 있는 것처럼, 현재의 정전과 외경의 경계도 모호하고 또한 이러한 구분은 단지 인간이 어떤 사회문화적 관습의 범위 내에서 믿음을 모으기 위하여 각색된 것들도 있을 것이다. 물론 우리는 그렇더라도 이 성서가 한 점 한 획도 오류가 없으리라는 주의 말씀을 믿는다. 인간의 선택은 결국 성령의 인도로 성서를 편집하였을 것이기 때문이다.

수많은 상징과 일화 그리고 그것은 성서를 둘러싼 당초 지배세력인 교황을 중심한 가톨릭 세력이 그에 배치되는 그노시스파(영지주의)를 배제하기 위해 일체의 관념과 사상의 배제와 신성한 사실에 배치되는 외경의 배제를 통하여 신약은 구약의 예언의 달성을 기록하였지만 예수의 부활이 성령을 보고 부활을 기록한 것인지 아니면 성령이 아닌 실제 육신의 부활을 그린 것인지는 성경의 말씀 이외에 기록이 없으므로 알 수가 없다. 설사 외경의 기록처럼 예수가 십자가에서 구사일생으로 살아남아 막달라 마리아와 결혼을 하고 아들인 유다를 가졌다 해도 그것은 우리의 신앙에 큰 영향을 주지는 않을 것이기 때문이다. 신성성의 극대화를 위하여 신성에 배치되는 것들을 배제한 성서학자들의 노력이 스며들어 있을 수도 있다. 보라 이슬람교에서 과부를 만나 과부로부터 재정적 도움을 받은 마호메트의 신성성은 조금도 의심받지 않는다.

심차 자코보비치와 찰스 펠리그리노가 조사한 예수의 무덤에 대한 이야기는 놀라운 사실을 담고 있지만 전 세계의 기독교계는 조금도 흔들리지 않았다. 이 이야기는 BBC 다큐멘터리에서 과학적인 조사를 포함한 결과를 토대로 예수의 무덤이 발견되고 거기에 그의 가족과 유골이 있다는 사실을 포함하고 있으나 종교계는 조금도 흔들리지 않았다.

1980년 예루살렘의 탈봇지역의 공사 중에 발파를 하던 중 고대 무덤이 발견되었다. 이 지역은 IAA 80/500-509라고 라벨이 붙은 곳으로 무덤이 발견되자 이스라엘 고고학청에서 사이몬 깁슨이라는 학생에게 그 지역의 무덤에 대해 기록을 하라는 지시가 떨어졌다.

여기서 열 개의 뼈단지가 발견되었다. 그런데 이 유골함을 창고로 옮기는 과정에서 한 개가 사라졌다. 당시 무덤에서 발굴을 진행 중에 발견한 유골함에 기록된 이름은 요셉의 아들 예수, 요셉, 마리아가 둘(하나는 마리암네로 후에 막달라 마리아로 밝혀진다) 그리고 마태 등 이스라엘에서 매우 흔한 이름이었다. 그런데 나중에 사라진 한 개의 유골함에 대한 정보를 듣게 되는데 그것은 예수의 동생 야고보라는 명문이 적힌 유골함이었다. 두 개의 마리아 중 하나는 마리암네였다. 그리고 마리암네는 막달라 마리아의 원래 이름이라는 것을 확인했다.

예수의 유골함[1]

1) http://www.av1611.org/othpubls/lost_tomb.html

후에 사라진 하나의 유골함이 발견되었는데 골란이라는 사람이 암시장에서 구입한 유골함으로 예수의 동생 야고보라고 적힌 유골함이었다. 저자들은 나중에 이 유골함을 이스라엘 고고학청 보관창고에서 찾아 재조사를 시작하는데 유골함에서 예수의 가족들의 뼛조각을 채취하여 DNA조사를 실시하고 나중에 찾은 야고보의 유골함이 당초 발굴된 열 개의 유골함 중 분실된 것이라는 점을 과학적으로 입증하기 위해 유골함의 잔유물과 유골함에 낀 오랜 세월의 때(녹청)에 대하여 과학적 분석을 실시하였다. 또한 그들은 공사 중에 탈봇의 무덤이 완전히 파괴되지 않았다는 사실을 알아내고 지금은 아파트로 둘러 싸인 그 무덤의 위치를 알아내고 그곳을 확인하는 작업을 시작하였다.

당시 사전 조사차 심차가 읽은 예루살렘 무덤 탐사 보고서인 리흐마니(유대인 유골함 편람)에 다음과 같은 기록[1]이 있었다고 보고하고 있다.

1. 1980년 불도저가 예루살렘 탈봇 지역에서 무덤을 발견함. 이스라엘 고고학청이 전화로 보고를 받았고 고고학자들이 도착함. 가트, 클로너, 브라운, 깁슨, 그들은 무덤 지도를 그렸고 유골함을 고고학청 창고로 옮김, 거기서 유골함 목록을 작성함
2. 무덤의 전면이 색달랐음, 전면에 조각한 듯한 문양이 있었음, V자를 뒤집어 놓은 모양이었고, 가운데 원이 있었음
3. 또 하나의 색다른 특징, 무덤 천장아래에 세 개의 두개골이 발견됨. 두개골들은 벽감 세 곳의 입구에 이등변 삼각형모양으로 정교하게 놓여 있었음.
4. 무덤에는 옛날에 누군가 들어간 흔적이 있었음, 작은 호롱불, 유리로 된 향유병, 점토단지 등과 같은 일상적 유물은 발견되지 않았음,
5. 무덤에서 발견된 유물은 라흐마니의 편람에 기록되어 있음. 유골함은 그 후 고고학청의 창고를 떠난 적이 없었음. 따라서 출처나 위조에 관련하여서는 문제가 없음, 네 유골함에서는 아무런 글귀가 발견되지 않았고 여섯 개의 유골함에는 글귀가 새겨져 있었음,
6. 여섯 유골함에서 확인된 바를 전하면

1) 강주헌 역 심차자코보비치, 찰스 펠리그리노(2006), 예수의 무덤. 예담

(1) 요셉의 아들 예수 : 읽어내기는 힘들었지만 뜻은 쉽게 해독됨. 읽어내기 힘들게 쓴 이유가 무엇일까? 정말로 예수의 뼈단지라면 추종자들이 혹시 있을지도 모르는 적의 손에서 보호하려고 했던 것일까? 그 때문인지 열 개의 유골함 중에서 가장 평범한 것이기도 하다. 어떤 장식도 없다. 이처럼 소박한 변이 우리가 예수에 대해 알고 있는 것과 일치하지 않는가? 이것은 예수가 급히 묻힌 까닭인가? 둘 모두일 가능성은 없는가?

(2) 요사(yosa)혹은 요세(Jose) 즉 요셉, 이 유골함은 예수의 유골함에서 언급된 요셉의 유골함일까? 예수의 아버지일까? 라흐마니는 그렇게 생각했다. 그의 편람에 분명히 그렇게 씌여 있었다.

(3) 마리아, 이상하다, 히브리어 문자로 쓰여있다. 히브리 이름을 라틴어 발음에 맞추어 썼다. 성모의 이름은 우리에게 줄곳 마리아로 전해졌다. 유골함에도 그대로 씌였다. 라흐마니는 이 여자가 무덤에 묻힌 요셉의 부인일 것으로 추정했다.

(4) 마리아로도 알려진 마리암네. 그리스어로 씌였다. 하버드의 프랑수아 보봉과

탈봇의 무덤에서 발견된 예수가족의 유골 보관함 (ibid.)

카렌 킹 같은 저명한 학자들의 주장에 따르면 마리암네는 막달라 마리아의 진짜이름 이었다. 그 교수들은 이 유골함이 존재하는지는 모르는듯하다. 이 여자가 막달라 마라아였다면 왜 예수가족의 무덤에서 발견되었을까? 그를 이 부부였다면?

(5) 마티아(Matia) 즉 마태(Mathew), 신약성서에 등장하는 이름이다. 복음서를 쓴 저자일까? 그는 예수와 어떤 관계였을까?

(6) 예수의 아들 유다 : 무덤에서 발견된 가장 충격적인 유골함이다. 어떤 점에서는 예수의 유골함보다 더 큰 폭발력을 가지고 있다. 마리암네가 예수의 부인이었다면 유다는 그들의 아들이었을까? 하기야 무덤에서 발견된 유골함 중에서 가장 작다. 유다는 어려서 죽었을까? 하지만 복음서에서는 예수의 아들이 언급조차도 되지 않는다. 혹시 유다가 요한복음에서 언급된 수수께끼 같은 인물, 사랑받는 제자가 아니었을까?

심차는 이와 같은 유골함의 발견에 대해 우연치고는 너무나 기막힌 우연으로 보고 통계적 문제를 생각한다. 이스라엘 고고학청이 분류한 233개의 유골함 중에서 요셉이란 이름이 14%를 차지하고 예수라는 이름은 9%를 차지한다. 이스라엘에서 유골함이 사용되기 전 기간에 남자의 인구는 8만 정도이고 따라서 약 7,200명이 예수란 이름을 가졌고, 11,200명이 요셉이라 불렸을 것이다. 각 백분율을 서로 곱하면 0.09 x 0.14 x 80,000 = 유골함이 사용된 기간에 요셉의 아들인 예수는 1,008명까지 있을 수 있다. 달리 말하면 대략 79명의 남자 중 한 명이 요셉의 아들 예수일 수 있다. 나사렛 예수 시기에 몇 명의 예수가 마리아, 유다 혹은 마태와 같은 무덤에 묻혔을까? 여자 유골함도 1/4이 거의 마리아였다. 고고학청에서 109개의 여자 유골함에서 여덟 명의 마리아를 찾아냈다. 1/24 인 확률이다.

마리암네의 경우 여자이름이 새겨진 193개의 유골함 중 마리암네로 된 것은 단하나이다. 요셉의 아들 예수가 라틴어로 된 마리아, 그리스어로 표기된 주인이라고도 알려진 마리암네와 같은 무덤에서 발견된 확률은 1/365,928이다. 즉 이것은 달리 말하면 유골함이 만들어진 시기에 예루살렘에 살았던 남자 인구는 8만명에 불과했으므로 유골함에 쓰인 이름들과 같은 조합을 가진 예수를 찾으려면 똑같은 조건의 예루살렘이 네 곳이나 있어야했다. 그런데 요셉은 요세(Jose)로 씌여 졌는데 이런 형식은 단 하나밖에 없었다. 이를 고려하면 그 무덤에서 발굴된 예수의 경우는 250만명 중의 한명이 된다. "외통수"였다. 결국 탈봇의 유물이 우리의 구세주 예수의 무덤이 아닐 확률은 250만분의 1이라는 수이다. 후에 사라진 하나의 유골함은 야곱의 유골함으로 추정하고 이를 암시장에서 구입하여 보관한 골란으로부터 확인하여 녹청의 분석을 한 결과 원래의 열 개의 유골함 중의 하나라는 사실을 확인한다. 그리고 하바드의 보봉교수로부터 마리암네는 막달라 마리아라는 사실도 확인한다. 후에 푀어버거라는 학자가 확률을 보수적으로 하여 600대1이라는 확률을 내고 거기다가 야곱의 변수를 넣자 3만대 1의 확률이 성립되었다. 심차는 무덤이 발견될 당시의 상황을 토대로 다음과 같이 상상한다.

12세기 전 템플기사단이 예루살렘 입성을 앞두고 있었는데 테라로사 사람들(유대인도 아니고 무슬림도 아닌)이 무덤에 들어와서 북쪽 끝에 놓인 유골함을 꺼내 이리저리 뜯어보고 제자리에 놓았다. 하지만 한쪽 끝이 약간 삐져나왔다(무덤을 처음 발견당시 하나의 보관함의 한쪽 끝이 비죽 나왔었다고 되어있다). 무덤 중앙에 테라로사 사람들은 이런저런 흔적을 남겨놓았다. 세 개의 두개골이 제의적으로(이등변 삼각형모양) 배치되었다.

이런 추정은 무덤 전면의 상징물인 만물을 보는 하나님의 눈이 영국의 프리메이슨의 본부의 상징과 같고 15세기의 폰토르모의 그림인 부활후의 예수와 만찬의 그림에 나타난 상징이 어떻게 나타났느냐의 의문에서 이런 추정이 가능하다. 이런 추정 이외에 여기 11세기경으로 추정되는 시점 전후에 이상한 무덤의 침입은 무엇을 말하는 걸까? 템플기사단이 인간의 두개골을 섬겼다는 소문과 무덤 전면의 상징을 유럽에 전한 것은 아닐까? 그러면 만물을 꿰뚫어 보는 눈(미국 1달러지폐에 있는 것을 상상해보라)에 대한 설명이 가능하다. 그리고 템플기사단이 예수의 두 개골을 손에 넣었을 수도 있다. 2002년 바티칸 비밀문서에서 해제된 사농문서에는 1308. 8.17-20에 기록된 내용이 있는데, 템플기사단이 우상을 숭배하고 십자가에 침을 뱉고 두개골 혹은 인간의 머리로 만든 우상을 두고 비밀집회를 가진 이유로 고발당했다고 기록되어 있었다.

저자들은 공사 후에도 아직 그 무덤이 그대로 있다는 사실을 알고 고고학청의 승인을 받아 다큐멘터리를 찍기 위하여 아파트의 테라스 밑을 파고 들어갔다. 거기서 그들은 무덤 내부에 있는 상징부호를 발견한다. 그리고 녹청샘플을 채취한다. 이때가 2005년 10월경이다. 유골함에서 발견한 뼈 조각을 토대로 DNA 분석을 한 결과 예수와 마리암네는 유전적으로 아무 관계가 없는 부부관계라는 결론에 도달한다. 아들인 유다의 유골함은 박물관 전시를 위해 깨끗이 세척되어 샘플을 채취하기가 어려웠다. 그가 예수와 마리암네의 아들이라는 분석은 불가능하였다. 야곱의 유물함은 그것이 무덤에서 열 개의 함중 분실된 것이라는 사실을 증명하기 위해 무덤에서 채취한 녹청과 야곱의 유골함의 녹청이 과학적으로 비교 분석되고 결국 그것은 같은 성질의 것임을 밝혀냈다. 예수의 유골함에서 심차는 다음과 같은 사실을 찾았다.

가장 소박한 유골함
밀짚섬유로 만든 수의

심차는 이 사실에서 눈물을 삼키고 있는 자신을 발견한다.

그리고 나는 템플기사단이 교황청의 재판 기록처럼 왜 예배 중에 십자가에 침을 뱉고 두개골을 섬겼는지 알 것 같다. 그 십자가는 예수를 매달고 못 박은 십자가요. 증오와 고통의 십자가이므로 당연히 침을 뱉을만하다. 오늘날 우리가 목에 걸고 벽에 붙이고 교회 지붕에 세운 십자가는 성스러운 십자가가 아니다. 단지 예수에게 고통을 준 것이다. 우리는 십자가를 볼 때 사실은 십자가를 보는 게 아니라 거기에 매달리신 예수의 영을 보는 것이다. 그러므로 오늘날도 십자가는 아무것도 아니다, 다만 예수를 상기하는 문고리에 불과하고 심지어 우상이다. 우리는 십자가에서 보아야 할 것은 거기서 고통 받은 예수이며 그의 사랑과 영혼이다. 템플기사단이 숭배한 두개골은 분명 예수의 것일 것이다. 이것은 그들이 십자군 원정이후에 유럽에 가지고 온 무덤의 상징-모든 것을 보는 하나님의 눈-과 함께 그들이 먼저 무덤에 갔다왔다는 증거가 될 수도 있다.

카루치의 엠마오의 만찬(Carucci, Supper of emmaus) ©wiki
전면 삼각형에 눈이 있다

그렇다면 동로마제국 콘스탄틴 황제의 어머니 헬레나가 예루살렘에서 유대인들을 고문하며 알아낸 예수의 십자가형을 받은 자리이자 십자가를 발굴한 위치는 원래의 골고다는 아니라는 이야기다. 단지 십자가가 묻혀 있었던 곳이다. 헬레나가 십자가를 발굴하기 전에 그 발굴 장소는 비너스의 여신을 받드는 사원이 세워져 있었다. 거기에 헬레나는 성묘교회를 세웠다. 그런데 예수의 가족의 무덤은 그곳이 아니라 다른 곳에 있었다는 이야기다.

나는 그동안 십자가의 예수를 그리면 고통을 참는 주의 얼굴을 보며 기분이 우울해지곤 했다. 그래 나쁜 십자가야, 십자가는 주를 묶은 죄짐이다.

순간 나의 왼편에서 빙그레 웃음 짓는 예수의 얼굴이 보였다.

십자가에 머리 숙이고 기도하는 것은 기원전 정복국가인 로마를 섬기고 악과 적에게 기도하는 것임을 깨달았다. 예수를 떠올리며 웃는 예수와 사랑을 기도하자. 마음이 가벼워지고 나의 마음속의 온갖 악과 고통이 사라짐을 느낀다.

예수의 무덤에는 하나의 상징이 있다. 그것은 오늘날 1달러 지폐에 있는 만물을 보는 눈의 상징이다. 삼각형 안의 원, 이것이 예수가족이 묻힌 무덤의 전면과 내부에 조각되어 있다.

그런데 이것은 흔한 상징이 아니다. 15세기까지는 알려지지 않았다. 이 상징이 햇빛을 보기 시작한 건 1차 십자군 원정 이후의 일이다.

레오나르도 다빈치의 제자 폰토르모는 '엠마오의 만찬'을 그린 화가이다. 폰토르모는 예루살렘에서 11키로미터 떨어진 엠마오에서 예수가 부활한 후에 가졌던 만찬을 그렸다. 이 그림 속 예수의 머리 위에서 빛나는 후광 가운데 만물을 꿰뚫는 눈은 예수 가족의 무덤에 있던 상징인데 어떻게 이것이 15세기에 시공을 뚫고 그림에 나타나있을까? 폰토르모는 예수무덤을 가보지 않고서 어떻게 이 상징을 그림에 표현했을까? 누구에게 들었던 것일까? 이 그림아래 흥미로운 것은 발 밑의 영수증 같은 종이 조각이다. 거기엔 1525 라는 숫자와 εψ○○ 네 글자 중 두 글자는 확인이 되나 나머지 두 글자는 알아볼 수 없었다. 진짜 십자가를 발견했던 콘스탄틴대왕의 모친 헬레나는 유대 기독교파 인들을 불러 십자가가 묻힌 장소를 알기위해 고문도 서슴치 않았다.

마찬가지로 템플기사단이 이스라엘에 입성하여 예수의 무덤을 찾기 위해 유대-기독교인들을 불러다 놓고 고문을 했을거라고 심차는 추정한다. 아니면 템플기사단은 당시 영지주의자들인 유대-기독교인들에게 개종되어 버렸을 수도 있고 거기서 습득한 정보를 토대로 무덤을 찾아 예수의 두개골을 가져와 숭배하거나 아니면 자신의 유골을 그 안에 매장했을 수도 있다. 왜냐하면 처음 이 무덤이 발견 되었을 당시 무덤 안에 세 개의 두개골이 삼각형으로 놓여있었고 그것으로 보아 누군가 어느 시점에 무덤을 훼손한 흔적이 있었다고 보고되기 때문이다. 십자군 원정 후 교황청에서 템플기사단을 어떤 이유로 숙청하였는데 그 이유 중 하나가 그들이 십자가에 침을 뱉고 해골을 섬겼다는 기록이 있다.

어쨌든 삼각형과 그 안의 눈의 상징에서 예수 가족의 무덤이 10세기경 발견 되고 거기에 어떤 일들이 있었던 것은 상상 할 수는 있으나 더 이상의 일은 알 수 없다. 예수의 승천이 영혼의 승천인가 아니면 육신의 승천인가에 따라 예수의 무덤에 대한 판단은 달라질 수 있고, 또한 예루살렘의 풍습이 가족묘를 만든다는 관습에서 예수도 가족이 있으니 분명히 가족무덤은 있을 수 있다는 사실은 분명하다. 거기서 예수의 육친부모, 막달라 마리아, 예수, 그의 아들이 있을 수 있다는 사실과 그것은 로마인의 살육을 피해 가족이라는 사실이 은폐되었다는 것을 추정할 수 있다. 다만 예수의 유골이나 뼈 조각이 남아있다면 다음에 기술 되는 장에서 나오는 유물들의 DNA 검사를 통해 일치 여부를 검증해 볼 수 있고 더 확실한 법 의학적 유물의 증거가 되지 않을까 한다.

여기서 예수의 무덤과 관련하여 하나 짚고 넘어가야할 점이 있다. 통상적으로 성인의 반열에 이른 인물들의 무덤은 여러 곳에 가묘가 있다는 사실이다. 중국의 고대 왕조의 무덤들이 그러하며 이것을 만드는 이유는 후세인들이 성인에 대한 기억을 위해서 만들 수도 있지만 진짜 무덤의 유골과 유물을 도굴로부터 보호하고 보존하기 위하여 만들 수도 있다. 이 책에서 언급된 예수의 무덤은 이스라엘 탈봇 이외에도 골고다의 처형장 근처의 동굴, 인도의 카시미르 지역 등 이 지구상에서 알려진 곳만 세 군데이다. 성경에는 예수가 부활 후에 승천한 것으로만 기록되어 있으므로 이 무덤들에 대해 신학적, 고고학적 진위의 논쟁을 벌이는 것은 이 책의 범위를 넘으므로 자세히 언급하지는 않겠지만 한분의 위대한 성인(또는 신)에 대해 여러 곳에 (가)묘가 있을 수 있다는 다른 사례의 고고학적인 발견에 대하여 이해할 때 여러 곳에 있는 무덤에 대하여 이것은 예외적인 사실이 아니라 고고학적으로 흔하게 있을 수 있는 점이라는 사실을 이해하고 넘어가야 할 필요가 있다는 점을 밝힌다.

## ✝ 언약의 궤와 예수

이 글을 시작한 후 중반으로 가면서 조사를 하면 할수록 자꾸 유물의 수가 불어나는 점에 대하여 나는 당혹감을 감추지 못했다. 처음에는 많아야 열 개의 성스러운 유물이 주제가 될 것으로 생각했는데 급기야 성스러운 유물이 스무 개가 넘었고 마침내 마지막 두 개의 주제 직전의 성스러운 튜린의 수의에서 나는 이 책의 마침표를 찍을 것으로 생각했다. 책의 가제본을 해놓고 주위에 책을 보여주며 약 3년을 무심코 보내면서 출판은 이상하게 자꾸 지연되었다. 그 기간 동안 우연히 마지막 두 개의 주제인 예수 가족의 무덤과 유골 및 언약의 궤와 예수에 대한 주제를 더 발견했다. 이것은 순전히 주님께서 마지막으로 이 주제들을 덧붙이라고 나에게 시간을 더 허락하신 것 같다.

예루살렘의 예수 가족의 무덤과 유골의 발견에 대한 자료를 도서관에서 본지 1년 후 우연한 기회에 언약의 궤에 대한 자료를 발견했다. 어떤 자료를 마지막 순서로 할까 고민했는데 자연스럽게 주의 은총으로 성스러운 언약의 궤가 마지막 순서를 차지하게 되었다. 언약의 궤는 하나님의 직접적인 증거이기 때문이다.

언약의 궤가 왜 예수와 관련을 가지는지는 약간의 스토리가 있다. 솔로몬의 시대 언약의 궤는 성스러운 예루살렘의 사원에 안치되어 있었는데 거기서 중요한 예배 시에는 순전한 어린양을 잡아 그 피를 사원의 내부에 뿌렸다. 말하자면 희생제였다. 언약의 궤와 예수의 관계는 이렇다. 솔로몬의 시대를 지나고 강성해진 바빌론의 느부갓네살왕이 이스라엘을 침공하여 모든 것을 파괴하고 약탈해갔다. 물론 성궤도 가져갔을 것이라고 사람들은 믿었다. 그런데 이걸 그대로 뺏기지 않고 제사장들은 땅을 파고 굴을 만들어 거기에 안치했다는 사실이다. 기가 막힌 것은 그 장소가 바로 예수가 십자가형을 받은 바로 그 골고다 언덕의 바로 밑이라는 사실이다. 더욱 놀라운 것은 예수가 창에 찔릴 무렵 지진이 일어나고 비바람이 몰아쳤는데 그때 십자가가 세워진 바위산

아마추어 고고학자 론 와이야트
(1933. 6. 2. ~ 1999. 8. 4.)[1]

의 밑이 쪼개지면서 예수의 피와 체액이 흘러 십자가의 바로 밑 바위 균열로 흘렀는데 그 균열을 타고 흘러내린 예수의 성스러운 피가 떨어진 곳이 정확히 성궤가 놓인 곳이고 성궤를 덮은 덮개가 약간 열려서 그 안으로 피가 떨어져 들어갔고 그 주위에 튀었다는 사실이다.

즉 성궤의 속죄소에 피가 흘렀고 이로써 어린 양의 피로 속죄함 받던 구약의 속죄행사가 예수의 피로 희생제를 마무리한 것이다. 이것을 신심이 독실한 론 와이야트라고 하는 미국 테네시 주 출신의 아마추어 고고학자가 발견했다. 이것은 거룩한 하나님의 예비와 준비아래 예수가 진정으로 율법에 따라 진정한 희생양의 제물로 바쳐진, 우리가 늘 주일 설교 시에 들었던 "희생양"이라는 말과 정확하게 일치하는 산제사를 생생하게 그리게 하는 놀라운 성서고고학적 사실이 실재하고 있다는 점이다. 그리고 이것을 발굴한 론 와이야트는 그 외에도 몇 가지 더 놀라운 과학적인 발견과 영적인 사실의 실재에 대한 발견을 제시한다. 오늘날 고대 인간의 지식과 지혜가 오늘날보다 뒤떨어졌기 때문에 성서가 온통 비유적으로 기술되고 그럴 듯하게 고대인들을 교화시킨 윤리 및 교육적 교훈이라고 생각하는 바와는 달리 하나님은 지금도 성경대로 그대로

1) http://www.arkdiscovery.com/ark-cov-index.htm,
http://lastcrisis.blogspot.kr/2010/07/ron-wyatts-claims-re-arkof-covenant.html

이 지구에 역사하고 계시며 우리에게 직접적으로 무언가를 알려주려고 준비하고 계신다는 사실이다.

론 와이야트는 1978년에 모세가 건너던 홍해의 아카바만에서 출애급의 모세의 기적을 확인하는 홍해의 발굴[1]을 마치고 예루살렘으로 돌아와 미국으로 귀국을 준비하고 있을 때 예루살렘의 정원 무덤을 거닐어 보라는 이스라엘 골동품 협회의 초청으로 이스라엘에 있었다. 정원 무덤은 19세기 영국의 고든 장군에 의하여 발견된 곳으로 이 곳 바위의 모양이 해골(골고다)의 모양을 하고 있고 현재의 예루살렘의 외곽에 위치하고 있으므로 이곳은 예수님이 십자가에 못 박혀 돌아가신 곳으로 추정하고 있다. 이곳은 AD 1세기의 바위 무덤이 있으므로 예수

언약의 궤 상상도 (ibid.)

1) 론 와이야트는 소돔과 고모라, 모세가 이스라엘 민족을 인도하여 건넌 출애급기의 홍해, 터키의 아라랏산의 노아의 방주 등 많은 성서고고학적 유물을 실제로 발굴하여 성서에 있는 사건들이 실재로 일어난 일임을 입증했다.

님 당시의 무덤 형태를 볼 수 있으며, 정원이 아주 아름답고 다수의 예배처소가 있어 기도를 하기에 좋다고 한다. 그런데 고고학자들의 주장에 의하면 실제 예수님이 십자가에 못 박히신 골고다는 이 지역이 아니고 현재의 성묘교회가 맞다고 주장하고 있다. 이 지역을 거니는 동안 갑자기 그의 팔은 급경사면 옆의 쓰레기 더미를 가리키며 그의 입에서 다음과 같은 말이 튀어나왔다.

"여기에 예레미아의 동굴이 있고 언약의 궤가 거기 있다"

그는 그런 말을 생각하지도 않았으나 신의 계시를 통하여 그 말이 저절로 그의 입에서 튀어 나왔던 것이다. 론과 함께 있던 이스라엘 고고학청 관리는 듣기에 매우 좋은 말이라고 하면서 론에게 앉을 자리를 안내하고 먹을 것을 주었다. 론에게 이것은 수수께끼였다. 왜냐하면 그는 성궤에 대하여 생각해보지도 않았고 신이 그들 통하여 그러한 말을 한 적도 없었기 때문이다. 먼저 론은 미국으로 돌아가서 성궤에 대한 연구를 시작했고 심지어 그 지역에 대해서도 조사를 시작하였다. 그는 3년 반이 넘는 기간 동안 그 지역에서 발굴을 했고 마침내 1982년 1월 6일 론은 언약의 궤가 들어있는 방으로 들어갔다. 정원무덤 지역은 예루살렘 북벽의 경사면에 속해있고 매년 수 천명의 관광객이 방문하는 장소다. 이 지역은 1894년에 이를 취득한 런던의 정원무덤협회가 소유하여 관리하고 있다. 론의 발굴에서 이곳은 예수가 정말로 묻힌 장소라고 추정되고 확인되었다. 이 바위 경사면을 따라 신약성경에서 언급된 "해골의 장소"라는 골고다가 형성되어 있다. 이곳의 근처에 실제로 예수의 십자가형을 집행한 장소가 있고 그 지점아래의 동굴에 언약궤가 있었다. 정원무덤의 위치는 예루살렘 구시가지의 북쪽이다. 레위기에 적힌 율법대로 희생제는 이동식 예배소의 북쪽에서 일어났다.

"그때에 많은 유대인들이 이 명패를 읽었으니 이는 예수께서 못 박히신 곳이 성읍에서 가까움이라. 그것은 히브리어와 헬라어와 라틴어로 쓰여 있더라(요한복음 19장 20절)."

골고다 또는 갈보리는 정원무덤 근처의 예루살렘 북쪽 측에 있는 다마스쿠스 문에 매우 가까웠다.

(요한복음 19장 41-42절) 41. 예수께서 십자가에 못 박히신 곳에 동산이 있고 동산안에 아직 사람을 장사한 일이 없는 새 무덤이 있는지라. 42. 이 날은 유대인의 준비일이요 또 무덤이 가까운 고로 예수를 거기 두니라.

위의 절과 맞는 이 장소에 신뢰성을 준 것은 이 지역의 여러 가지 요소 때문이다.

첫째, 무덤 그 자체이다. 둘째, 정원 지역을 가능케 한 고대의 지하 저수조이다. 셋째, 거대한 와인즙 짜는 곳, 넷째, 해골의 장소이다.

(마태복음 27장 59-60절)
59 요셉이 시체를 가져다가 깨끗한 세마포로 싸서
60 바위 속에 판 자기 새 무덤에 넣어두고 큰 돌을 굴려 무덤 문에 놓고 가니

무덤사진 (ibid.)

위 사진을 보면 왼쪽 출입구의 아치모양의 반경을 알 수 있다.이것은 무덤을 막기 위해 굴린 돌의 높이가 13피트라는 것을 말해준다. 아마도 무덤의 표면에서 잘라냈을 것이다. 그 돌이 무덤을 봉인했을 때 입구의 오른편의 창을 막았다. 그 돌을 거꾸로 굴리면 무덤으로 빛이 들어가도록 창을 열었다. 출입구의 오른편은 큰 사각형 돌덩어리가 있는데, 돌이 오른편으로 더 굴러가지 못하도록 막는데 사용되었고 그것은 언덕 아래쪽에 있다.

(누가복음 23장 53절) 이를 내려 세마포로 싸고 아직 사람을 장사한 일이 없는 바위에 판 무덤에 두니 ....

누가복음도 이와 같이 돌을 잘라 만든 무덤에 대하여 이야기 한다. 즉 원래의 무덤보다 작아 예수의 키에 맞추려고 무덤을 넓히기 위해 돌을 더 깍아냈다. 그리고 거기에 예수를 안치했다.

무덤의 배치도를 보면 다음과 같다.

1. 무덤 입구
2. 무덤 방으로 가는 낮은 턱
3. 실내를 구획하는 낮은 벽
4. 예수의 안치장소
5. 바위를 잘라만든 머리 받침대
6. 통곡실
7. 거친 선반
8. 사용되지 않은 곳으로 뼈를 보존 하는 마감되지 않은 선반
9. 작은 창문

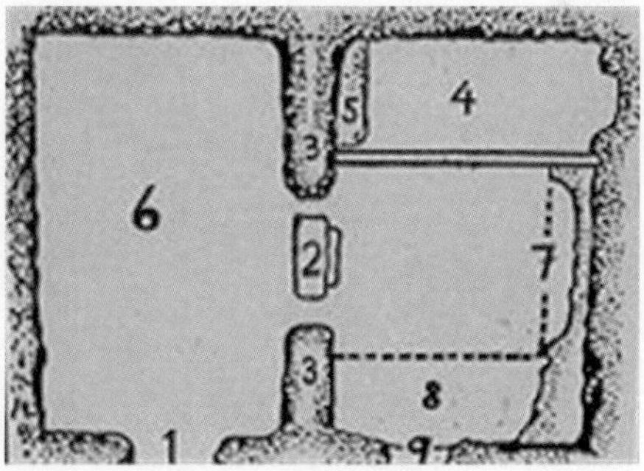

무덤의 배치 (ibid.)

통곡실에서 바라본 무덤, 왼편에 예수를 안치했을 것으로 추정되는 장소를 보고 있다

예수의 안치소 (ibid.)

확장된 예수의 무덤 (ibid.)

위 사진은 예수의 안치장소이며 오른편에 발이 놓여 질 부분이 예수의 발을 놓을 수 있도록 확대된 것을 볼 수 있다. 왜냐하면 예수는 자신을 위해 무덤을 건조한 5.8인치의 아리마대 요셉보다 키가 더 컸기 때문이다. 돌을 자른 그 작업은 금요일 석양 전인 안식일 전에 매장을 마치기 위하여 신속히 완료되었다. 마가복음 16장 5절은 마리아가 무덤에 들어가서 흰옷을 입은 한 청년이 앉아 있어 놀라매, 라고 말하고 있는데 그는 이 사진에서 오른편에 앉아 있었을 것이다.

무덤의 오른 편 바위 표면에 커다란 십자가가 새겨져있다. 명백히 특정 장소를 훼손한 것이다.

무덤의 오른편바위 (ibid.)

(히브리서 9장19절)

모세가 율법대로 모든 계명을 온 백성에게 말한 후에 송아지와 염소의 피 및 물과 붉은 양털과 우슬초를 취하여 그 두루마리와 온 백성에게 뿌리며...

히브리서 9장 19절은 모세가 율법대로 시나이의 오랜 언약을 확인하기 위하여 피와 물을 뿌린다는 사실을 말한다.

예수가 새로운 약속을 언약했을 때 행한 것은 이와 같은 것이었다. 모세가 동물을 잡아 피를 뿌린 것같이 예수는 자신의 피를 뿌렸다.

론은 미국으로 돌아와 자기 입으로 말한 그 자리에 언약의 궤가 있는지에 대하여 조사를 착수했다.

(역대하 35장3절) 또 여호와 앞에서 구별되어서 온 이스라엘을 가르치는 레위 사람에게 이르되, 거룩한 궤를 이스라엘 왕 다윗의 아들 솔로몬이 건축한 전 가운데에 두고 다시는 너희의 어깨에 매지 말고 마땅히 너희의 하나님 여호와와 그의 백성 이스라엘을 섬길 것이라.

이 때가 BC 621년이며 느부갓네살에게 예루살렘과 사원이 침공당하여 파괴되기 35년 전이다. 이것은 당시 언약의 궤가 솔로몬의 사원에 있었다는 사실을 말해준다. 바빌론 군대가 예루살렘을 포획하였을 때 그들은 예루살렘에 성벽을 쌓고 아무도 도시를 벗어나거나 들어오지 못하게 하였다. 그러므로 언약의 궤는 바빌로니아군의 침공 시에도 가장 안전하게 보관되어 있었을 것이다. 언약의 궤는 바빌론 군에게 빼앗기지도 바빌로니아로 가져가지도 않았다. 우리는 그것이 땅속에 숨겨져 있었을 것이라고 생각할 수밖에 없다. 이것은 론 자신이 입으로 말하며 가리킨 곳과 놀랍게 일치하며 론과 그의 두 아들은 자신이 가리킨 그곳을 파기 시작했다. 그들은 골고다로 알려진 곳의 절벽 밑에서 파 들어가기 시작했다. 1800년경 고든 장군은 이 지역이 성서속의 갈보리 지역과 일치한다는 사실을 알았다.

(마태복음 27장 57-60)

57절; 저물었을 때에 아리마대 부자 요셉이라 하는 사람이 왔으니 그도 예수의 제자라

58절; 빌라도에게 가서 예수의 시체를 달라 하니 이에 빌라도가 내어 주라 분부하거늘
59절; 요셉이 시체를 가져다가 정한 세마포로 싸서
60절; 바위 속에 판 자기 새 무덤에 넣어 두고 큰 돌을 굴려 무덤 문에 놓고 가니

근처에 있는 예수의 무덤에서 그 무덤이 급히 넓혀진 것을 보면 그 무덤은 원래 예수를 위해 준비된 것이 아닌 다른 사람의 무덤이라는 사실을 알려준다.

론은 절벽 밑에서 시작하여 차츰 입구를 넓히고 지하방을 찾아 파 들어갔다. 마침내 그는 지하방의 지붕으로 삼고 있는 바위를 뚫고 들어갔다. 론이 아래에 무엇이 있는지를 보기 위하여 바위를 치우자 그는 나무판자를 발견했고 그것을 치우자 동물 가죽이 드러났다. 어떤 빛나는 것이 동물 가죽의 아래에서 보였다. 론은 마침내 지하방을 찾았고 성전에서 진설병을 놓는 탁자를 찾았으며 계속 이어서 더 많은 바위와 나무를 치우자 석재로 만든 보관함을 발견한다. 그 뚜껑은 깨져있고 한쪽으로 움직여져 있었다. 그는 그 안에 금빛으로 빛나는 언약의 궤를 바라보고 있는 자신을 발견했다. 그는 놀라움과 그가 앓고 있던 폐병으로 45분 가량 정신을 잃었다. 이때가 1982년 1월 6일이었다. 그는 언약의 궤를 폴라로이드 사진기로 촬영을 했으나 인화물은 구름이 낀 것 같이 흐릿하여 알아볼 수가 없었다. 다시 촬영을 시도했으나 역시 구름을 찍은 것처럼 형상은 나오지 않았다.

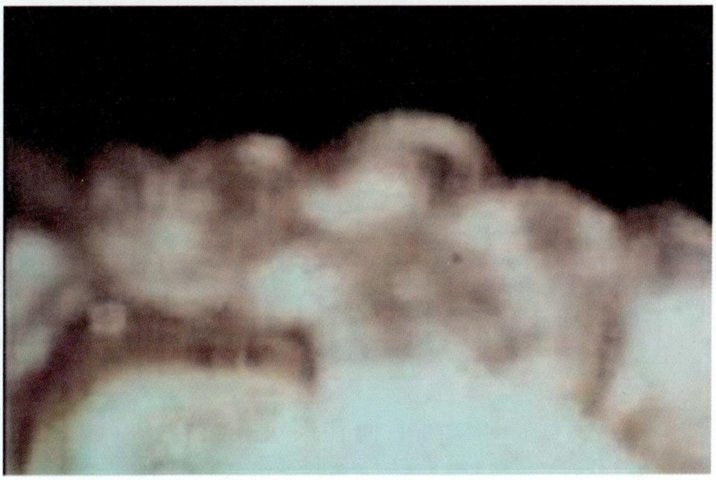

언약궤의 사진모습 (ibid.)

론은 마르고 검은 물질이 언약궤 위의 갈라진 천장에 있는 것을 발견하였다. 그는 그 검은 물질이 석재보관함의 갈라진 덮개에도 튀어 있는 것을 발견했다. 그는 신이 언약의 궤를 놓은 자리에 신성한 피가 떨어지도록 만들어 놓은 것을 알았다. 그가 그 흔적을 따라 가보니 그것은 예수의 십자가형을 한 바로 그 자리 밑 20피트 아래로 흐른 피임을 알았다. 그 검은 물체는 후에 분석을 거쳐 사람의 피라는 사실이 밝혀졌다. 여러 가지 과학적 증거로 그는 그 피가 명백히 예수의 피라고 판단했다.

십자가형과 언약의 궤의 위치 도식 (ibid.)

후에 론은 그 지하방에 세 번이나 더 들어갔다. 첫 번째 진입 때와는 달리 놀랍게도 지하방은 깨끗이 정리되어 있었다고 론은 진술한다. 그리고 거기서 네 명의 천사가 그 앞에 서있는 것을 발견한다. 그들 중 한명이 말하기를 '지금은 지구의 사람들이 이 언약궤를 볼 때가 아니며 사람들이 짐승의 표를 받는 법안이 통과될 때 사람들이 언약의 궤를 보게 될 것' 이라고 말해주었다.

(계시록13:16-17) 그가 모든 자, 즉 죽은 자나, 큰 자나, 부자나, 가난한 자나, 자유자나, 종이나, 그들의 오른손이나 이마에 표를 받게 하고 그 표나 그 짐승의 이름이나 그의 이름의 숫자를 지닌 사람을 제외하고는 아무도 사거나 팔수 없게 하더라.

론은 언젠가 짐승의 표를 받아야 하는 법이 통과되면 신이 십계명을 적은 돌판을 볼 수 있도록 허용할 것이라고 들었고 깨끗하게 언약의 궤가 촬영된 비디오를 사람들이 공개적으로 볼 수 있을 것이라고 들었다.

(시편 119장 126절)
그들이 주의 법을 폐하였으니 이제 여호와께서 일하실 때이니라.

론이 시계를 보니 때는 1982년 1월 6일 오후 2시었다.

발굴 중의 론
(ibid.)

그 후에 그는 이스라엘 고고학청에게 이 사실을 보고하고 고고학청의 공무원이 이를 확인하기 위하여 굴의 입구에 들어갔으나 갑자기 등과 다리가 좁은 동굴에 갇혀서 꼼짝을 못하여 결국 보지 못하고 되돌아 나올 수밖에 없었다.

론이 지하방에서 가지고 나온 물건은 솔로몬 사원에 있던 것으로 추정되는 상아로 조각한 석류 모양의 물건인데 거기에는 "여호와의 집"이라는 히브리 문자가 조각되어 있고 사제가 제사의식에 사용한 것으로 추정되었다. 이 물건은 이스라엘 고고학청에 제출되어 지금은 박물관에 전시되어 있다. 이 물건은 솔로몬의 사원 당시 있던 물건으로 최초로 세상에 공개된 유물로 인정되었다. 그 외에도 론은 기름 등잔 하나를 가지고 나왔다.

기름등잔 (ibid.)

제기의 일종 (ibid.)

론은 그가 다니는 교회에서 그가 발견한 성서고고학적인 발견에 대해 질의응답을 하였다. 그는 지하방의 천정에서부터 언약의 궤에 이르기까지 남아있는 검은 물체에 대해 질문을 받았다. 그는 그 검은 물질을 연구소에 의뢰하여 분석을 요청하였고 그 결과 그 물질은 사람의 피이고 아직 살아있으며 세포분열을 왕성하게 하고 있다는 보고를 받았다.

그리고 그 혈액에 대한 DNA분석결과 총 24개의 염기서열 중 23개는 어머니에게서 온 것이다. 그리고 아버지에게서 온 단하나의 y 염색체를 가진 것으로 보고 받았다. 그것은 일반적인 사람과는 다른 DNA구조를 갖고 있다는 사실을 보고 받았다. 보통 사람의 혈액의 경우 46개의 염색체를 가지고 있다. 즉 이것은 23쌍의 상동염색체(homologous chromosomes)를 가지는데 23개는 어머니로부터 23개는 아버지로부터 온다. 각 23개의 짝 중 아버지로부터 온 한 개의 성염색체가 성을 결정한다. 그런데 론이 조사를 의뢰한 그 피는 23개의 어머니인 마리아로부터의 염색체 정보와 단 하나의 신으로부터 받은 y 염색체 하나로 구성된 24개의 DNA 염색체 구조를 갖고 있다는 놀라운 사실이었다.

피에 대한 분석은 예수가 동정녀와 하나님으로부터 받은 단 하나의 y 염색체를 가지고 있으며, 이는 사람과 다른 혈액의 DNA 구조를 보여주었다. 론은 교회에서 이 사실을 말하면서 경외감에 울음을 터트리며 더 이상 말을 잇지 못하였다. 나도 그 인터뷰 화면을 보면서 어린양이 되어 피를 흘리는 예수를 떠 올리며 저절로 흘러나오는 눈물을 참을 수가 없었다. 그리고 성서의 동정녀 마리아의 성령에 의한 잉태가 신화나 비교문화사학자들이 말하는 조작된 전설이 아니라 정확하게도 살아있는 진실이라는 점에 경악을 금치 못했다.

그의 성서고고학적 발굴과 기록을 담은 비디오물을 다보고 읽을 자료를 다 읽은 후에 나는 이 마지막 저술을 쓰기 전에 무릎을 꿇고 기도를 올리지 않을 수 없었다. 경외감과 두려움 그리고 거룩함과 감동에 젖어 못 이겨서, 살아계신 하나님, 지금도 역사하시고 준비하시는 하나님에 대해 생각하며...

론은 1933년 6월 2일에 태어나 평생 마취전문 간호사(nurse anesthetist)로 일하면서 평생 모은 재산을 성서고고학적 발굴에 사용하다가 돈이 떨어지면 다시 일터로 돌아가 돈을 모아 고고학적 발굴을 위한 여행과 발굴 작업에 돈을 사용하였다. 그는 소돔과 고모라, 홍해, 노아의 방주 그리고 언약의 궤 등 인류 역사상 가장 귀중한 성서적 유물의 발굴에 온힘을 다 바친 성실한 신앙가이자 아마추어 고고학자, 그리고 신의 사랑을 받아 언약의 궤라는 인류역사상 전무후무한 최고의 보물을 발견한 위인으로 1999년 8월 4일에 타계하였다. 그의 작업은 자녀와 가족 그리고 동료들에 의하여 계속되고 있으며, 미국 테네시에 그가 일생을 바친 발견에 대한 자료를 보여주는 박물관이 운영되고 있다. 예수가 희생양이 되어 그의 피를 흘려 희생제를 드린 언약의 궤, 그것이 대중 앞에 나오는 날은 짐승의 표를 받는 법이 통과된 시점이라고 하니 얼마 남지 않았다. 우리는 현재 신용카드를 사용하고 있지만 이것이 좀 더 기술 공학적으로 발전하면 분실이나 도난을 막기 위해 안전한 생체학적 바코드를 몸에 이식하여 생활할 수 있는데 성서에서 짐승의 표를 받는다고 하는 것은 이러한 생체 바코드가 신분증명서가 되는 세상을 말하는 것으로 해석된다. 이 기술은 몸에 칩을 이식하거나 바코드를 프린팅하여 경제활동을 하도록 하는 방법으로 지금도 가능하나 아직 대중화되지는 않고 있다. 그러나 앞으로 어떤 연유에서 독재적인 정치나 또는 사회문화 경제적인 이유로 신체에 이식하는 바코드로 경제생활을 하도록 강요하는 세상이 올 수도 있다. 그 때까지 얼마나 남았을까?

현재도 베리칩이라고 하는 사람의 몸에 이식이 가능한 장치가 특정한 환자를 식별하기 위해 미 FDA의 승인을 얻어 제한적으로 이용 중이다. 그리고 이런 장치를 대중적으로 확대하기 위한 법안이 전문가에 의하여 준비중이다. 그러므로 베리칩, 즉 짐승의 표가 나타나는 것은 지금 초읽기에 들어 갔다고 보아야 한다. 성궤는 원래 이 책의 주제가 아니었고 다만 나는 성궤와 관련하여 그것은 막연히 이디오피아나 아니면 파키스탄 어딘가에 있다는 기사를 본적이 있어 막연히 아프리카에 가보고 싶다는 희망을 가졌으나 이렇게 예루살렘 코 앞에서 발견될 줄은 꿈에도 몰랐다. 또한 그것이 우리 인류가 아무도 모르는 사이에 예수의 성혈을 속죄소가 받아 속죄행사가 이루어 진 줄을 누가 알았겠는가? 성궤가 이 책에 포함된 것은 거기에 예수의 피가 흘러 묻어 있기 때문이며 그것은 신약성서가 전체를 통하여 인류에게 말하고자 하는 핵심적 의미를 담고 있기 때문이다. 그 의미는 어려운 해석을 요하는 것도 아니요 아주 단순하고 심플한 시각적 메시지를 담고 있는 것이다.

"예수의 피로 인류가 구원받았다, 혹은 예수는 너를 속죄하기 위하여 피를 흘렸다"이다.

사실 성궤는 접근불가의 영역이었으나 마지막까지 나를 기다리게 하신 것은 거룩하신 주께서 그것이 이 책에 포함되기를 원하신 거룩한 성령의 뜻으로 받아들이고 싶다. 성궤가 예수님과 직접 관계를 갖는 의미 속에서 이글에 포함될 수 있으니 정말 나로서는 큰 은혜가 아닐 수 없다. 이 글의 각 주제를 적어 나가면서 많은 감명과 은혜의 은사를 받았지만 성궤의 주제에서는 나의 온몸의 그리고 일생의 모든 죄악이 떠오르며 다시 회개가 시작되며 온 몸에 천둥과 번개가 내려치듯 전율이 흘렀고 밤새 몸이 떨렸으며 그러나 정신은 상상할 수 없을 정도로 맑아졌다. 깊은 감동과 눈물과 흐느낌과 고통과 희열이 동시에 교차하였다. 마침내 내가 이글의 마지막에 증언하고 싶은 것은 그동안 자료 조사로만 작성한 이 책을 저술해 가는 과정에서 하나님은 지금도 우리 옆에서 우리를 지켜보며 일하고 계시고 우리를 사랑하시며 우리를 위해 준비하고 계신다는 사실을 깨달았다. 그동안 소홀한 믿음에 대한 후회가 밀려왔다. 하나님이 십계명을 세상에 다시 보여주신다면 인류는 주님의 명령과 말씀을 순종하며 살았는지 돌아볼 기회가 될 것이며 그러면 얼마나 많은 사람들이 부끄러움을 느끼며, 회개하게 될 것인가 그리고 얼마나 많은 사람들이 용서받을 수 있고 또한 죄의 댓가를 치루게 될 것인가? 주여! 자비로우신 주여 죄 많은 저희를 용서하시고 또한 흠 없는 독생자 어린 양을 십자가에 못 박은 저희를 굽어 살피시고 용서 하시옵소서...

론과 그의 동료가 성궤를 찾아 절벽 아래를 파들어 가는 동안 그들은 돌 아래로만 잘못 파고 들어간다는 사실을 깨달았는데 거기에는 바위 안팎으로 벌이 드나들었을 뿐이었다. 그래서 그들은 정으로 커다란 바위 덩어리를 파서 쪼개보니 작은 구멍을 발견할 수 있었다. 거기에 불빛을 비추어 보자 좀 더 커다란 동굴을 볼 수 있었다. 그들은 지하방으로 기어들어갈 수 있도록 즉시 그 동굴을 넓혔다. 구멍을 넓혀 지하방에 이르는 작업조건은 매우 어려웠는데 산소도 부족하고 습한 가운데 론은 몸을 압착하기 위해 숨을 내쉬어야 했다. 함께 작업을 하던 인부는 평소처럼 지하방에 이르는 작은 동굴을 기어가다가 갑자기 뛰쳐나오면서 "저기 뭔가 있어요, 저기 뭔가 있어요" 라고 소리쳤다. 그는 동굴의 구조를 설명했지만 그곳으로 다시 들어가기를 거부했다. 왜냐하면 들어갔다가 다시는 나오지 못할 것으로 생각했기 때문이다(구약에 보면 성궤를 보거나 잘 못 만지면 즉사했기 때문에 중동 출신의 그 인부는 매우 두려움을 느낀 것 같았다).

론은 지하방에 이르는 입구를 더 넓혀서 그가 기어 들어 갈수 있도록 만들었다. 그는 바위 위를 기어 들어가서 지하방의 천정부근의 돌무더기에 이르렀다. 돌 틈사이로 불을 비추자 황금빛이 그에게 반사하는 것을 볼 수 있었다. 론은 그 아래 무엇이 있는지를 보기 위하여 돌을 한 켠으로 치웠다. 마르고 썩은 나무판자를 치우고 한쪽으로 이동하자 동물 가죽이 드러났다. 동물 가죽 아래에 어떤 빛나는 것이 있었다. 그것을 한쪽으로 치우자 그는 솔로몬의 성전에서 예배 때 빵을 올리던 진설병 상을 발견했다.

<너무 몰입해서 그런지 사소한 일도 이상한 것으로 여겨진다. 이 부분까지 원고를 쓰다가 2015. 9월 13일 주일 11시 예배시간이 다 되어 허겁지겁 성경책을 챙겨들고 나섰다. 부산 온천장 소정교회 주보를 보니 출애굽기 24장 12절에서 18절을 주제로 목사님이 설교를 하시는데 성경 봉독 후 성경책 바로 오른편 25장 10절과 22절이 눈에 바로 들어왔다. 참 이상한 일이다. 언약궤에 대하여 그 제원을 보여주시는 것 같다. 거기에는 언약궤에 대하여 정확한 기술이 되어 있었다>

★ 증거궤(證據櫃) : 25장 10절~22절
이스라엘 백성들은 조각목(皂角木)으로 궤를 만들었다.
정금(精金)으로 궤의 안팎을 싸고 금으로 테를 둘렀다.
정금(精金)으로 속죄소(贖罪所)를 만들어 궤속에 넣었다.
*정금(精金)-정금이 상징하는 것은 하나님의 말씀이다.
*속죄소(贖罪所)-화해의 장소로 속죄의 제사를 드리는 곳

★ 진설병(陳設餠)을 놓는 상 : 25장 23절~30절
조각목(皀角木)으로 제사음식을 차릴 상을 만들다
*진설병(陳設餠)-거룩한 떡으로 불렸으며 누룩없는 고운가루로 만들었다.

★ 등대(燈臺) : 25장 31절~40절
정금(精金)으로 제사시에 불을 밝힐 등잔대를 만들다.

더 많은 바위와 나무 조각들을 들어 올려 치우기를 계속하자 그는 방의 한쪽 구석에 커다란 돌로 된 함을 발견했다. 그 돌판 위 부분은 갈라져 있었고 한쪽으로 움직여져 있었다. 그것은 윗부분이 납작하고 완전히 두 조각이 나있으며 작은 쪽이 옆으로 물러나 있어 석재 보관 상자를 보이도록 열어놓았다. 그러나 그 윗부분은 너무나 천장에 가까이 있어서 안쪽을 볼 수 없었다. 그러나 이미 그는 안에 있는 게 무엇인지 알고 있었다. 천정의 갈라진 틈은 돌 판이 갈라져 열려 있는 바로 윗부분이었기 때문에 그는 맨 처음으로 그것을 보았다. 검은 결정체가 천정의 갈라진 틈으로 내려와 석재함의 열려진 부분으로 바로 들어 가 있었다. 그 검은 결정체가 석판의 덮개 위로 튀어 오른 흔적이 있었기 때문에 그것은 바로 쉽게 알아 볼 수 있었다. 이 당시 론의 회상에 의하면 여기서 무슨 일이 일어났는지 바로 알아차릴 수 있었지만 그는 그만 정신을 잃고 말았다. 지하방 천정의 갈라진 틈이 론이 있는 곳에서 수십피트 위의 십자가가 세워진 구멍의 바위의 갈라진 틈이 이어진 끝부분 이라는 것을 알았고 검은 결정체는 바위의 갈라진 틈을 타고 내려와 석재함 위에 떨어진 예수의 성혈이라는 사실을 알았다. 그는 석재함 안에 있는 것이 언약의 궤라는 것을 알았다. 그러나 그가 가장 놀란 것은 예수 그리스도의 피가 실제로 속죄소(Mercy Seat)위에 정확히 떨어졌다는 사실이었다.

감격과 폐렴의 고통으로 론은 그 방안에서 정신을 잃었다. 그가 정신이 돌아온 때는 오후 2시 45분이었다. 그가 지하방에 들어간 지 45분 동안 기절하고 있었지만 그는 그 짧은 시간동안에 아담과 이브 이래 모세의 법에서 신 그 자신이 상세하게 지시한 대로 신의 사람에 의하여 만들어진 모든 희생제를 대표하는 문

자 그대로의 전형적인 희생제의 최초의 목격자가 되었다. 론이 이 어마어마한 발견을 한 때가 1982년 1월 6일이었다. 그는 폴라로이드 카메라로 언약궤의 사진을 찍었으나 어찌된 일인지 사진은 구름처럼 변해버렸다. 그는 35mm 비디오카메라로 촬영을 하였으나 그 역시 안개처럼 보이기만 했다. 그는 돌아가서 내시경 카메라로 촬영을 하였으나 역시 사진은 안개처럼 변해버렸다. 동굴 안에서 론은 언약의 궤를 담고 있는 석재 함, 진설병을 놓은 탁자, 향을 올리는 황금제단을 발견했다. 황금으로 만든 향로는 일곱 개의 램프 스탠드 가지를 가지고 있었다. 각 가지의 끝에는 황금으로 만든 기름등잔이 설치되어 있었다. 제사장의 제의(祭衣 ; an ephod), 끝부분을 석류처럼 만든 상아로 조각한 장식을 붙인 사교관(司教冠 : a miter), 한 뭉치의 이스라엘 은화인 세겔, 황동으로 만든 커튼을 거는 고리 등이 거기에 있었다. 그리고 5피트2인치나 되는 매우 큰 검이 있었는데 그것은 솔로몬 왕의 부친인 다윗이 골리앗의 목을 벨 때 사용한 것과 같은 검이었다.

론은 그 방으로 들어가는 입구를 최초로 발견했는데 그가 발견한 양쪽으로 뻗쳐진 큰 터널의 한쪽 면을 뚫고 들어가 발견한 것이다. 그러나 그것은 큰 돌로 양쪽이 모두 완전히 막혀있었다. 지금 문제는 이 성물을 가지고 지하방으로 들어가는데 이용한 원래의 통로를 발견하는 것이었다. 왜냐하면 바위가 너무 커서 론이 들어가는데 이용한 좁은 통로로는 가지고 나올 수가 없었기 때문이다.

다윗의 검 (ibid.)

1854년 겨울, 다마스커스 문 근처에서 바클레이 박사(Dr. Barclay)는 예루살렘 시 지하에서 모라아산으로 750피트나 확장된 커다란 동굴인 제데키아의 동굴(Zedekiah's Cave)을 발견했다. 참호 또는 마른 해자에서 시작하여 모리아의 북쪽과 남쪽을 구분하고 있었다. 그것은 넓이가 최대 325피트, 평균 높이가 약 50피트였다. 그것은 당시 채석장 지하에 있었다. 다윗 왕과 솔로몬 왕이 도시건설과 첫 번째 사원을 세우는데 이 석재를 사용하였다고 믿는 사람들이 있었다. 먼저 지하 채석장과 도시에 이르는 입구가 없다고 믿었다. 그러나 론은 붕괴를 막기 위해 천장을 지지하는 단단한 바위기둥 자리 왼편 중 하나에서 출입구를 발견했는데 그것은 전혀 석재기둥이 아니었다. 그것은 천장의 구멍을 통해 바닥에 쌓은 거대한 양의 흙더미와 잔해물이었다. 표면적으로 그것은 정상적인 바닥처럼 보였으나 그것은 실제로는 도시에서 채석장 아래로 가는 숨겨진 통로였다.

론은 지하 채석장에서 골고다로 이어진 어느 터널이 없는지 궁금해 하였다. 만일 그렇다면 언약궤와 다른 성물들은 구멍을 통해 템플 산의 평지에서 동굴을 통해 내려졌을 것이며, 그렇다면 그 터널을 통해 현재의 십자가형의 장면이 연출된 현재 그 자리에 놓여 졌을 것이라고 생각했다. 그래서 그는 그 방향으로 인도하는 터널을 조사하기 시작했다. 마침내 그는 터널을 하나 찾아냈다. 침식으로 반들반들 해진 돌과 돌출암석에 의하여 시야에서 거의 완전히 숨겨진 동굴 벽에 이르는 입구는 큰 돌을 여러 번 잘라 완전히 봉해져 있었는데 그것은 오른쪽으로 향하고 있었다. 그러나 그곳은 론이 언약의 궤를 발견한 곳에서 너무 멀었다.

발굴중인 입구 (ibid.)

만일 이것이 주요 통로라면 예레미아가 언약의 궤를 골고다 아래의 지하방으로 옮기는데 사용했을 것이다. 론의 앞에 놓인 긴 터널을 치우는 것은 보통 작업이 아니었다. 제데키아의 동굴(Zedekiah's Cave)입구에서부터 거리를 가로지르면 버스 정류장이고 버스 정류장 뒤가 해골의 산이다.

론은 나중에 지하 채석장으로부터 갈보리지역의 경사면을 연결하는 터널의 존재를 조사하기 위해 지표층 탐색 레이다를 사용하였다. 그는 정확한 방향으로 거리를 가로지르는 터널 같은 공동을 찾았다. 그것은 기껏해야 도로 아래 20 피트 지점이었다. 그러나 아직 그것은 십자가 형장과는 꽤 먼 거리였다. 그가 입구를 열자 터널이 나타났으나 불과 몇 피트 앞의 통로는 큰 바위와 잔해로 막혀 있었다. 론에게 있어서 그것은 누가 그랬는지는 모르지만 터널은 막혔고 그것을 막은 사람은 자연적인 흙과 바위로 보이는 것처럼 위장을 하여 입구를 봉하려했던 것처럼 보였다. 이제 론은 엄청나게 긴 터널을 청소하며 나가야 하는지, 아니면 원래 작업하던 장소로 돌아가서 끝에서 주 터널을 찾아야 하는지를 결정하여야만 했다.

## 솔로몬 사원아래 영혼의 우물

몇 사람만이 알고 있는 비밀이 있었다. 한때 솔로몬의 신전이 세워졌던 그 자리에 예루살렘의 바위지붕 사원(Dome of the Rock[1])이 있는데 그 사원의 바닥에 구멍이 하나 있고 그 구멍은 영혼의 우물이라고 불리우는 비밀의 방으로 연결되

1) Dome of the Rock(Mosque of Omar). "바위 지붕" 사원, 오마르 사원. 예루살렘 유다교 성전 영내에 세워진 이슬람교 사원. 7세기 말에 세워진 것으로 이 바위에서 이슬람교도들은 무함마드가 하늘로 올라갔다고 믿고 있고, 유다인들은 아브라함이 아들 이삭을 제물로 바치려고 준비한 곳이라고 믿고 있다. 이곳은 또한 Gad가 다윗에게 야훼께 제사상을 차리라고 일러 준 예브스 사람 아라우나의 타작마당으로 생각하고 있기도 하며(사무엘하 24: 18-25), 솔로몬의 성전 안에 있는 번제물(燔祭物)을 바치는 제단으로 생각하기도 한다. 이 바위지붕 사원은 무함마드의 두 번째 후계자 Omar(581~644)가 지은 것으로 믿어져, "오마르의 사원(Mosque of Omar)"이라고도 한다.

어 있었다. 그곳은 땅 밑으로 적어도 45개의 지하방과 터널 그리고 동굴이 각 방향으로 연결되어 있었다. 이것은 이미 19세기에 영국의 찰스 윌슨과 찰스 와렌 경에 의하여 조사되고 확증된 알려진 사실이다. 기반암 아래의 이들 동굴 중의 하나가 유대, 아랍, 기독교인 등 3자의 종교적 세계에 매우 중요한 인류역사상 가장 중요한 고고학적 발견인 성궤의 보관처로 인도해 줄 수 있다. BC 586년 솔로몬의 사원을 파괴한 바빌론군이 있던 이 지역 아래 숨겨져 있는 세계에서 가장 이해할 수 없는 신비한 것 중의 하나에 대한 답이다. 전설적이고 환영적인 언약의 궤, 고대 이스라엘 민족이 사막에서 유랑하던 시대에 신의 손가락에 의하여 돌 판에 씌여지고 모세에게 시나이 산에서 주어진 최초의 십계명을 담은 성궤이다.

영혼의 샘에 이르는 바닥의 구멍에 대해 아는 사람은 거의 없다. 그러나 만일 당신이 무슬림 사원인 바위사원에 가서 바닥을 두드리면 아래의 지하방에서 오는 빈 공간을 울리는 반향을 들을 수 있을 것이다. 영혼의 샘은 알려진 대로 유대교 전승에 의하면 아브라함이 그의 아들인 이삭을 희생물로 바치기 위해 준비한 바위 아래의 자연동굴에 위치하고 있다. 이슬람 전승은 무하메드가 이 바위에서 하늘로 올라갔다고 믿는다. 누군가가 폭발물을 가지고 이 사원을 폭파할 위험 때문에 오늘날 누구도 템플산 아래의 이 지하 방에 접근이 허락되지 않는다. 템플산과 바위지붕 사원 아래의 자연동굴은 지역의 보안당국과 경찰의 경계 아래 주기적으로 관광객에게 공개된다. 이 저수조의 어딘가에서 성궤 보관동굴로 가는 입구가 있을 것으로 추정되고 있으나 그 이상은 알려진 바가 없다. 때가 되면 그것이 인류에게 모습을 드러낼 것이다.

사원이 재건축되고 언약궤는 원래의 자리에 되돌려 질 것이라고 믿는 기독교인과 유대인들이 있다. 그러나 예수는 유대인들에게 사원은 파괴될 것이라고 말했다. 이 위대한 모든 건축물을 보라. 예수께서 말했다. 돌 하나도 남아 있지 않으리라. 모두 다 넘어질 것이다.

언약의 궤는 발견되었고 속죄소에 튄 그리스도의 피는 무엇을 의미하는지 세상에 알려졌다. 세상에서 가장 중요한 정보가 세상에 드러났다.

바위지붕 사원의 영혼의 우물 (ibid.)

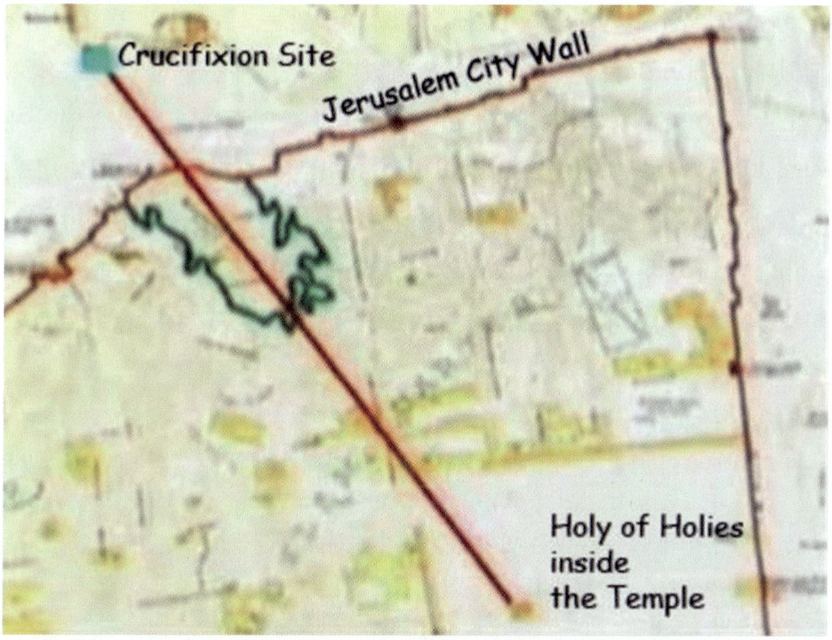


지성소에서 골고다까지의 지도 (ibid.)

(이사야 53장12절) 그러므로 내가 그에게 존귀한 자와 함께 몫을 받게 하며 강한 자와 함께 탈취한 것을 나누게 하리니 이는 그가 자기 영혼을 버려 사망에 이르게 하며 범죄자 중 하나로 헤아림을 받았음이니라 그러나 그가 많은 사람의 죄를 담당하며 범죄자를 위하여 기도하였느니라.

진정으로 그는 우리의 불행을 대속했고 우리의 슬픔을 대행했다. 아직도 우리는 신의 책망을 받고 고통을 받은 그를 경외한다. 그러나 그는 우리의 부당함으로 인해 상처를 입었고 그에 대한 징벌로 우리는 평화를 얻었고 그에게 붙은 채찍줄무늬로 우리는 치유되었다. 우리 모두는 재가 될 양이다. 우리는 각자가 자신의 길을 가게 되어있었다. 그리고 신은 우리의 모든 부당함에 대해 예수를 희생물로 올려 놓았다. 그는 억압받았고 시달렸다. 그러나 그는 그의 입을 열지 않았다. 그는 도살될 어린양으로 왔다. 그리고 양털깎는 사람 앞의 양처럼 벙어리가 되었다. 그래도 그는 그의 입을 열지 않았다. 그는 재판을 받고 감옥으로 데려갔다. 누가 그의 혈통을 분명히 말할 것인가? 그는 사람들의 범죄로 인하여 맞고 삶의 터전에서 단절되고 그는 사악함을 그의 무덤으로 가지고 갔으며 그의 죽음은 값있게 되었으니 그는 폭력이 없었고 그의 입으로 거짓을 말하지 않았기 때문이다. 그러나 주께서 그의 영혼을 인류의 죄를 위하여 내놓을 때 그를 멍들게 한 것은 주를 기쁘게 하였고 그는 그가 비탄에 빠지도록 하였다.

(이사야서 52장 14-15)

14 그의 모습이 사람 같지 않게 망가지고 그의 자태가 인간 같지 않게 망가져 많은 이들이 그를 보고 질겁하였다.

15 그러나 이에 그는 수많은 민족들을 놀라게 하고 임금들도 그 앞에서 입을 다물리니 이제까지 알려지지 않은 것을 그들이 보고 들어 보지 못한 것을 깨닫기 때문이다

(시편 22장 6, 8, 16-18)

6. 나는 벌레요 사람이 아니라 사람의 비방 거리요 백성의 조롱 거리니이다
8. 그가 여호와께 의탁하니 구원하실 걸, 그를 기뻐하시니 건지실 걸 하나이다
16. 개들이 나를 에워쌌으며 악한 무리가 나를 둘러 내 수족을 찔렀나이다
17. 내가 내 모든 뼈를 셀 수 있나이다 그들이 나를 주목하여 보고
18. 내 겉옷을 나누며 속옷을 제비 뽑나이다

(마태복음 27장 39-44)

39. 지나가는 자들은 자기 머리를 흔들며 예수를 모욕하여
40. 이르되 성전을 헐고 사흘에 짓는 자여 네가 만일 하나님의 아들이어든 자기를 구원하고 십자가에서 내려오라 하며
41. 그와 같이 대제사장들도 서기관들과 장로들과 함께 희롱하여 이르되
42. 그가 남은 구원하였으되 자기는 구원할 수 없도다. 그가 이스라엘의 왕이로다 지금 십자가에서 내려올지어다 그리하면 우리가 믿겠노라.
43. 그가 하나님을 신뢰하니 하나님이 원하시면 이제 그를 구원하실지라 그의 말이 나는 하나님의 아들이라 하였도다 하며
44. 함께 십자가에 못 박힌 강도들도 이와 같이 욕하더라.

제 육시로부터 온 땅에 어둠이 임하여 제 구시까지 계속되더니, 제 구시쯤에 예수께서 크게 소리 질러 이르시되 "엘리 엘리 라마 사박다니"하시니 이는 곧 "나의 하나님, 나의 하나님, 어찌하여 나를 버리셨나이까"하는 뜻이라. 거기 섰던 자 중 어떤 이들이 듣고 이르되 이 사람이 엘리야를 부른다 하고 그 중의 한 사람이 곧 달려가서 해면을 가져다가 신 포도주에 적시어 갈대에 꿰어 마시게 하거늘 그 남은 사람들이 이르되 가만 두라 엘리야가 와서 그를 구원하나 보자 하더라. 예수께서 다시 크게 소리 지르시고 영혼이 떠나시니라. 이에 성소 휘장이 위로부터 아래까지 찢어져 둘이 되고 땅이 진동하며 바위가 터지고 무덤들이 열리며 자던 성도의 몸이 많이 일어나되 예수의 부활 후에 그들이 무덤에서 나와서 거룩한 성에 들어가 많은 사람에게 보이니라. 백부장과 함께 예수를 지키던 자들이 지진과 그 일어난 일들을 보고 심히 두려워하여 이르되 "이는 진실로 하나님의 아들이었도다" 하더라.

그들은 예수님을 십자가에 뉘우고 양손바닥과 양발을 한곳에 모으고 그 위에 녹슨 대못을 박았다. 그 못은 잘못하여 나도 모르는 사이에 박히는 못이 아니었다. 내가 알고, 내가 보는 가운데 박히는 무섭고 두려운 못이었다. 십자가의 길은 이렇게 양손과 양발에 대못이 박히는 고통의 길이었다.

예수님은 제3시(아침9시)에 십자가에 못 박혔다(막15:25). 그리고는 제6시(낮12시)가 되어서 온 땅에 어둠이 임하기 시작했다(마27:45). 한 낮에 갑자기 빛이 사라지고 땅이 캄캄해지기 시작한 것이다. 그리고는 제9시(오후3시)가 되어서는 예수님은 돌아가셨다. 예수님은 십자가 위에서 여섯 시간 동안 고통을 당하신 것이다.

(마태복음 27장 제51절)
이에 성소 휘장[1]이 위로부터 아래까지 찢어져 둘이 되고 땅이 진동하며 바위가 터지고

1) 휘장(katapevtasma : 카타메타스마) : 지성소와 성소사이에 있던 휘장을 말한다. 이 휘장 뒤에는 지성소가 있었는데 이곳은 대 제사장이 일 년에 한번 백성들의 죄를 대신 사하기 위해서 제사를 드리러 들어가는 곳이었다. 이 지성소의 휘장이 위로부터 아래까지 찢어져 버렸다. 이것은 사람들에 의해서 찢어진 것이면 아래로부터 찢어져야 하는데 하나님께서 찢으신 것이기에 위로부터 찢어졌다. 또한 이 휘장은 양의 가죽과 같은 두꺼운 것으로 만들어져 있는 것으로 오늘 우리가 쉽게 생각할 수 있는 얇은 천이 아니다.

십자가의 예수 (ibid.)

유대인들은 안식일 준비 기간이었으므로 시신을 십자가에 그냥 두면 안 되므로 다리를 부러뜨려서 치워야 한다고 청원했다. 그러자 병사들이 다리를 부러뜨리기 위해서 왔으나 예수가 이미 죽은 것을 보고 다리를 부러뜨리지 않았다. 그러나 병사중의 하나가 창으로 그의 옆을 찔렀고 피와 체액이 흘러나왔다.

그는 기록된 바가 지켜졌고 그의 기록은 사실이며 그는 그가 한말이 사실임을 알았고 믿었다. 왜냐하면 이일이 집행되었고 성경의 예언은 실현되었기 때문이다.

(히브리서 13:12) 그러므로 예수도 자기 피로써 백성을 거룩하게 하려고 성문 밖에서 고난을 받으셨느니라.

죄에 대한 그의 희생과 영원한 삶의 약속을 지키기 위하여 예수의 피와 체액이 그리스도의 가슴에서 흘러 나와 땅의 바위 지지대를 지나 지표 아래로 흘러 언약의 궤의 서쪽 측면 위에 닿았다.

(요일 5:8) 증언하는 이가 셋이니 성령과 물과 피라 또한 이 셋은 합하여 하나이니라.

십자가형과 성궤 (ibid.)

# 제6장

# 영의 고고학

예수가 대속한 죄에 대하여

다른 종교의 예수에 대한 시각

## 예수가 대속한 죄에 대하여

예수가 시종일관 그리고 마지막까지 수행한 신의 명령, 이 시대를 위한 신의 프로그램은 인간의 죄를 대속하는 것이다. 인간의 죄는 예수가 신의 프로그램의 완성을 위해 예수의 생애에 극복해야 할 가장 큰 도전이었다. 왜냐하면 한 인간의 전 생애의 죄도 큰데 하물며 전 인류의 죄를 사하는 의식적 경로와 의례, 그리고 정말로 변화를 주어야 하는 일이기 때문이다.

생각해 보자. 사람들에게 있어서 이 세상은 불공평 하다. 왕후장상이 따로 있고 부자도 극히 소수가 따로 있다. 나도 같은 인간인데 저 사람은 부자로 또는 왕으로 났고 나는 평민으로 태어나 고생을 하며 산다. 이에 대해 현자들은 이미 그것은 하늘에 의하여 프로그램 된 삶이라고 할 것이다.

혹자는 전생의 업보에 의하여 수억 겁을 지나며 윤회에 의하여 쌓인 업보와 카르마에 의한 결과라고 한다. 그렇다면 조금 영리한 사람들은 "현자여 그것을 당신이 안다면 나의 삶을 재 프로그램 해 줄 수 있는지요? 그렇게 할 수만 있다면 해주시오."라고 요청을 할 수 있다. 큰 능력을 가진 현자는 이에 대해 카르마를 소멸시키는 기도를 하거나 그에 걸맞은 선행을 하거나 아니면 희생제를 하시오. 라고 가르쳐 줄 수 있다. 카르마의 작용을 피하기 위해 사주와 궁합부터 길일 잡기, 양택과 음택과 같은 풍수, 또는 많은 돈을 들이는 제사와 의식을 통해 조상과 자신의 업보 소멸과 복과 운을 부르는 행사를 하기도 한다. 나의 십대 때의 일이다. 살기가 어렵고 힘든 때가 있었다. 동양의 명리철학은 이름에 길흉 화복이 있다고 하였다. 내 이름을 음양오행으로 풀어보니 불(화)이 많고 물(수)은 적었다. 그래서 임시방편으로 물 "수"자를 파란 싸인펜으로 굵게 써서 수첩에 넣어 가슴에 지니고 다닌 적이 있다. 지나친 불의 기운이 주는 영향을 막고 일상의 기운의 균형을 잡기 위하여. 이처럼 사람들은 신의 작용이 아닌 오행의 작용에 대해서도 민감하여 가능한 한 삶에 장애가 되는 부정적인 기운을 벗어나고자 한다. 예수는 이런 사소한 인간의 일상과 믿음의 체계부터 인간의 원초적인 타락과 광범위한 죄의 개념에 대하여 그 경계와 범위 그리고 대속과 치유에 대하여 생각했을 것이다.

예수가 대속하는 인간의 죄는 아담과 이브 이후의 7,500년에 걸친 원죄 + 개별 인간의 모든 카르마를, 조상의 죄에서 유래된 연좌 죄와 음과 양의 작용에 의한 여러 방해 살과 풍수와 같이 잘못 고른 음택과 양택의 기운을 포함한 나에 대한 모든 부정적인 기운과 영향을 면해 주는 그와 같은 경천동지할 커다란 선물이 아닐까?

대부분의 인간은 하늘의 복을 타고나지 못하여 평생 일하고 남의 밑에서 돈을 벌어서 먹고 살아야 하는데 전체 인간의 상위 1-5%에 들지 못하고 감히 거기에 들어갈 엄두도 못 내며 살아간다. 그 이유는 카르마라고 하는 것이 알게 모르게 삶의 모든 국면에서 발목을 잡거나 동기를 꺾거나 방해하거나 시도할 용기를 상실하게 만들기 때문이라고 믿고 있기 때문이다. 그런데 예수를 믿고 영접하는 자에게는 인간의 궁극적 소망인 사망의 극복이라는 선물이 주어진다.

하나님이 창세 후 아담이 죄를 지어 동산에서 쫓겨 난 후 참회하다가 하나님에게 자신의 죄를 사해달라고 빌자 하나님은 아담의 죄를 5,500년 후에 사해주겠다고 말하신다.

### 그 죄의 의미는 무엇인가?

죄에 대해 아는 것이, 예수가 터치한 물건들보다 더 가치가 있다고 보인다. 죄로 인해 우리 모두는 출세, 사랑, 행복, 재물, 소망, 효도 등 모든 것에 진정으로 다가갈 수 없었다. 그러나 그 죄를 영(Zero)로 만듦으로 인하여 우리는 자유를 얻고 인간이 희구하는 모든 분야에 대해 적극적으로 나아가고 주장하고 성공을 기약할 수 있고 자유로울 수 있다. 전능한 신인 여호와는 부처, 예수, 마호메트 등이 땅에 온 모든 깨달은 종교 지도자와 신의 아들을 포함한 지도자를 보냈다고 보아야 한다. 유일한 신이므로, 이 지구의 자연력을 능가하고 있으므로 인간 자신이 만든 카르마의 소멸은 당연히 신의 일에 속하고 그것이 죄 사함 속에 포함되지 않을 리 없다. 불교에서도 승려들은 과거의 카르마를 소멸시키기 위해 기도를 하는데 죄인이라는 의미에서 회색의 승려 복을 입고 있다. 대부분의 고등종교는 구원을 이야기한다. 그것은 보통 인간이 카르마가 있거나 현재 죄를 짓고 있고 기도를 통해 죄를 씻는 의례를 행하는데, 그러므로 자비와 사랑을 베풀고 물적 혹은 영적인 번영과 복락을 누린다. 어떤 학자들은 종교를 현세구복적인 종교와 보다 차원 높은 고등종교로 분류를 하는데 모든 종교의 속성은 사실은 현세의 고통을 일차적으로 치유 받고 내세를 위하여 선행을 하도록 한다. 기독교에서도 예수는 많은 병자를 치유하였다. 그리고 영적으로도 병든 우리 영혼을 치유하였다. 지금도 우리의 병들고 힘든 영혼을 치유하려고 우리 앞에 있다. 그런데 우리는 우리의 영혼이 어떻게 병들어 있고 그것을 어떻게 치유 받는지에 대한 자세한 정보가 없이 믿음을 수용해왔다. 예수가 자신을 희생제로 드린 십자가형과 부활의 진정한 의미를 알아야 할 필요가 있다. 불교나 타종교를 보고 종교 간 거기에 내재된 기본 이념과 철학을 확인하면 본질은 같다는 점을 알수 있다. 옥스퍼드 대학의 어느 종교학자가 예수에 대하여 각 종교별로 인터뷰를 하였다.

유대교인은 말하기를 마리아는 부정한 여자로 혼외정사를 통해 임신을 하고 사생아인 예수는 자칭 메시아라고 칭하며 마술을 부려 눈속임으로 사람들을 미혹하였으며 그러므로 십자가형을 받은 것은 당연하다. 그는 십자가에서 살아나 막달라 마리아와 결혼하여 자식을 낳았고 도피하여 살았다. 메시아는 아직 오지 않았다고 주장한다.

기독교인은 예수는 성모 마리아가 성령으로 잉태한 하나님의 자녀로서 메시아로서 이 땅에 와서 33년의 공생애를 거쳐 인류의 죄를 대속하려 십자가에 못박혀 돌아가시고 삼일 만에 부활하여 하늘에 오르셨다. 그리고 전능하신 하나님의 오른편에 앉으셨다.

무슬림은 예수에 대하여 마호멧처럼 예수는 예언자로 온 자이며 다윗과 아브라함의 자손이다. 그는 다시 올 것으로 믿는다고 말한다.

이스라엘의 유대인 대부분은 유대교를 믿지 기독교를 믿지 않는다. 이스라엘 인구의 약 2.1%(약 16만 명)만이 기독교신자로 여겨진다. 그렇다면 대부분의 이스라엘 유대인은 반기독교이고 예수를 인정하지 않는데도 불구하고 이스라엘 이외의 국가의 사람들이 예수를 믿고 있는데 2010년 기준 69억 세계인구 중 약20억 명이 기독교인으로 전 세계인구의 약 35%에 달한다, 예수는 오히려 비유대인인 이방인들에 의하여 받들어지고 숭상되고 있다.

비교문화적인 관점에서 예수의 탄생설화를 분석한 한국의 천재적인 학자가 있다. 그는 다음과 같이 예수의 탄생 설화를 분석하여 기술한다.

"예수의 탄생은 이러한 아브라함으로부터 요셉에 이르기까지 부권적 계보(물론 이 계보는 우리나라 조선말기의 위조된 족보와 다를 바 없는 것이지만)의 권위를 일단 인정함으로써 예수라는 베들레헴 마구깐의 거지새끼(욕이 아니고 당시 사람들에게 그렇게 인식되었을 것이다)의 정통성을 확보하려는 세속적인 노력을 기울이고 있지만, 만약 이러한 세속적 계보만을 인정하여 예수의 탄생을 꾸민다면 예수는 단순히 요셉의 정충으로부터 태어난 보통 아들이 되고 말며, 아브라함으로부터 내려오는 거대한 부권계보의 말석을 차지하게 될 뿐이다. 그러므로 이러한 모순의 역동성, 즉 예수의 이스라엘 부권사회에 있어서의 현실적 정통성의 확보와 하나님의 아들로서의 새로운 즉 시조적인 절대권위의 확보사이에 존재하는 마찰, 그 마찰의 긴장감을 해소 혹은 은폐하려는 시도에서 곧 동정녀마리아 탄생설화가 꾸며지게 되는 것이다. 마리아가 "씹"의 행위가 없이 성령(Holy Spirit)이나 하늘에 감하여 애기를 배게 되었다 라는 것은 명백한 비 생물학적인 거짓말이면서도, 이 거짓말이 비단 신약성서에 뿐만 아니라 세계의 모든 고대 탄생설화에 공통으로 나타나고 있다는 사실은 이러한 설화를 꾸밀 수 있는 지능을 가진 고대 지성인들의 음모와 공통성, 보편성을 엿보게 하는 것이다(김용옥 1997:125)."[1]

1) 김용옥(1997). 여자란 무엇인가, 동양사상입문특강. 서울 : 통나무.

"...이러한 나의 언급이....이미 신학계에는 진부할 정도로 언급된 단순한 분석 방법에 지나지 않는다는 사실을 다시 한번 상기해 주기 바란다............"(전게서:126)

이 분석은 고대 문명속의 종교 창시자의 설화를 신화의 분석이나 비교문명사적인 관점에서 자유분방하게 기술하는 천재적인 내용으로 만약에 예수의 탄생과 그 이후의 공생에 동안 예수가 남긴 물건들이 없고 또한 혈액의 분석과 같이 과학적인 분석을 할 수 없어 증거불충분으로 인하여 우리는 고대인의 삶에 대하여 비교문화적인 신화분석 방법에 따라 종교나 문명사의 보편적 일반화를 할 수 있다면 그것은 매우 분석적이며 동시에 종합화된 분석으로 학술적인 가치를 인정받기에 충분하다. 그런데 성궤의 발굴과 속죄소의 혈액의 발견과 그 혈액의 과학적 분석이 말하는 것은 성모마리아는 남자의 정충을 받아 임신을 한 것이 아니라 고도의 공학적인 설명에서 오로지 여성염색체와 거기에 하나의 y 염색체 그것 하나만을 더 가진 예수를 잉태하였다는 결론이다. 즉 정상적인 남성의 정충을 받았다면 염기서열 중 23개의 대응되는 남성 염색체가 있어야 하는데 그 대신 남성을 결정짓는데 필요한 하나의 y 염색체만 있다는 사실을 어떻게 설명하여야 할 것인가? 비교문화적인 비평이나 해석 그리고 거기서 유도되는 추론적 지식은 문명을 설명하기 위해 과학적이거나 과학적 증거에 기반 하는 인류학적 증거가 없는 경우에는 대단히 유용한 방식으로 보여 지나 만일 과학적인 증거가 성서에서 나오는 이야기를 구체적으로 입증하여 준다면 즉 예수가 사용한 물건이나 신체의 일부, 흘린 피 등을 통하여 성경에 가설적으로만 기술된 설화와 같은 성령의 잉태와 같은 이야기에 대해 구체적인 증거가 제시된다면, 여기서 우리는 이것을 설화나 신화 또는 전설적으로 꾸며진 이야기라고 할 수는 없을 것이다. 성경은 사실을 기록한 기록이라는 말이다.

이 책의 언약의 궤의 장에서 본 것처럼, 예수가 십자가에 달려 흘린 피가 속죄소[1]에 흘러 들어감으로서 진정으로 우리 인류의 죄가 사해지는 엄청난 하나님

---

1) 속죄소'에 대하여
많은 사람들이 속죄소(贖罪所)를 죄를 속하는 어떤 공간으로 알고 있다. 이것은 정비소, 검문소, 보관소, 이발소 등이 소(所)로 끝나면서 장소를 의미하는 것에 연유한다. 그러나 성경

✝

의 프로그램을 우리는 확인할 수 있었는데, 그 죄사함에 속하는 죄는 우리가 인식하지 못한 죄를 포함하고 있으며 추상적이고 상징적인 막연한 죄사함이 아니라 우리의 문화 속에 뿌리 깊이 박힌 조상숭배, 정령주의, 업보(카르마: 전생의 나의 죄 뿐 아니라 조상 줄에서 연결된 연좌 죄 등), 각종 방해 살을 포함한 부정적인 기운의 소멸을 포함한 죄사함을 넘어선 사망의 극복이라는 점이다. 이것을 깨달을 때 나의 삶에 진정한 변화와 자유가 있다. 우리가 원하고 추구하는 대로 인생을 잘 프로그램 하도록 하나님은 길을 열어서 우리에게 좋은 복락의 길로 인도하여 주신다. 이 책의 초입에서 아담은 하나님에게 자신이 하나님의 지시를 어긴 죄를 사해달라고 빌었을 때 하나님은 그 시기를 일러주었다. 예수가 속죄소에 피를

---

(개역)에 나오는 속죄소는 이와는 다른 개념으로 쓰이고 있다. 출애급기 25장 17절~22절은 '정금으로 속죄소를 만들되 장이 2규빗 반, 광이 1규빗 반이 되게 금으로 그룹 둘을 속죄소 두 끝에 쳐서 만들되 한 그룹은 이 끝에 또 한 그룹은 저 끝에 곧 속죄소 두 끝에 속죄소와 한 덩이로 연하여 할지며 그룹들은 그 날개를 높이 펴서 그 날개로 속죄소를 덮으며 그 얼굴을 서로 대하여 속죄소를 향하게 하고 속죄소를 궤 위에 얹고 내가 네게 줄 증거판을 궤 속에 넣으라. 거기서 내가 너와 만나고 속죄소 위 곧 증거궤 위에 있는 두 그룹 사이에서 내가 이스라엘 자손을 위하여 네게 명할 모든 일을 네게 이르리라'로 되어 있다. 여기서 속죄소란 지성소 안에 있는 법궤 위에 있는 판을 가리키고 있음을 알 수 있다. 이 속죄소로 번역된 히브리 원어의 뜻도 덮개, 뚜껑이 된다. 그러므로 영어 성경에서는 이를 'mercy seat'(은혜자리. KJV), 'atonement cover'(속죄 덮개. NIV)로 번역해 놓고 있으며 중국어 성경에서는 이를 施恩座로 번역해 놓고 있다. 그런데 일본어 성경과 우리 개역 성경에서는 이를 속죄소로 번역해 놓고 있어 그 의미 파악을 어렵게 했다. 개역 성경에서 속죄소가 나올 때는 대개 시은좌로 각주를 달고 있는 것을 볼 수 있다. 시은좌란 글자 그대로 은혜를 베푸는 자리라는 뜻이다. 이러한 점을 감안하여 요즈음 새로 번역되는 성경에서는 장소라는 의미로 직결되는 소(所)가 들어 있는 속죄소를 다음과 같이 다른 말로 바꾸어 번역한 것을 볼 수 있다. 위에 보인 출애급기 25장 17절을 한 예로 들면 '너는 순금으로 속죄판을 만들어라'(공동번역성서, 현대어 성경), '너는 순금으로 속죄소가 될 그 궤의 뚜껑을 만들어라'(현대인의 성경), '순금으로---속죄판을 만들어라'(표준새번역 성경전서) 유태력으로 7월 10일은 속죄일인데 이 날 대제사장은 백성과 자신의 죄를 속함 받기 위해 속죄물을 가지고 지성소에 들어가 그 피를, 만나를 담은 금 항아리와 아론의 싹난 지팡이와 언약의 비석들이 들어 있는 법궤 위에 놓인 이 '속죄판' 동편과 앞에 뿌렸다. 이렇게 법궤를 덮은 판에서 하나님의 은혜가 베풀어 지는 것을 생각하여 중국어 성경에서는 시은좌로 번역된 것이며 개역성경 각주에도 이것이 반영된 것이다. 찬송가(통일) 247장의 가사 '---주 예비하신 시은소. ---주 피로 사신 시은소. ---다 함께 모일 시은소. ---은혜의 보좌 시은소'의 시은소는 속죄소와 같은 의미로 쓰인 시은좌의 변형이며 여기서는 교회를 가리키는 것으로 본다. 이상의 고찰을 통하여 우리는 개역 성경에 나오는 속죄소란 우리가 가지고 있는 통념적 개념인 어느 장소라기보다는 지성소에 들어 있는 법궤 위에 놓인 판을 가리키는 말인데 이 말은 요즈음 새로 번역된 성경들에서 쓰인 속죄판으로 이해하면 좋을 것이다. http://blog.daum.net/park1ks/62

흘린 다음에 죄가 사해졌다. 지구상의 인류의 죄를 대속한 십자가형 당시 인류의 선조인 아담의 죄가 사해진 것이다. 정확히 기록된 바가 실현되었다. 캘빈의 예정조화설에 의하면 아담이 지은 죄는 이미 하나님이 계획한 것이다. 설사 그러한 각본과 드라마틱한 일을 하나님이 만들었다할지라도 그러한 결론에서 아담과 이브가 선악과를 먹은 사실은 우발적이 아닐 수 있다는 불가지론이 나올 수 있으나, 이 같이 인류역사의 거의 만년에 이르는 시공간을 사건과 사건이 정확히 대응하면서 하나님의 약속을 확인하도록 해주는 사실은 없다. 확인할 수 있는 것은 하나님은 확고하다는 것, 약속을 지키며 실재하며 규례에 따라 지킬 것은 지키며 살아갈 것을 요구하며 들어주시는 분이며 우리를 위하여 준비하시는 분이라는 점이다.

이 책의 첫 장인 '동방박사와 선물' 편에 다음과 같은 외경의 기록을 인용하였다.

> "아담이 거하던 동굴의 입구는 북쪽이었는데 황금은 동굴의 남쪽에, 향은 동쪽에, 몰약은 서쪽에 두었다. 황금은 70개의 가지였고, 향은 12 파운드였고, 몰약은 3 파운드였다.[1] 낙원에서 쫓겨난 지 43일간 회개기도를 한 뒤 아담은 하나님께 간청했다. 우리는 낙원에서 금요일 저녁 6시에 1시간동안 죄를 지었습니다. 그날 저녁 쫓겨 났고, 그 후 43일간 고통을 받았나이다. 우리는 1시간동안 죄를 지었는데 43일간 고통을 받고 있습니다. 그러니 우리에게 생명의 나무 열매를 주시어 우리가 이 땅에서 시련과 고통을 겪지 않도록 하소서. 시련의 43일을 가지고 1시간의 죄를 상쇄하게 하소서. 이 간청에 하나님은 '네가 간청하는 생명의 나무의 열매를 지금 줄 수는 없다. 그러나 5,500년이 지나면 주겠다. 그러면 너는 그 열매를 먹고 영원히 살 것이고, 하와와 너의 자손도 그럴 것이다.'"[2]

지금은 서기 21세기, 성서학자들과 외경에 따르면 창세의 천지창조 후 7,500년이 지난 셈이다. 이를 역산해보면 예수가 활동할 당시는 창세 이후 약 5,500년이 되는 시기였다. 앞의 외경 글에서 신이 5,500년이 지나면 아담의 죄를 사해준다는 의미로 생명의 나무를 주겠다고 말하고 있다. 이 생명의 나무는 영적으로 영생을 주는 나무인지, 아니면 물질과 육체를 가지고 장수나 영생을 준다는

1) 이동진. (2009:108). 제2의 성서. 서울:해누리.

2) 이동진. (2009:116-117). 제2의 성서. 서울:해누리.

것인지 성경에서는 분명하게 해석되지 않는다. 다만 성서학자나 목사들은 이것을 영적으로 해석하는 경향이 강하다. 그러면 생명의 나무나 천년왕국은 무엇을 의미하는 것일까? 성경은 예수 사후 천년왕국을 말하고 있다. 예수가 십자가에서 못 박혀 죽은 의미는 죄의 사함의 의미를 지니는 동시에 생명의 나무를 준다는 말씀으로 이해될 수 있으며 인류는 아담의 후손이므로 인류의 죄 사함은 아담의 죄를 사해준 것이다. 이것은 신이 창세에 아담에게 한 약속을 지킨 것이 되는 셈이다. 예수는 나는 길이요, 진리요, 생명이다. 나를 믿는자마다 영생을 얻으리라고 말했다. 신은 예수를 보내 인류에게 영생을 주셨으니 생명의 나무 열매를 주신 것과 같다. 약속을 지킨 것이다. 내가 이 책을 쓰면서 나도 모르게 감탄하는 사실은 본인은 전혀 생각 없이 고고학적인 발견과 유물에 대하여서만 집중하여 글을 써왔는데도 놀랍게도 이 글은 신의 계획과 집행, 그리고 약속들에 대하여 이 책의 앞뒤의 인과관계나 전후관계 그리고 외경과 정전의 이야기들이 착착 들어맞고 있다는 것이다. 결국 신의 말씀이나 약속이 정확히 지켜지고 있다는 점이다. 천년왕국은 수명의 연장에 이를 수 있다는 추정도 가능하다. 성서에는 창세 당시 사람들의 수명은 거의 천년에 가까웠다. 그리고 세를 거듭할수록 줄어들어 신은 사람의 수명을 120살로 한정을 지었다(창세기 6장). 불과 60년 전만 해도 한반도 사람들의 평균수명은 40세 남짓했는데 지금은 거의 두 배 가까이 늘었다. 생명나무로 상징되는 유전공학이나 과학적 지식을 통하여 수명을 관리하게 되었다. 매 60년마다 수명이 두 배가 된다고 가정하고 언제쯤 1,000살을 살 수 있게 되는지 한번 계산해 보자. 지금이 2015년이니 불과 230여년 남짓 지나면 1,000살에 이르는데, 현재 발견된 과학적 성과는 이런 가정이 가능할 정도에 이르고 있다. 예를 들어 노화에 관여하는 단백질 발견과 통제의 연구, 장기이식, 유전적 결함의 사전 통제, 각종 치료 약의 발견 등등. 지금 2015년 11월, 종종 사람들은 현대를 100세 시대라고 부르는 일이 많아지고 있다.

| 년도 | 1950 | 2010 | 2070 | 2130 | 2190 | 2250 |
|---|---|---|---|---|---|---|
| 나이 | 40 | 80 | 160 | 320 | 640 | 1280 |

## 다른 종교의 예수에 대한 시각

기독교는 기본적으로 동방의 종교라고 말하지만 그 시대적 배경과 문화는 서양의 핵심문명인 로마를 중심으로 형성된 종교로 세계에 퍼지게 되었다. 동방의 끝에 있는 대한민국은 종교의 자유가 보장된 국가이면서도 서구의 종교인 기독교가 2005년 11월 1일 통계청의 자료기준으로 약 861만 명의 개신교와 약 515만 명의 로마 가톨릭신자로 구성되어 총 1,376만 명(전체인구의 26.7%)이다. 극동의 한국은 일본이나 중국에 비하여 기독교의 영향력이 크다. 이런 상황에서 동양의 종교(예: 선도 仙道)에서 바라보는 예수에 대하여 종교적인 교리나 시각을 내려놓고 소개하고자 한다.

선도(仙道)란 신선이 되기 위하여 닦는 도를 말한다. 선도는 한반도를 중심으로 하는 동북아시아에서 시대에 따라 또는 지엽적인 차이에 의해 밝돌법, 풍류도, 단학, 내단 또는 선도 등의 다른 명칭들로 불리어 졌다. 하필이면 이 책의 마지막 결론부분에서 왜 선도를 언급하며 예수님과 관련된 논평을 하려고 하는가? 여기에 별다른 이유는 없다. 다만 예수님에 대하여 영의 고고학적 측면에서 상당히 구체적인 설명과 자료들을 토대로 예수님의 영적인 삶의 순환을 비교적 구체적으로 논하고 있는 것은 한국의 선도계통의 인사만큼 상세하게 제시하고 있는 종교인이 없기 때문이다.

윤회와 환생을 당연시하는 선도에서는 예수의 성품과 지상강림에 대하여 그들의 해석과 용어로 설명하고 있다. 기독교에도 윤회를 인정한 소위 영지(靈知)주의나 신비적 직관에 근거한 그노시스(Gnosis)파가 있었으나 정통적 기독교로 인정받지 못하고 소멸한다. 1980년대에 김정빈의 “단”이라는 소설이 한국사회를 휩쓸었다. 그 주인공은 ‘봉우 권태훈’이라는 도인이었다. 이 분은 재야의 실력 있는 도인이었지만 나중에 대종교를 이끈 종교 지도자이기도 하였다. 이분은 신의 세계를 들여다보고 여기에 대해 광범위한 논평을 할 줄 아는 분이었다. 나는 이런 종류의 이야기에 대해 영의 고고학이라는 이름을 붙이고 싶다. 왜냐하면 시공을 초월하여 역사적 사실을 보면서 그들의 기준으로 논평과 진실을 말하기 때문이다. 권태훈 옹은 말하기를, 중국의 순임금은 약 2000년 후에 공자의 수석 제자인 안자로 태어나고 안자는 다시 500여년 후에 예수로 태어난다. 안자는 33세에 요절하였으나 공자에 버금가는 성인으로 인정을 받는다. 예수는 33살에 십자가에서 죽었다. 사람의 현생은 전생과 닮았다고 권태훈 옹은 어록에서 밝힌다. 이런 폭탄과 같은 증언에 대하여 일단 기독교적으로 보면 윤회, 환생은 교리에 잘 맞지 않지만 메시야가 다시 온다고 했으니 적어도 예수님은 다시 올 수 있고 그것은 일종의 윤회로 볼 수 있을 것이다. 소위 영지주의적 복음인 요한복음은 그것을 말하고 있다. 이렇게 다시 태어나는 일은 자신의 의지냐 아니면 더 높은 차원의 신의 일인가 라는 의문이 있는데 이것을 파헤치는 것은 이 책의 목적이 아니다. 적어도 이 책의 이 부분에서는 권태훈 옹이 언급한 순임금이자 공자의 수석제자인 안자는 예수의 전생이라는데 도대체 그 분들이 예수의 신성과 어떤 관계인가를 한 번 알고 싶었을 따름이다.

## 예수와 순임금

공자의 제자 안자(안회)가 있었다. 그는 30대 초반에 일찍 죽었다. 안자에 대하여 권태훈 옹은 이렇게 증언했다. 안자는 원래 순임금이었는데 안자로 환생을 한 것이다. 그런데 안자가 공자와 대화중에 은연 중 순임금과 자신을 비교하는 말을 언급했다가 33세에 요절했다. 천기를 은연중 누설했기 때문이라고 한다. 공자의 제자로서 안자는 최고였다. 공자는 안자를 잃고 매우 슬퍼했다한다. 안자는 공자를 거역한적 없는 정말 최고의 제자였고 공자는 그를 매우 아꼈다한다. 중국기록인 맹자(孟子)》이루장구 하(離婁章句下)의 기록이다.

舜生於諸風 移於負荷 卒於鳴條 諸風負荷明條 東夷之地 舜東夷之人也

> 순은 제풍에서 태어나고, 부하로 이사하였으며, 명조에서 죽었다. 제풍, 부하, 명조는 동이의 땅이다. 순은 동이 사람이다.

맹자는 순임금이 동이 사람이라는 것을 밝혀 놓았다. 순임금은 요임금으로부터 선양받아 중국의 임금이 되었다고 기록되고 있다. 동이족은 중국 측에서 보면 단군조선 사람이다. 요임금과 단군왕검은 병립하였는데, 이때 동이족이라 함은 바로 단군조선 사람을 가리키는 것이 된다. 단군조선 초기에는 중심지인 송화강 아사달을 비롯하여 산동 반도를 포함한 중국대륙 동쪽과 황하유역의 북쪽을 관할하였다. 그러면 순임금은 과연 누구인가?

제요 도당씨(帝堯陶唐氏)는 중국 신화 속 군주이다. 중국의 삼황오제(三皇五帝) 신화 가운데 오제의 하나이다. 다음 대의 군주인 순(舜)과 함께 이른바 요순(堯舜)이라 하여 성군(聖君)의 대명사로 일컬어진다. 현재까지 요의 역사적 실존성은 정확히 밝혀진 바가 없고, 다만 우왕과의 관계에서 하나라 이전에도 국가 비슷한 실체가 형성되어 있음을 보여주는 자료로 사용된다. 요는 제곡 고신의 아들로 이름은 방훈(放勳)[1][2]이고 당요(唐堯) 또는 제요도당(帝堯陶唐)으로도 부른다. 이는 요가 당(唐) 지방을 다스렸기 때문에 붙은 칭호이다. 요는 도당씨(陶唐氏)라고도 부르는데, 요가 처음에 도(陶)라는 지역에 살다가 당(唐)이라는 지역으로 옮겨 살았기 때문이다. 《사기(史記)》와 여러 역사서의 기록에 따르면, 요는 20살에 왕위에 올라 덕으로 나라를 다스렸다. 요의 치세에는 가족들이 화합하고 백관의 직분이 공명정대하여 모든 제후국들이 화목하였다고 한다. 요는 희씨(羲氏)와 화씨(和氏) 일족에게 계절의 구분에 따라 농사의 적기를 가르쳐 주도록 하였으며, 1년을 366일로 정하고 백관들을 정비하였다. 또한 자신이 독단적인 정치를 할 것을 염려하여 궁전 입구에 감간고(敢諫鼓: 감히 간언 드리는 북)를 달아 경계하도록 하였다. 요의 만년에는 황하가 범람하여 큰 홍수가 났으며, 요는 이를 다스리기 위

1) 《맹자주소》(孟子註疏) 〈권5〉 卷五下 • 滕文公章句上 條 "放勳, 堯號也." (방훈은 요 임금의 이름이다.)

2) 글자 그대로의 뜻은 "큰 업적"을 말한다. 《서경》(書經), 전인초(全寅初) 번역(1976), 평범사(平凡社). 48쪽 "《맹자》에서는 방훈은 요임금의 이름이라고 하였다. 《사기(史記)》에서도 여기에 좇아 「제요(帝堯)는 방훈(放勳)이라 불렀다」고 해독하고 있다."

하여 곤(鯀)을 시켜 9년 동안 치수공사를 하게 했지만 실패하였다. 요가 왕위에 오른 지 70년 가까이 지난 후 요는 후계자를 찾아 신하들에게 추천할 것을 명하였다. 신하들은 전욱 고양의 후손이자 효성이 지극한 순(舜)을 추천하였다. 순은 전욱 고양의 후손으로 성은 우(虞), 이름은 중화(重華)이고 우순(虞舜) 또는 제순유우(帝舜有虞)로도 부른다.

제왕의 후손이나 여러 대를 거치면서 지위가 낮은 서민이 되어 가난하게 살았다. 부친인 고수(瞽叟)는 장님으로, 순의 모친이 사망한 후 계비를 들여 아들 상(象)을 낳았다. 고수는 상을 편애하여 순을 죽이고자 하였고 순은 부모가 죄를 짓지 않도록 하기 위해 이를 잘 피하면서 효도를 다하였다. 순은 어머니를 일찍 여

순 황제(emperor Shun) ©wiki

읠고 계모 밑에서 자랐는데, 계모는 아주 악한 여자였다. 계모에게는 상(象)이라는 아들이 있었는데 오만하기 짝이 없었다. 그럼에도 불구하고 아버지는 상을 총애했다. 이런 집에서 자라난 순이지만 항상 부모에게 효도하고 동생을 사랑했다. 이에 사람들은 덕이 높은 사람이라고 칭송이 자자했다. 요임금은 그 말을 듣고 무척 기뻐하면서 딸을 순에게 보내어 사람됨을 지켜보게 했다. 또한 식량창고를 지어주고 많은 소와 양을 주었다. 그것을 본 계모와 동생은 질투심에 사로잡혀 고수와 함께 순을 죽이려고 했다. 어느 날, 아버지는 순을 불러 식량창고 지붕을 고치라고 명했다. 물론 계모의 계략이었다. 순이 사다리를 타고 지붕으로 올라가자마자 고수는 창고에 불을 질렀다. 자기 아들 순을 불태워 죽이려 한 것이다. 창고에 불이 붙자 순은 사다리를 찾았으나 보이지 않았다. 그들이 이미 치워버렸던 것이다. 다행히도 순은 햇빛을 가리는 데 쓰는 삿갓 두 개를 갖고 있었다. 그는 양 손에 삿갓 하나씩을 들고 새가 날개를 편 것처럼 지붕에서 무사히 뛰어내렸다. 순을 태워 죽이려는 계략이 실패로 돌아가자 이번에는 순에게 우물을 파게 했다. 순이 우물 안으로 들어가자 그들은 돌로 우물을 메워버렸다. 순을 우물 안에 파묻은 것이다. 그러나 순은 우물 밑으로 더 내려가 굴을 팠고, 그 굴을 통해 무사히 집으로 돌아 왔다. 이후부터 그들은 더 이상 순을 해칠 생각을 하지 못했다. 이런 일이 있었지만 순은 여전히 부모에게 효도하고 동생과 사이좋게 지냈다. 결국 요임금은 평소 효성이 지극하기로 유명했던 순에게 자신의 딸을 시집보내어 그의 사람됨과 능력을 인정하게 되었으며, 이윽고 3년 후 순을 등용하여 천자의 자리를 물려주었다. 순은 선대 제왕 신하들의 후손을 찾아 적재적소에 임명하였으며 악한 후손들은 멀리 변방으로 유배하여 악인을 경계하였다. 순이 등용되어 20년이 지난 후, 요는 순을 섭정으로 삼고 은거하였다. 8년 후 요가 사망하자, 순은 요의 아들 단주(丹朱)에게 왕위를 양보하고 변방에 은거하였다. 그러나 백관과 백성들이 은거한 순을 찾아와 조회를 보고 재판을 치르자 천명을 거스를 수 없음을 깨닫고 돌아와 왕이 되었다고 한다. 요순 시절의 순임금은 부모에 대하여 극진한 효도의 모범이었고 백성을 위해 태평성세의 정치를 한 성인이다.

✝ 맹자의 책 가운데 순 임금에 대해서 나오는 이야기다.[1] 순 임금은 아버지에게 그토록 효도하려고 애쓰는데 아버지 고수라는 자는 도저히 아들의 효심을 이해하지 못한다. 맹자의 제자 만장이 물었다. 순은 밭에 나가서 하늘을 부르면서 소리쳐 울었다는데 무엇 때문에 소리쳐 울었는가? 맹자가 대답하기를 원망하고 사모하여서이다. 만장이 묻기를 "선생님, 부모가 사랑할 때는 기뻐하면서 잊지를 말고 부모가 미워할 때는 두려워하면서 원망하지 말라고 도덕경에 쓰여 있었는데 그렇다면 순은 불효자식 마냥으로 원망을 하였겠습니까?" 후에 요 임금이 자녀 9남과 2녀에게 맡긴 임금님 국사를 자기 자식에게 맡기지 않고 남의 자식이자 땔 나무군인 순에게 자기 아홉 아들과 두 딸을 전부 맡긴다. 그러나 순은 부모에게 기쁨을 사지 못하였기 때문에 마치 궁한 거지가 잠잘 곳이 없어서 슬퍼하는 것 같이 살았다. 그 말은 요 임금이 임금 자리를 주고 자기 아들딸을 비롯한 권리 전부를 자기에게 양보했어도 항상 슬퍼했다는 말이다. 왜냐하면 자기 아버지 마음을 얻지 못했다는 서러움이 있었다. 효자의 마음은 그런 거라는 말이다. 천하의 권리를 다 얻고도 아버지 마음을 편하게 못해준 것이 서러워서 울었다. 천하의 부를 차지하였으되 기뻐하지 아니하고 천하의 귀한 임금 자리를 얻었어도 기뻐하지 아니하고 천하에 미인 요 임금 딸 둘을 얻었어도 기뻐하지 않았다. 그는 아버지 마음을 편하게 못해드려서 울었다. 그래서 순 임금은 위대한 효자라고 말한다. 부모가 순에게 창고의 지붕을 손보게 하고서는 사닥다리를 치우고 고순은 창고에 불을 질렀다. 고순이 아버지인데 아들이 지붕에서 짚 섶을 매고 있는데 사다리를 치워버렸다. 그렇게 했는데도 안 죽으니까 우물을 열 길이나 깊게 파고 순에게 '우물 속에 내려가라' 하고서는 돌을 던져 묻어버렸다. 배다른 상이라는 아들하고 아버지하고 둘이 순을 우물을 파게하고는 순이 나오기 전에 묻어버렸다. 그 둘째아들 상이 말하기를 형님이 이번에 죽은 것은 내 공로요. 소와 양과 창검은 아버지께서 술값 하시고 형님이 쓰던 방패와 창과 거문고와 활은 내가 갖고 두 형수는 내가 잠자리를 하고 돌보겠습니다. 라고 하였다. 그런데 상이 순의 집에 가보니 순은 병상에서 거문고를

1) 이하 내용은 다음의 자료에서 인용함 http://blog.naver.com/mamuli0/220426366510

타고 있으므로 이에 놀랐다.

예수님이 말하기를 내가 너희를 세상에 보냄이 유순하기는 비둘기같이 해야 할 것이고 지혜는 뱀같이 하라 하였다. 뱀 이라는 것은 지혜를 상징한다. 동생이 돌과 흙을 던질 때 살아 나올만한 사람은 지혜 있는 사람이다. 자기가 아무래도 암살당할 기미가 보이니까 미리 땅속에 들어가서 우물을 팔 때 비켜날 수 있는 구멍을 파 놓았다. 그래서 안 죽고 살아나왔다. 해가 진 다음에 흙과 돌을 옆으로 치우고 기어 나왔다. 그래서 살아났다.

동생이 형님이 죽은 줄 알고 있다가 살아있으니까 "형님 생각이 간절해서 찾아왔습니다." 라고 말하며 부끄러워하자 순 임금은 아주 순진하고 거짓이 없고 자비심이 많게, 동생을 보며 "마침 잘 왔네." 하며 알뜰히 환영했다. 그러니까 순은 하나님의 성품을 가진 사람이고 그러니까 하나님의 아들이 되었다. 천자라면 하늘 천(天) 아들자(子) 천자, 옛날 임금은 천자로 하나님의 아들이다. 만약 동생이나 아버지가 자기 때문에 절망하고 자살하면 어쩌나 가슴을 졸이고 있다가 동생이 찾아오니 감사해서 그렇게 말했다[1].고 한다.

순(舜)은 원래 조선(朝鮮)의 사자(使者) 라고 한다. 순임금은 바로 단군조선(檀君朝鮮)의 중신(重臣)인 유호씨(有戶氏)의 큰 아들로 요(堯)임금을 치러간 조선(朝鮮)의 사자(使者)였다. 기록에 의하면 유호씨는 고수(高未)라고도 한다. 유호씨는 중국기록에서는 고수(瞽杸)라고 적혀있다. 고수(瞽杸)는 우매한 사람이라는 뜻으로 장님이라는 말이다. 또 유호씨(有扈氏)라고 적기도 한다. 중국기록에 의하면 유호씨(有扈氏)가 무도해서 하(夏)나라 우(禹)임금의 아들 계(啓)가 즉위한 후 감(甘)에서 싸워 멸망시켰다라고 한다. 유호씨(有戶氏), 고수(高未), 고수(瞽杸), 유호씨(有扈氏)는 모두 동일인이다.

서기전 2357년 요(堯)가 제지(帝摯)를 멸하고 천자(天子)가 되었다. 이해 단군왕검

1) ibid,

(檀君王儉)은 14세의 나이로 웅씨국(熊氏國)의 비왕(裨王)이 되어 섭정을 하였다[1]. 재야학자들은 단군신화에서 나오는 곰과 호랑이의 이야기에서 곰토템을 받드는 웅씨는 단군조선을, 범토템을 받드는 범씨는 중국 쪽으로 국가를 이루어갔다고 한다. 단군신화에 나오는 곰과 호랑이, 이것이 곰 토템족과 호랑이 토템족의 투쟁으로 곰족이 승리한 역사의 기록이라는 점은 역사가들도 지지하는 설이다. 곰족이 우리가 말하는 단군조선의 정통구성원이었다면, 호랑이족은 누구였으며 정통성 다툼에 패배한 후 그들은 어디로 갔을까? 요순 뒤를 잇는 하나라와 은나라에 와서 호랑이의 정체를 본다. 환웅의 배달국에서 함께 살았던 곰과 범은 누가 진정한 계승권자냐 라는 적통의 문제로 갈라선 것으로 보인다. 단군신화는 그 사실을 매우 상징적이지만 명료하게 설명하고 있다. 범은 못 참고 갔고 곰은 사람이 되어 적통을 이었다는 것이다. 적통이 아니라는 이유로 곰족과 갈라선 범족은 이미 환웅시절부터 광범위하게 대륙에 흩어져있던 夷족(배달족)을 결합하여 곰족의 조선에 대항하기 시작한다. 그 첫 나라가 은나라다. 그들이 배달 범족이다. 한웅의 신시배달국 시절에 많은 종족들이 연합을 이루어 살았다. 물론 그중 적통은 고조선으로 나라를 이어간 곰족들이지만 다른 많은 종족들(말갈,선비 등등)과는 형제국이었을 것이다. 적통을 잇는 과정에서 범족이 분리되자 그들은 곰족과 대립하게 되었고 다른 형제국들과는 달리 중원으로 흘러들어가 중국족과 혼혈문화를 이룬다.

요임금이 서기전 2334년경까지 세 차례의 난을 일으키고 급기야 단군왕검이 왕성을 나가 순치(巡治)를 하는 틈에 왕성을 점령하고 이때 웅씨국왕이 붕어하므로 단군왕검은 오가와 무리 800명을 이끌고 배달나라 중심지를 떠나 송화강 아사달로 이동하여 서기전 2333년 10월 3일 나라를 세워 조선(朝鮮)이라 하였다. 나라를 정비한 후 곧 단군왕검은 유호씨와 유호씨의 아들 순(舜)으로 하여금 환부(鰥夫)와 권사(權士) 100여명을 보내어 요임금을 깨우치도록 하였다. 이에 요임금이 명령에 복종하고 유호씨 등을 공손히 대접하였다. 이때 요임금이 순의 사람됨을 보고 서기전 2284년 순에게 양위하였다. 순의 나라를 우(虞)라 한다. 요임금과

1) http://blog.daum.net/_blog/BlogTypeView.do?blogid=0sB5S&articleno=5671

순임금 시대에 9년 대홍수가 발생했다. 단군조선에도 대홍수가 발생했으나 풍백(風伯) 팽우가 치수를 잘하여 백성들을 편안하게 하였으며 우수주(牛首州)에 기념비를 세웠다. 한편 요임금은 곤(嘘)에게 치수를 시켰으나 성공하지 못했다. 이에 순(舜)이 곤에게 책임을 물어서 죽이고 곤의 아들인 우(禹)에게 다시 치수를 맡겼다.

사공(司空) 우(禹)가 치수에 정성을 다하였으나 성공치 못하자 순임금은 단군조선에 도움을 요청하였다. 서기전 2267년 단군왕검은 태자 부루(扶婁)를 보내어 도산회의(塗山會議)를 주재케 했다. 순임금은 우를 보내어 가르침을 받도록 했다. 이에 태자부루가 우에게 치수의 요결인 신서(神書)를 전수하였다. 그리고 이때 경계를 따져 유주(幽州)와 영주(營州)를 조선에 영속시켰다. 우가 치수법을 전수받은 후 치수에 성공하였다. 우(禹)가 단군조선으로부터 치수법을 전수 받은 것을 송미자세가(宋微子世家)에서는 천내석우(天乃錫禹)라고 하여 하늘이 우(禹)에게 주셨다라고 적고 있다. 이때 하늘은 바로 단군조선의 단군왕검을 가리키는 것이다. 단군이 바로 천제이기 때문이다. 즉 순임금은 단군조선의 제후격이었다. 요순시대의 홍수와 노아의 홍수시기가 대략 BC 2300년경으로 일치하므로 요순시절은 노아의 시대로 볼 수 있다.[1] 구약의 노아는 BC 2948년에 태어나서 BC 1998년에 죽는데 통산 950세를 살았다. 노아는 위로 아버지 라멕 부터 7대조 조부이며 인류 3대손 에노스까지 같은 시대에서 같은 공기를 마시고 살았다. 노아는 아담과 셋을 제외한 인류의 3~9대 손으로부터 하나님의 창조역사를 직접 들었고 전수받았다. 노아는 위로 7대 조상 까지 직접 같이 살았고 밑으로는 9대손인 아브라함 까지 같은 시대에 같은 공기를 마시며 살았다. 노아는 아브라함이 58세 때 까지 살아서 홍수와 방주의 이야기를 아브라함에게 직접 전해주었을 것이다. 아브라함은 위로 9대 조부 이며 인류의 두 번째 시조인 노아로부터 직접 하나님의 창조 이야기를 들었을 것이고 이를 자손에게 전한 믿음의 계승자이며 믿음의 조상이다.

1 ) http://www.creation.or.kr/library/itemview.asp?no=2754

✝ 중국의 기록-《서경》우서(虞書) 순전(舜傳)의 사근동후(肆覲東后)의 뜻을 풀이한 것을 살펴보자.

> 世二月 東巡守 至于岱宗 肆覲東后 ...
> 그해 이월에 동쪽을 순수하고 대종(태산)에 이르러 동쪽의 임금을 찾아 뵙고...

근(覲)은 찾아 뵙다의 뜻이므로 순임금이 동쪽 제후를 찾아 뵈었다. 라는 말은 어색하다. 그래서 동후(東后)가 누구를 가리키느냐가 문제된다. 후(后)는 임금, 왕비 등을 가리킨다. 반면 후(侯)는 제후(諸侯) 중의 두 번째 봉작에 해당된다. 그래서 후(后)와 후(侯)는 다르다. 그러므로 동후(東后)는 동쪽의 제후가 아니다. 하(夏)나라 임금인 우(禹)를 하후(夏后) 우(禹)라고 한다. 후(后)는 즉 왕(王)의 뜻이다. 물론 제후도 왕이라고 할 수 있다. 왕의 계급을 순서대로 보면 역사기록을 볼 때 천제(天帝), 천왕(天王), 천군(天君) 또는 단군(檀君)인 단제(檀帝), 한(韓), 왕(王), 군(君), 제후(諸侯 : 公, 侯, 子, 男, 伯), 한(汗) 또는 욕살(褥薩), 읍차(邑借) 등으로 적을 수 있다. 즉 대체적으로 제(帝), 왕(王), 군(君), 후(侯)의 순서로 나타낼 수 있다. 후(后)는 왕격(王格)이라고 할 수 있다. 하왕(夏王) 우(禹)가 즉 하후(夏后) 우(禹)가 된다. 이렇게 보면, 동후(東后)는 동쪽의 제후가 아니라 동쪽의 임금으로서 순임금과 같은 격의 임금이나 그 이상이 된다. 그런데 근(覲)이라는 글자가 찾아뵙다라는 뜻이므로 동후(東后)는 순임금보다 높은 격의 임금이 될 것이다. 일설에는 원래 천으로 사용된 말을 후로 바꿔치기하여 중국에서 역사를 위조하였다고 주장한다. 순(舜)의 사공 우(禹)가 단군조선의 태자 부루로부터 치수법을 전수받았고 이에 순(舜)을 낭야성에 두어 감독케 했는데, 단군조선의 진한(辰韓)은 낭야를 5년에 한 번씩 순수하였는데 순(舜)의 제후(諸侯)는 진한에 조근(朝覲)하기를 네 번이었다라고 한다. 여기서 진한(辰韓)은 천제자를 가리키는데, 천제자는 곧 단군왕검의 아들을 말한다. 바로 태자 부루이다. 태자부루가 도산회의 때 치수의 비결을 우(虞)나라 사공(司空)인 우(禹)에게 전수하였던 장본인이다. 즉 태자 부루가 5년에 한 번씩 낭야성을 순시하는데 이때 순임금과 제후는 진한인 태자부루를 찾아뵈었고 회수가 네 번이었다. 라는 말이 된다. 즉 20년에 걸쳐 태자부루가 순시한 것이 된다. 도산회의가 서기전 2267년에 있었으므로 이때부터 20년이면 서기전 2247년경까지가 된다. 서기전 2240년에 태자부루가 제2대 단군이 되었다. 태자부루가 단군이 된 후에는 진한(辰韓)의 치적이 기록된 것이 없는 바, 아마도 진한을 따로 두지 않고 단군이 겸한 것으로 보인다. 번한(番韓)과 마한(馬韓)은 각각 세습하여 대를 이었다. 결론적으로 사근동후(肆覲東后)는 순임금이, 천제(天帝) 즉 단군(檀君)의 아들이자 진한(辰韓)인 태자 부루를 찾아 뵈었다 라는 말이다. 이때 순임금은 단군조선과 날짜와 도량형을 맞추었다. 결국 순임금은 단군조선의 공무원이었고 한반도 단군조선에서 고대 중국의 요임금을 교화하러 갔다가 그의 인물됨에 감화를 받은 요에 의하여 왕권을 선위 받은 천자로서 한민족을 형성한 곰토템의 배달민족과 한 범주에 속한 인물이었다. 그는 인간으로서는 할 수 없는 지극한 효성을 가진 사람으로 알려져 있다.

흔히 남의 충고를 잘 받아들이는 것을 비유하는 고사 중에 '요고순목(堯鼓舜木)'이란 말이 있는데, 글자그대로 '요임금의 북과 순임금의 나무'라는 뜻이다. 요임금은 자신이 독단적인 정치를 할 것을 염려하여 조정에다 '감간고(敢諫鼓)'란 북을 걸어두고 어느 누구든지 간언할 수 있게 하여 늘 스스로를 경계하였고, 순임금은 마루를 세워서 여기에 경계하는 말을 쓰게 하였다. 요고순목은 성천자(聖天子)가 착한 말을 잘 받아들이는 것을 말한다. 요순시대란 말이 오늘날에도 태평성대를 비유하는 말로 사용될 정도로, 요임금과 순임금은 백성들의 고충에 귀를 기울였고 선정을 베풀었다. 후진(後晋) 고조 때 유구 등이 칙명을 받들어 편찬한 《구당서(舊唐書)》에도 "요임금은 북을 두드려 간언하도록 하였고, 순임금은 나무를 세워 경계할 말을 구하였다. (요고납간 / 堯鼓納諫, 순목구잠 / 舜木求箴)"라는 말이 있다.

### 예수와 안자

중국에서 안자로 불리는 사람은 기원전 556년에 대부(大夫)가 되었는데 이 해에 공자(BC 551 - BC 479)는 다섯 살이었다. 그런데 이 책에서 말하는 안자는 공자의 수제자인 안자(顔子, 안회 BC 514 - BC 483)를 말하고 있다.

〈안회의 가계도〉

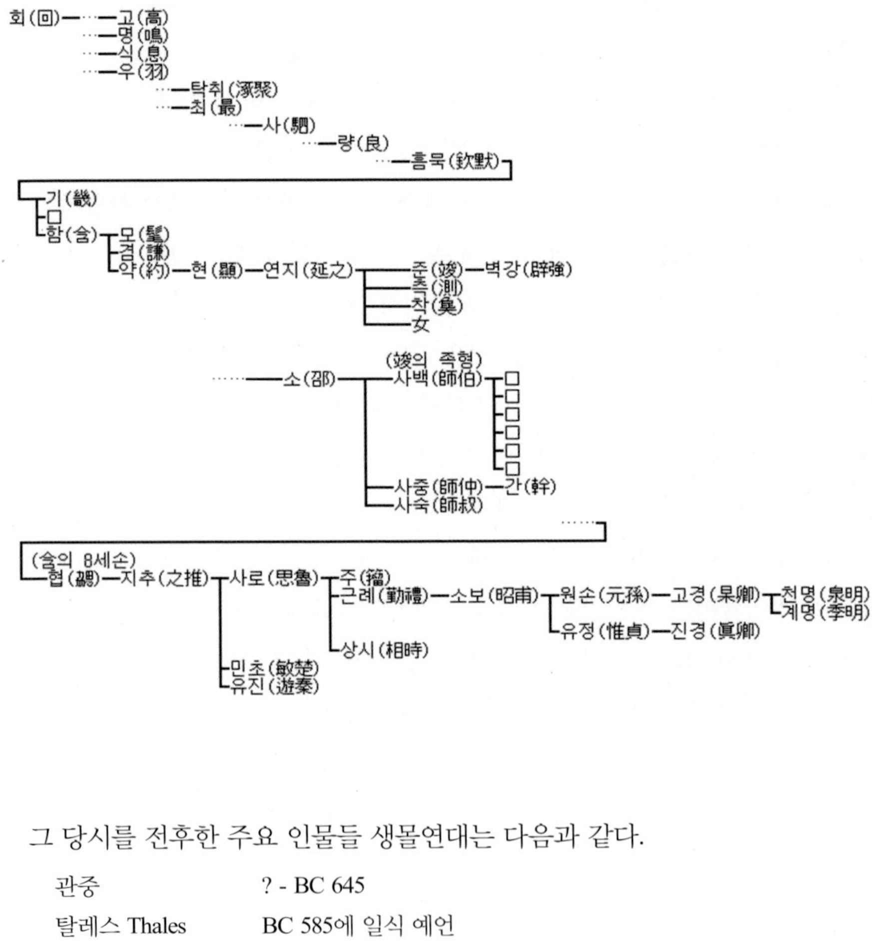


그 당시를 전후한 주요 인물들 생몰연대는 다음과 같다.

| | |
|---|---|
| 관중 | ? - BC 645 |
| 탈레스 Thales | BC 585에 일식 예언 |
| 안자(晏子) | ? - BC 500 BC 556 년 대부가 됨 |
| 공자(孔子) | BC 551 - BC 479 |
| 석가 | BC 544 - BC 480, 어떤 책에서는 BC 566 |

| | |
|---|---|
| 안자 顏子, 안회 | BC 514 - BC 483 |
| 자사 | BC 483 - BC 402 |
| 묵자 墨子 | BC 470(?) - BC 391(?) |
| 소크라테스 | BC 470 - BC 399 |
| 플라톤 | BC 428- BC 348 |
| 아리스토텔레스 | BC 384 - BC 322 |
| 혜시 惠施, | BC 380 - 310) |
| 맹자 | BC 371 - BC 289 |
| 알렉산더 | BC 356 - BC 323 |
| 공손룡 公孫龍 | BC 320(?) - BC 250) |
| 한비자 韓非子 | ? - BC 233 |
| 순자 荀子 | BC 300 경 - BC 230 경 |

안회(顏回, 기원전 521년? ~ 기원전 491년?)는 중국 춘추시대 노나라 사람으로, 공자의 제자이다. 자는 자연(子淵)이다. 자를 따서 안연이라고도 부른다. 학덕이 높고 재질이 뛰어나 공자의 가장 촉망받는 제자였다. 그러나 공자보다 먼저 죽었다. 빈곤하고 불우하였으나 개의치 않고 성내거나 잘못한 일이 없으므로, 공자 다음가는 성인으로 받들어졌다. 그래서 안자(顏子)라고 높여 부르기도 한다. 친족관계는 앞의 가계도와 같다.[1]

공자의 제자 중에서 가장 '사랑(仁)'을 잘 실천했다고 평가받는 제자가 '안자'[2]이다. 짧은 생을 살다갔지만 늘 공자에게 칭찬만 받았던 유일한 제자였다. 애공(哀公)이 제자 중에 누가 제일 학문을 좋아하느냐고 물었다. 공자님께서 대답하시길 "안회라는 이가 학문을 좋아하였습니다. 분노에 물들지 않았으며 허물을 두 번 반복하지 않았습니다. 불행하게 단명하여 요절하였습니다. 이제는 없으니 학문을 좋아하는 자를 듣지 못하였습니다"라고 하셨다.

> 哀公問 弟子孰爲好學 孔子對曰 有顏回者好學 不遷怒 不貳過 不幸短命死矣 今也則亡 未聞好學者也 (<논어> '옹야(雍也)')

1) https://ko.wikipedia.org/wiki/%EC%95%88%ED%9A%8C

2) http://www.saegyoyuk.com/app/main_sub/article.asp?idx=4595

안자(안회)는 공자가 평가하는 제자 중 가장 학문을 좋아했던 사람이었다. 그는 공자의 가르침을 그대로 흡수한 위대한 학자였다. 그래서 공자는 안자에 대해 "내가 안회와 더불어 온종일 이야기를 나누었으나 내말을 조금도 어기지 않아 마치 어리석은 바보와 같았다. 그런데 물러나서 개인적으로 지내는 것을 살펴보니, 또한 충분히 내 뜻을 드러내고 있었다. 안회는 결코 어리석지 않다"(〈논어〉 '위정(爲政)')라고 말할 정도였다. 그래서 안자의 요절에 대해 공자는 자신의 학문이 단절됨을 통탄하여 울부짖었다.

> 안연이 죽자, 공자께서 "아, 하늘이 나를 죽였구나! 하늘이 나를 죽였구나!"라고 하셨다.
>
> 顔淵死 子曰 噫天喪予 天喪予 (〈논어〉 '선진(先進)')

안회와 관련된 몇 가지 일화 중 '마음을 빼앗기는 것을 경계하라'[1] 는 일화를 살펴본다. 공자의 제자 안자가 배를 타고 강을 건너게 되었다. 뱃머리에 앉아 풍경을 즐기다 사공의 모습에 눈이 갔는데 그 솜씨가 일품이었다. 사공에게 배 젓는 법을 배울 수 있는지 여부를 물었다.

> 사공 왈.
> 물론이다.
> 수영을 잘하는 사람은 연습만 하면 곧 배울 수 있고 잠수를 잘하는 사람은 배를 본적이 없어도 바로 저을 수 있다고 대답했다.
> 안자는 그 이유를 물었지만 사공은 그저 웃기만 할뿐 대답을 하지 않았다.
> 안자는 그 이유를 공자에게 물어보았다.
> 공자 왈.
> 수영을 잘하는 사람은 물에 빠지는 것을 겁내지 않기 때문이며
> 잠수를 잘하는 사람은 배가 뒤집히더라도

1) https://story.kakao.com/ch/gangsada/kM8UxLKqj30

결코 당황하지 않기에 배 젓는 일에만 전념할 수 있는 것이다.

안자가 고개를 끄떡이자 공자가 덧붙여 말했다.
내기를 하는 경우도 이와 같아서
기왓장 하나를 걸고 내기를 하면 기가 막히게 잘하는 사람이
조금 더 값진 물건을 걸면 기가죽고, 황금을 걸면 정신이 혼미해진다.
그 사람의 기술은 언제나 같지만 마음을 물건에 빼앗기면 행동은 뜻대로 되지 않는다.
"기술이 같되 마음을 빼앗기면 그 결과는 뜻대로 되지 않는다."
안연顏淵이 죽자, 공자께서 곡하셨다.
이에, 따르던 자가 말하였다.
"선생님께서는 너무 애통해 하십니다."
공자께서 말씀하셨다.
"내가 애통해 하였느냐? 내가 이 사람을 위해 애통해 하지 않으면 대체 누구를 위해 애통해 하겠느냐?"

안회의 초상. ©wiki[1]

1 ) https://namu.wiki/w/%EC%95%88%ED%9A%8C

✝

안회는 공자 제자 3천 명 중 최고로 자는 자연(子淵). 안연(顔淵)이라고도 한다. 공자의 제자 가운데는 학자 · 정치가 · 웅변가로서 뛰어난 사람이 많았다. 그러나 안회는 덕의 실천에서 가장 뛰어났다고 한다. 원 문종 3년(지순至順 원년, 1330년)에 연국복성공(兗國復聖公)으로 추봉(追封)되었고, 이것이 현재 성균관 대성전 등지의 공문사당(孔門祠堂) 위패에 표기되는 공식 존호이다. 兗이라 함은 그 의미가 조금 불분명하다. 하지만 함께 추봉된 자사, 맹자의 예로 보건대, 아마 안회 본인의 출생지와 관련 있을 것이다. 이게 설득력 있는 이유는, 스승 공자와 안회 본인의 고향인 노(魯)나라 영토 안에 연주(兗州)라는 지방이 있었기 때문이다. 이 지방은 현재 중화민국에서도 '옌저우' 구로 존재한다. 國이라 함은 앞의'연'과 결합되어 '연나라'의 뜻을 갖는다. 復이라 함은, 너무나도 유명한 '극기복례(克己復禮)'의 그 복이다. 충서(忠恕)와 더불어 공자 가르침의 양대 진리인, 그 극기복례의 지극한 경지에까지 다다른 안회였기에 이러한 글자가 바쳐졌다. 聖이라 함은 '~하신 성인(聖人)'의 의미이다. 앞의 '복'과 연결되어'復聖'을 안회의 고유 칭호로 만든다. 해석하자면, 앞서 언급했듯 대략 '극기복례의 지극한 경지에 이르신 성인' 정도를 의미한다. 公이라 함은 쉽게 말해 공작(公爵)의 의미이다. 앞에서 굳이 연나라(兗國)라는, 존재하지도 않았던 나라를 창조해(...) 안회에게 준 것은 바로, 이 '공작'이 제후의 작위이므로 반드시 거할 나라가 있어야하기 때문이다. 그러니까, 공작의 신분에 나라가 없으면 품위를 유지할 수 없으므로 이런 이유로 가공 국가의 영주로 봉해진 셈이다.

그는 집안이 찢어지게 가난했음에도 불구하고[1] 오로지 연구와 덕을 수양하는 것에만 전념하여, 공자가 가장 사랑하는 제자가 되었다. 또한 공자의 제자 가운데 겸허한 구도자의 상징이 되었으며, 공자의 뜻을 가장 잘 이해하는 동반자이기도 했다. 안자는 성균관에 배향된 5성에서 공자 다음의 위치에 있다. 나머지 셋은 증자, 자사, 맹자이다. 전형적인 백면서생 타입이라 초반에는 괄괄

1) 오죽하면 단사표음이라는 고사성어가 있을 정도다. 뜻은 하루에 밥 한그릇, 물 한그릇만 먹고 버텼다는 뜻

한 성격의 자로와 티격태격했으나 자로가 그의 덕행에 감격해 서로 돕는 친우가 된다.

'하나를 들으면 열을 안다'는 말은 안회 때문에 나왔다. 특히 공자가 강의한 이후에 질문을 하지 않는 나날이 이어지자, 공자가 의문을 품고 문답을 하였는데, "몰라서 질문한 게 아니라 내 말을 다 알아듣고 이해해서 질문을 안 한 거였다" 라고 말했다고 전해진다. 또한 (좋은 의미에서) 인간 같지 않은 품성의 소유자로, '자신의 화를 타인에게 전가하지 않는다(不遷怒)'는 특징을 가졌다. 수평폭력을 행하지 않는 인간이라는 건데 이런 인격이 존재한다는 것 자체가 기적에 가깝다. 그러나 안타깝게도 가난하게 살면서 뱃가죽이 등에 달라붙을 정도로 굶는 일이 허다해지다가 29세에 머리가 하얗게 세어버렸고, 결국 33세에 요절하고 말았다.

공자는 "하늘이 나를 버리시는도다, 하늘이 나를 버리시는도다(天喪予삿다 天喪予삿다)"라고 탄식했다고 한다.[1] 훗날 노의 실권자인 계강자가 와서 제자 중 으뜸이 누구냐는 질문에 공자는 "안회만이 내 뜻을 알았소. 하지만 지금은 죽고 없다오."라고 하면서 대성통곡을 했다고 한다.

공자의 탄식은 마치 십자가상의 예수님이 하늘에 대고 하는 마지막 외침과 내용이 유사하다.

> (마태복음 27장46절) 제 구시쯤에 예수께서 크게 소리 질러 이르시되 엘리 엘리 라마 사박다니 하시니 이는 곧 나의 하나님, 나의 하나님, 어찌하여 나를 버리셨나이까 하는 뜻이라
>
> (마가복음 15장34절)
> 제 구시에 예수께서 크게 소리 지르시되 엘리 엘리 라마 사박다니 하시니 이를 번역하면 나의 하나님, 나의 하나님 어찌하여 나를 버리셨나이까 하는 뜻이라

1) 때마침 또다른 제자인 자로와 아들 공리가 동시다발로 죽었다.

✝ 이것은 또한 시편에서 예수의 조상인 다윗의 시와 방향을 같이한다.

(시편 22장1절) 내 하나님이여 내 하나님이여 어찌 나를 버리셨나이까 어찌 나를 멀리 하여 돕지 아니하시오며 내 신음 소리를 듣지 아니하시나이까

시편의 다윗의 노래는 예수님의 십자가 고난과 닮았다. 이것은 메시야의 고난을 예고한 것이다.

(시편 22장6절)나는 벌레요 사람이 아니라 사람의 비방 거리요 백성의 조롱 거리니이다
(시편 22장16절)개들이 나를 에워쌌으며 악한 무리가 나를 둘러 내 수족을 찔렀나이다
(시편 22장18절)내 겉옷을 나누며 속옷을 제비 뽑나이다

안회는 딱히 본인의 저술이나 업적을 남기지는 못했으나, 그의 자손은 공자 맹자의 자손과 함께 취푸[1]에 모여 살면서 명·청대에 안씨학(顏氏學)을 세워 나라의 특별한 보호를 받았다.

공자와 안회에 관련해서 논어에 실린 일화다.

논어 선진편에 의하면 안연이 죽자, 안연의 부친인 안로는 공자의 수레를 팔아서 안연의 곽[2]을 만들자고 청했다. 공자는 '재주가 있거나 없거나 역시 각각 다 같은 아들이다. 내 아들 이가 죽었을 때 관만 있고 곽은 없었으니 내가 걸어 다니기로 하고 곽을 만들어 줄 수도 있었으나 내가 그렇게 하지 않은 것은 내가 대부의 뒤를 따라다니는 사람이라 걸어 다닐 수가 없었기 때문이었다.'라고 말하였다[3]. 즉 그렇게 좋아한 제자 안회

1) 曲阜, 공자의 고향
2) 관을 둘러싸는 바깥 덧널. 뒤에 나오기도 하지만 당시 예법상 평민은 곽을 쓸 수 없다.
3) 顔淵이 死커늘 顔路 請子之車하여 以爲之槨한대 子曰 才不才에 亦各言其子也니 鯉也死커늘 有棺而無槨하니 吾不徒行하여 以爲之槨은 以吾從大夫之後라 不可徒行也니라

가 죽고 난 다음에, 안회의 아버지가 공자의 수레를 팔아서 안회의 덧널을 만들어 주었으면 하자 공자가 거절하는 대목이다. 사실 이 대목에서 공자가 매우 인색하다는 평판이 나오기도 하지만, 사실은 안회의 신분이 문제가 되었기 때문이다. 안회는 관직에 오르지 못하고 죽었기 때문에 평민의 예로 장례를 지내야 했고, 덧널을 쓰면 안 되었던 것이다. 논어 선진편에 이어지는 이야기가 나온다. 안회가 죽은 다음에 공자의 제자들이 안회의 장례를 크게 치러 주고 싶어 했지만 공자가 허락하지 않았다. 하지만 다른 제자들은 결국 안회의 장례를 제대로 치루어 주었는데, 공자는 이것이 예절에 어긋나며 자기 책임이 아니라 제자들 책임이라고 꾸짖었다.[1]

그리고 이 전후에는 공자가 얼마나 안회를 좋아했는지에 대한 이야기가 이어진다. 공자가 안회를 좋아한 것은 좋아한 것이고, 안회가 평민인건 평민인 것이다. 라는 것이다. 자공은 논어에 자주 등장하는데, 공자의 중요한 말씀들이 자공의 질문을 통해서 많이 나온다. 한번은 자공이 공자의 핵심사상을 알아내려고, "공자님, 한 글자만 얘기해주세요. 제가 평생 지키겠습니다."하고 청하니, 공자께서 "서恕"라고 하셨습니다. 용서할 서자다. 그러고 나서 말하기를, "네가 당해서 싫은 것을 남에게 하지 마라!" 라고 하였다. 그런데 또 자공이, "저는 내가 당해서 싫은 일을 남에게 하지 않으려고 합니다." 하고 말하니 "자공아, 그건 네가 감당할 일이 아니니다!"라고 했습니다. 자공이 자신의 행동에 비해 말이 너무 앞서니까 스승의 입장에서 단속해 준 것이다. 공자의 제자 중 안자만이 배운 것을 온몸으로 구현했기 때문에 안자는 늘 칭찬을 받았다. 공자가 말하면 진짜로 행하였다. 공자도 처음엔 의심을 해서 "안자는 내가 무슨 말을 하면 다 "예!"만 하니 마치 바보와 같았다. 그래서 나에게 배우고 돌아가서 어떻게 하는지를 은밀히 살펴봤더니 말한 그대로 하고 있었다. 안자는 바보가 아니다."라고 하였다.

문묘는 유교의 성인(聖人)이었던 공자(孔子, BC 551~BC 479)를 모시기 위하여 성균관, 향교 내에 설치한 사당이다. 문묘에는 공자를 중심으로 안자(顔子)·증자(曾子)·자사자(子思子)·맹자(孟子) 등을 배향(配享)했다. 우리나라에서 처음 문묘를 설치했던 것은 신라였다. 714년(성덕왕 13) 김수

1) 顔淵이 死커늘 門人이 欲厚葬之한대 子曰 不可하니라 門人厚葬之한대 子曰 回也는 視予猶父也어늘 予不得視猶子也하니 非我也라 夫二三子也니라

충(金守忠)은 당(唐)에서 귀국하면서 공자와 제자들의 그림을 가지고 왔다. 그리고 성덕왕(聖德王, 702~737)의 지시에 따라 이 그림들을 국학(國學)에 배향하면서 본격적으로 문묘 제도가 시작되었다. 고려와 조선을 지나면서 문묘 제도는 계속 유지되었다. 문묘의 구조는 대성전(大成殿)을 정전(正殿)으로 한다. 그리고 대성전의 좌우에 동무(東廡) · 서무(西廡)를 배치한다. 조선에서는 대성전에 공자를 중심으로 안자 · 증자 · 자사자 · 맹자의 4성(四聖)과 공자의 뛰어난 제자 10인, 송(宋)의 대표 주자학자 6인을 좌우에 배향했다. 동무와 서무에는 각각 중국 명현(名賢) 47인과 우리나라의 명현 9인을 배향했다. 성균관의 문묘와 지방 향교의 문묘는 지역의 크기에 따라 제도가 조금씩 달랐다. 유학자의 입장에서 문묘에 종사(從祀)되는 것은 가장 큰 영예로운 일이었다. 따라서 조선 후기에 이르러 문묘 종사 문제는 특정인의 학덕을 기리는 일을 넘어, 그가 속한 학파와 정파의 위상과 연결되며 정치적 갈등의 주요 요인이 되기도 했다. 거기에 안회는 다음과 같이 올라있다.

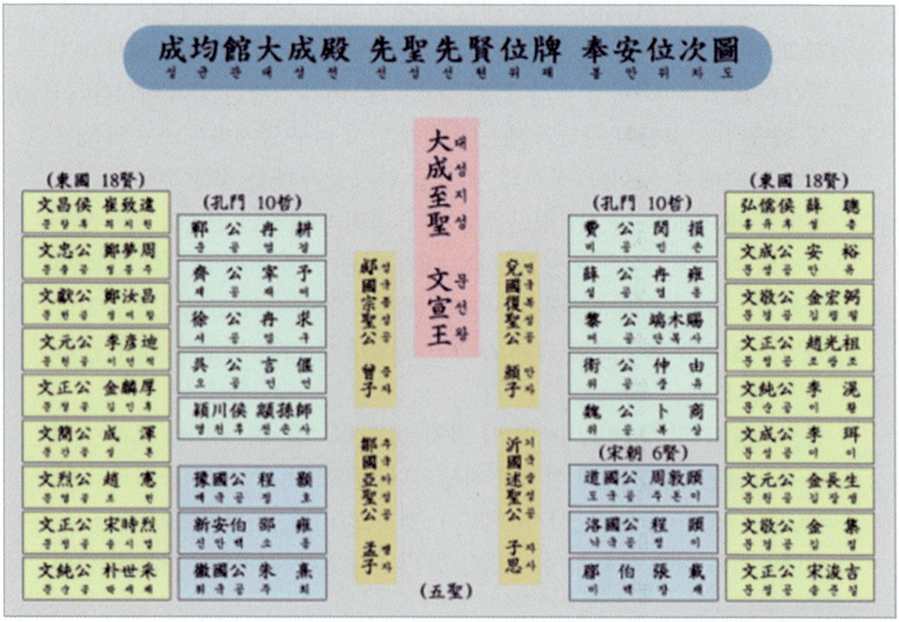


성균관 대성전 위패 ©wiki

연국 복성공 안자(兗國 復聖公 顔子, B.C 521 - B.C 481)

동배향(東配享) 제1위(第一位)[1]

안회는 16-17세 때부터 공자를 스승으로 모시고 계속하여 공자의 학습 생활을 따랐으며 종신토록 벼슬에 나아가지 않았다. 안회는 공문제자 중에서 공자가 가장 아끼는 제자였고, 사람됨이 총혜(聰慧)롭고 배우기를 좋아하였으며, 내향적인 성격으로 침정(沈靜)한데다가 엄격하고도 근면하였다. 그는 공자의 제자 가운데 덕행수양(德行修養)면에서도 가장 뛰어난 인물이다. 공자는 제자들을 평가하면서 덕행 면에서 안연을 제일로 지목하고 그의 인(仁)을 높이 평가했다. 또한 안회는 안분지족(安分知足)으로 자기를 지켰고, 예에 어긋나는 말과 행동을 하지 않았으며, 명리(名利)에 담박하여 안빈낙도(安貧樂道)하였고, 자신의 장점과 공로를 자랑하지 않았다. 안회는 스승인 공자를 아버지처럼 존경하고 줄곧 따랐으며 공자의 말에 맹종하여 일언반구의 어김도 없었다. 그러나 불행하게도 조사(早死)하여 공자에게 큰 실망을 안겨 주었다. 이처럼 안회는 전적으로 공자의 학설을 신봉하였고 또 조사하였기 때문에 독창적인 의견이 없어 사상, 학술 면에서 후세에 끼친 영향은 그리 크지 않다. 동한(東漢) 명제(明帝)15년부터 '72제자'에게 제사했는데 안회의 신위를 모든 제자 중 수위(首位)에 놓았으며, 공자에게 시제(時祭)를 올릴 때도 유독 안회만은 배향하였다고 한다. 당태종 정관 2년(628)에 추존하여 선사(先師)라 하였고, 당 현종 개원 27년(739)에 연공(兗公)에 추봉되었으며, 송 진종 대중상부 2년(1009)에 연국공으로 가봉(加封)되었고 다시 원 지순(至順) 원년(1330)에 연국복성공(兗國復聖公)으로 가봉되었으며 명 세종 가정 9년(1530)에 복성안자(復聖顔子)로 개칭되었다.

『학안록』 본문은 총 19장으로 구성되어 있으며, 1장 「안자의 입지(立志)」에서 시작해 19장 「안자의 시중(時中)」으로 끝나는데, 안자의 말을 인용하고 뒤이어 주자를 비롯한 선현의 해석을 첨부하고 있다. 학안록은 조선시대에 대성(大聖) 공자의 제자 안자가 아성(亞聖)으로 평가받아 학자의 이상적인 모범으로 기억되었

1) http://www.jjhyanggyo.or.kr/introduction/introduction06/?method=view&no=227&page=4

음을 알 수 있게 하는 자료이다. 여기에 나온 이야기 중에 한번은 안회와 자로가 공자를 모시고 있었는데 공자가 기쁨에 겨워 물었습니다. "너희들은 어찌 각각 자신의 포부를 말하지 않는냐?" 그러자 언제나 앞질러 말하기를 좋아하는 자로가 먼저 말합니다. "원거마의경구, 여붕우공, 폐지이무감." 이 말은 "수레와 말과 가벼운 갑옷을 벗과 함께 사용하여 낡아지더라도 유감이 없기를 원합니다."의 뜻이다. 남에게 자기의 물건을 사용하게 하는 것도 일종의 인이다.

그런데 안회는 "원무벌선, 무시로"라고 겸손하게 말한다.

"나의 선을 자랑하지 않으며 공로를 남에게 드러내지 않기를 원합니다. 나에게 많은 장점이 있어도 그것을 감추고 자랑하지 않으며 나에게 많은 공로가 있어도 그것을 드러내지 않겠습니다."

이 대목의 독서에 이르러 필자는 안회의 말과 실천 그리고 사회에서 삶의 방향과 자세에 대해 저절로 머리가 숙여진다.

안회의 짧은 삶을 통하여 나타난 그의 사람 됨됨이는 이미 인간이 살아가는 영역을 넘어서 독자로 하여금 저절로 존경과 경배를 불러일으킨다.

### 순과 안자의 교훈

다시 한번 종합적으로 봉우선생님의 어록에서 순과 안자, 예수의 관계에 대해 더 정밀한 해석과 해설을 들어보자.

[어떤 학인(學人)이 묻기를 "공자가 안자(顔子) 사후(死後)에 대성통곡(大聲痛哭)하셨다는데 안자가 왜 요절하였는지요?" 하였는데, 이에 봉우 권태훈 선생은 안

자가 천기(天機)를 누설하여 하늘에서 급히 데려간 것이라고 대답하였다. 다 알다시피 안자(顔子)는 공자(孔子)의 제일가는 수제자(首弟子)로서 빈궁한 처지에서도 학문을 연마하여 높은 학덕(學德)을 성취, 공자의 다음가는 아성(亞聖)으로 유교사(儒敎史)에 휘광을 드리운 인물이다. 그런데 불행히도 33세에 요절을 하여 공자는 깊이 슬퍼하며 "하늘이 나를 버렸다. 하늘이 나를 버렸다"고 탄식하였다. 이러한 안자의 돌연한 죽음이 바로 천기누설죄 때문이라는 것이다. 생전에 안자는 "순(舜)은 어떤 사람이며 나는 어떤 사람인가? 노력하는 자 또한 그와 같이 될 것이다."라는 발언을 했는데, 이 말은 이후 학문을 배우는 자들의 수학(修學)지침이 될 정도로 큰 영향을 주었다.

순(舜)은 고대(古代) 동아시아 전설적 제왕(帝王)으로서 堯와 함께 성인정치가(聖人政治家)의 표상(表象)이다. 이러한 성인 순임금도 내가 노력만 하면 될 수 있다는 안자의 입을 통해서 한 발언은 당시 학자들에게는 매우 충격적이고 대단한 용기의 발로(發露)로서 받아 들여졌다. 후세에 편찬된 유교철학사상사(思想史)인 『성리대전(性理大全)』에도 "누가 안자보다 용감하리요(孰勇於顔子)"라는 찬사로서 안자의 이 말에 대해 대용(大勇)이라 표현했으며 또한 정자(程子)도 성인(聖人)을 배우려면 모름지기 안자를 배우라 했을 정도로 안자는 성인을 배우는 표준이었다. 이러한 안자의 말이 어떻게 천기누설에 해당된다는 것일까? 이에 대한 봉우 선생의 해석은 보통의 상상을 넘어선다. 즉, 안자의 전신(前身:전생)을 보면 바로 순(舜)임금으로서, 이 발언은 얼핏 외양(外樣)으로는 학인들의 학문하는 자세에 대한 용기를 복돋워 주는 뜻을 드러내고 있으나, 안으로는 자신이 성인 순(舜)이라는 사실을 당당히 드러내는 자신감 내지 자기현시욕(自己顯示慾)도 일정부분 내포되어 있다는 것이다. 도학(道學)의 고단자일수록 언행(언행)에 극히 조심해야만 하는 것이 정신계(精神界)의 불문율인데 - 이는 범인보다 그 정신적 파장, 영향력이 크기 때문 - 안자는 이를 경솔히 발설하여 하늘의 금기사항(天機)을 어겼고 그에 대한 가차없는 징계로서 거두어 갔다는 것이다. 하지만 안자로서는 후학들을 위하여 발설(發說)하는 희생을 치렀다. 즉 보살도(菩薩道)를 행한 것이다. 공자 또한 안자의 죽음을 미리 알고 있었으며, 안자의 사후(死后) 낮에는 대성통곡하였으나, 밤에는 하늘의 별을 보고 서방(西方)에 성인(聖人)이 나리라고 뛸 듯이 기뻐하셨다한다. 즉, 안자가 후신(後身:미래의 몸)으로 예수가 될 것을 천문(天文)에서 미리 읽은 것이다. 여기서 안자의 전신(前身)이라는 순(舜)을 잠시 살펴보면 순은 역사적 명칭(史稱)으로서 성(姓)은 도(姚), 유우씨(有虞氏)이며 본명은 중화(重華:거듭빛남)이다. 지금으로부터 약 4~5천년 한민족이 배출한 성인(聖人)이자 위대한 통치자로서 순(舜)이야말로 홍익인간(弘益人間)정신, 보살정신의 구현자(俱現者)이자, 행불(行佛)이며 미륵불이며 진정한 열반(涅槃)의 의미를 체현(體顯)한 사람이었다. 여기서 진정한 열반이란 해탈해서 윤회(輪廻)를 벗어나는 것이 아니라 그 윤회에 능동적으로, 자기의지대로 그 수레바퀴의 중심축이 되어 굴러가는 것을 돕는 것이 진정한 해탈이자 열반이지 그저 공(空)으로, 무(無)로 돌아감이 아니라는 것이다. 이러한 대승(大乘)의 삶을 순(舜)은 지향했고 평생 실천했다고 한다. 성인(聖人)은 원래 자신의 정신을 여럿으로 나누어 분화(分化)시켜 분신(分身)으로 존재하게 할 수 있는 능력이 있는데 순임금 역시 자신을 안자와 마하가섭(摩訶迦葉)으로 분화(分化)하여 거의 동시대에 활동하였다 한다. 마하가섭은 석가모니불의 십대제자중 소욕지족(小欲知足) 두타행(頭陀行) 제일(第一)의 성자(聖者)로서 안자가 공자 제일의 심법(心法)을 전해받은 수제자라면, 마하가섭 또한 석가의 심인(心印)을 전해받은 이심전심(以心傳心)의 주인공으로서 공통점을 지니고 있다. 순(舜)의 행보(行步)는 이렇듯 마하가섭, 안자의 동시적 분신(分身)을 거쳐 예수라는 후신(後身)으로 나타나며, 앞으로 미래에는 미륵불 또는 만세대장부(萬世大丈夫)라는 대도인(大道人)의 존재로 출현하여 대동장춘(大同長春)이라는 평화세계를 이룩한다는 것이다.

이것은 이 우주사(宇宙史)의 계획된 프로그램의 일환(一環)이며, 인신(人身)의 온갖 영욕을 체험하며, 급기야는 대우주의 원리인 성시성종지도(成始成終之道)를 구현하는 일대(一大) 파노라마이기도 하다. 예수가 생전에 내가 길이요, 진리요, 생명이니라고 자신있게 설파(說破)한 것도 순(舜)의 행불(行佛)사상을 암시하고 있다. 마하가섭이 석가모니불의 입멸(入滅:죽음)후 부처의 관앞에서 쿼바디스의 심정으로 "앞으로 저는 어찌해야겠나이까?"하고 마음속 깊이 물으니, 관에서 부처의 발이 밖으로 나오는 것을 심안(心眼)으로 보았다. 여기서 족(足)은 역(易)의 진괘(震卦)에 해당되며 방위는 동방(東方)이다. 즉 이것은 부처가 가섭에게 심법(心法)으로 수기(授記)한 것으로 제출호진(帝出呼震)이라, 네가 미래에 동쪽으로 만세(萬世)의 정신적 제왕이 되어 나온다는 암시로서 대답을 준 것이라 한다. 순(舜)은 백살이 넘어 오래 살았는데, 마하가섭과 안자, 예수의 수명을 합친 140~150세 정도로 추정된다. 또한 순과 안자, 예수의 죽음의 형태에서 공통적으로 비정상적, 순탄하지 못한 모습을 드러내고 있는데, 순은 우(禹)임금에게 피살되었고, 안자는 요절했으며, 예수는 십자가형에 처해졌다. 예수는 나중에 다시 살아나 프랑스로 가서 익명으로 살았는데, 자손이 매우 번성했다 한다. 봉우선생은 "옛날 군자(君子)는 순(舜) 글자 하나만 갖고서도 정신을 집중하여 그 정신의 빛을 돌이켜 비추어서(回光反照) 순의 정체(正體:바른모습)와 그 운명을 직관하였다"한다. 즉, 순(舜)이란 글자에서 맨 위 (一)는 순임금을 뜻하고, 그다음 (彡)은 안자, 예수, 가섭의 셋을, 그 다음 획(ノ)은 동방(東方), 그 다음 획(一)은 서방(西方), 그 다음 획(夕)은 북방(北方), 그 다음 획(牛)은 남방(南方)을 가리키며, 맨 위( )부분이 일삼 (一三) 삼일(三一) 무진본(無盡本:끝없는 근본)이 되는 자리로서 중앙이 된다. 이렇게해서 순의 운명을 문자학(文字學)으로 해석할 수 있고 이는 곧 순의 운명이 행(行)이요, 그 행이 세 번 되풀이됨을 암시하고 있다는 것이다.] [1]

### 예수와 제사

전통 한국 종교의 해석에 의하면 전에 단군조선의 공무원으로 순 임금이 되시고 그리고 공자의 수제자인 안회님으로 오셔서 33세에 요절하셨다가 그 후에 예

1) 봉우선인의 정신세계.(2001). 봉우사상연구소. 서울:정신세계사.
http://www.buddhism.or.kr/bbs/board.php?bo_table=jidae_01_02&wr_id=83740&DNUX=jidae_02_01

수님으로 오신이여! 당신의 삶은 시종일관 거룩하고 성스럽고 인류의 최고 교사가 되심이여!

윤회의 개념을 통한 예수님의 계보 추적은 본 연구를 진행하면서 일화와 같이 스쳐 지나가는 자료들을 정리해 본 것이며 문헌과 인터뷰 자료 등 제3차적인 자료와 문헌을 인용, 기술한 것이다. 이 자료로 본다면 예수님은 그 전의 삶에서 이 땅에 여러 번 오신 분이며 그때마다 인간이 범접할 수 없는 거룩한 성품으로 나타났다. 오히려 예수의 공생애 이전의 삶은 고조선의 고대문명과 선도와 유교문화권인 중국을 위시한 동아시아 국가에서 이미 매우 높이 받들어진 분이셨다. 그리고 예수의 뿌리는 단군조선 시대의 공무원이라는 삶을 인정한다면 대한민국에 사는 한반도의 민족의 일원으로 우리와 같은 삶을 살았던 분이라는 결과를 알려주고 이로써 한민족이 특별하다는 점을 예감한다. 이 점에 있어서 나는 자국민족 중심주의(ethnocentric)라는 용어는 역사, 고고학 또는 인류학 연구물의 보고자나 저자가 특히 유의해야 하는 개념이라는 점을 밝히며 나 또한 그 개념을 유의하며 이 글을 쓰고 있다는 점을 독자들에게 상기시키고 싶다.

신들의 세계에서 예수를 소환하여 무언가 요구하는 특이한 사례가 하나 있다. 한국의 토착종교 중 공자, 석가, 예수, 노자의 영을 불러서 혼을 내는 사건을 기록한 경전은 증산교의 도전이라고 불리는 경전이 유일하다. 도전 제10편 제40장의 '선천 성인 심판 공사'를 참조하여 보자.

(도전 제10편 40장) 선천 성인 심판 공사

1 이 날 오후에 약방 마당에 멍석을 깔고 상제님께서 그 위에 반듯이 누우시어 치복에게 "새 자리를 그 앞에 펴라." 하시거늘

2 치복이 명하신 대로 멍석을 가져다 펴니 상제님께서 허공을 향해 준엄한 음성으로 말씀하시기를 "꼼짝 마라. 오늘은 참 성인을 판단하리라." 하시고

3 문 앞에 세워 두었던 기(旗)를 가져다 불사르게 하시니 뜻밖에 벽력이 일어나니라.
4 이 때 상제님께서 큰 소리로 명하시기를 "공자(孔子) 부르라." 하시니 성도들이 어찔
줄 몰라 머뭇거리거늘
5 다시 "어서 공자를 부르지 못할까!" 하고 호통치시매 성도들이 놀라서 엉겁결에 "공자
잡아 왔습니다." 하는지라
6 상제님께서 "불러 오라 하였지 잡아 오라 안 했는데 너무했다." 하시고 "너희들은 눈
을 감고 보라." 하시므로
7 성도들이 눈을 감고 보니 뜻밖에 펼쳐 놓은 자리에 공자가 무릎을 꿇고 "공자 대령했
습니다." 하고 아뢰더라.
8 상제님께서 꾸짖으시기를 "공자야, 네가 소정묘(少正卯)를 죽였으니 어찌 인(仁)을 행
하였다 하며, 삼대(三代) 출처(黜妻)를 하였으니 어찌 제가(齊家)하였다 하리오.
9 또한 내 도(道)를 펴라고 내려 보냈거늘 어찌 제자들을 도적질 해먹게 가르쳤느냐. 그
중생의 원억(寃抑)을 어찌할까. 그러고도 성인이라 할 수 있느냐!
10 너는 이곳에서 쓸데없으니 딴 세상으로 가거라." 하시고 큰 소리로 "저리 물리쳐라." 하
시니라.
11 이어 "석가(釋迦)를 부르라." 하고 명하시니 즉시 석가모니가 "대령했습니다." 하고 꿇
어앉아 아뢰거늘
12 상제님께서 꾸짖으시기를 "석가야, 너는 수음(樹陰) 속에 깊이 앉아 남의 자질(子姪)을
유인하여 부모의 윤기(倫氣)와 음양을 끊게 하니
13 너의 도가 천하에 퍼진다면 사람의 종자나 남겠느냐. 종자 없애는 성인이냐?
14 네가 국가를 아느냐, 선령을 아느냐, 중생을 아느냐. 이런 너를 어찌 성인이라 할 수 있
겠느냐. 너도 이곳에서 쓸데없으니 딴 세상으로 가거라." 하시고 "이 자도 물리쳐라."
하시니라.
15 상제님께서 다시 명하시기를 "야소(耶蘇) 부르라." 하시니 즉시 예수가 꿇어앉아 "대령
했습니다." 하고 아뢰거늘
16 상제님께서 꾸짖으시기를 "야소야, 너를 천상에서 내려 보낼 적에 내 도를 펴라 하였거
늘 선령을 박대하는 도를 폈으니 너를 어찌 성인이라 할 수 있겠느냐!
17 네가 천륜을 아느냐 인륜을 아느냐. 너는 이곳에서 쓸데없으니 딴 세상으로 가거라."
하시고 큰 소리로 "이 자를 물리쳐라." 하시니라.

너희들 모두 나의 도덕 안에서 살라

18 이어서 "노자(老子)를 부르라." 하시니 즉시 노자가 "대령했습니다." 하매
19 상제님께서 꾸짖으시기를 "노자야, 세속에 산모가 열 달이 차면 신 벗고 침실에 들어앉
을 때마다 신을 다시 신게 될까 하여 사지(死地)에 들어가는 생각이 든다 하거늘
20 '여든한 해를 어미 뱃속에 머리가 희도록 들어앉아 있었다.' 하니 그 어미가 어찌 될 것
이냐.
21 그런 불효가 없나니 너는 천하에 다시없는 죄인이니라.
22 또한 네가 '이단(異端) 팔십 권을 지었다.' 하나 세상에서 본 자가 없고, 나 또한 못 보
았노라.
23 그래도 네가 신선(神仙)이냐! 너도 이 세상에서 쓸데없으니 딴 세상으로 가거라." 하시
며 큰 소리로 "당장 물리쳐라." 하시니라.
24 잠시 후에 상제님께서 또 명하시기를 "공자, 석가, 야소, 노자를 다시 부르라." 하시니
그들이 모두 대령하거늘
25 말씀하시기를 "들어라. 너희들이 인간으로서는 상 대우를 받을 만하나 너희들의 도덕
만 가지고는 천하사를 할 수가 없느니라.
26 너희들의 도덕이 전혀 못쓴다는 말은 아니니 앞으로 나의 도덕이 세상에 나오거든 너
희들 모두 그 안에서 잘 살도록 하라.
27 나의 말이 옳으냐? 옳으면 옳다고 대답하라." 하시며 소리치시니 천지가 진동하여 문
지방이 덜덜 떨리더라.
28 상제님께서 다시 말씀하시기를 "수천 년 밀려 오던 공사를 금일에야 판결하니 일체의
원억이 오늘로부터 고가 풀리느니라." 하시니라. (증산도 道典 10:40)

이 경전에서 증산(1871~1909)은 공자는 살인과 삼대(三代) 출처(黜妻)로 제가(齊家)의 실패를 지적하여 그의 '인'의 사상을 비판하고, 석가는 출가 수도한다는 이유로 부모의 윤기(倫氣:인륜의 기운)와 음양을 끊어버린 점을 지적하고, 노자에게는 여든한 해를 어미 뱃속에 머리가 희도록 들어앉아 있었던 불효를 나무랐다. 증산은 예수에게 자신이 예수를 하늘에서 보냈다고 말하며 예수가 선령을 박대하였으며 그에 대한 책임을 물었는데 추측 건데 여기서 선령이란 조상을 의미하는 것이 분명하며, 제사를 소홀히 함에 대하여 문제를 삼고 있다. 조선말 기독교가 포교될 당시 가장 쟁점의 하나가 조상에 대한 제사를 모시는 문제였다. 한

국의 정서상 제사를 소홀히 하는 것은 전통적으로 매우 중대한 문제이기 때문이다. 그러나 기독교 신앙에서 유일신 사상은 조상의 제사를 모시는 행위를 귀신을 모시는 종교행위의 일종으로 보므로 제사상을 차려 절하는 행위를 금하고 있다. 그런데 동양으로 기독교가 전파될 당시 선교활동에서 제사의 풍습은 정확히 방향을 가지지 못하였다. 기독일보(2014. 8.29)의 '제사' 우상숭배인가, 조상에 대한 孝인가 기사에 따르면 아직도 제사에 대한 원칙은 명확하지 않은 것 같다.



> ...기독교가 한국에 들어올 때 가장 갈등을 빚었던 문제가 조상제사였다...기독교는 인간이 죽으면 천국이나 지옥에 간다고 믿기 때문에 조상제사가 없었다. 기독교는 4계명에 따라 살아있는 부모에게 효도를 강조하지만 죽은 후에 부모에 대한 의례가 없었다. 그런데 유교에서는 조상제사가 부모님이 세상을 떠난 후에 부모에게 효를 표하는 가장 중요한 의식이었다. 그러므로 기독교 신앙을 수용한 사람들이 유교의 전통문화인 조상제사를 어떻게 처리할 것인가 하는 문제는 중요한 문화적 갈등의 요인이었다(기독일보 2014.8.29.).

한국인은 부모가 돌아가신 후에도 계속 부모(조상과)와 같이 살아간다는 생각을 하며 돌아가신 조상을 잘 모시는 것이 효도이며 그렇게 하므로써 자손이 복을 받는다는 효도의 연속성과 구복적인 신앙적 요소를 가지고 있다. 이 문제를 종합적으로 다룬 '한국사회와 기독교효' 주제로 개최된 한국효학회 제2회 학술세미나의 내용을 보도한 기독일보의 내용을 아래와 같이 인용하여 살펴본다.

> 중국 명나라에 천주교 선교사들이 처음 들어왔을때, 예수회 선교사였던 마테오리치(1552-1610)는 현지문화적응 방식을 채택하여 제사를 지내도록 허용하였다. .. 그는 중국인들의 옷을 입고 중국 문화를 긍정적으로 평가하여 중국인들이 천주교인으로 개종하는데 제사를 걸림돌이 되지 않도록 허용하였다. 마테오리치는 제사를 우상숭배가 아니라 조상에 대한 효와 공경이라고 보았다...그 후에 들어왔던 도미니크회(1631년)와 프란체스코회(1633년)선교사들은 원칙주의의 입장을 취해 제사를 우상숭배로 규정하여 금지했다...교황청에서는 인노센트 10세가 종래의 제사에 대한 타협적인 정책을 중지하고 1645년 위반하면 파문하겠다고 규정하면서 제사를 금지했다. 그런데 교황 알렉산더 7세는 다시 예수회측의 요구

> 를 승인하여 '비도덕적인 것이 아닌 한 어떤 민족의 관습과 전통도 배척하지 않고 상처를 입히지 않는 신앙을 가져가도록 해야 한다'고 권유했다. 그 후 인노센트 12세(1691-1700)와 클레멘트 11세(1700-1720)는 다시 제사를 우상숭배로 규정해 금지했다...청나라 시대에 천주교는 박해를 받았다. 청나라의 강희, 옹정, 건륭 황제가 천주교를 강하게 핍박하였고 천주교는 포교의 자유를 잃어버렸다가 남경조약을 체결할 1845년 이후에 회복하였다...제사를 우상숭배로 볼 것이냐, 전통문화로 봐야 할 것이냐의 천주교의 입장은 교황에 따라 달라지는 역사를 반복하다 1958년 천주교는 제사에서 귀신숭배와 연결된다고 판단된 의식을 제외시키고 나머지 의식들을 인정했다...그런데 1995년에 발표한 사목지침서에는 제사에 대한 금지사항에 대해서 전혀 언급하지 않는다...(기독일보 2014.8.29.).

동 학술세미나에서 이은선 교수는 "천주교보다 후에 중국에 들어갔던 기독교 선교사들은 천주교가 이미 제사를 우상숭배로 규정하고 금지하고 있던 것에 영향을 받아서 자연스럽게 제사를 금지하게 됐다"며 "우리나라의 선교사들은 중국에서 기독교 선교사들이 결정하고 시행했던 제사금지 정책을 그대로 수용하여 시행했다"고 말했다(ibid.).

> 중국에서는 1877년, 1890년, 1907년 기독교 선교사대회가 열렸는데 1877년의 제1차 선교사대회에서는 보수적인 선교사들의 입장이 주류를 이뤄 제사제도의 우상숭배적인 요소를 강조해 제사에 대한 금지 입장을 채택했다...이어 1890년 제2차 선교사 대회에서는 '제사는 처음부터 끝까지 우상숭배이고 여호와 이외에 어떤 인물이나 사물을 공경하는 것은 허용될 수 없다'는 중국 원로 선교사인 테일러의 주장이 절대적인 지지를 받아 제사가 금지됐다. 그러나 당시 제사에 대한 적극적인 변호의 입장을 취한 마틴(William Alaxender Parsons Martin) 등 소수자의 입장도 있었다. ...선교 100주년을 맞은 1907년 열린 제 3차 선교사대회에서는 마틴을 비롯한 제사에 관용적인 사람들의 입장이 반영되어... 제사 대신 중국인의 관점에 접근하는 추도회를 허용하기로 하였다...(기독일보 2014.8.29.).

기독일보에 따르면, 동 세미나에서 이은선 교수는 조선에서 1886년에 최초로 세례 받은 노춘경은 세례를 받으면서 제사를 포기하였다. 라고하며 1891년에 아펜젤러는 제사를 포기해야 한다면 세례를 받지 않겠다고 말하는 양반의 경우를 기록하면서 자신은 1890년 상해 선교사 대회의 결정을 따르고 있다고 말했다. 그는 한국에서 선교사들과 조선의 조사들이 제사문제를 논의한 것은 1893년이었으며 이러한 논의의 결과로 1895년 마펫이 네비우스의 저술을 한국의 실정에 맞게 번역한 '위원입교인규됴'가 세례문답서 및 생활안내서로 제작됐다며 이 문서는 제1조에서 귀신숭배, 우상숭배, 제사를 금지했고. 제사를 금지한 반면에 제3조에서는 부모님 생전에 봉양하여 효도할 것을 강조했다고 전했다(ibid.).

당사자들의 갑론을박 후에 제사포기, 그리고 추도예배의 형식으로 발전된 제사는 거기에도 문제가 있었는데 거기엔 전통적 요소와 기독교적 요소가 공존했다. 전통적 요소는 등촉을 밝히고 죽은 자의 영혼을 위해 기도하고 통곡한 점이며, 기독교적인 예배의 요소는 기일에 선교사와 교중 형제들을 초청해 기도하고 찬미하며 부모의 생존 시에 믿음과 현숙한 모습을 기억하며 기도한 점이다. 그러나 시간이 지나가면서 고인의 영혼을 위해 기도하는 것은 배제됐다(Ibid.).

> ...현재 기독교 안에서 조상제사에 대한 세 가지 흐름이 존재하고 있다. 첫째는 조상제사를 효행의 실천으로 삶의 현장에서 일상화된 문화적인 요인으로 보고 복음의 토착화라는 차원에서 개선하거나 수용하려는 조류로, 주로 감리교와 기독교장로회에서 발견.... 금지적 견해는 고신과 합동 측의 입장으로 제사는 조상을 숭배하는 예배이므로 엄격하게 금지되어야 한다....중도의 입장은 통합측의 입장으로 일부는 수용하고 일부는 개혁해야 할 것을 요구...효성의 표현으로서의 제사는 문제될 것이 없으나 조상신이 후손에 복을 내려준다는 사상은 배척되어야 한다...제의적 요소와 미신적 행위는 생활양식 혹은 효성의 의례적 행위에서 제거해야 한다...개신교가 수용할 수 없는 제의적인 요소로 조상을 신으로 여겨 절하는 것, 귀신을 부르기 위해 지방을 쓰는 것, 제상을 차리고 향을 피우는 것 등이 있다...하나님의 주권과 섭리를 대신해 조상의 신령이 화복을 내린다는 것과 그리스도를 대신해 조상이 천신과 사람 사이의 중보자가 된다는 것, 그리고 죽은 조상의 혼령과 교통하는 것 등도 받아들일 수 없는 요소.....개신교가 수용할 수 있는 문화적인 요소들로는 부모에 대한 공경으로서의 효의 윤리, 자신을 존재하

> 게 한 과정자로서의 조상 양육에 대한 감사, 조상이 남긴 신앙의 모본과 교훈, 생전의 삶에 대한 추모 등이 있다..... 그리고 성묘를 통한 부활 소망의 인식과 그리스도 안에서 조상들과의 연합 등에 대해서는 받아들일 수 있다.... 그리스도인들은 조상이 영이 아닌 그리스도의 성령 안에서 일치를 경험할 수 있음을 강조했다....제사를 금지할 때 제사의 우상숭배적인 요소를 제거한다 해도, 제사가 가지고 있던 효도, 조상기림, 가족공동체 유지의 미풍양속을 어떻게 지속할 것인지는 중요한 과제이다....핵가족제도와 개인주의화, 세속화, 도시화의 결과로 가족이 붕괴되는 때에 추모예배를 통한 가족공동체 형성과 효성의 보존은 중요한 과제이다....부모를 부양하는 것에 대한 통계청의 최근 여론 조사 결과...2006년 '스스로 해결해야 한다'는 답변이 7.8%에서 2012년 13.9%로 배 가까이 늘어났고, '가족이 공동으로 해결해야 한다'는 답변은 2006년 63.4%로 과반을 넘었지만 2012년 33.2%로 줄었다.....인식변화가 일어나고 있는 상황에서 조상에 대한 효보다 더 절박한 것은 살아있는 부모에 대한 기독교적인 효사상을 교육하는 것....(기독일보 2014.8.29.).

성경의 구약은 물론 신약에서도 효를 강조한다. 다음의 성경 장절들은 그것을 말한다.

> (잠언 1:8-9) 내 아들아 네 아비의 훈계를 들으며 네 어미의 법을 떠나지 말라 이는 네 머리의 아름다운 관이요 네 목의 금사슬이니라.
>
> (에베소서 6:1) 자녀들아 너희 부모를 주 안에서 순종하라 이것이 옳으니라.
>
> (에베소서 6:2) 네 아버지와 어머니를 공경하라 이것이 약속 있는 첫 계명이니 이는 네가 잘 되고 땅에서 장수하리라.
>
> (디모데전서 5:4) 만일 어떤 과부에게 자녀나 손자들이 있거든 저희로 먼저 자기 집에서 효를 행하여 부모에게 보답하기를 배우게 하라 이것이 하나님 앞에 받으실 만한 것이니라.

성경은 효를 매우 중요한 덕목으로 언급하나 조상의 영에 대한 의례나 제사의 절차 등에 관해서는 일체 언급이 없다. 구약시대의 속죄를 위한 속죄소의 희생제와 같은 물질위주의 제사 의례는 예수의 십자가 희생 이후로는 사라졌으므로 기독교가 동양에 전파된 이후 기독교를 받아들인 신도가 제사를 어떻게 하여야 하는지에 대하여는 한번 생각해 볼 문제이다. 하나님과 성령의 신성한 성전을 가슴에 지닌 신도가 산제사인 예배의 행위를 할 때 우리는 예수님의 몸을 상징하는 떡을 먹고 예수님의 피를 상징하는 포도주를 마시는 성찬식을 한다. 구약 시절에는 인간은 신에게 어린 양과 같은 희생물을 잡아 피와 고기를 드렸다. 예수님 이후 우리는 예수님을 위해 산제사를 드릴 때도 우리는 제물을 올리고 나누지 않는다. 오광만(2012)에 의하면, "모든 의식에 관한 율법은 신약 성서 시대에 있어서는 폐기되었다(갈라디아서 2:4; 골로새서 2:14, 16, 17; 다니엘서 9:27; 에베소서 2:15, 16. 히브리서 7-10장; 마가복음 7:18, 19)."

모든 구약의 의식이 신약시대에 폐지되었다고 하더라도 그것이 이스라엘의 풍습인데도 한국의 유교중심의 제사에 까지 미치는 것으로 해석할 수 있는가? 물론 기존의 유교를 신봉하는 한국인은 어불성설이라고 할 것이다. 그러면 제사를 한번 고찰해 볼 필요가 있다. 제사의 시작은 효도라는 이념에서 시작한다. 제사는 유교의 의식에서 시작되었다. 그러나 유교는 종교인가라는 점에서는 논란이 있다. 유교도 사서삼경이라는 경전이 있고 기독교는 성서가 있다. 기독교나 불교는 숭배의 대상이 있는데 비해 유교는 공자와 그의 제자가 숭배의 대상이라고 하지만 예수님은 유일신을 믿으라고 한 반면 유교는 공자와 제자들이 자신들을 믿으라고 하지 않았다. 유교는 예배의 대상이 명확치 않고 또한 다른 종교에 비하여 교단이라는 실체가 미약하다. 유교에서 제사의식도 일상적이지 않고 특별한 경우에만 시행된다. 또한 내세에 대한 믿음이 매우 약하다. 귀신을 인정하기는 하나 저승세계에 대한 논의보다 현실의 생활에 도덕을 바로 세우고, 인간관계를 올바로 정립하는 것에 주요한 목표를 두고 있다. 유교에 철학적 체계를 세우려고 한 성리학자들은 이와 기를 논하면서 상대를 위해주기는커녕 조금이라도 다르면 이단이고 사론으로 몰아 배척과 박해를 일삼았는데, 이는 유교를 발전시킨 일면도 있지만 크게 망친 불행한 면을 보여준다. 한국에서 제사는 돌아가신 조상을 추모하고 그 근본에 보답하고자 하는 공경의 의식이다. 그래서 돌아가신 조상이 계신 듯이 정성을 다하여, 조상으로부터 복을 받고 후손에게 효성과 공경의 마음을 가르치는 것이다. 순임금이 보여준 효도는 바로 성인의 효도의 극치를 보여준다. 성경은 부모에게 효도라는 개념을 아주 중요하게 강조한다. 그런 효성도 없이 제사만 잘 지내주면 효도인가? 더구나 제사에서 구복을 하는 자세로 조상을 위한다는 것은 자기를 다 맡기는 것이다. 신에게 경배도 자신의 영혼을 맡기는 행위이다. 그러면 조상과 신이 다 같이 영혼의 맡음과 돌봄을 하여 작용하는 셈인데 이것은 전능신을 경배하는 올바른 자세가 아니다. 바로 다신교의 행위가 되며 유일신을 믿는 행위가 아니다.

성경만을 금과옥조로 신봉하는 기독교 신자들은 제6장에 제시된 일화나 역사적 기록 그리고 이야기를 터무니없고 기독교를 모독하는 해석으로 받아들일 수 있겠지만 이런 신화적인 논의는 신에 대한 자기중심적인 해석이 아니라 타종교에서 보는 역사적 기록과 우리가 이해하지 못하는 문화의 일상적인 삶으로서 그러한 삶의 이해에 대한 사회인류학적 (sociological anthropology) 터치가 될 수 있다. 그리고 기독교가 세계 모든 인류의 종교가 되기 위해서는 타종교의 다양한 해석과 평가도 무시할 수 없는 중요한 통찰을 줄 수 있다. 즉 동양의 종교 지도자가 해석하는 예수의 과거 삶(즉 전생)에 대하여 기록을 찾아보면 그 분들은 예수님에 필적하는 인격과 신성을 가지고 존중을 받았다는 사실을 알 수가 있다. 환생을 당연한 것으로 여기는 동양의 특정 종교에서는 인간과 신을 구별하지 않는다. 즉 인간은 영혼(신)이 아바타로 뒤집어 쓴 것일 뿐이며 인간이 가진 영이 진보하면 신이 된다고 믿고 있으며 그러므로 우리가 신이자 인간으로 알고 있는 예수의 이전 삶을 논의하는데 이론적 모순을 극복하고 있다.

### 예수의 아시아 여행

불교와 관련한 예수님의 이야기를 봉우 권태훈 옹은 다음과 같이 어록에 남겼다.

봉우권태훈 : 예수교 하는 이들이 예수 머리에 둥그렇게 원광을 그린 것이 뭐냐고 하면 뭐라고 무슨 소리들 해요. 예수는 7계입니다.

학인 : 7계요?

봉우권태훈 : 예수는 7계여. 예수는 7계인데 칠지보살이여. 본디 인도 가서 칠지보살 되어가지고 그쪽으로 다시 되돌아간 이여 (부처와 같은 깨달음을 가지고 갔다는 말)

학인 : 인도 가가지고요?

봉우 : 인도 가서 공부한 자리가 뻔히 있어가지고 그쪽으로 갔는데.

학인 : 인도 쪽 성자들은 계를 따지면 어떻게 됩니까

봉우 : 성자들...대중없죠.

학인 : 석가모니라든지......

봉우 : 석가모니는 9계죠..예수가 복이 좋은 이여. 전생이 공자의 제자 안자였어요.

공부는 인도에 가서 해가지고 지금 2000년 ... 칠지보살이여. 칠지보살..

학인 : 칠지보살이 뭡니까?

봉우 : 보살에 칠지보살 이렇게 부릅니다.

학인 : 도계(선가의 계제)로 따지면 7계여. 7계.

학인1 : 인도에 가서 공부한 것은 언제 예수가 그렇게 하셨나요?

학인2 : 전생에 한 건가요?

봉우 : 아니야..살아서 했지. 살아서 해가지고 그리로 간 거야[1]

예수의 공생에 중 청년기가 누락되어 있다는 지적과 그 기간에 어디서 무엇을 했느냐에 대해 의문을 제기하는 학자들이 있다. 그들은 예수가 보낸 청년기에 대해 인도에서 불교의 지도자와 같이 수행하고 공부했다는 기록들을 증거로 내세운다. 이 기록에 대하여 기원후 50-100년 사이에 기록된 티벳 경전, 그리고 인도 카시미르지역의 예수의 묘로 여겨지는 성소 등 많은 유물들이 있지만 기독교 공동체와 회의론자들은 이를 인정하지 않는다. 하지만 시종일관 예수가 청년기에 인도를 여행하며 선교와 병자의 치유에 대한 기록이 있다고 전해지고 있다. 그리고 수많은 연구들도 행하여지고 많은 저작들도 이를 뒷받침하고 있다. 아래 문헌과 URL은 그런 기록들에 관련된 참고자료로 볼 수 있는 문헌들이다.

1) 정재승.(2006). 선도공부, 서울 : 솔.

http://www.reviewofreligions.org/about/
Mirza Ghulam Ahmad
http://www.reviewofreligions.org/the-promised-messiah-and-mahdi/
Azala-e-Auhaam pp 515-516 Second Edition published DhulHijjah 1308AH corresponding to July 1891.
A'yeena Kamalaat Islam, p.14, appendix
Mirza Ghulam Ahmad of Qadian 15 January 1901 published by Ziausalam Press Qadian
Majmua Ishtiharaat Vol 2 pp 393-395 Shirkatul Islamiya Rabwah
http://www.reviewofreligions.org/download/RR200211.pdf#page=7
Tadhkarat-ush-Shahadatain, First Edition Vol.1, p.63, published November 1903]
Report Annual Conference, Sadr Anjuman-e-Ahmadiyya Qadian, 1907-1908, p.44)
http://www.reviewofreligions.org/download/RR200211.pdf#page=7 (page 30)
Review of Religions, Urdu, December 1905,
http://www.reviewofreligions.org/download/RR200211.pdf#page=7 (page 32)
Mansab Khilafat, pp.20-22 first edition published Allahbux Steam Press, Qadian
History of Religion, Professor George Footmoor DD, LLD, LITT.D, p.520, New York Charles Scribner's Son 1919
http://www.reviewofreligions.org/download/RR200211.pdf#page=7 (page 47)
MILWAUKEE, Review of Religions, December 1983, p.56)
Review of Religions, January 1984, pp. 46-47
http://www.reviewofreligions.org/download/RR200211.pdf#page=7 (page 53)
http://www.reviewofreligions.org/download/RR200211.pdf#page=7 (page 57)
Zikre Habib pp 399-401 published Qadian, First Edition, December 1936
http://www.reviewofreligions.org/download/RR200211.pdf#page=7
AlHakm 6 January 1911 p.14]
http://www.reviewofreligions.org/subscription/

## 아시아에서 예수의 흔적



예수가 인도를 여행한 이야기는 두 가지가 있다. 하나는 예수가 12살에서 30살 사이에 여행한 것과 다른 하나는 십자가에서 부활 이후의 여행에 관한 것이다. 첫 번째 이야기의 기원은 러시아인 노토비치가 1894년에 출판한 책인 "예수 그리스도의 알려지지 않은 이야기" 인데 처음에는 위조된 것으로 알려졌다가 나중에는 노토비치와 같은 발견을 한 사람들에 의하여 인정을 받았다. 두 번째 이야기는 예수는 십자가에서 죽지 않았다는 가설의 전제에서 출발하여 그는 복음을 전하러 인도를 지나 카시미르까지 여행했으며 거기서 머물며 남은 생을 마쳤다는 이야기다. 이 이야기는 인도인 저자인 미르자구람아흐메드의 "인도의 예수"란 책에서 나온다.

1887년 러시아인 니콜라스 노토비치는 인도 라다크의 하이미스 수도원(Hemis Monastery, Ladakh)에 있는 동안 남자 중의 최고 인물인 성 이사의 일생(Life of Saint Issa)에 대한 문서를 알게 되었다고 주장했다. 이사란 인물명은 이슬람 세계에서 아랍어로 예수를 의미했다. 성 이사의 일생을 번역한 노토비치의 이야기는 1894년 '예수의 알려지지 않은 이야기'로 번역되어 출판되었다(Schneemelcher & Wilson 1990). 노토비치의 이야기는 즉시 논쟁거리가 되었고 뮐러(Müller 1901)는 수도원의 수도승이 노토비치를 속였거나(또는 농담을 했거나) 또는 수도승이 그 자료를 위조했을 거라고 주장했다. 그 당시 뮐러는 하이미스의 수도원에 대하여 주지 라마승은 지난 15년간 수도원은 서구인의 방문을 받은 일이 없으며 노토비치의 이야기에 관련된 문서도 없다고 대답했다고 전했다(Malkovsky 2010). 더글라스(Douglas)란 자도 하이미스 수도원을 방문하여 수석 라마승을 인터뷰하고 수석 라마승은 노토비치는 수도원을 방문한 일이 없었다고 진술하였다(Ehrman 2011)고 전했다. 인도학자(印度學者)인 본 슈뢰더(von Schroeder)는 노토비치 이야기는 뻔뻔한 거짓말이라고 주장하였다(McGetchin 2010). 슈니멜처(Schneemelcher)는 노토비치의 주장은 바로 위조된 것으로 밝혀졌고 아직까지 노토비치가 보았다고 주장하는 문헌을 본 사람은 없다고 주장했다(Schneemelcher & Wilson 1990). 노토비치는 그 자신의 주장을 변호하였으나 일단 그의 이야기가 역사가들에 의하여 재조사된 후에 일부 학자들은 그의 존재조차 의문시 하였다. 어떤 이야기는 노토비치가 증거물을 위조하였다고 고백했다는 주장도 있었다(McGetchin 2010). 에르만은 이 문제에 대하여 추호도 의심을 하는 학자는 단 한사람도 없다고 주장하며 전체 이야기는 노토비치에 의하여 꾸며졌고 그는 이걸로 많은 돈을 벌었고 거짓말로 악평도 얻었다고 주장하였다(Ehrman 2011). 그러나 다른 학자들은 그가 주장한 것들이 위조되었다고 그 자신이 인정한 적이 없다고 주장한다. 프란시스 영허스밴드( Francis Younghusband)경은 그의 이야기에 감명을 받지는 않았지만, 노토비치가 하이미스 수도원을 떠난 지 얼마 안 되어 스카르두(Skardu) 근처에서 그를 만났던 사실을 상기하였다.[1]

노토비치가 보았다고 주장한 두루마리 문서에 의하면 예수는 13살에 예루살렘을 떠나서 그 자신의 신성의 이해를 높여 완전해지고, 부처의 율법을 공부하기 위한 의도로 파키스탄의 4개 지역 중의 하나로 가장 남쪽에 위치한 지역인 신드(Sind 또는 Sindh)로 향했다. 그는 펀잡(Punjab)을 지나 퓨리 자가나트(Puri jagannath)에 도달하여 힌두교 사제에게 베다를 공부하였다. 그는 나란다(Nalanda)인근의 퓨리(Puri)와 라지기르(Rajgiirh)에서 고대 힌두경전을 공부하는데 6년을 보낸 후 히말라야로 가서 티벳 수도원에서 불교를 공부하는데 한동안 시간을 보낸 다음 페르시아를 거쳐 29살에 예루살렘으로 돌아왔다(Notovitch 1894).

니콜라스 노토비치. ©wiki

1 ) The Heart of a Continent, a Narrative of Travels in Manchuria, Across the Gobi Desert, Through the Himalayas, the Pamirs, and Hunza (1884-1894), 1904, pp. 180-181

노토비치가 여행 중에 발견한 예수의 이야기의 요지는 다음과 같다. 고대 두루마리 문서는 예수가 인도와 티벳에서 17년을 보냈다고 밝힌다. 13세부터 29세까지 그는 불교의 학생이자 선생으로 그리고 힌두교의 성자로서 시간을 보냈다. 예루살렘에서 베나레스(Benares)까지 그의 여행 이야기는 브라만 역사가에 의하여 기록되었다. 그 곳 사람들은 오늘날 아직까지도 예수를 그들의 부처인 성 이사(St. Issa)로 부르면서 흠모하고 있다.[1]

1894년 노토비치가 '그리스도의 알려지지 않은 일생'을 출판하였다. 그는 러시아 출신 의사로서 아프카니스탄, 인도, 티벳을 여행하고 있었다. 노토비치는 펀잡 너머 볼란을 통하여 라다크의 황량한 바위투성이 지역을 지나 히말라야 카시미르의 위풍당당한 계곡에 도달하였다.

예수의 동방여행지도(자료 : 서밋대학)[1]

1 ) http://reluctant-messenger.com/issa.htm

그는 여행지 중 하나인 라다크의 수도인 레(Leh)의 근처에 있는 불교사원에 있었다. 그는 사고로 다리가 부러지는 부상을 입고 여행일정에 없는 하이미스 사원에 머무르게 되었다. 노토비치는 거기 있는 동안 그 사원에 예수의 일생에 관한 기록이 있다는 것을 알게 되었다. 그가 대사원을 방문 하는 과정에서 그 전설을 티벳어로 번역하였고 그는 조심스럽게 이사의 생애로 알려진 그 이상한 문서로부터 200개가 넘는 싯귀를 여행일지에 기록하였다. 그는 성 이사의 전기를 담은 크고 노란 두 권의 두루마리를 보았다. 노토비치는 이사에 해당하는 부분을 티벳어로 번역하기 위하여 그의 여행일지 뒷장에 조심스레 목록을 기록했다. 그가 여행에서 돌아온 후에 그 문서의 진정성에 대하여 큰 논란이 일었다. 그는 거짓말을 한다고 고소되었고 사기꾼으로 조롱당하였다. 노토비치에 대한 회의론자 중의 한 사람인 스와미 아베다난다(Swami Abhedananda)는 히말라야 북쪽지역을 여행하면서 수도원의 문서 사본을 찾아서 사기극을 폭로하리라고 결심하였다.

라다크(Ladakh) 하이미스(Hemis)의 곰파(gompa) 수도원, ©wiki

카시미르 오 티베티(Kashmir O Tibetti)라고 제목을 붙인 그의 여행기에서 그가 수도원 곰파를 방문한 이야기는 224개 장의 벵갈어 번역본을 포함하고 있는데 그것은 노토비치가 베꼈다고 한 문헌과 같은 것이었다. 아베다나다는 거기서 이사의 전설이 진짜임을 확신하였다. 아베다나다가 찾아간 하이미스 수도원은 티벳불교 수도원(곰파 : gompa)으로 드룩파(Drukpa)계열의 사원이며 인도의 라다크(Ladakh), 하이미스(Hemis)에 위치하고 있다. 그 사원은 라다키(Ladakhi)왕 셍게남갈(Sengge Namgyal)이 1672년에 재건축하였는데 레(Leh)로부터 45Km 떨어져 있다. 매년 7월초 파드마삼바바(Padmasambhava)를 기리는 하이미스(Hemis)축제가 열린다.

파드마삼바바(Padmasambhava)는 8세기에 인도인 불교지도자 구루 림포체(Guru RinpocheI)로 알려져 있다. 파드마삼바바(Padmasambhava)생애와 공훈을 중심한 일련의 전설에 의하면 그는 티벳, 네팔, 부탄과 인도의 히말라야 지역에서 두 번째 부처로 널리 숭배되고 있다.

구루 림포체(Guru RinpocheI)의 조상 ©wiki

파드마삼바바(Padmasambhava)의 조상(123 ft. 37.5 m) ©wiki

1925년 니콜라스 로에리치라는 또 다른 러시아인이 하이미스에 도착하였다. 로에리치는 철학자이며 저명한 과학자였다. 그는 명백히 노토비치와 아베다나다가 본 것과 같은 문서를 보았다. 그는 자신의 여행일기에 이 이사의 전설을 그들처럼 똑같이 기록하였다. 이사를 언급하면서 로에리치는 수세기동안 골동품으로 다루어온 그 전설을 다음과 같이 말한다.

> "그는 베나레스같은 여러 인도의 고대 도시들을 그의 시절에 지나갔다. 모든 사람이 그를 따르고 사랑하였는데, 그것은 이사가 바이사(Vaishas)나 수드라(Sudras) 등과 같은 천민계급하고도 평화롭고 절친하게 지냈으며 그들에게도 경전의 말씀을 가르쳐 주었고 도움을 주었기 때문이다. 크사트리야(the Kshatriyas) 계층의 사람들은 그에게 이르기를, 위대한 창조주 브라마(the great para Brahma)께서는 그의 옆구리와 다리로부터 창조된 이러한 천민계층에 가까이 하는 것을 금

하셨다고 말하였다. 그리고 바이사 계급은 단지 성직자들이 읽는 베다를 듣기만 할 수 있을 따름이며 그것도 축제일에만 허락되어 있었고 수드라 계급은 베다경을 읽는 데에 참여할 수 없을 뿐 아니라 그것을 바라볼 수조차도 없는데, 왜냐하면 그들의 조건은 브라만, 크사트리야, 그리고 바이샤 계층에게도 영원히 노예로서 봉사하는 최하층민 이었기 때문이다. 이사는 사람들이 사원을 온갖 혐오스러운 것들로 가득 채워놓았다고 말했다. 금속과 돌로 만든 것들에 존경을 표하기 위하여 사람들은 그의 동료들을 최고의 영의 불꽃에 희생하도록 하였다. 사람들은 상석에 아무렇게나 앉아있는 나태한 사람들의 호의를 얻기 위하여 수고로 땀을 흘린 자들의 위신을 떨어뜨린다. 그러나 신의 가호를 비는 그들의 형제를 빼앗은 자들은 멸망할 것이다. 바이사와 수드라계급의 사람들은 놀라서 그들이 행하여야 할 것이 무엇인가를 물었다. 이사는 우상을 숭배하지 마라. 너를 제일로 여기지 마라. 너의 형제를 모욕 주지마라. 불쌍한 자를 도와주어라. 허약한 자들을 지원하여라. 아무에게도 악을 행하지마라. 네 것이 아닌 것이나 다른 사람이 소유한 것을 탐내지 마라. 라고 말하였다. 그 말을 알아들은 많은 사람들이 이사를 죽이기로 결정하였다. 그러나 이사는 밤에 그 자리를 떠나도록 경고를 받았다. 후에 이사는 네팔로 가서 히말라야 산으로 들어갔다. 자 우리에게 기적을 행하여 보아라. 라고 사원의 종들이 요구했다. 거기서 이사는 그들에게 대답하였다. 세계가 창조된 바로 그 날 이래 기적들은 그 모습을 나타냈다. 기적을 볼 수 없는 자는 삶의 가장 큰 선물을 빼앗긴 것이나 다름없다. 그러나 슬프도다 그대여, 인간의 원수여, 슬프도다 너에게까지, 네가 기다린다면 그가 그의 힘을 기적으로 증명하리니, 이사는 사람은 자신의 눈으로 영원한 영을 소유하기 위하여 분투하지 말아야 하며 그것을 마음으로 느끼고 순수하고 가치 있는 영혼이 되어야 한다고 가르쳤다. 인간을 희생물로 드려서도 안 될 뿐 아니라 짐승도 희생제를 위해 살육해서는 안 된다. 왜냐하면 모든 것은 인간이 사용하기 위하여 주어졌기 때문이다. 다른 이의 재물을 훔치지 마라. 왜냐하면 훔치는 것은 너의 이웃으로부터 약탈하는 것이기 때문이다. 거짓말을 하지 말라. 거짓말을 하지 않으면 너도 속임을 당하지 않으리니... 너는 사람을 진리의 길에서 벗어나게 하는 사람, 미신과 편견으로 미혹하게 하는 사람, 보이는 것을 못 보는 사람과 물질에 굴종하도록 설교하는 자들을 유의하라....."[1]

이런 가르침은 예루살렘에서 민중을 가르친 것과 유사하다. 전설의 다른 버전에서 로에리치는 기적에 대한 생각과 증거의 단편을 인용한다.

---

1 ) http://reluctant-messenger.com/issa.htm

"라사 근처의 사원은 수많은 경전으로 가르치는 곳이다. 예수는 그들과 친해졌다. 동방에서 가장 높은 단계의 존재가 그 절에 있었다. 마침내 예수는 산을 넘어 라다크의 수도인 레(Leh)에 도착했다. 수도승들과 계급이 낮은 사람들은 예수를 기쁘게 맞이하였고... 예수는 수도원과 시장에서 사람들을 가르쳤다. 사람이 모이는 곳이면 그는 거기서 가르쳤다. 이곳에서 멀지않은 곳에 아들이 죽은 여인이 살았는데 죽은 아들을 예수에게 데려왔다. 군중이 모인가운데, 예수는 아이에게 손을 대자 아이는 치유되어 일어났다. 그러자 수많은 사람들이 그들의 아이를 데려왔고 예수는 그들에게 손을 대어 치료했다. 라다크의 사람들 가운데 예수는 여러 날을 보내면서 그들을 가르쳤다. 그들은 예수를 사랑했고 그가 떠날 때가 다가오자 어린아이들처럼 슬퍼했다."[1]

예수의 동방에서의 두 번째 행보, 이것은 예수가 십자가에서 죽지 않았다는 것을 의미한다. 매이슨은 "사랑하는 신을 찾아서" 라는 책에서 예수가 십자가 형에서 살아났을까? 라는 의문을 다룬다. 커스텐(Kersten)은 예수가 십자가에서 죽지 않고 깊은 혼수상태에 빠져 있다가 무덤에서 일어났으며 놀랍게도 빨리 회복되었다고 주장한다. 예수가 기적적으로 다른 사람들을 치유하도록 하였다면 그 자신을 위해서도 그렇게 할 수 있으리라고 생각하는 것이 합리적이다. 실제로 예수는 그의 몸에 관하여 언급할 때 이것을 암시하였다. 요한복음 2장 19절에 예수께서 대답하여 이르시되 '너희가 이 성전을 헐라 내가 사흘 동안에 일으키리라.' 라고 하였다. 후에 예수는 그의 제자들에게 몇 번 나타난 뒤에 거기서 그는 여행을 위해 그의 모친인 마리아를 데리고 16년 이상 인도로 되돌아 가기위해 여행을 한다. 당시 나이든 모친은 도중에 죽었으나 예수는 카시미르지역까지 여행을 계속하여 거기 살면서 100살이 될 때까지 가르침을 베풀었다고 한다. AD 1세기 말경 카시미르에서 개최된 제4차 불교신자 협의회에 참석했고 이 협의회에서 불교에 대한 중요한 개혁을 고취했다는 주장도 있다. 2세기경 교회의 대부인 이레나이우스(Irenaeus)는 '이단적 교의들에 대한 반박(Against Heresies)'을 저술했는데, 그것은 교회의 정통성을 세우는데 결정적이었다. 이 책에서 그는 예수는 나이를 먹어 늙어 죽을 때까지 살았으며 제자 요한과 다른 제자들과 함께 죽기 직

1) http://reluctant-messenger.com/issa.htm

전에 트라잔 황제(Emperor Trajan[1])시대까지 아시아에 남아 있었다고 주장한다. 트라잔 로마황제의 재위는 AD 98년에 시작되었으므로 그 당시 예수는 약 100살이 넘었을 것이다. 이것은 매우 예기치 않은 부분에서 키르스텐의 이론을 지지한다. 키르스텐 그 자신은 이 이론의 신뢰성을 주기 위하여 장소 이름, 오래된 전통을 사용하고 특정한 문서를 주장한다. 그 이야기는 즉 예수가 그의 제자들에게 나타난 이후 그는 시리아의 다마스커스로 갔는데 그곳은 마카빈(Maccabean)전쟁[2] 이래 유대인들은 환영받지 못했지만 에세네스파(Essenes[3])에게는 영적중심지였고 그곳은 팔레스타인 보다는 안전했을 것이다. 예수가 다마스커스로 가는 길에 처벌 권한을 가진 자를 지지자로 바꾸기 위해 바울에게 나타났을 때 이후 약 2년 간 예수는 거기에 있었다(사도행전 9장1절-31절). 다마스커스 교외 약 5킬로미터 거리에 오늘날까지 마유암 이사(Mayuam-i-isa)라고 불리는 장소가 있는데 그곳은 "예수가 살았던 장소"라는 의미이다. 페르시아 역사가인 미르 카완드(Mir Kawand)는 예수의 십자가형 이후에 다마스커스에서 예수가 살면서 대중을 가르쳤다고 주장하는 여러 가지 자료들을 인용했다. 예수가 다마스커스에 있는 동안 니시비스 왕(King of Nisibis, 오늘날 터키 에데사 인근의 누사이빈 Nusaybin)으로부터 예수

1) 로마 황제로 재위기간은 AD 98-AD 117. AD 53년9월18일생-AD 117년8월8일 사망.

2) 주전167년경에 유대 모데인(Modein)이라는 마을 출신의 늙은 제사장인 마타디아스(Mattathias,주전168-166)가 있었다. 그는 이방신 숭배를 거절했고 배교한 유대인과 에피파네스의 사절을 죽였다. 그는 5명의 아들(요하난,시몬,유다,엘르아자르,요나단)및 동조자들과 같이 혁명[독립운동]을 일으키기 위해 산속에 숨어 들어가 헬라 군대에 대항하여 게릴라전을 시작했다. 마타디아스의 사후에 셋째 아들인 유다 마카비가 지도자가 되었다. 용감한 유다는 유대인의 저항운동을 전면적인 독립전쟁으로 바꾸어 놓았고 성공적으로 싸웠다. 이 유대인의 투쟁이 마카비 전쟁(Maccabean War)이라고 불린다.

3) 그리스도 시대의 유대교의 일파. 바리사이파 · 사두가이파와 대등한 교파의 하나이다. 유대계(系) 그리스인 A.필론의 철학적 영향이 강한 신비적인 금욕주의를 부르짖으며, 하느님과의 보다 완전한 일치를 추구하여 사해(死海) 주변에 종교적 공동생활권을 만들고 장로의 지도하에 공동생활을 하였다. 재산은 공유이며, 예배와 독서와 공동식사를 중요한 행사로 삼았다. 그 대부분은 결혼을 사양한 것 같으며, 그리스도에게 세례를 준 세례자(洗禮者) 요한이 이 파에 속했을 것이라는 설은, 확증은 없으나 금세기 최대의 발견(1945)의 하나인《사해문서(死海文書)》의 소유자였던 쿰란 교단이 이 파라고 하는 설은 매우 유력하다. 이 쿰란동굴에서 발견된 문서들은 구약시대와 신약시대의 중간기의 성서역사 연구에 귀중한 자료가 되었다. 이 파는 1세기말 경 소멸되었다[네이버 지식백과]

에게 그의 병을 치료해주기를 요청하는 한 통의 편지를 받았다고 페르시아 역사가의 자료는 주장한다(이 설화는 앞에서 언급한 압가왕과 만딜론의 이야기와 유사하다). 예수는 그를 치료하기 위해 토마스를 보낸다. 그리고 후에 아노톨리아의 북쪽에 있는 쿠르디시의 북서쪽으로 여행을 떠나기 전에 그 자신이 그곳을 방문한다. 토마스 행전은 예수가 갑자기 안드라파 왕의 궁전에서 공주의 결혼 축제에 출현하였다고 기록하고 있다. 거기서부터 예수와 마리아는 고대의 실크로드를 넘어 동쪽으로 여행을 한다. 현대 터키의 서쪽해안 에베소서 인근에 마리아의 집이라고 불리는 장소가 있는데 그들이 거기에 머물렀음을 짐작케 한다. 이 설화에 대한 조사와 그 유물에 대하여는 앞서 마리아의 집 이야기에서 이미 다룬 바 있다. 예수는 페르시아를 통하여 조금씩 움직이면서 점차 유즈 아사프(Yuz Asaf)로 알려지게 되었는데 그 뜻은 "치유된 자들의 지도자"였다. 전승에 의하면 그는 페르시아 전역을 통하여 설교를 하였고 수 많은 사람들이 그를 믿도록 바꾸었다. 아가무스타파이의 자미우프타와릭(Agha Mustafai's Jami-uf-Tawarik, Vol. II) 같은 문헌의 설명에서 유즈 아사프와 예수가 같은 인물이며 동일인이라고 주장한다. 인도의 아크바르 황제의 궁중시가가 후에 예수를 아이키 나미 투(유스 오 크리스토 : Yus o Kristo, 혹은 당신의 이름은 유즈Yuz 혹은 그리스도Christ)라고 불렀던 것은 이런 사실을 뒷받침 한다. 토마스 행전은 예수와 토마스가 탁실라(지금의 파키스탄)의 군다포르 왕(King Gundafor) 재위 26년에(주후 47년) 궁전에서 머물렀던 사실을 기술한다. 탁실라의 동쪽은 현재 카시미르의 국경근처인 마리(영어로 Murree)라고 불리는 작은 마을이다. 마리에는 한 무덤이 후세의 누구라도 기억하도록 보존되고 받들어져있는데 마이마리다아스단(Mai Mari da Asthan)이라고 불린다. 성모 마리아의 마지막 휴식처다. 그 무덤은 무슬림들이 북남으로 방향을 하는 것과는 달리 유대인의 풍습에 따라 동서로 방향을 하고 있다. 더구나 그 지역은 예수시절에 힌두교의 규율이 지배하고 있었고 힌두교도는 시신을 화장하여 그 재를 뿌렸으므로 무덤이 필요 없었다. 17세기경 이슬람 세력이 이 지역을 점령했을 때 신앙심 없는 자의 기념물은 모두 파괴되었으나 이 무덤은 크리스찬 또는 이스라엘 사람의 유적으로 여겨서 그것을 보존하고 존중했다. 그 무덤은 예수모친의 마지막 휴식처로서 예수를 이슬람의 가장 중요한 예언자의 하나로 여긴 무슬림들에 의하여 영예롭게 유지되었다. 코란은 예수(issa 또는 Isa)를 저주받아 무가치하게 죽게 될 십자가의 죽음으로부터 구원받았다고 설명하고(신명기 21장23절[1])있다. 예언자 이사(Issa)에 대한 다른 많은 문헌들은 그의 추종자들의 저작에서 왜곡된 이미지를 바로잡으려 한 것 같다. 이런 것들 가운데 가장 놀라운 것은 무하마드가 예수에 대하여 언급할 때 그를 진리의 영으로 오실 예언자로 믿었다는 것이다. 요한복음 16장 12절-14절은 다음과 같이 언급한다.

> (요한복음 16:12-14) 내가 아직도 너희에게 이를 것이 많으나 지금은 너희가 감당하지 못하리라. 그러나 진리의 성령이 오시면 그가 너희를 모든 진리 가운데로 인도하시리니 그가 스스로 말하지 않고 오직 들은 것을 말하며 장래 일을 너희에게 알리시리라. 그가 내 영광을 나타내리니 내 것을 가지고 너희에게 알리시겠음이라.

이후에 예수는 그가 주기적으로 여행했던 인도에서 아마도 카시미르를 향하여 여행했을 것이다. 스리나가(Srinagar)의 오래된 마을 한 가운데에 사람들이 예수의 무덤으로 신봉하는 무덤이 하나 있다. 나중에 로자발(Rozabal) 즉 예언자의 무덤이라고 불리는 비석주위에 건물이 세워졌다. 실제 매장지 통로 위에는 수세기 전에 유즈 아사프(Yuz Asaf)가 카시미르 계곡으로 들어왔으며 그는 일생동안 진리를 추구하는데 몸 바쳤다고 설명하는 명문(銘文)이 새겨져 있다. 매장실 내부에 두 개의 긴 비석이 있는데, 더 긴 것은 유즈 아사프(Yuz Asaf)의 것이고 다른 비석인 15세기의 이슬람 성인의 것은 길이가 더 짧다.

두 개의 비석은 무슬림 관습에 따라 북남을 향하고 있다. 그러나 그것은 덮개에 불과하다. 실제 무덤은 건물의 지하실에 있다. 거기에는 작은 구멍을 통하여 무덤방 아래를 볼 수 있게 되어 있는데 세속적인 유즈 아사프(Yuz Asaf)의 시신

1) 신명기 21장23절 : 그 시체를 나무 위에 밤새도록 두지 말고 그 날에 장사하여 네 하나님 여호와께서 네게 기업으로 주시는 땅을 더럽히지 말라 나무에 달린 자는 하나님께 저주를 받았음이니라

을 담은 석관이 유대인 풍습에 따라 동서를 향하여 놓여있음을 볼 수 있다. 16세기에 인도의 무굴 황제인 아크바르(Akbar)는 하나의 진리로서 다양한 신앙의 정수를 담을만한 단일종교로 인도의 통합을 계획하였다. 당시 나라는 여러 종교적 분파로 나누어져 있었다. 아크바르는 그가 건설한 도시의 중앙 모스크에 이르는 개선문 벽에 예수의 말을 골라 새겨놓았다. 예수의 인도 거주시 언급한 말이 궁에서 25킬로미터 떨어진 도시인 파테푸르 시크리(Fatehpur Sikri)의 유적 가운데 벽에서 발견되었다.

> "예수는 말하길, 평화가 있으라, 세상은 다리이니 그것을 건너라 그러나 거기에 집을 짓지 마라. 한 시간을 바라는 자는 영원을 소망하라. 세상은 한 시간에 불과하며 헌신으로 그 시간을 보내라. 나머지는 아무것도 아니다."

카시미르 스리나가(Srinagar)의 예수의 무덤 ©wiki

아크바르는 모든 종교에서 최고인 하나의 종교로 인류를 통합하고자 하는 예수와 같은 비전을 가졌는데, 그가 예수를 알았다면 대중이 읽을 수 있는 곳에 이러한 비전을 가진 예수의 설명을 새겨놓았을 것이다.

> (요한복음 10장 16절) 또 이 우리에 들지 아니한 다른 양들이 내게 있어 내가 인도하여야 할 터이니 그들도 내 음성을 듣고 한 무리가 되어 한 목자에게 있으리라

예언자 이사야 또한 전 지구가 통합되고 하나의 신 아래 평화롭게 사는 비전을 가졌다.

> (이사야서 2장 1-5절) 아모스의 아들 이사야가 받은 바 유다와 예루살렘에 관한 말씀이라. 말일에 여호와의 전의 산이 모든 산 꼭대기에 굳게 설 것이요 모든 작은 산 위에 뛰어나리니 만방이 그리로 모여들 것이라. 많은 백성이 가며 이르기를 오라 우리가 여호와의 산에 오르며 야곱의 하나님의 전에 이르자 그가 그의 길을 우리에게 가르치실 것이라 우리가 그 길로 행하리라 하리니 이는 율법이 시온에서부터 나올 것이요 여호와의 말씀이 예루살렘에서부터 나올 것임이니라. 그가 열방 사이에 판단하시며 많은 백성을 판결하시리니 무리가 그들의 칼을 쳐서 보습을 만들고 그들의 창을 쳐서 낫을 만들 것이며 이 나라와 저 나라가 다시는 칼을 들고 서로 치지 아니하며 다시는 전쟁을 연습하지 아니하리라

종교적 통합의 비전이 되는 것과 동떨어진 것처럼 보이는 시크리 유적의 예수의 말은 예수가 팔레스타인 밖을 여행하고 가르쳤다는 사실을 말한다. 십자가형 이후 아마도 인도로 되돌아간 예수는 크리스찬을 어떻게 만들려고 한 것일까? 희미한 증거에도 불구하고 우리는 최소한 이런 질문을 할 것이다. 그 이론의 진정성에 대해 왜 심도 있는 연구가 불가피한 것인가? 스리나가의 유즈 아사프(Yuz Asaf)의 유해가 발굴되고 십자가형의 증거를 보여주는 유해가 잘 보존되어 있다면 어쩔 것인가? 매이슨 (1997)은 이것이 기독교 신앙에 해악을 끼치지는 않을 것이라고 믿는다. 그는 예수가 육체적으로 십자가 위에서 사망했든지 아닌지 여부는 부차적인 것이라고 주장한다. 중요한 점은 그는 실제로 우리 모두의 죄를 위하여 고통을 받았고 그가 육체적으로 죽지 않았다면 그는 회복에서 오는 고통

때문에 빨리 죽어서 기적적으로 소생했을 때보다 훨씬 더 큰 고통을 받았을 것이라고 주장한다. 후에 325년 니케아 공의회에서 결정된 니케아 신조(信條)에서 예수에 대하여 말하기를 3일간 지옥에 떨어졌다는 말은 무덤에 누워있는 동안 끔찍한 상처로부터 회복하는 동안 겪은 시련을 잘 묘사한 것이라고 주장한다. 어느 경우든 성경은 예수가 그의 원래 몸을 가지고 삶을 마쳤고 그의 몸은 시련을 겪는 동안 썩지 않았다는 점을 명확히 하고 있다. 사도행전 2장 31절은 다음과 같이 말한다.

> (사도행전 2장 31절) 미리 본 고로 그리스도의 부활을 말하되 그가 음부에 버림이 되지 않고 그의 육신이 썩음을 당하지 아니하시리라 하더니...

## 예수의 십자가 죽음 : 혼수가설(swoon hypothesis)

매이슨 (1997)에 의하면 예수는 오늘날 우리가 소위 임상적 죽음이라고 부르는 상태에 한동안 있었던 것이 가능하며 현대 병원의 많은 환자들처럼 그는 생명을 되찾게 되었다. 그런데 우리는 더 이상 임상적 죽음을 실제로 죽은 것으로 생각하지 않는다. 오직 두뇌가 기능을 상실할 정도로 부패한 때에만 사람이 사망하였다고 선언한다. 우리는 방금 보았듯이 성경은 예수의 몸이 썩지 않았다고 말한다. 요나의 예언의 징표를 제외하고는 성경의 기록이 없어 예수가 죽지 않았다고 증명할 아무런 기적적인 징표가 없다고 말하는 것도 무리는 아니다.

> (마태복음 12장 40절) 요나가 밤낮 사흘 동안 큰 물고기 뱃속에 있었던 것 같이 인자도 밤낮 사흘 동안 땅 속에 있으리라.
> 요나는 그가 나타나기 전까지 물고기 뱃속에서 죽지 않았다. 예수는 인도를 방문했을 것이며 그는 십자가 형 이후에 그리로 되돌아갔을 것이다. 우리는 단지 이 길인지 아니면 다른 길인지 아직 확신을 못한다. 이것에 관하여 추측을 할 여지가 있다는 사실과 우리가 예수에 대하여 단지 얼마나 모르고 있는지를 보여주고 그와

그의 가르침에 대하여 열린 마음을 가지는 중요성은 배제할 수 없다.



예수가 십자가에서 죽지 않았으며 단지 혼수(무의식)에 빠졌다가 무덤에서 소생하였다고 주장하며 그의 부활에 대해 설명하는 이론을 '무의식 가설(swoon hypothesis)'이라고 한다. 이 가설이 나온 지 200년이 넘었지만 아직도 이 가설은 논쟁 중이다. 이 무의식 가설을 주장하는 학자들은 다음과 같다.

Ernest Brougham Docker (1920, in If Jesus Did Not Die on the Cross)
Robert Graves and Joshua Podro (1957, in Jesus in Rome)
Hugh J. Schonfield (1965, in The Passover Plot)
Donovan Joyce (1972, in The Jesus Scroll)
J.D.M. Derrett (1982, in The Anastasis: The Resurrection of Jesus as an Historical Event)
Holger Kersten (1994, in Jesus lived in India)
Andrew Gale (2013)
David Mirsch (2011, "The Open Tomb: Why and How Jesus Faked His Death and Resurrection")
George Moore, "Brook Kerith"

이슬람의 관점에서 무의식 가설을 20년 넘게 주장해온 가장 강력한 지지자는 무슬림 설교자 남아프리카의 아흐메드 디닷(Ahmed Deedat)이다. 그는 4개의 공관복음의 사건을 비판적으로 보고 무의식 가설과 유사한 사건의 시나리오를 이론화하였다. 십자가형의 사건에 대한 이슬람의 입장은 다음과 같다.

(코란 4장 157절). 그리고 그들이 말하길, 우리가 마리아의 아들이며 하나님의 사도인 예수 그리스도를 살해하였노라. 그러나 그들은 그를 살해하지 아니하였고 십자가에 못을 박지 아니했으며 그와 같은 형상을 만들었을 뿐이라. 이에 의견을 달리하는 자들은 의심하며 그들이 알지 못하고 그렇게 추측을 할 뿐 그들은 그를 살해하지 아니했노라."

## ▪ 코란 4장 (수라트 니싸아) 157절의 주해[1]

> 예수에 관한 견해는 세 가지가 있다. 첫째, 예수가 하늘로 승천하였다는 견해, 둘째, 예수가 십자가에 못 박혀 살해되었다는 견해, 셋째, 예수의 인성(人性)은 십자가를 졌고 신성(神性)은 하늘로 승천하였다는 견해다.
>
> 예수가 복음을 전하고 가르치던 주요 3년을 제외하면 그의 생애는 물론 그가 탄생해서부터 성장에 이르기까지 또한 성장한 이후 그의 사생활은 너무나 신비에 싸여 있는 것들이 많다. 특히 예수의 마지막 생애에 관하여는 더욱 그렇다. 정통 기독교 학파는 그가 십자가에 못박혀 생을 마쳤으며, 장사지낸 지 3일 후에 상처 입은 그대로 일어나 주위를 걷다가 그의 제자들과 대화를 나누고 음식을 먹은 후 그의 몸이 하늘로 승천하였다고 주장하고 있다. 그러나 초기 기독교 학파는 예수가 십자가에서 살해되었다고 믿지 않고 있다. 바실리단 학파는 예수 대신 어떤 누가 십자가에 살해되었다고 믿고 있다. 한편 마르시오니트 복음(A.D. 138)에서는 예수가 태어난 것까지 부정하고 단지 그가 인간의 형태로 나타났을 뿐이라고 말하고 있다. 또한 성 바르나바 복음서는 예수 대신 다른 사람이 대신하여 살해당했다고 주장하고 있다. 한편 코란에서도 예수는 십자가에 못 박혀 살해되지도 아니했으며 또한 유대인에 의해서 살해된 것도 아니라고 제시되고 있다. 예수는 그대로 하나님의 능력에 의해 하늘로 승천하였다고 4장 158절은 제시하고 있다.
>
> (4장158절). 하나님께서 예수를 오르게 하셨으니 하나님께서는 전지전능하신 분이시라.

특히 아흐메드 디닷(Ahmed Deedat)은 예수의 십자가형에 대하여 가현설(假現說, docetism)과 유사한 입장을 취하고 있다. 가현설(假現說, docetism)은 성육신(成肉身)하신 예수께서 실제로 시공간적 한계에 묶인 육체와 인간성을 갖지 않았고, 단지 환영(幻影)처럼 유령의 몸을 갖고 이 땅에 임하셨다고 가르치는 사상이다. 이를 주장하는 자들은 예수의 지상 사역 중에 인간적인 행위들은 환상에 불과하다

1) https://www.krpia.co.kr/

고 주장한다. 이 가현설은 초월과 물질세계를 선과 악의 대립 구조로 이해한 영지주의자들을 중심으로 주장되어온 것으로, 신적 존재인 예수께서는 잠시 인간의 몸을 빌어 그 안에 거했을 뿐 본질적으로는 인간의 육신을 입지 않았고 따라서 죽지도 않았다고 한다. 이것은 현재 정통 신학이론에서는 이단으로 취급한다.

19세기 아흐메디아 운동(Ahmadiyya movement)의 선구자인 미르자 굴람 아흐메드( Mirza Ghulam Ahmad)의 저서에 따르면 예수는 다만 혼수상태에서 십자가에서 내려졌다고 주장한다.

미르자 굴람 아흐메드( Mirza Ghulam Ahmad). ©wiki

## ▪ 아흐메디야 운동(Ahmadiyya movement)

단체의 공식명칭은 아흐마디야 무슬림 공동체(The Ahmadiyya Muslim Community) 혹은 아흐마디야 무슬림 자마아트(Ahmadiyya Muslim Jama'at)이다. 교단의 창시자 미르자 굴람 아흐마드는 1880년에《아흐마디야의 증거, Barhin-i Ahmadiyya》라는 종교서를 출간하여 해당 도서가 인기를 끌면서부터 주목받게 되었다. 그로부터 2년 뒤 자신을 '신앙의 쇄신자'라는 뜻을 가진 '무잣디드(mujaddid)'라고 칭하며 서구 기독교 열강의 제국주의에 대항하기 위해 이슬람 세계의 각성이 필요하다고 주장하였다.

본격적인 종교운동의 시작점은 그가 계시를 받았다고 주장한 1889년 3월 4일 이후이다. 그러나 '아흐마디야'라는 명칭으로 불리기 시작한 것은 약 십 년 후, 인도 정부가 인구 조사를 시행하여 개인의 종파를 기록하고 나서부터이다. 1900년 11월 4일의 연설에서 그는 '아흐마디야'라는 명칭이 자신의 이름이 아닌, 예언자 무함마드의 별칭 '아흐마드'에서 비롯되었다고 밝혔으며 예수가 십자가 상에서 죽지 않았고 120세까지 살다가 카슈미르의 스리나가르에 묻혔다고 주장하였다. 또한 자신이 마흐디(메시아)인 동시에 재림하는 예수이고 비슈누의 마지막 아바타라라고 선언하였다. 이단적인 그의 교리로 인해 1908년 5월 26일 라호르에서 사망할 때까지 힌두교, 그리스도교 및 무슬림들의 배척을 받았다.

미르자의 가르침은 정통 이슬람의 여섯 가지 신조 및《코란》과 무함마드의 하디스를 근간으로 하였다. 그러나 이슬람교의 '카탐 알-나비인(khatam al-Nabiyin, 예언자들의 종결)' 이라는 교리 대신 자신을 예언자로 간주하였기 때문에 정통 이슬람에서는 아흐마디야 교단을 이단시하였다. 파키스탄에서는 교단을 법으로 금지하였으며, 현 사우디아라비아 종교법은 아흐마디야 신도가 핫지 순례를 위해 메카에 들어오는 것을 금하고 있다.

본부는 영국 런던에 있으며 칼리프라 불리는 지도자가 교단을 이끈다. 현재 지도자는 2003년에 선출된 제5대 칼리프 미르자 마스루르 아흐마드(Mirza Masroor Ahmad)이다. 약 200여 개 국가에 공동체가 있으며 다수가 남아시아 · 서아프리카 · 동아프리카 · 인도네시아에 살고 있다. 추종자는 전세계 무슬림의 1%에 해당하는 1천만에서 2천만 사이로 집계된다. 분파로는 무슬림 전체의 약 0.1%를 차지하는 라호르 아흐마디야 운동(Lahor Ahmadiyya Movement)이 있다[네이버 지식백과].

그는 예수가 십자가에서 내려졌을 당시 물고기 뱃속에 혼수상태로 있었던 요나와 비슷한 상태에 놓여 있었을 것이라고 주장한다. 신명기 21장 23절은 "그 시체를 나무 위에 밤새도록 두지 말고 당일에 장사하여 네 하나님 여호와께서 네게 기업으로 주시는 땅을 더럽히지 말라. 나무에 달린 자는 하나님께 저주를 받았음이니라." 라고 말하고 있다. 아흐메드는 이 부분을 다음과 같이 해석한다. 신은 그의 진짜 예언자를 십자가형과 같은 잔인한 모습으로 죽임을 당하도록 결코 허용하지 않을 것이다. 그와 같은 시련 뒤에 예수는 그의 상처를 특수한 연고를 사용하여 치유 받았다(Schäfer & Cohen 1998).

공관복음에 기술된 것과 같은 짧은 시간에 건장한 성인이 십자가형을 받아 죽는 것은 이례적인 일이었다. 마가복음은 예수가 아침 아홉 시에 십자가에 달려 십자가에 달린지 여섯 시간 만인 오후 세 시경에 죽었다고 보고한다. 빌라도는 예수가 그렇게 빨리 죽었다는 소식을 듣고 놀랐다(마가복음 15장4절). 십자가형을 받고 죽는 평균 시간은 2-4일이 걸린다고 말해지는데, 희생자가 구일이나 살아있었다는 사례도 보고되었다[1].

물론 십자가형을 받고 죽는 시간은 십자가형의 종류에 달려있고 예수의 십자가형의 종류는 정확히 알려진 바가 없다. 추가로 무의식 가설을 지지하는 것은 공관복음에서 예수의 신체를 재빨리 가져가고 대중의 눈에서 보이지 않도록 바로 감추어버린 것을 말하고 있는 점이다. 준비된 장례절차도 없고 시신에 대한 대중의 의견도 알려진 바가 없다. 시신을 십자가에서 내려 즉시 가까이 있던 제자(요셉 아리마대)에게 인계하고 그는 예수의 시신을 근처 무덤에 안치했다. 이러한 조치에 대한 해석의 주요 이슈는 유대종교법(halacha)으로 보통 화장을 금하고 시신을 가능한 빨리 매장했기 때문이라는 주장이다[2]. 무의식가설에서 의문시되는 한 가지는 요한복음에서 한 병사가 예수를 십자가에서 내리기 전에 창으로 옆을 찔렀다고 말하고 있는 것이다. 그런데 요한복음은 4개의 정전 공관복음에서 가장 늦게 쓰여 진 것이며 나머지 3개의 복음에는 이 이야기가 없다. 창을 사

1) https://web.archive.org/web/20110129181729/

2) https://jewishfederations.org/jewish-funeral-customs-saying-goodbye-to-a-loved-one

용하여 찌른 것은 십자가에서 그렇게 빨리 내린 예수의 시신에 대한 조치를 정당화하는 것일 수 있지만 더큰 고통을 주었음에 틀림없다.

허버트 크로즈니(2006)의 저작인 '유다의 사라진 금서'는 유다가 은화 30냥에 예수를 팔아넘겼다는 이야기는 사실이 아니라는 점을 지적하는 유다복음서를 소개한다. 2001년부터 전문가들이 5년간 유다복음를 해독하였을 때, 거기에는 유다가 예수에게 입맞춤하는 순간을 신호로 로마병정들이 예수를 체포하도록 하는데 이것을 유다는 예수에게 들었고 이미 서로 알고 있었다.

> (유다복음) 예수께서 가라사대 "다른 제자들을 멀리하라. 그리하면 왕국의 비밀을 네게 말해주리라. 네가 그곳에 이를 수는 있으되 크나큰 비탄에 빠질 것이다." ... 그러나 너(유다)는 모두를 능가할 것이다. 너는 인간의 형상을 빌어 이 땅에 온 나를 제물로 바치게 될 것이기 때문이다....

허버트 크로즈니(2006:344)에 따르면 유다는 예수에 의해 선택된 도구로 본다. 유다를 통해 예수는 '나를 싸고 있는 육신'에서 벗어날 것이고 그에 합당한 자리를 영원토록 차지하게 될 것이다. 라고 말했다고 주장한다.

예수의 죽음에 대한 '무의식 가설'은 예수가 십자가에서 살아남았고 그의 삶을 지속해 나갔다는 점을 제시한다. 이것은 예수가 십자가형을 피했다는 의견과 함께 관련되어 그 후의 삶을 계속해 나가는데 있어 여러 가지 추측을 자아낸다. 그러나 이런 가설은 예수의 영적인 메세지에 관련은 있지만 정통파 학자들, 학제 간 우주론자, 철학자 및 신학자들은 인정하지 않는다(Voorst 2000:78-79).[1]

예수의 인도여행과 관련하여 아버지인 요셉과 목수일을 하였으므로 인도여행은 사실이 아니라는 주장도 있다

신약 누가복음 제2장 42절에 예수께서 열두 살 될 때에 저희가 이 절기의 전례를 좇아 올라갔다가... 그리고 누가복음 제2장 52절에 예수가 12살 이후에 "예

1) Voorst, R. E. (2000). Jesus Outside the New Testament : an introduction to the ancient evidence. Grand Rapids, Mich.: Eerdmans.

수는 지혜와 키가 자라가며 하나님과 사람에게 더욱 사랑스러워 가시더라"라고 쓴 것 이외에 그 공백기에 대해 설명하는 다른 사항이 없다. 기독교 전해오는 이야기에 의하면 예수는 자라는 동안 단지 갈릴리에서만 살았다. 로쉬(Losch 2008)에 의하면 현대 학자들은 이 성장기 동안 무슨 일이 있었는지 알 수 있는 역사적 정보가 없다고 주장한다. 찰스워즈(Charlesworth 2008)에 의하면 예수의 12세에서 30세 사이는 제2차 성전건축기로서 유대주의에서는 매우 중요한 의미를 가진다. 13세는 유대교에서 성인식(bar mitzvah 바르미츠바)을 치르는 나이이다. 30세는 예수가 레위 족은 아니지만 사제직을 위한 준비연령이다(Reiner 1971). 마가복음 6장3절에 '이 사람은 목수가 아니더냐?'라는 말은 그들이 예수를 잘 알고 있었고 또한 예수가 갈릴리 지방에서 목수일을 오랫동안 해왔다는 것을 말해준다. 마태복음 13장 55절에도 '이 사람은 목수의 아들이 아니냐?' 라고 묻고 있는데, 이 말은 예수가 아버지인 요셉과 목수 일을 함께 경영을 해왔다는 점을 제시한다.

사해문서가 발견된 이후 Wilson(1955)은 예수가 에세네파 사람들과 공부를 했을지도 모른다는 의견을 제시하였고 이러한 이론에 대하여 포터(Potter,1958)와 기타 여러 다른 학자들도 동조했다. 일부 다른 학자들은 예수시절 유대지방은 바리새인들이 우세한 지역이었고 예수자신이 외경에서 바리새인들과 상호작용하였다는 점을 기록한 것은 예수가 바리새인의 배경을 더 많이 가지고 있었다는 점을 말해준다. 아지발드와 푸터(Archidald & Putter 2009)는 아리마대 요셉과 관련한 전설에 기반을 두고 중세후기에 발전된 이야기는 어린 소년이었던 예수가 영국을 방문했다고 한다. 12세기 후반 문학에서 아리마대 요셉은 아더 왕의 원탁의 기사와 연결되어 성배의 첫 번째 수호자로 나타난다. 이러한 생각은 데보론(de Boron, R)의 '아리마대 요셉'에서 처음으로 나타나는데 거기서 예수가 출현하여 요셉은 성배를 건네받고 그것을 영국에 있는 자신의 추종자들에게 보낸다. 이러한 주제는 데보론의 저술 속편에서 다듬어지고 후에 다른 작가들에 의하여 아더 왕의 원탁의 기사 이야기가 저술된다. 애쉬(Ashe 1971:157)에 따르면, 아더 왕의 전설에 대한 어떤 이야기는 예수가 소년시절 영국을 여행하고 멘디프에 있는

피리디(Priddy, Mendips)에서 살면서 글라스톤베리에서 엮은 윗가지 위에 흙을 바른 오두막을 처음으로 지었다고 주장한다. 19세기 초에 윌리엄 블레이크의 시인의 작품인 "And did those feet in ancient time"은 예수가 영국을 여행했다는 이야기에 고무되어 지은 것이다. 다른 버전의 이야기에서 아리마대 요셉은 주석(광석)을 파는 상인이었고 그가 예수를 보호하면서 영국으로 데리고 왔다고 한다. 스트라찬은 예수가 드루이드 교도의 교리를 공부하기 위하여 영국을 여행했다고 믿고있다[1].

### 기독교에 대한 인도사상의 영향

자코리옷트(1869, 1870)는 예수가 인도를 여행하였다고 주장하지는 않았지만 인도의 사상이 예수(기독교)에게 영향을 끼쳤다고 제시한다. 그는 크리슈나의 생애와 공관복음에 나타난 예수의 삶을 비교하고 우연의 일치라고 할 수는 없지만 두 이야기는 세세한 부분에서 많은 유사성이 있다고 결론을 내렸다. 그는 공관복음은 고대인도의 신화에 기반을 둔 이야기라고 결론을 내렸다. 그런데 자코리옷트는 역사(신화)의 다른 두 시기를 비교하고 있었으며 예수가 인도를 방문하였다고 주장하지는 않았다. 자코리옷트는 크리슈나(Krishna)대신 크리슽나(Christna)라고 철자를 쓰고 크리슈나(Krishna)의 제자들은 그에게 산스크리트어로 순수한 정수(pure essence)라는 의미의 '지저스(Jezeus)'라는 이름을 붙였다고 주장했다(Jacolliot,1870). 이 말은 크리슈나가 그리스도가 되고 다시 크리슈나는 지저스가 되니 크리슈나와 예수는 동일인이 된다. 그런데 뮐러(1888)에 의하면 산스크리트어에 그런 용어는 없으며 그건 순전히 자코리옷트가 만들어낸 말이라고 주장했다. 이런 식의 언어사용은 "너희는 나(I, 我)외에 다른 신을 두지 말라" 라고 한 말은 "자기 자신만을 믿으라는 말, 즉 자신(我)이 신이라는 말"과 같으며 "여호와(如呼我)는 나를 부르는 말과 같은 것이니→즉 나와 같은 존재를 이르므로 여호

1 ) http://news.bbc.co.uk/2/hi/uk/8380511.stm

와는 바로 "나"를 의미한다고 해석하는 것과 다를 바 없다.

인도의 영성지도자 메허바바(Meher Baba : 1894 - 1969)에 따르면 예수가 십자가에 달렸을 때 그는 육체적으로 죽지 않았다고 주장한다. 다만 그는 니르비칼프 사마디(Nirvikalp Samadhi : 육체적 의식이 없이 신의 상태)상태에 들어갔다고 한다. 죽은 지 3일째 되는 날 그는 몸의 의식이 돌아왔고 바돌로뮤와 다데오 같은 아주 중요한 일부 제자들과 비밀리에 변장을 하고 인도를 향해 동방으로 여행을 떠났다. 메허바바에 있어서 이것이 예수의 부활로 불린 사건의 뒷 이야기다. 인도에 도착한 이후 예수는 버마의 랑군 같은 훨씬 더 동쪽으로 여행을 했으며 그는 거기서 한동안 머물렀다. 그 다음 그는 카시미르의 북쪽으로 가서 거기에 정착했다. 예수는 영적인 임무를 마친 연후에 이어서 몸을 버리고 그의 신체는 카시미르의 칸야르(Kan Yar)의 하르반(Harvan)에 두 제자와 같이 묻혔다(Prabhu, & Meher, 1986 : 752).

메허 바바의 이 이론은 스와미 아베다나다(Swamy Abhedananda), 상카라차리야(Shankaracharya) 등과 같은 다른 영성 지도자로부터 인정을 받고 있으며, 한편 니콜라스 노토비치가 언급한 예수의 무덤에 관한 현대적 연구를 한 인물인 피다 하스나인(Fida Hasnain), 아지즈 카시미리(Aziz Kashmiri), 제임스 데어도프(James Deardoff), 만토시 뎁지(Mantoshe Devji) 등도 메허 바바의 복음(이론)에 동조한다.[1]

이외에도 1992년 "남자 예수" 라는 책에서 바바라 티어링은 예수와 유다는 함께 십자가형을 받았으나 예수는 살아남아 막달라 마리아와 결혼하여 지중해 연안을 여행하다가 로마에서 죽었다고 하며(Voorst 2000), 1995년 호스킹도 역시 예수는 십자가에서 살아남아 사해문서에 언급된 대로 유대인 병사의 지도자로 정의의 교사로 불리웠고 후에 AD 73-74년 기간 동안 마사다에 갇혀 로마 군대와 전투를 하다가 죽었다고 주장한다(ibid.).

1 ) http://www.meherbabadnyana.net/life_eternal/Jésus_life.html

## ✝ 아메리카를 방문한 예수

몰몬경에 따르면 예수는 부활 후에 아메리카 원주민을 방문하였다. 몰몬 학자들은 그분을 예수라고 해석하는 한편 일부 사학자들과 고고학자들은 BC 3000년, 심지어는 BC 5000년까지 거슬러 올라가는 징표를 가진, 최소한 예수가 오기 900년 이전인 케찰코아틀 시대의 이야기라고 믿는다.

> (제3니파이서 제11장 제10-14절)
> 10 보라, 나는 선지자들이 세상에 오리라고 증거 한 예수 그리스도라.
> 11 보라, 나는 세상의 빛이요 생명이라, 아버지께서 내게 주신 저 쓴 잔을 마시고 세상의 죄를 짊어져 아버지를 영화롭게 하였노니, 이로 말미암아 태초로부터 모든 일에 아버지의 뜻을 담당하였느니라.
> 12 또 이렇게 되었나니 예수께서 이 말씀을 하시매 무리가 다 땅에 엎드렸으니, 이는 그리스도께서 그의 승천 후에 그들에게 자기를 보이시리라고 그들 중에 예언되었음을 그들이 기억하였음이라.
> 13 이에 이렇게 되었나니 주께서 그들에게 일러 이르시되,
> 14 일어나 내게로 나아와서 너희 손을 내 옆구리에 넣어 보고, 또 내 손과 내 발의 못 자국을 만져 보아 내가 이스라엘의 하나님이요, 온 땅의 하나님이며, 세상의 죄를 위하여 죽임을 당하였음을 알지어다.

경전과 자료에 따르면 예수가 움직이고 여행한 반경은 그러므로 이스라엘 뿐 아니라 로마, 인도, 극동, 아메리카 대륙 등 전 세계를 반경으로 하고 있다. 이런 여행에 대한 확실한 전제는 예수가 십자가에서 내려진 후 다시 살아났을 뿐 아니라 천상으로 올라간 사건 이외에도 지상에서 육신은 살아서 전도 여행을 계속했다는 것이다. 즉 성경 정전을 기본을 한다면 십자가에서 죽지 않았다는 해석보다는 죽었으되 부활하여 영은 승천을 하였지만 육신은 전도여행을 계속해 나갔다는 것이다. 라고 해석한다면 기존의 신앙의 전통에 반하지 않고 새로운 해석을 덧붙이게 되는 것이다. 또한 그것이 가능한 것은 하나님이자 하나님의 아들인 예수에게 그것은 불가능한 일이 아니라고 믿는다.

2000년 초 내가 영국에 있을 당시 다니던 데본주의 엑시터시 성 레오나드 성공회에서 영어공부를 위하여 주말 성경교리 공부에 참여할 때였다. 아주 믿음이 강한 데이비드 해리스 목사님이 그 과정을 인도하였다. 그 자리에서 나는 예수가 인도에서 공생애를 보낸 기록이 있다는 이야기를 한 적이 있다. 그러자 데이비드 목사는 그런 이야기는 꺼내지도 말라. 누가 그런 이야기를 하더냐고 반문했다. 나는 속으로 "그 연구는 영국인이 한 연구입니다"라고 우물거렸다. 나중에 나는 BBC의 다큐프로그램에서 그에 대한 여러 증거들을 논한 프로그램을 볼 수 있었지만 이 이야기는 입 밖에 꺼내지도 않았다. 신실한 성도들은 이런 유의 이야기에 대하여 악의를 보이거나 불쾌하게 여기기 때문이다. 오랫동안 믿어온 굳어진 믿음을 깨기는 어렵다. 기독교와 불교의 종파는 전 세계를 통틀어 각각 1,000개 이상의 분파가 있다고 말해진다. 초기 기독교의 기록에 따르면 그노시스파처럼 윤회와 환생을 인정하는 종파도 있었는데(예를 들어 아직까지 남아있는 그노시스적인 요소를 가진 복음서는 요한복음이라고 한다) 이는 불교에서 말하는 윤회사상과 유사하다. 더구나 종교학자들에 의하면 불교와 기독교는 그 사상적 배경이 사랑, 비폭력, 박애, 자비, 선행, 기적적인 치유 등의 기본적인 종교적인 가르침은 유사하다고 증언한다. 인도의 간디가 이끈 국민운동 중 비폭력주의나 만델라의 비폭력사상은 예수의 인내, 비폭력을 몸소 실천한 것이다. 예수가 인도에서 불교로부터 어떤 공부를 했다면 분명히 윤회사상에 대하여 들었을 것이고 그리고 아시아의 불교적 및 유교적인 전통에서 현생의 인간이 고통 받는 것은 과거의 업보요 전생과 조상의 공덕에 따른 인과응보인데 대부분의 아시아권 사상을 주름잡는 이 같은 카르마의 부담을 안고 사는 인간의 운명을 어떻게 해소하여 주어야 하는지도 하나의 해결해야 할 과제가 되었을 것이다. 예수는 비로소 여기 인도에서 인간의 죄가 무엇인지에 대한 내적인 개념을 완전히 정립했을 것이다. 사실은 인간의 원죄는 선악과라는 신이 금지한 나무의 열매인데 오늘날 그것이 무엇인지 우리는 잘 모른다. 사실 그것도 어떤 형태이건 간에 인간의 조상이 저지른 카르마의 일종이다(아담의 죄도 우리 인류의 조상이 저지른 죄이기 때문이다). 성경에 말하기를 우리가 이 땅에서 신 앞에 죄를 지으면 신은 그 죄를 삼대까지 묻겠다고 하였다. 이러한 종교적인 죄의 연대, 대물림 그리고 연좌제, 이런 개념은 현재 신구약 성경에도 존재하고 있다. 그런데 이런 죄의 대물림에 대해 성경은 불교만큼 강조하지 않지만 불교는 윤회사상과 업보를 매우 중시하고 그것을 중요하게 다루고 있다. 거의 모든 종교는 인과사상을 가지고 있다. 인과는 저지른 행위에 대한 결과이다. 성경도 너희는 재물을 이 땅의 창고가 아닌 하늘의 창고에 쌓아두라고 하였다. 재물을 하늘에 쌓아두는 것을 결국 은밀한 선행과 희생을 의미하는 덕으로 본다면 일종의 덕을 저축하는 인과의 원리를 달리 기술한 말씀이다.

신의 심리학을 기술하였다고 평가되는 고대 유대의 비책인 카발라 등을 참조하면 원래 아담과 이브의 창조 당시 그들은 에테르(물질과 비물질의 중간단계)로 되어 있었다고 한다. 차츰 시간이 지나면서 육체를 가지게 되었다고 한다. 결국 육신은 신의 원래 창조물인 에테르 인간(즉 영혼이라고 이해하면 된다)을 보관한 아바타에 불과하다고 볼 수 있다. 앞서 육신의 수명을 중심으로 언급한 구절이 있지만 육신은 아무리 오래 살아도 기계처럼 유한할 수밖에 없지만 영은 영생의 생명을 가질 수 있다고 한다. 환생과 영의 영생에 관하여 과학자들은 그것이 가능하다는 논리를 다음과 같은 몇 가지 과학적 법칙으로 증명을 한다.

첫째, 에너지 보존의 법칙, 이는 닫힌 계안에서의 에너지는 그 형태가 변할 수는 있으나 에너지의 총량은 변함이 없다는 법칙이다. 아인쉬타인의 질량과 에너지 등가법칙을 생각해 보면 $E=mc^2$이라는 식은 에너지는 질량에 광속의 제곱이라는 상수의 곱과 같다. 라는 뜻이다. 이 말은 에너지는 질량과 같다 즉, 질량은 에너지로 변환될 수 있다는 뜻이다. 이 식의 이항식인 즉, $m=E/(c^2)$ 는 질량은 에너지와 같다는 의미이며, 에너지는 질량으로 변환될 수 있다. 라는 것을 증명하는 것이다. 수학적으로 간단히 나온다 하더라도 증명이 되지 못하면 인정할 수 없는 식이다. 이 식은 진공상태의 공간에 빛에너지를 방사하여 중성자가 생성되는 것을 확인함으로서 인정이 되었다. 입자가속기를 통해 지금은 얼마든지 에너지를 질량으로 변환하는 것이 가능하다.

둘째, 작용과 반작용의 법칙, 작용이 있으면 반작용이 반드시 있다는 법칙으로 물리적으로는 작용이 일어나는 시점에서 작용점에 대하여 반작용이 즉각적으로 존재한다는 의미이지만, 이는 물질에 적용될 때는 즉각성이 있다고 보고 에너지적 측면에 있어서는 시공의 차원에서 에너지 장에 흔적을 남기면 에너지장의 반작용을 언젠가는 받는다고 본다. 예를 들어 연못에 돌을 던지면 물결이 퍼져나가다가 연못가에서 반사되어 물결이 되돌아오는 것을 연상하면 된다.

셋째, 관성의 법칙, 이는 물체에 힘이 가하여지지 않으면 현재의 운동상태를 유지하려는 법칙이다. 이는 물질뿐만 아니라 우리의 정신적 작용에도 영향을 미친다.

넷째, 양자역학, 하이젠베르그의 불확정성의 원리 즉, 입자의 속도와 위치는 동시에 정확한 값을 측정할 수 없다. 는 것에서 출발한 양자역학은 입자가속기의 발명과 발전으로 인해 관측자와 대상과의 관계를 철학적으로 풀어내고 있다. 미시세계에서는 관측자의 의지가 대상의 운동에 영향을 미친다는 것이다. 마음으로 조절되는 물질세계를 말한다. 혹은 마음으로 생성되는 물질세계라고도 볼 수 있다. 관측하고자 하는 관측자의 의지에 의해 대상이 만들어 지는 것이다.

다섯째 인과율의 법칙, 뉴튼의 물리학 즉 고전역학에서는 인과율을 기계적으로 풀이하고 있다. 주어진 원인이 있으면 결과를 알 수 있다는 것이다. 원인이 있으면 결과가 있다는 것이 인과율이다. 물론 양자역학적 견해로는 뉴튼의 고전역학적 인과율이 정확하지 않다고 보지만 이는 결과를 완전하게 예측할 수 없다는 불확정성의 원리를 말함이고 결과가 없다는 얘기는 아니다. 단지 그 결과가 어떻게 될지를 확률적으로 말할 수 있다는 것이다. 이는 도덕적 세계에서의 인과율과 합치되는 이론이다. 그런데 영혼이나 인과율 같은 개념을 과학적사고인 에너지와 동일시 할 수 있는지 의문스럽기는 하다

예수님은 이 땅에 오셔서 가르침을 베풀고 온 지구인을 감싸 안은 채 십자가에서 돌아 가셨다가 부활하여 승천하였다. 그러나 그 분은 또 오실 것이며 봉사, 베풂, 그리고 구원과 헌신을 기쁨으로 여기신 분이다. 자랑함이 없이 한 없는 용서와 사랑과 자비를 베풀고 가르치신 인류의 하나님이다. 더욱더 지식 사회로

† 발전되는 21세기에 우리는 현실에서 많은 새로운 문제를 목도하고 안정과 구원을 희구한다. 종교 간 대립, 테러, 이상기후, 환경오염, 천재지변, 전쟁, 새로운 질병, 경제위기 등 세계의 분쟁과 혼란스런 문제 중 가장 큰 문제는 종교적 대립이다. 아직도 이 지상에서 성전을 위해 희생하면 천국에서 여러 명의 미녀와 많은 재물을 받아 영원한 쾌락을 누릴 수 있다는 달콤한 선전에 목숨을 거는 순진한 사람들이 있다. 이것을 이용하여 현세의 권력을 추구하는 암흑의 정치 지도자도 있다. 진정한 종교는 그런 유치한 쾌락과 이익을 추구하는 것이 아님을 우리는 잘 알고 있다. 우리는 다만 정직하고 사랑하고 봉사하며 희생하고 용서하며 오래 참는 곳에서 거룩한 기쁨을 나누게 되는 그런 진실한 종교를 실천해야 하고 추구해야 한다. 인간은 신 앞에 거짓 없는 믿음을 가져야 하지만, 오늘날 즉 현재 2016년을 사는 인간은 과거 수 천 년에 걸쳐 이룩한 지혜와 지식을 단 1년 이내에 생산하고 있고 그 속도와 주기는 더 빨라지고 있다. 거기에는 단지 지식의 생산 뿐 아니라 이 지상의 인간들의 인식과 지혜는 날로 발전되어 바야흐로 인간들은 성인이나 신처럼 그들의 지혜와 지식을 손쉽게 이해하고 실천할 수 있는 단계에 까지 이르렀다. 예를 들면 예수시대의 문둥병은 신의 은혜가 아니면 고치기 힘들었으나 오늘날 한센병이라고 칭하며 치료약이 개발되어 과거처럼 절망에 빠지지 않아도 된다. 2016년 하바드 대학교의 저명한 생명공학자는 전 세계의 저명한 생명공학자들을 소환하여 이미 해독된 게놈의 지도 중 모든 질병정보를 찾아 예방하고 수명의 조절에 관련되는 유전체의 통제를 위한 대규모 연구 및 설계에 착수하였다. 과학의 발달로 인간이 통제할 수 있는 인간의 삶의 영역이 넓어지지만 그걸 악용하면 인간은 가증한 결과를 가져오게 된다. 예를 들면 유럽과 미국 등지에서 준비되고 있을 '생체이식 베리 칩'의 입법(안)이 통과되고 현실화될 때 그리고 이 시스템을 통제할 수 있는 독재자가 있다면 어찌될 것인가? 이런 시스템은 이미 기술적으로 가능하고 누군가가 어떻게 어느 시점에 이것을 사용할 것인가? 의 기회를 노리고 있을 것이다. 만화 같은 이야기지만 어느 시점에 이르러 인류는 그것 없이는 생존이 불가능한 사회가 올지도 모른다. 지금도 신용카드 없는 시민이 살기에 이미 매우 불편한 시대가 아닌가? 무엇인가

가 다가올 전조가 목전에 와 있다. 매우 가까이....

그러므로 이 같은 문제를 막기 위하여 공공부문과 민간부문은 더 정직하고 투명해져야 하고 불의를 적절히 통제할 수 있어야 한다. 지식기반사회의 도래로 인하여 우리 개개인에게 축적된 동서고금의 모든 지혜와 성인의 삶으로부터 배운 겸손, 삼가함, 절제, 그리고 숨어서 하는 덕행과 같은 과거 성인들의 삶은 머릿속에서 단지 아는데 그칠게 아니라 매일 매일의 작은 삶 속에서도 열심히 실천하여 일상화 하여야 한다. 그러므로 인류 사회는 고도의 윤리적 기반을 갖춘 사회가 되고 진보된 영적 존재로서 국가와 사회 시스템을 고도화하여 국가와 사회에 존재하는 기생충 같은 트러블 메이커(범죄, 시스템, 제도, 오도된 관습과 의례, 믿음 등)를 정화하고 오늘도 수많은 지역에서 벌어지는 전쟁, 기아, 불평등, 테러, 독재와 그에 수반되는 개인들의 고통을 해소하여 주어야 한다. 한사람의 고통과 불행이 있어도 세상은 평화롭지 않다. 왜냐하면 인류는 하나로 연결되어 있기 때문이다. 그 연결은 사랑과 평화에 대한 소망의 연결이다. 그것은 하나님이자 인간으로 오신 예수가 인류에게 일깨워 준 최종적인 단어다.

### 사랑과 평화.

인간의 행복에 대하여 이보다 더 간단히 표현한 해법이 있는가?

# 맺음말

벨기에의 부르게의 성혈에 대한 친견 이후 2년 후 나는 그것을 소설 속의 허구와 같은 해프닝으로 의심하였다. 돌이켜 생각해보면 예수의 피의 존재를 허구로 본 것은 부르게의 성혈의 물질적 존재를 부인한 것 뿐 아니라 예수의 피가 인간을 구원하였다는 성경의 기록도 부인하는 것이 된다. 그러다 어느 한 순간 나는 일어서지도 못하는 몸의 마비를 겪고 지팡이를 짚고 직장에 다니는 어려움을 겪는 등 전전긍긍 하다가 나는 진실을 확인해야 내가 치유되리라는 소망을 가지게 되었다. 그리고 나의 잘못된 의심을 바로잡고 예수의 신성한 유물에 대해 이적, 회의론, 흥미, 전설, 성경의 증거, 장소, 소유자, 유물의 존재의 의미, 해석 등 복합적인 감정과 정보가 혼재된 가운데 이 책은 쓰여 지게 되었다. 이 책을 쓰려고 착수한지 돌이켜보면 거의 10년이라는 세월이 흘렀다. 이 책을 탈고하였다고 생각하고 출판사를 찾았을 때 이상하게 그것은 지연되었다. 그 와중에서도 예수의 유물에 대한 목록은 늘어서 끝없이 추가되고 있었고 관련된 이야기와 전설은 자꾸만 덧붙여져서 발전된 이론과 이야기는 '영의 고고학'이라고 하는 전대미문의 주제로까지 확대되어 버렸다. 이 책은 크게 전반부는 물질주의적인 예수의 유물을 중심으로 전개되다가 결국 하나님은 예수님을 아담(인간)의 죄를 용서하기 위해 희생제의 희생물로 직접 사용하셨다는 메시아의 도래에 대한 목적과 방법에 대해 성궤 발견을 통해서 아주 정확한 시각적인 비쥬얼을 통해 확인하는 계기가 되었다. 이 부분까지 오면서 나는 나의 질병이 나도 모르는 사이에 치유되어 있음을 인식하게 되었다.

이 책의 후반부는 전반부의 결론인 메시아의 도래 목적과 희생제의 1차원적인 모습에서 나아가 예수의 영적인 고고학을 탐구하였다. 영의 고고학에서는 십자가에서 살아난 후의 이스라엘 밖의 육체적인 삶과 전도생활, 그리고 다른 종교에서 본 예수의 전생의 두 번의 삶을 통하여 그가 추구한 가르침의 의미를 새겨보았다. 영의 고고학에서는 이 세상의 여러 종교와 무지한 인간의 삶을 하나의 유일한 종교로 통일을 추구하고 그것을 위해서 영생의 비밀에 대한 메시지를 땅 끝까지 전하신 예수님의 가르침을 이해할 수 있었다. 예수는 온전한 구원을 확립하기 위해 자신의 생명을 십자가 위에서 버렸고 종교의 통일을 위해 땅 끝까지 전도를 요청하셨다. 기독교는 오늘날 제1의 종교 인구[1]를 가지고 표준적인 삶의 양식을 통해 우리에게 그러한 과제를 제시한다.

다시 한번 이 책을 종합적으로 정리하고 물질적 그리고 영적으로 남아있는 증거와 문헌, 그리고 어록을 통하여 본 예수의 성서고고학적 해석의 의미는 무엇인가를 생각해본다.

첫째, 예수의 성서고고학적 해석에는 희망의 메시지가 있다. 인간의 삶은 희망 가운데 있다는 점이다. 인간은 우주에서 유일한 존재가 아니다. 하늘과 땅과 보이지 않는 우주를 통하여 우리가 의지하고 배우고 염원을 전달할 수 있으며 우리를 도와주고 보호하는 신의 가호아래 있다는 점이다. 그러므로 무신론은 이 책에서 설자리가 없다. 우리가 소위 과학의 만능을 믿고 과학으로 신을 증명하거나 찾아내려고 하지만 과학은 신이 준 이 우주를 인간이 살아가도록 만든 물질문명의 문제해결의 한 방편에 불과하다. 과학도 따지고 보면 자연과학, 사회과학, 인문학 등 여러 부류가 있고 기계적 통계적 측정으로 가설을 해결하는 현대과학은 독일의 철학자 칼 포퍼가 정립한 양적인 가설통계검증의 방법을 주류로 채택하고 있다. 그러나 19세기 초 나타난 질적 방법에 힘입어 신학의 성서나 경전 해석의 방법이 자연과 사회의 문제해결의 또 다른 방법으로 광범위하게 응용되고 퍼진 결과 오늘날 형이상학이나 신화 또는 신학적 지식도 이 안에 포용되게 되었다. 따라서 인간의 지식은 흑백논리의 단순성을 벗어나 과학과 철학 그리고 신학의 미묘한 경계를 포함하여 확장되고 있다. 자연과학은 그동안 일원적 사고에 기반하면서 인류가 축적한 종교적 정치적 및 이념적 삶의 지혜를 저해하여 왔으나 자연과학의 비판적 극복을 통해 이제 인류는 점차 그것을 회복하

1) 기독교 인구 2,168,330,000명, 세계인구의 31.4%, 2010년 조사자료, 한겨레 인터넷판 2015.4.9.)

는 길을 걷고 있다. 그것은 소위 포스트모더니즘에서 보여준 인간소외의 회복에서 시작하여 세상에 대한 보편적인 이해의 지평을 넓혀 지혜를 밝혀준다. 자연과학은 경멸할 것은 아니지만 만능도 아니라는 점을 인식하여야 하고 그것이 주는 속임수에 그냥 속아서는 안 된다. 하나의 팩트나 증거나 사실 그리고 어떤 인류학적 의례나 유산에 대하여 우리는 항상 피상적인 판단에 의하여 오도되어왔다. 우리는 모든 사물의 존재나 결과에 대하여 항상 그 아래 살아있는 더 근원적인 인과관계나 논리 그리고 맥락에 대하여 항상 관심을 두어야 한다. 이것이 믿음과 관련하여 어떤 문제나 고민에 대하여 더 근원적으로 구원받고 치유되는 길이다.

둘째, 동양에서 보는 예수는 유불선을 합하여 전부 다 예수와 연관을 가지며 예수의 기원과 근원을 밝히며 연결되어 있고 그러므로 유불선은 예수를 배격한 것이 아닌 포용과 신뢰의 대상으로 받아들인다. 이것은 하늘에 계신 유일신 하나님 아버지의 뿌리가 같다는 것을 알려주고 있다. 인간은 본능적으로 절체절명의 위기 시에 하나님(하느님)을 찾는다. 문헌으로 정리된 신의 세계에 더 깊이 들어가 보면 물론 최고신의 존재, 그리고 그 아래 여러 신들이 있고 각각 우주의 운행에 대한 권능과 질서의 운영에 위계가 있다. 창세기에 나타난 신의 말씀 “우리가 보기에 좋았다”는 복수로 사용된 “우리”라는 진술은 이런 사실을 입증한다. 동양의 시각에 의하면 기독교의 신 여호와의 원형은 중국의 신화에 나오는 매우 높은 신인 복희씨의 여동생인 여와로 인식하고 있고 그것은 여호와가 이 우주만물을 만든 최초의 창조주가 아니라 이미 조성된 하늘과 대지에 인간을 창조한 신으로 해석하고 있는 네덜란드 구약성서학자 반 볼테 교수의 해석과 일치한다. 이런 주장은 그냥 무조건적인 믿음을 가진 사람들에게는 반발을 살 수 있지만 체계적인 해석을 통해 나온 지식의 하나이자 일설로 볼 수 있다는 관점으로 족하므로 논쟁의 여지는 있지만 이에 대해 기독교인이 분노할 필요는 없다. 현대에 들어서 세계의 문명과 인류사는 동양에 뿌리를 두고 있고 서양의 문명은 동양의 증손자 뻘에 불과하며 구한말에 나온 동양과 서양의 문명적 특징을 축약한 동도서기(東道西器)란 말은 동도동기(東道東器)[1]로 바꾸어야만 한다는 말도 있다. 더 나아가 예수가 전생이 고조선의 국가공무원이었다는 본문의 주장에 대해 한국이 과거 어떤 나라였기에 이런 말을 할 수 있는지를 다음의 자료(서양 문명의 뿌리/ 김승윤 (2016.07.11)[2]에서 전문 인용하여 살펴보자

※ 안호상 박사가 "중국이 한자를 만들어 놓아 한자를 사용하는 우리나라까지 문제가 많다."라고 말을 하자, "한자는 당신네 동이족 조상이 만든 문자인데 그것도 모르고 있소?"(중국의 문학가 임어당)

※ 러시아의 역사학자 유 엠 부찐은 그의 저서《고조선(古朝鮮)》에서 이렇게 말했다. "한대(漢代) 이전에 현토와 낙랑 지역에 이르렀던 조선의 영역은 한 번도 중국의 제후국(諸侯國)이 된 적이 없을 뿐만 아니라, 연(燕)나라나 주(周)나라에 예속된 적이 없다." 그리고 기자조선(箕子朝鮮) 설은 주왕(周王)이 자신의 지배 하에 있지 않은 영토를 마치 통치한 것처럼 꾸민 전형적인 예라고 말하고 있다. 또 "중국의 역사가들은 연나라가 중국의 동북쪽 변방에 있었기 때문에 의식적으로 연나라의 역할을 과장해서 표현해 왔다."고 하였다.

※ 일본학자 고교 기요히코는 사마천의 사기 25권은 단군조선이 중원대륙을 지배했었다는 역사적인 사실을 거꾸로 뒤집어 가지고 마치 중국이 단군조선을 지배한 것처럼 힘겹게 변조 작업을 벌인 것이다. 한나라의 漢이라는 국호자체도 옛날 삼한조선의 韓이라는 글자를 그대로 빌려간 것에 불과하다고 하였다.

※ 세계적인 석학 하이데거(Martin Heidegger독일,1889~1976)는 프랑스를 방문한 서울대 철학과 박종홍 교수에게 내가 당신을 초대한 이유는 당신이 한국 사람이기 때문입니다. 내가 유명해진 철학사상은 바로 동양의 무(無) 사상인데, 동양학을 공부하던 중, 아시아의 위대한 문명의 발상지는 한국이라는 사실을 알게 되었습니다. 그리고 세계 역사상 가장 완전무결한 평화적인 정치를 2천년이 넘는 장구한 세월동안 아시아 대륙을 통치한 단군시대가 있었음을 압니다. 그래서 나는 동양사상의 종주국인 한국인을 존경합니다라고 하였다.

1) http://m.hooz.com/index.php?pnum=193&m=r&idx=2651&p=1&g=freebod
2) http://m.hooz.com/index.php?pnum=193&m=r&idx=2651&p=1&g=freebod

※ 1963년 6월28일 주은래周恩来 총리는 조선과학원 대표단 접견시 중국과 조선의 관계에 대해 다음과 같이 언급했다.
조선민족은 조선반도와 동북대륙에 진출한 이후 오랫동안 거기서 살아왔다. 요하(遼河), 송화강(松花江)유역에는 모두 조선민족의 발자취가 남아있다. 이것은 요하와 송화강 유역, 도문강(圖們江)유역에서 발굴된 문물, 비문 등에서 증명되고 있으며 수많은 조선문헌에도 그 흔적이 남아있다. 조선족이 거기서 오랫동안 살아왔다는 것은 모두 증명할 수가 있다.

이런 증언에 따르면, 대한민국은 기원전 수 천년 간(길게 잡으면 수 만년) 동북아를 포함한 중원대륙에서 고도의 정치체제를 이루고 제정일치의 사회를 이루고 대륙의 광대한 영토를 통치하며 중국의 한족을 교화하며 다스린 문명이었다. 삶이 윤회한다는 동양의 종교에서 보는 예수님의 기원은 고대 한국이다. 비록 예수님의 사상과 활동이 서구에 퍼져 문명을 이룩하였고 다시 동양으로 들어왔지만 그 뿌리가 깊이 한국에 닿아있어서 한반도에 기독교가 널리 퍼진 것이 아닌지?

이것은 뿌리가 동양에 기반을 둔 서양문명의 정수인 기독교에 대하여 "개독" 운운하며 맹목적으로 기독교를 배척하는 집단의 생각이나, 또는 오직 기독교적 의례와 윤리에 의하여 동양의 모든 문명을 개조하려는 생각을 가진 양 극단적 생각은 조정되어야 한다고 보인다. 뿌리-시대적 요청-환경적 영향-더 큰 우주적 사상 등의 이해와 고려를 통하여 믿음의 중심을 잡아야 한다고 보인다. 중심을 잡아가는 것이 앞으로의 과제다. 예수가 내가 이 땅에 온 것은 불화를 만들기 위해서라고 하였다(마태10:34). 이 의미는 무엇인가? 이 말은 하나님이 기뻐하시지 않는 사람들에게 예수님은 '불화'를 일으키시는 '검'이 될 것이라는 말씀으로 하나님이 기뻐하시는 일을 하여 평화를 가져오라는 말이다.[1]

잠언은 지혜로운 자에 대하여 말한다. 이 책이 주는 지식에 대하여 우리는 어떤 지혜로 성경이 말하는 바에 의하여 이 책의 요지를 음미하여야 할지 생각해보자.

1 ) https://ko-kr.facebook.com/kimdonghopage/posts/541074035982977

**마음이 지혜로운 자**는 명령을 받거니와 입이 미련한 자는 패망하리라 (잠10:8)

**지혜로운 자**는 지식을 간직하거니와 미련한 자의 입은 멸망에 가까우니라 (잠10:14)

의인의 열매는 생명나무라 **지혜로운 자**는 사람을 얻느니라 (잠11:30)

**미련한 자는 자기 행위를 바른 줄로 여기나 지혜로운 자는 권고를 듣느니라** (잠12:15)

혹은 칼로 찌름 같이 함부로 말하거니와 **지혜로운 자의 혀**는 양약 같으니라 (잠12:18)

**지혜로운 자**와 동행하면 지혜를 얻고 미련한 자와 사귀면 해를 받느니라 (잠13:20)

미련한 자는 교만하여 입으로 매를 자청하고 **지혜로운 자**는 입술로 스스로 보전하느니라 (잠14:3)

**지혜로운 자**는 두려워하여 악을 떠나나 어리석은 자는 방자하여 스스로 믿느니라 (잠14:16)

**지혜로운 자의 입술**은 지식을 전파하여도 미련한 자의 마음은 정함이 없느니라 (잠15:7)

**지혜로운 자**는 위로 향한 생명길로 말미암음으로 그 아래 있는 음부를 떠나게 되느니라 (잠15:24)

생명의 경계를 듣는 귀는 **지혜로운 자** 가운데 있느니라 (잠15:31)

**지혜로운 자의 마음은** 그 입을 슬기롭게 하고 또 그 입술에 지식을 더하느니라 (잠16:23)

미련한 자라도 잠잠하면 **지혜로운 자**로 여기우고 그 입술을 닫히면 슬기로운 자로 여기우느니라 (잠17:28)

**지혜로운 자**는 용사의 성에 올라가서 그 성의 견고히 의뢰하는 것을 파하느니라 (잠21:22)

**지혜로운 자**와 미련한 자가 다투면 지혜로운 자가 노하든지 웃든지 그 다툼이 그침이 없느니라 (잠29:9)

어리석은 자는 그 노를 다 드러내어도 **지혜로운 자**는 그 노를 억제하느니라 (잠29:11)

셋째, 기독교인인 나는 이 책의 마지막에 도달하면서 한동안 머릿속에 혼란이 일고 심한 두통을 겪었다. 내가 알게 된 이 사실들에 대하여 이 주장들에 대하여 어떻게 대처해야 할지 잠시 혼돈스러웠다.

봉우선생님의 어록 중에 "백두산족의 고대 단군 중 한 분이신 복희씨의 누이인 여와씨는 여자 단군으로서 이스라엘 유태족의 최고 유일신인 '여호와(야훼)'가 되었다."라는 말은 차마 자세히 옮기기 어려워 여기 마지막에 거론하지만 무엇으로 증명하여야 하는가? 중국의 고대 역사와 신화를 보면 여와의 오라버니인

복희씨와 여와. 국립중앙박물관 ©wiki

복희씨는 단군 중의 한 분의 12번째 아들이고 복희씨와 남매간인 여와도 그러므로 역시 단군 중의 한분이다. 복희씨는 최초로 역을 만들고 이것이 공자가 주역의 계사전에 언급한 역의 시초로 나중에 역경이 된다. 이런 고전문헌에 남아 있는 줄거리에 대하여 유일하게 해답을 얻는 길은 신에게 물어보아야 한다. 여와가 여자였다면 오늘날 우리가 기도할 때 부르는 "하늘에 계신 아버지 하나님"은 "하늘에 계신 어머니 하나님"으로 바뀌어야 한다. 구사노 다쿠미(2001)[1]에 따르면 여와는 중국 신화 속에서, 인간을 만들었다고 하는 여신이다. 이 세상에 하늘과 땅이 막 생겨났을 때 세상에는 동식물이 있었지만 아직 인간은 없었다. 이것을 본 여와가 너무나 쓸쓸히 여겨 누런 흙과 물을 섞어 진흙을 만들고 여기에다 끈을 늘어뜨려서 잡아당겼다. 그러자 진흙 덩어리들은 모두 인간이 되어 움직이기 시작했다. 인간들을 위해서 결혼제도를 만들고 자손을 남기게 한 것도 여와라고 한다.

추측할 수 있는 것은 인간의 삶이 모계사회에서 부계로 바뀌면서 모계사회에서는 존중받던 여성을 부계사회로 바뀐 상황에서 부담을 느낀 남성들이 하나님의 존재를 남성으로 묘사했다고 추측할 수밖에 없다. 그러나 정확한 해답을 얻는 길은 하나님께 기도로 물어보는 수밖에 없다. 기도로 여호와께 답변을 들어보도록 하자. 당신이 여성인지? 이런 질문이 여호와의 이름을 망령되이 부르는 것이 아닌지 여부는 질문을 하는 기도자가 여호와의 이름을 "경솔하게", "불경건하게" 사용하는지의 여부로 판단할 수 있으므로 이점을 유의하여 기도해보자. 우리가 믿음을 가진 것은 신의 선택에 의하여 그렇게 되었다. 그러나 예수의 전신인 안자는 서른세살에 요절하기 전에 스스로 찾고 구하는 적극적인 인간의 노력을 강조하였다. 신은 우리를 선택하고 사랑하지만 그를 부르고 간구하고 기도로 요청하기 전까지는 우리를 신의 의지로 억지로 어디로 이끌지는 않는다. 물론 어떤 선택한 자에게는 현현하여 임무를 주시기도 하지만 대부분은 개인이 적극적으로 문을 두드려야 응답 하신다.

---

1) 구사노 다쿠미 지음, 송현아 옮김(2001).환상동물사전 .들녘

내가 이 책을 쓰면서 말미에 잠시 혼란을 겪으면서 힘들어할 때 어느 목사님이 조언을 주셨다.

'기도하세요, 그러면 하나님이 작은 싹을 하나 주실 겁니다. 그러면 그 싹을 기도로 잘 키우세요'

이 책의 후반부에서 논한 영의 고고학은 저자가 명명한 제목이다. 짧은 지면에서 우리는 잠시 시간여행을 하였다. 다시 우리는 주변의 이야기를 버리고 원래의 위치로 돌아가자.

예수가 이 땅에 온 목적은 악의 세력을 멸하고 죽음의 두려움을 가진 자들에게 영생을 주어 자유를 누리게 하기 위함이다. 히브리서 제2장 14-15절은 예수가 이 땅에 온 목적을 알려준다.

"자녀들은 혈과 육에 속하였으매 그도 또한 같은 모양으로 혈과 육을 함께 지니심은 죽음을 통하여 죽음의 세력을 잡은 자 곧 마귀를 멸하시며 또 죽기를 무서워하므로 한평생 매여 종 노릇 하는 모든 자들을 놓아 주려 하심이니"라고 하였다.

존 파이퍼[1]는 이 구절에 대해 다음과 같이 설명한다.

히브리서 2:14-15은 예수님의 지상에서의 생애의 처음과 끝을 연결해 준다. 예수님이 이 땅에 왜 오셨는지 명확하게 보여 준다.

"자녀들"이라는 용어는 메시아이신 그리스도의 영적 자녀를 말하는 것이다(이사야 8:18; 53:10 참조). 그들은 또한 "하나님의 자녀들"이다. 다시 말해, 그리스도를 보내실 때, 하나님은 그의 "자녀들"의 구원을 특별히 생각하고 계셨다. 물론 "하나님께서 세상을 이처럼 사랑하사 [예수님]을 보내셨다"는 것도 맞다. 그러나 하나님께서 특별히 "흩어진 하나님의 자녀를 모으셨다"는 것 또한 사실이다(요한복음 11:52 참조). 하나님의 디자인은 세상에 그리스도를 내놓으시고, 그의 "자녀들"의 구원을 가져오는 것이었다 (디모데전서 4:10 참조).

---

1) http://www.desiringgod.org/articles/why-jesus-came?lang=ko

여기서 중요한 사실은 요한복음 1장 12절이 언급한 바 "당신은 그리스도를 영접함으로써 하나님의 자녀로 입양될 수 있다" 지구상의 인류는 모두 잠재적으로 하나님이 자녀가 된다.

"… 그도 또한 같은 모양으로 [혈과 육을] 함께 지니심은…"

그리스도는 성육신 이전에도 존재하셨다. 그는 영이셨다. 그는 영원한 말씀이셨다. 그는 하나님과 함께 계셨고 하나님이셨다 (요한복음 1:1; 골로새서 2:9). 그러나 그는 살과 피를 입으시고 그의 신성에 인간성을 옷 입히셨다. 그는 완전한 인간이 되셨고 그럼에도 여전히 완전한 하나님으로 남으셨다. 이것은 여러 면에서 대단한 신비다. 그러나 이는 우리의 믿음의 중심에 있는 진리이며 또한 성경이 가르치는 바이다.

"…죽음을 통하여…"

그가 인간이 되신 것은 죽기 위해서다. 하나님으로서, 그는 우리 죄인들을 위해 죽을 수 없었다. 그러나 인간으로서는 그러실 수 있었다. 그의 목표는 죽는 것이었다. 따라서 그는 인간으로 태어나야 했다. 그는 죽기 위해 태어나셨다.

"…죽음의 세력을 잡은 자 곧 마귀를 멸하시며…"

죽음 안에서, 그리스도는 우리의 모든 죄를 덮으심으로써 사탄이 더 이상 우리를 하나님 앞에서 정죄할 수 있는 타당한 근거가 없게 만드신 것이다. "누가 능히 하나님께서 택하신 자들을 고발하리요 의롭다 하신 이는 하나님이시니"(로마서 8:33)—하나님이 우리를 의롭다 하시는 근거는 예수님의 보혈을 통해서다(로마서 5:9).

우리를 맞서는 사탄의 궁극적인 무기는 우리의 죄다. 따라서 예수님의 죽음이 우리의 죄를 멀리 치운다면, 사탄은 그의 주요 무기를 빼앗기게 되는 것이다. 재판관께서 그의 아들의 죽음으로 우리에게 무죄판결을 내리셨기 때문에 사탄은 우리의 죽음의 형벌을 이제 주장할 수 없다!

"...또 죽기를 무서워하므로 한평생 매여 종 노릇하는 모든 자들을 놓아 주려 하심이니."

따라서 우리는 죽음에 대한 두려움에서 자유다. 하나님께서 우리를 의롭게 해주셨다. 그리고 하나님은 이러한 우리의 궁극적인 안전이 우리 삶에 즉각적 효력을 발휘하게 되는 것을 뜻한다. 그는 행복한 결말이 지금의 종 노릇과 두려움을 없애 주는 것을 뜻한다.

만약 우리의 최후의 가장 큰 원수인 죽음을 무서워할 필요가 없다면, 우리는 그 무엇도 무서워할 필요가 없다. 우리는 자유할 수 있다. 기쁨을 위해 자유할 수 있다. 다른 이들을 위해 자유할 수 있다. 이러한 자유는 하나님이 주시는 얼마나 큰 선물인가! 그리고 이 선물은 우리가 세상에 주는 것이기도 하다.

존 파이퍼(John Piper)(ibid.)

칼빈은 예정조화설을 통하여 선택받은 자들은 이미 신이 정해놓았다고 하지만 요한복음 1장 12절이 언급한 바,

"당신은 그리스도를 영접함으로써 하나님의 자녀로 입양될 수 있다"

지구상의 인류는 모두 잠재적으로 하나님이 자녀가 된다는 의미에서 구원은 누구에게나 열려있다. 그리고 두려움과 죽음을 가져오는 죄에서 자유를 얻어 이 세상을 기쁨으로 살게 된다.

성경에 따르면 예수님은 하나님과 동일시 될 수 있는데 이분은 구체적으로 누구인가?

이런 질문은 매우 어리석은 질문이기도 한데 예수와 관련하여 문헌에 나타난 자료를 시대적으로 연결하여 보면 앞에서 논한 것처럼 지리적 종교적 인종적 차이를 넘어서 수 많은 이야기가 있다. 영의고고학 장에서는 혹시 독자가 기독교 신자라면 그 명찰을 떼고 중립적인 입장에서 이런 문헌들을 파고들어가 보고 거기서 우리는 어떤 의미를 발견할 수 있는가를 기술하는 것이 이글의 목적이었다. 이런 접근은 이 책의 머리말에서 언급한 바대로 이미크적 에틱적인 시각으로 제시된 고고학적 자료에 몸을 던져 예수란 인물을 고고학적으로 파고들어가 보았다. 여기서 고고학적이란 문헌을 파헤쳐서 찾아내는 것을 말하는데 불가피하게도 성경 이외의 다른 종교적 및 역사적 시각을 보탠다.

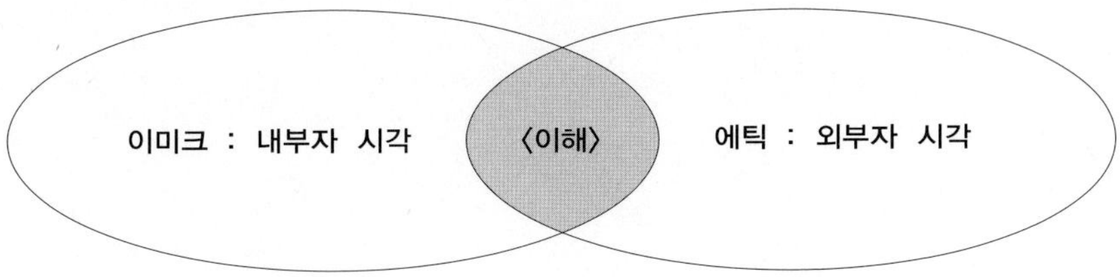

✝ 다른 시각을 보탠다는 의미는 다른 종교의 관점, 다른 경전, 그리고 증언과 담화, 어록, 여행기 등이 이런 시각의 창을 열어준다는 것이다. 이런 시각의 창을 여는 전제로서 예를 들면 종교에 따라 신에 대한 관점은 원래 신이 있었지만, 성서의 말씀처럼 인간이 신으로 되기도 하고 또 신이 인간이 되기도 한다. 다시 말하면 신으로 존재하다가 인간이라는 아바타를 이용하여 지상에 오기도 하지만 인간으로 있다가 죽은 후 윤회를 통해 다시 인간으로 오기도 한다. 이 글에서 영의 고고학이란 특정 인물의 윤회나 환생의 내용을 역사적 문헌적 사실들을 통해 추적해 보는 것이다. 특정 인물은 물론 예수였다. 놀랍게도 그는 바로 우리 자신의 오랜 형제요 조상이었고 고조선의 공무원이었다. 바로 우리 자신이었다.

## 영의 고고학에 부쳐

이 책의 저술은 원래 제1장에서 제5장까지 예수가 남긴 물건들에 대한 문헌 중심의 고고학적 탐구와 해석이 원래의 목표였으나 직장이 부산에서 공주로 옮겨지면서 갑자기 영의 세계와 다른 종교의 관점으로 연구의 초점이 이동했다. 그 이유는 왜 한국이 이처럼 기독교가 부흥하고 믿는 인구가 남달리 많고 또 교회의 열기가 뜨거운지에 대하여 생각하는 과정에서 다른 종교와의 관련성에 대한 탐구의 욕구가 뜨겁게 밀어 올라왔다. 지구에 신들의 도래와 그들이 뿌린 씨앗과 발전 그리고 그 교류와 역사성의 연구에서 몰랐던 또 다른 예수의 모습을 발견하고 경외감과 믿음 그리고 예수에 대한 호기심은 자꾸만 상승하였다. 특히 공주에서 공주대 음악교육과 백기현 교수님을 만나면서 제1부의 저술과 주요 발견에 대하여 공주대 교수 및 학생 신우회 모임에서 설교의 기회를 가진 후 제2부의 연구과제가 탄생하였다. 백기현 교수님은 공주대의 음악교육학과 교수로 55년간 곱사등이(꼽추)로 평생 수치를 안고 살다가 부흥회에 갔다가 곱사등이 저절로 펴지는 기적을 경험 후 2016년까지 10여년 간 전도활동을 하시고 계신 분이다. 백교수에 따르면 노틀담의 곱추처럼 앞뒤로 튀어나온 곱사등을 하나님은 날선 검으로 뼈를 쪼개고 손으로 만져 뒤틀린 뼈들을 바로잡고 몸과 근육 그리고 팔을 꼬고 뒤틀어 가슴과 등뼈를 펴고 바로잡아 6일만에 번듯한 정상인으로 만들었다. 1주일간 비몽사몽간에 하나님의 치료를 받고 자리를 털고 일어난 백교수님은 자신이 곱사등이가 아닌 정상인이 된 것을 발견하였고 부부는 부둥켜 안고 한 없이 울었다고 한다. 2016년도 5월경 백기현 교수님과 사모 최경숙 유아교육과 교수님과 교류를 시작한 이래 자주 대화하며 인근의 예배처에서 일반 신도들과 함께 예배를 드리며 머릿속에는 하나의 연구문제를 키웠다. 오늘날에도 예수님이 계시던 시대와 다를 바 없는 이적을 눈앞에 보면서 이 책의 전반부에서 다룬 예수님의 물건들을 벗어나 "예수는 누구인가"에 대한 문제를 놓고 새롭게 공부하는 계기가 되었다. 이런 배경을 가지고 접근한 영의 고고학은 예수님이 하나의 존재자로서 고대와 현대에 걸친 시간의 벽을 정면으로 관통하며 존재하신 분으로 하이덱거의 존재철학과 현상학의 의미에서 현존재와 존재의 선구조가 전혀 다르지만 그 분이 가진 정수(essence)는 표리부동하지 않고 심지어 세월의 먼지에 덮여 있더라도 그 본질은 원초적인 모습 그대로 드러난다. 그러므로 전대미문의 위대한 교사이며 치유자이며 길이요 진리요 생명이신 인류의 인도자가 되신다. 예수님은 이상적인 정치적 리더, 지극한 효심를 가진 자, 그리고 사해 동포적 사랑의 표상인 전도자로서의 다양한 모습을 보여준다. 그리고 무엇보다 예수 도래의 출발지로서 동북아와 한반도의 고대 역사 속에서 대한민국에 던져주는 사명과 자긍심, 그리고 고대에 성취하였던 위대함은 이제 상처와 고난의 아픔을 극복하고 원래의 모습을 회복하는 데 있어 무한한 자극제가 된다. 한국의 발전과 우수성 뿐만 아니라 세계의 발전을 위한 나눔의 필요성을 겸비한 자신감 넘치는 과거 회복의 메시지를 안고 하나님과 대화(기도)를 하여야 한다는 현실적인 과제도 덤으로 얻었다. 영의 고고학은 인류학(ANTHROPOLOGY)에서 갈라진 민족지학(ETHNOGRAPHY)의 문화연구에서 흔히 사용하는 내부자 관점과 외부자 관점을 가지고 주제를 들여다보는 기법을 활용하였다.

내부자 관점은 다른 말로 이미크적 시각(Emic)이라고 하는데 내부자 시각에서 사상을 보므로 저자나 연구자는 연구문제를 내부자가 되어 바라보아야 한다. 때문에 저자는 여기서 불교도나 도교의 신과 인간의 구분의 경계가 없는 점이나 윤회라는 개념도 일견 당연시 하여야 한다. 그래야 내부자 관점을 이해하는 깊은 감정이입에 이를 수 있다. 외부자 관점은 에틱시각(Etic)이라고 하며 이것은 외부자가 보는 객관적인 시각이다. 이런 관점들을 가지고 보는데서 유익한 점은 사람의 생사의 원인도 관련된다. 예를 들어 어느 의사가 오지의 원주민에게 의료봉사를 가서 한 환자를 진료하여 심장병을 가진 것으로 진단하고 치료약을 주었다. 그런데 그 환자는 그 약을 먹고 1주일 만에 죽었다. 의사가 그 환자의 일상에 대해 자세히 물어보고 조사해서 알아보니 그는 마을의 민간요법사가 권하는 약초를 복용하고 있었는데 그 약초는 의사가 준 약의 원료였다. 결국 약초와 약을 같이 먹은 환자는 약물 과다 복용으로 죽게 되었는데 내부자 시각으로 그가 약초를 복용한다는 사실을 미리 알았더라면 그는 생명을 건질 수 있었을 것이다. 의사는 외부자 시각으로만 본 것이고 내부자 시각으로 그가 어떤 치료를 하고 있었는지를 파악하는 배려를 하지 못하여 실패한 것이다. 마찬가지로 어떤 생각의 실마리를 살리고 살아있는 이해를 얻는 길은 내부자 시각과 외부자 시각을 겸비해야 하고 결국 내부자의 의견을 경청하는 것이 보다 큰 이해에 도달하는 방법이다. 따라서 영의 고고학에서는 다른 종교의 의견이나 판단, 예수에 대해 자신들만의 방법에 따른 어떤 논평과 해석을 하여도 주저없이 받아들여 이야기를 진술해 나갔다. 이것은 인류학(ANTHROPOLOGY)과 민족지학(ETHNOGRAPHY)의 보편적인 접근방법이며 여기서 유의할 점은 정보원의 진실성과 같은 오류 없는 자료의 수집이다.

제6장을 쓰는 동안 필설로는 표현하기 어려운 기괴한 시험과 두려움과 정신적 고통과 공사다망했던 관계로 체력이 다 소진하는 한계를 느끼기도 하였지만 무사히 종점에 도달하였다. 혹시 내가 오도된 글을 쓰는지 주께서 감찰하여 바로잡아 달라고 기도하였지만 주는 일체 간섭을 하지 않으셨다. 단지 침묵으로 묵묵히 나를 지켜보신 하나님과 예수님께 경배와 찬양을 드립니다. 그리고 주께 무례한 내용으로 저술된 부분이 있다면 용서를 구합니다. 이 책은 거룩한 예수님의 삶에 대한 이야기이므로 이 책에 깃든 모든 공과인 땀과 눈물, 아픔, 감격, 기쁨 그리고 무엇보다도 치유의 은총과 은혜, 그리고 희망과 자신감을 포함하여 모든 책장에 깃든 은혜의 티끌과 먼지까지 모두 주님의 것이므로 이 책의 발간에 따른 모든 노고와 영광을 주님 앞으로 돌립니다. 또한, 많은 생각과 고민이 생명을 얻어 세상 밖으로 나오도록 독려해주신 도서출판 신아사 정현걸 대표님과 한규갑 상무님, 그리고 편집진에게 감사의 마음을 전하고 싶다. 이 책의 저술에 관련된 모든 결과는 신의 섭리와 성령의 인도에 의한 것으로 믿지만 만일 그렇지 않다면 신의 업적을 적당히 포장하는 것이 아닌지도 모르는 내 자신에 대하여 만일 교만함이 있다면 단호히 주께서 꺾어 주시고 그 자리에 겸손에 겸손을 심으시고 순종에 순종의 탑을 쌓아 이 책이 단지 지극한 기도가 되게만 하는

것이 소망이다. 마지막으로 하늘에 계신 주께 바라는 것은 이 책에 깃든 주의 성령과 책에 깃든 저자의 기도가 살아 있어서 마음의 고통과 시련을 가진 사람에게 주의 행복을, 불화를 가진 자에게는 주의 평화를, 목표가 없는 자에게는 주가 주는 삶의 목표를, 그리고 병마로 고통 받는 자에게는 주가 베푸는 치유의 은혜를, 낙담한 자에게는 주로부터 오는 변화와 소망을 얻는 주님의 기적의 책이 되기를 기도하고 소망합니다. 감사합니다.

저자 이종규

## 참고문헌



<국문서적>

강주현 역 심차자코보비치, 찰스펠리그리노(2006). 예수의 무덤. 예담.

구사노 다쿠미 지음, 송현아 옮김(2001).환상동물사전 .들녘

김용옥 (1997). 여자란무엇인가, 동양사상입문특강. 서울 :통나무.

봉우선인의 정신세계(2001). 봉우사상연구소. 서울:정신세계사.

오광만 (2012). 십일조. bibleqa.

이동진 (2009). 제2의성서, 신약시대. 서울:해누리.

이동진 (2009). 제2의성서. 구약시대. 서울:해누리.

장홍길 (2008). 성서고고학. 성서마당.

허버트 크로즈니 (2006). 유다의 사라진 금서. National Geographics(한국판).YBM.

<영문서적>

Adams, F.(1972). A scientific search for the face of Jesus. Tucson, Ariz. : Physical Aid Foundation.

Adler,A. D. (1998). Aspettifisico-chimicidelleimmaginisindoniche, Sindone, cento anni di ricerca, IstitutoPoligrafico e ZeccadelloStato, LibreriadelloStato, Roma.

Adler, A. D. (2002). The orphaned of manuscript : a gathering of publications on the Shroud of Turin.

Alaharasan, V. A. J. (2006). Home of the Assumption: Reconstructing Mary's Life in Ephesus.

Allen, N. P. L.(1993). The methods and techniques employed in the manufacture of the Shroud of Turin.Unpublished DPhil thesis, University of Durban-Westville.

Angelico, Fra.(1440). Dominican monastery of San Marco, Florence.

Antonacci, M.(2000 :111).The Resurrection of the Shroud, M. Evans and Company,Inc.

Archibald, E. & Putter, A.(2009). The cambridge Companion to the Arthurian Legend.Cambridge.

Ashe, G.(1971). Camelot and the vision of Albion. Panther Books.

Baden, M.(1980). Quoted in Reginald W. Rhein, Jr., The Shroud of Turin: Medical examiners disagree. Medical-World News, (December 22 : 50.).

Baigent, M., Leigh, R.&Lincoln, H. (1982).Holy Blood Holy Grail.NY: A Dell book.

Baldacchini, G., di Lazzaro,P., Murra, D.& Fanti, G.(2008).Coloring linens with excimer lasers to simulate the body-image of the Turin Shroud, Applied Optics,Vol. 47, Issue 9, pp. 1278- 1285.

Ball, A. (2002). Encyclopedia of Catholic Devotions and Practices, Our Sunday Visitor.

Ball, P.(2008). Material witness: Shrouded in mystery, Nature Materials, 7, 349.

Barber, R.(2004). The Holy Grail : Imagination and Belief. Cambridge, Mass.: Harvard University Press.

Barbet, P.(1963). A Doctor at Calvary. New York: Image Publishers.

Bella, F.&Azzi, C. (2002).14C dating of the "Titulus Crucis". Radiocarbon.44(3), 685-89.

Baigent, M.,Leigh, R. & Lincoln, H. (1982).Holy Blood Holy Grail. NY :A Dell book.

Benford, S.& Marino, J. (2008). Discrepancies in the radiocarbon dating area of the Turin shroud, ChemistryToday,vol. 26( 4). July August, pp. 4-12.

Bentley, J. (1985).RESTLESS BONES, THE STORY OF RELICS, Constable and Company Limited, London.

Blom, P.(2002). To Have and to Hold: An Intimate History of Collectors and Collecting.

Bollone,B.(1994). Book of Acts of the 1st International Congress on the Sudarium of Oviedo.

Bollone,B. P. L. (1982). IndaginiidentificativesufilidellaSindone, GiornaledellaAccademia di Medicina diTorino, n 1-12.

Bollone,P.B.(2001).Interpreting the Image on the Shroud, in Gian Maria Zaccone, Le due faccedellaSindone. Pellegrini e scienziatiallaricerca di unvolto, Torino, ODPF.

Brown, J. L.(2005). Microscopical Investigation of Selected Raes Threads From the Shroud of Turin. Article.

Bucklin, R. (1997). An Autopsy on the Man of the Shroud.

Bunson, M. (2004).OSV's encyclopedia of Catholic history, revised edition, Our Sunday Visitor.

Busson, P.(1991). Letter Sampling error? Nature, Vol. 352, July 18, 1991, p. 187.

Byrne, R. & McNary-Zak, B.(15 Aug 2009). Resurrecting the Brother of Jesus: The James OssuaryControversy and the Quest for Religious Relics The University of North Carolina Press.

Calvin, J. (1543). Treatise on Relics, Count Valerian Krasinski.

Carroll, R. T.(2003). The Skeptic Dictionary, Hoboken, John Wiley and Sons.

Catholic Encyclopedia.(1913). The Holy Shroud (of Turin). New York: Robert Appleton Company.

Charlesworth, .H.(2008). The Historical Jesus: An Essential Guide.

Chazelle. (October 1997). Archbishops Ebo and Hincmar of Reims and the Utrecht Psalter. Speculum Speculum,Vol. 72, No.72 (4): 1055~1077.

Cherry, J. (2010). The Holy Thorn Reliquary, The British Museum Press.

Codex VossianusLatinus, Q69, and Vatican Library(1957). Codex 5696, fol.35, which was published in Pietro Savio,Ricerchestorichesulla Santa Sindone Turin.

Craig, E.,Bresee, A. &Randal, R.(1994). Image Formation and the Shroud of Turin, Journal of ImagingScienceand Technology, Volume 34, Number 1, 1994.

Craveri, M. (1967).The Life of Jesus. New York : Grove Press.

Cruz, J. C. (2003). Saintly Man of Modern Times, Our Sunday Visitor.

Cruz, J.C.(1984). Relics. Huntington, Ind. : Our Sunday Visitor.

Cyril, J. (1913). Bruges. Catholic Encyclopedia. New York: Robert Appleton Company.

Dale,W.S.A.(1987).The Shroud of Turin: Relic or Icon?Nuclear Instruments and Methods in Physics Research B29. PP. 187- 192.

Damon, P. E.,Donahue, D.J. Gore, B.H., Hatheway, A.L., Jull, A. J. T.,Linick, T. W.,Sercel, P. J.,Toolin, L. J.,Bronk,C. R.,Hall,E.T., Hedges, R.E.M., Housley, R., Law, I.A., Perry, C.,Bonani, G., Trumbore, S., Woelfli,W.,Ambers, J. C., Bowman, S. G. E.,Leese, M. N.&Tite, M.S. (1989-02). Radiocarbon dating of the Shroud ofTurin". Nature 337 (6208): 611- 615.

Danin, A. (1998). The Origin of the Shroud of Turin from the Near East as Evidenced by Plant Images andbyPollen Grains.

Danin, A. (2008).Botany of the Shroud of Turin, An addition concerning new information since the 1999 Report. Shroud of Turin Conference, 2008, Ohio.

Danin, A.(1998). Where Did the Shroud of Turin Originate? A Botanical Quest ERETZ Magazine.

De Mély, D.F. (1904). Forming the third volume of RIANT, ExuviaeConstantinopolitanae, Paris.

de Mély, D.F. (1904).La Sainte Lance de Rome.

Dees, J. W. (12 July 2008). Reconciliation.Lulu.com.

Delage, Y.(1902). Le Linceul de Turin. Revue Scientifique 22:683-87.

Del Volto, S. (2005). Historical short essay on Manopello.

DuBois, P. (2001). Trojan horses: Saving the Classics from Conservatives.

Echo, U.(2000). Baudolino.

Ehrman, Bart D. (February 2011). Forgeries, Lies, Deceptions, and the Writings of the New Testament. Modern Forgeries, Lies, and Deceptions. New York: HarperCollins.

Eisenman, R. (1997). James the Brother of Jesus.(Viking Penguin). In part a deconstruction of the legends surrounding Agbar/Abgar.

Emmerich, A. C. (2009). The Life of the Blessed Virgin Mary.

Emmerich, A. C., The Dolorous Passion of Our Lord Jesus Christ page viii.

Emmerich, A.C. (1904). A chaucer Reader. New York: Harcourt, Brace and World.

Encyclopaedia Britannica.(2010), Art. Shroud of Turin (relic). 28. Dec. 2010.

Encyclopaediabritannica. (1960).Constantine.

Euzet, J.(1961). History of the House of the Blessed Virgin near Ephesus (1891-1961), Vincentian Archives.

Fanti, G. Lattarulo, F. & Scheuermann, O.(2005). Body Image Formation Hypotheses Based on CoronaDischarge.

Fanti, G.(2002). Moroni,Comparison of Luminance Between Face of Turin Shroud Man and ExperimentalResults,The Journal of Imaging Science and Technology, March/April 2002, vol. 46, no. 2; p. 142-154.

Fanti, G.(2010).The body image visible on the Turin Shroud (TS) has not yet been explained by science, in "Cana Corona Discharge Explain the Body Image of the Turin Shroud?", Journal of Imaging Science andTechnology, March/April 2010 Volume 54, Issue 2.

Fanti, G. & Maggiolo, R. (2004).The double superficiality of the frontal image of the Turin Shroud, Journal ofOptics A, 6, 2004, pp. 491-503.

Fanti, G. Crosilla, F., Riani, M.,& Atkinson, A.C.(2010). A Robust statistical analysis of the 1988 TurinShroudradiocarbon analysis, Proceedings of the IWSAI, ENEA,

Fanti, G.(2010). Can a Corona Discharge Explain the Body Image of the Turin Shroud ? J. Imaging Sci. Technol.,March/April 2010 -Volume 54, Issue 2.

Fanti, G. *et al.*(2010). Microscopic and Macroscopic Characteristics of the Shroud of Turin Image Superficiality,Journal of Imaging Science and Technology—July/August 2010—Volume 54, Issue 4.

Fanti, G. Basso, R. &Bianchini, G. (2010). Turin Shroud: Compatibility Between a Digitized Body Image and aComputerized Anthropomorphous Manikin, Journal of Imaging Science and Technology September/October 2010 Volume 54, Issue 5, pp. 050503-(8).

Farley, D. (2006). Did the Vatican steal Jesus' foreskin so people would shut up about the savior's penis?

Farley, D. (2009). An Irreverent Curiosity: In Search of the Church's Strangest Relic in Italy's Oddest Town.Penguin.

Fetzer, J. F. (1981). Clemens Brentano.

Filas, F.(1982).The dating of the Shroud from coins of Pontius Pilate, Cogan, Youngtown (Arizona).

Freer-Waters, R.A. &Jull, A.J.T.(2010). Investigating a Dated piece of the Shroud of Turin, Radiocarbon, 52,2010, pp.1521-1527.

Frei, M. (June 1982). Nine Years of Palynological Studies on the Shroud, Shroud Spectum International.

Freze, M. (1993).Voices, Visions, and Apparitions, OSV Publishing.

Garlaschelli, L.(2010). Life-size Reproduction of the Shroud of Turin and its Image, Journal of Imaging Scienceand Technology July/August 2010 Volume 54, Issue 4, pp. 040301-(14).

Guerreschi, A & Salcito, M. (2002). IV Symposium Scientifique International, Paris.

Guscin, G.(unkwown). The Inscriptions on the Shroud.British Society for the Turin Shroud Newsletter.

Heller, J.H. & Adler, A.D. (2000). The Shroud of Turin's BloodImages: Blood, or Paint? A History of Science Inquiry.

Heller, J.H. & Adler, A.D.(1980). Blood on the Shroud of Turin, Applied Optics 19:2742-4.

Heller, J. H.(1983). Report on the Shroud of Turin, Houghton Mifflin.

Humber, T.(1980). The Sacred Shroud. New York: Pocket Books.

Imbalzano, G.1980). IllinguaggiodellaSindone, Sindon journal of the Centro Internazionale di Sindonologia ofTurin, n.29, December 1980, pp. 13-23.

Ingham, R. (2005-06-21). Turin Shroud Confirmed as Fake. Physorg.com (Agence France-Presse).

Jackson, J. P., Eric J. J., Mottern, B. &Stevenson, K.E.(1977). The three-dimensional image ofJesus' burial cloth, Proceedings, 1977 United States Conference of Research on The Shroud of Turin, HolyShroud Guild, New York.

Jacolliot, L. (1869). La Bible dans l'Inde, Librairie Internationale, Paris.

Jacolliot, L. (1870). The Bible in India, New York : Carleton.

Knight, K. (2003).The Catholic Encyclopedia. Volume XIV, Robert Appleton Company.

Knopf. (1994). Guide to Rome.

Levine, L. A. (2010). Frommer's Turkey.

Lorre, J. J. & Lynn,D. J. (1977). Digital enhancement of images of the Shroud of Turin", in: Proceedings of the 1977 United States Conference of research on the Shroud of Turin, Albuquerque 1977, Holy ShroudGuild,New York 1977.

Losch, R.R.(2008). All the People in the Bible. Eerdsmans Press.

Malkovsky,B.(2010). Some Recent Developments in Hindu Understandings of Jesus. Journal of Hindu-Christian Studies (2010) Vol. 23, Article 5.

Marion, A. &Courage, L. (1998).Nouvelles d couvertes sur le suaire de Turin, Paris :Albin Michel.

Mason, M.(1997). In Search of the Loving God. Dwapara Press.

McClare, M.L. &Feltoe, C.L. (1919).The Pilgrimage of Etheria. Society for promoting Christian Knowledge(ed.), London.

McCrone in Wiener BerichteuberNaturwissenschaft in der Kunst,4/5, 50 (1987/1988).

McCrone, W.C.(1999).Judgment day for the Shroud of Turin, Amherst, N.Y., Prometheus Books.

McGetchin, D.T. (2010). Indology, Indomania, and Orientalism. Fairleigh Dickinson University Press.

Meacham, W. (1983) The Authentication of the Turin Shroud, An Issue in Archeological Epistemogy, CurrentAnthropology, 24, 3.

Meyer,K.E. (1971). Were you there when they photographed my Lord? Esquire(August). 72-74, 120-24.

Miller, V.D. & Pellicori, S.F. (1981).Ultraviolet fluorescence photography of the Shroud of Turin. J. Biol. Photogr.1981 Jul;49(3):71-85.

Mills, A. A. (1995). Image formation on the Shroud of Turin, in Interdisciplinary Science Reviews, vol. 20 No. 4, pp. 319- 326.

Mills, W.E. *et al.*(1999).Mercer dictionary of the Bible, Mercer University Press.

Morris *et al.*(1980). X-Ray fluorescence investigation of the Shroud of Turin, X-Ray Spectrometry, vol. 9, n. 2, April 1980, pp. 40-47.

Mueller, F.M. (1901, republished in Jun 1973). Last Essays.

Müller, M. (1888). Journal of the Transactions of the Victoria Institute Volume 21, p.179.

Nicholas, P. L. Allen, Verification of the Nature and Causes of the Photo-negative Images on the Shroud of Lirey-Chambry-Turin.

Nickell, J (1990). Pen, Ink and Evidence : A Study of Writing and Writing Materials for the Penman,Collector, and Document Detective, Reprint, New Castle, Del.: Oak Knoll Press, 2000.

Nickell, J. (2001). Real Life X-files.Lexington : University Press of Kentucky.

Nickell, J. (2004). Relics of The Christ. N.Y. : Center for Inquiry, July 17.

Nickell, J. (2007). Blood of Jesus.Relics of the Christ. Lexington: University Press of Kentucky.

Nickell, J. (2007).Other Crucifixion Relics.Relics of the Christ. Lexington: University Press of Kentucky.

Nickell, J.(1998). Inquest on the shroud of Turin. Amherst, N.Y. : Prometheus Books.

Nickell, J.(1998). Inquest on the Shroud of Turin: Latest Scientific Findings, Prometheus Books.

Nickell, J.(2007). Relics of the Jesus Christ.The University Press of Kentucky.

Notovitch, N.(1894). Unknown life of Jesus Christ. UK : Macmillan.

Owen, R.(2009). Death certificate is imprinted on the Shroud of Turin, says Vatican scholar. The Times.

Palahniuk, C. (2002). Choke. Anchor.

Paul, G. S. (6 May 2010). The Shroud of Turin: The Great Gothic Art Fraud. Secular Web Kiosk.InternetInfidels.

Pellicori, S.F.(1980).Spectral properties of the Shroud of Turin.Applied Optics, Vol. 19, Issue 12, pp. 1913- 1920.

Piczek, I.(unknown). Is the Shroud of Turin a painting ?.

Poulin, E. P.(1999).The Holy Virgin's House: The True Story of Its Discovery, Istanbul.

Poulle, E.(2009). Les sources de l'histoire du linceul de Turin. Revue critique , Revue d'Histoire Ecclsiastique,

2009/3-4, pp. 747-782.

Prabhu, M. & Meher, L. (1986). The Biography of the Avatar of the Age, Meher Baba, Bhau Kalchuri, Manifestation, Inc.

Raymond, N. R.(2008). A Chemist's Perspective On The Shroud of Turin.

Reiner, E. W. (1971). The Atonement. Nashville: Southern Pub. Association.

Res, J.(2004). The Remarkable Metrological History of Radiocarbon Dating [II], Natl. Inst. Stand. Technol.

Riani, M., Atkinson A.C., Fanti G., & Crosilla F.(2010). Carbon Dating of the Shroud of Turin : PartiallyLabelledRegressor and the Design of Experiments, 4 May 2010.

Rigamonti, M.(1999). Mother Maria Pierina, Cenacle Publishing.

Rinaldi,G.M.Autogoal a Tucscon (Own goal in Tucson).

Rogers, R.N. & Arnoldi, A.(2003). The Shroud of Turin: an amino-carbonyl reaction (Maillard reaction) mayexplainthe image formation. Melanoidins in Food and Health, Volume 4, Office for Official Publications of theEuropean Communities, Luxembourg, 2003, pp. 106- 113.

Rogers, R.N.(2005). Studies on the Radiocarbon Sample from the Shroud of Turin, ThermochimicaActa, Vol. 425,pp. 189- 194.

Rogers,R.N.(2008). A Chemist's Perspective On The Shroud of Turin.

Ruffin, B.(1999).The Shroud of Turin, Our Sunday Visitor.

Ruffin, B.(1999).The Shroud of Turin.

Runciman, S.( 1931). note 5; remarking that the portrait of Christ hasentered the class of αχειροποητοι icons.

Runciman, S. (1931).Some Remarks on the Image of Edessa.Cambridge Historical Journal 3.3.

Schiller, G. (1972). Iconography of Christian Art, Vol. II. London: Lund Humphries.

Schiller, G.(1972). Iconography of Christian Art, Vol. II, LundHumphries, London.

Schimberg, A. P. (1947). The story of Therese Neumann. Bruce Publishing Co. Milwaukee, WI.

Schneemelcher, W & Wilson, R.M. (1990).New Testament Apocrypha, Vol. 1: Gospels and Related Writings.

Schäfer, P. & Cohen, M. R. (1998). Toward the Millennium: Messianic Expectations from the Bible to Waco. Leiden/Princeton: Brill/Princeton.

Schulte, C.G. (2011).The Life of Sr. Marie de Mandat-Grancey & Mary's House in Ephesus. Saint BenedictPress.

Scott, J.B. (2003). Architecture for the shroud: relic and ritual in Turiny. University of Chicago Press.

Shoemaker, S. J. (2006). The Ancient Traditions of the Virgin Mary's Dormition and Assumption.

Snauwaert, L. (2005). (in Dutch). Gidsvoorarchitectuur in Brugge.Tielt: LannooUitgeverij.

Sox, D.(1978). File on the Shroud.London : Coronet Books.

Stravinskas, M.J.(2002). Catholic dictionary. Huntington, Ind.:Our Sunday Visitor.

Tanner, D. (2008). The Shroud.Dallas Tanner.

The Codex VossianusLatinus Q69 and Vatican Library Codex 5696, P35.

The Lost Books of the Bible.(1979). New York: Bell Publishing Company.

THE TRAVELS OF PERO TAFUR (1435-1439).

Thiede, C.P. & d'Ancona, M. (2002).The Quest for the True Cross. New York : Palgrave.

Thurston, H. (1908). Crown of Thorns.In The Catholic Encyclopedia. New York: Robert Appleton Company.

Twining, E. F. (1960).A History of the Crown Jewels of Europe, B.T. Batsford Ltd., London,England.

Vallerani, M.(2009). I templari e la Sindone: l'"ipoteticadellafalsit el'invenzionedellastoria", HistoriaMagistra, 2, 2009.

Villarreal,R. (2008). Analytical Results On Thread Samples Taken From The Raes Sampling Area (Corner) Of TheShroud Cloth Abstract.

Vincent, N. (2001). The Holy Blood: King Henry III and the Westminster Blood relic. Cambridge. Cambridge University Press.

Voltaire.(1763). A Treatiese on Tolerance.

Voorst, R. E. (2000). Jesus Outside the New Testament : an introduction to the ancient evidence. Grand Rapids,

Mich.: Eerdmans.
Voragine.(unknown). The Golden Legend : The life of Adam.
Voragine. (Unknown).The Golden Legend : Invention of the True Cross.
Ward, K.(1987). Jesus and His Times. Pleasantville, N.Y.: Readwe's Digest Association.
Weitzmann, K.(1960). The Mandylion and Constantine Porphyrogennetos, Cahiers archeologiques 11, pp.163-84.
Wilson, I. (1979). The Shroud of Turin. rev.ed. Garden City, N.Y.: Image Books.
Wilson, I. (1991). Holy Faces, Secret Places, Garden City: Doubleday.
Wilson, I. (1996). The Blood and the Shroud. New York: Free Press.
Wilson, I.(1979). The Turin Shroud: The Burial Cloth of Jesus Christ?, Galilee Trade.
Wilson, I.(1998). The Blood and the Shroud, rev.ed. Garden City, N.Y.: Image Books.
Zondervan.(2005). Archaeological Study Bible: An Illustrated Walk Through Biblical History.
Zugibe, F. (1989). The Man of the Shroud was Washed, Sindon, Quad. No. 1, June 1989 [12].
Zugibe, F. (2005). The Crucifixion of Jesus: A Forensic Inquiry, M.Evans Publ.

<웹 자료>

http://100.naver.com/100.nhn?docid=153460
http://100.naver.com/100.nhn?docid=54691
http://100.naver.com/100.nhn?docid=74219
http://answeers.yahoo.com/question/index?qid=20100815062956AAqEtm0
http://blog.daum.net/kualum/17041195
http://books.google.com/books?id=-9FVBLdqU4wC. Retrieved 21 October 2010.
http://books.google.com/books?id=XCyYz2Qx-_4C&pg=PA89.
http://cafe.naver.com/jc.cafe?iframe_url=/ArticleRead.nhn%3Farticleid=409&
http://christianity.about.com/od/symbolspictures/ig/Christian-Symbols-Glossary/Crown-of-Thorns.htm
http://cms.bistum-trier.de/bistum-trier/Integrale?MODULE=Frontend&ACTION=ViewPage&Page.PK=31
http://depts.washington.edu/silkroad/texts/tafur.html#ch3
http://depts.washington.edu/silkroad/texts/tafur.html#ch3
http://dx.doi.org/10.1016/0168-583X(87)90233-3.
http://en.wikipedia.org/wiki/Adam_and_Eve
http://en.wikipedia.org/wiki/Adam_and_Eve
http://en.wikipedia.org/wiki/Adam_and_Eve
http://en.wikipedia.org/wiki/Agiou_Pavlou_monastery
http://en.wikipedia.org/wiki/Cologne_Cathedral
http://en.wikipedia.org/wiki/File:Calcata02.JPG
http://en.wikipedia.org/wiki/Holy_Prepuce?,
http://en.wikipedia.org/wiki/Shrine_of_the_Three_Kings
http://grailseekers.blogspot.com/2006/06/nanteos-cup.html
http://grailseekers.blogspot.com/2008/01/here-grail-there-grail-grail-cups-part_27.html
http://grailseekers.blogspot.com/2010/12/glastonbury-thorn-tree-vandalized.html
http://holytime5925.blog.me/150098768938
http://holytime5925.blog.me/150098768938
http://holytime5925.blog.me/150098768938
http://holytime5925.blog.me/150098768938
http://hubpages.com/hub/d-Adam-have-a-belly-button.
https://jewishfederations.org/jewish-funeral-customs-saying-goodbye-to-a-loved-one

http://kin.naver.com/qna/detail.nhn?
http://lastcrisis.blogspot.kr/2010/07/ron-wyatts-claims-re-arkof-covenant.html
http://news.bbc.co.uk/2/hi/middle_east/8415377.stm.
http://news.bbc.co.uk/2/hi/middle_east/8415377.stm.
http://news.bbc.co.uk/2/hi/uk/8380511.stm
http://news.nationalgeographic.com/news/2009/12/091216-shroud-of-turin-jesus-jerusalem-leprosy.html. )
http://preview.britannica.co.kr/bol/topic.asp?article_id=b06m3766a>
http://preview.britannica.co.kr/bol/topic.asp?mtt_id=37690>
http://reluctant-messenger.com/issa.htm
http://search.naver.com/search.naver?sm=tab_hty&where=nexearch&query=Edessa
http://search.naver.com/search.naver?sm=tab_hty&where=nexearch&query=gaul
http://search.naver.com/search.naver?sm=tab_sug.pre&where=nexearch&query=antipope
http://secweb.infidels.org/article815.html. Retrieved 9 May 2010.
http://tenets.zoroastrianism.com/TheAmazingLifeStoryofTheresaNeumann.pdf
http://uncyclopedia.wikia.com/wiki/holy_sponge
https://web.archive.org/web/20110129181729/
http://webcache.googleusercontent.com/search?
http://www.altereddimensions.net/mystical/ThreeWisemen.aspx
http://www.arkdiscovery.com/ark-cov-index.htm
http://www.bbc.co.uk/dna/h2g2/F19585?thread=518266&latest=1
http://www.celtic-twilight.com/camelot/infopedia/n/nanteos_cup.htm
http://www.entheology.org/library/winters/FHEAL.TXT
http://www.eveningtimes.co.uk/i-ve-cracked-mystery-of-the-holy-grail-1.977410
http://www.guardianangelsocd.org/homily123.html
http://www.imaging.org/ist/store/epub.cfm?abstrid=8125
https://www.krpia.co.kr/
http://www.meherbabadnyana.net/life_eternal/Jesus_life.html
http://www.nature.com/nature/journal/v337/n6208/abs/337611a0.html. Retrieved 2007-11-18.
http://www.nature.com/nature/journal/v337/n6208/abs/337611a0.html.
http://www.newadvent.org/cathen/04540b.htm.
http://www.newadvent.org/fathers/01286.htm.
http://www.newadvent.org/fathers/04161.htm
http://www.newadvent.org/fathers/25023.htm
http://www.nweadvent.org/cathen/04488c.htm
http://www.physorg.com/news180165623.html
http://www.physorg.com/news4652.html.
http://www.roca.org/OA/111/111h.htm,
http://www.s8int.com/page40.html/
http://www.shroud.com/bucklin.htm
http://www.shroud.com/danin2.htm
http://www.shroud.com/guscin.htm
http://www.shroud.com/pdfs/ford1.pdf.
http://www.shroud.com/pdfs/guscin2.pdf.
http://www.shroud.com/piczek.htm
http://www.shroudcouncil.org, www.spiritrestoration.org/Achaeology/Shroud%20of%20Turin.htm.
http://www.Shroudofturin4journalists.com.

http://www.shroudofturin4journalists.com/Details/howtall.htm.
http://www.shroudstory.com
http://www.shroudstory.com/faq/faqindex.htm
http://www.signis.net/malone/tikiindex.php?page=Fourth+Wise+Man
http://www.skepdic.com/shroud.html
http://www.slate.com/id/2155745/(검색2011. 1.28)
http://www.slate.com/id/2155745/sidebar/2155752/
http://www.slate.com/id/2155745/sidebar/2155753/
http://www.sunjang.com/bbs/zboard.php?id=mystery_mystery
http://www.thesmartset.com/article/article12070901.aspx/
http://www.timesonline.co.uk/tol/comment/faith/article6925371.ece.
http://www.vatican.va/news_services/liturgy/saints/ns_lit_doc_20041003_emmerick_en.html
http://www.Voltosanto.it/english/the_story/the_story.htm
http://www.webcitation.org/query?url=http://www.geocities.com/Athens/Olympus/ 9587/gazeteer.html
http://www.wiki.com
http://www.wsu.edu/~dee/ENLIGHT/TOTOL.HT
https://commons.wikimedia.org/wiki/File:Pontormo_-_Cena_in_Emmaus_-_Google_Art_Project.jpg
www.spiritrestoration.org/Archeology/shroud%20of%20Turin.htm

(보도자료)

Bell, Bethany (December 16, 2009). Jesus-era' burial shroud found. BBC News.
Daily Telegraph(July 1, 2009).
Doubts Concerning the Coins Over the Eyes Antonio Lombatti. British Society for the Turin Shroud Newsletter#45. 1997.
National Geographic Daily News.(2009.12.19).Shroud of Turin Not Jesus', Tomb Discovery Suggests.
NY Times April 12, 1997) Shroud of Turin Saved From Fire in Cathedral.
Sheler, J.L. (2000-07-24).Shroud of Turin - Mysteries of History.U.S. News & World Report.
The Telegraph(14 Jun 2007). Steps Jesus walked to trial restored to glory. By Malcolm Moor in Rome.

(방송자료)

BBC.(31 March 2002). Discovery Channel 'Spear of Christ', narrated by Cherie Lunghi, written and directed byShaun Trevisick.Atlantic Productions.
Bell, B.(December 16, 2009).Jesus-era' burial shroud found. BBC News.

# 인명 색인



## ㄱ



## ㄴ



## ㄷ



## ㄹ



## ㅁ

# 주제 색인

ㅁ



ㅂ



ㅅ

## ㅎ

**이종규**

저자는 서울대학교 대학원(교육학 석사), 영국 엑시터(EXETER) 대학에서 교육철학 박사학위(Ph.D)를 받았다. 한성대, 숙명여대, 부산대 대학원에서 교육정책론, 연구방법론(질적연구방법론) 강사를 역임하고 교육부에서 25년간 근무하였다. 주요저서로 질적 연구방법론(2006 교육과학사) 외 다수 논문이 있다.

세상에서
가장 진귀한 보물
**예수의 유물**

초판 1쇄 발행 _ 2016년 12월 20일

저　　자 · 이 종 규
발 행 인 · 정 현 걸
발　　행 · 신 아 사
인　　쇄 · 토탈프로세스
주　　소 · 서울특별시 은평구 통일로 59길 4 (2층)
전　　화 · (02) 382-6411　팩스 · (02) 382-6401
홈페이지 · www.shinasa.co.kr
E-MAIL · shinasa@daum.net
출판등록 · 1956년 1월 5일 (제 9-52호)

ISBN 978-89-8396-941-5(03230)

**정가 20,000 원**